Guofang Xingshi Jiaoyu Duben

国防形势教育读本

（下册）
古今中外经典战例集萃

主编　赵麟斌

北京大学出版社
PEKING UNIVERSITY PRESS

图书在版编目（CIP）数据

国防形势教育读本（下册）：古今中外经典战例集萃／赵麟斌主编． —北京：北京大学出版社，2013.10
ISBN 978-7-301-23218-7

Ⅰ．①国… Ⅱ．①赵… Ⅲ．①国防教育－中国－干部教育－学习参考资料 ②战争史－世界 Ⅳ．①E251

中国版本图书馆 CIP 数据核字（2013）第 220044 号

书　　　名：	国防形势教育读本（下册）：古今中外经典战例集萃
著作责任者：	赵麟斌　主编
责 任 编 辑：	郭薇薇
标 准 书 号：	ISBN 978-7-301-23218-7/E·0010
出 版 发 行：	北京大学出版社
地　　　址：	北京市海淀区成府路 205 号　100871
网　　　址：	http://www.pup.cn
新 浪 微 博：	@北京大学出版社　@北大出版社法律图书
电 子 信 箱：	law@pup.pku.edu.cn
电　　　话：	邮购部 62752015　发行部 62750672
	编辑部 62752027　出版部 62754962
印　　刷　者：	三河市北燕印装有限公司
经　　销　者：	新华书店
	880 毫米×1230 毫米　A5　14.25 印张　342 千字
	2013 年 10 月第 1 版　2013 年 10 月第 1 次印刷
定　　　价：	33.00 元

未经许可，不得以任何方式复制或抄袭本书之部分或全部内容。
版权所有，侵权必究
举报电话：010-62752024　电子信箱：fd@pup.pku.edu.cn

序

袁荣祥

（中共福建省委常委、宣传部长）

省委宣传部和闽江学院联合编写《国防形势教育读本》一书，融理论与实践、历史与现实为一体，图文并茂、条理清晰、深入浅出、通俗易懂，为加强国防教育提供了生动教材，对于提高全省人民的国防观念有着重要意义。

普及和加强全民国防教育，是增强民族凝聚力、提高全民素质的重要途径，是加强国防和军队现代化建设、推进中国特色社会主义伟大事业的必然要求。我国正处在发展的重要战略机遇期，国家安全形势总体稳定，但国家安全问题的综合性、复杂性、多变性趋势不断增强，对提高全民国防意识提出了新的更高要求。福建地处我国主要战略方向的"第一线""最前沿"，加强国防教育尤为重要。

《国防形势教育读本》根据领导干部、青少年学生和民兵预备役等国防教育重点对象应学、应知、应会的需要，突出党管武装的中国特色，采用国防理论和典型案例相结合的方式，围绕国防教育的重要意义、我国国防形势的基本态势和面临挑战、我国国防政策和军事战略、我国国防和军队建设成就等方面，作了系统深入的阐述。认真翻阅本书，既可增长国防知识、树立国防观念，更能激发爱国热情、自觉履行义务。

国无防不立,民无防不安。我们要以本书的出版为契机,贴近时代要求,丰富教育内容,创新教育方法,完善制度机制,大力加强新形势下的国防教育,进一步在全省上下营造关心国防、热爱国防、建设国防、保卫国防的良好气氛,激发广大干部群众的爱国之心、报国之情、强国之志,共同为推动福建科学发展跨越发展,为全面建成小康社会、实现中华民族伟大复兴"中国梦"而努力奋斗!

2013 年 8 月

序（二）

赵麟斌

（闽江学院副院长、博士、研究员、教授、博士生导师）

孙武子曰："兵者，国之大事，死生之地，存亡之道，不可不察也。"这一著名论断，源于我国古代军事家对战争关系着一个国家和民族生死存亡的深刻阐述。古希腊哲学家、思想家亚里士多德也曾说过："战争是创造者，是万物的起源。"忘记了哪一位伟人亦曾说过这样的话：战争是政治走向的最后手段和最高阶段。依此看来，战争与人类的关系可谓亘古绵长。

凝视战争，它那斑驳的历史画面如血泪涂抹成的浩瀚天空，似烈士牺牲时穿越时空的痛苦呻吟，是智慧、愚昧、勇敢、懦弱等的沉重过往，所有这些编织成一部带着血肉、带着挣扎、带着欢笑、带着无畏的人类壮美而雄浑的史诗。我无意推崇战争，但我是中国人，胸怀中华魂，心系民族情，相信所有的血性男儿都希望自己的祖国能够安定、和平、富裕、强盛。我的生命也与部队有着不解之缘。我自幼就向往军营，觉得那里才是男儿挥汗洒泪报效祖国的地方，觉得那里才是铮铮铁骨尽显英雄本色的疆场。然而种种原因，让我的从军梦成了一个遗憾；但此后，冥冥之中，似有另外一种方式圆着我的从军梦：当知青时，我努力成为了大队武装基层民兵；留福建师大工作6年后，我被调到福州市鼓楼区委工作，在任区委书记期间兼任区武装部党委第一书记，负责军地协调和开展军地工作；之后我又担任过福州市委宣传部副部长、文明办主任，同时兼任福州市国防教育办主任，在双拥和共建中又与部队结下不解之缘。于我而言，今生即便不能亲自戍边也要为国防建设倾尽一份薄力。纵览当下，我国面临着云谲波诡的国际局势，能否把握当今局势，能否因时造势成就中华民族复兴的伟大梦想，是每个中华儿女不能不深思的严峻问题。

清朝顾炎武《日知录》卷十三有云："保天下者，匹夫之贱，与有责焉。"尤其是作为国家建设事业中坚和骨干力量的党政干部，国防观念和素养的提高对国防事业的发展具有重要的建设性推动作用。福建位处中国国防前沿，与台湾隔海相望；与几乎在同一纬度的钓鱼岛遥相呼应；守望南海北毗东海。福建省的战略意义不容置疑，处在一线位置的我们更应该认清国防形势，提高自身国防意识。放眼世界，处于世界强国之首的美国更是将全民国防教育放在国防建设的首要位置上，美国国会早在1958年就通过了《国防教育法》，同时将国防教育寓于各种教育手段、各种学校以及不同阶层之中。雄踞一方的俄罗斯，其《国防法》规定凡20—70岁的公民，不论性别均需接受法定的国防教育；在瑞士家家户户都拥有国防小册子，公民需要例行参加各种形式的军事训练……凡此种种，不一一赘述。各国国防形势虽各不相同，但是全民国防教育的观念却惊人一致。因此，必须大力开展国防教育，坚决克服和平麻痹思想，坚决抵制轻视国防建设的思想倾向，确保我国能在新世纪保持良好的心理状态和安定稳定的建设环境，以极大的热情积极推进国防事业的长远发展，乃至国家的长治久安。

改革开放三十多年来，我国取得了世人瞩目的发展成就和建设速度。国力大大增强，人民生活水平显著提高，实现中国梦有了坚实的基础。这是中华民族发展的最好历史时期。但是，国际格局变幻莫测，我国周边安全形势危机四伏，国内尚有许多不安定因素，强化全民国防教育，提高全民国防素质乃时势所需当务之急。福建省委宣传部与闽江学院共同合作，编写出这一《国防形势教育读本》。为确保该书的专业性，我们还特邀中国人民解放军61716部队的军事研究员共同参与。该书经过编委会成员的多次讨论反复修订，并向省军区国防教育办征求意见，最终确定了出版方案。本书摒弃了以往传统国防教育读本单调纯理论知识的编写模式，上册注重在时政热点问题中反思当前我国的国防形势，提高党政干部领导的国防意识；下册在战例案例的陈述分析中，反观当今我国战略战备问题和不足，以史为鉴，提高国民危机意识，帮助国民掌握基本战术常识以及应对策略。福建省委宣传部高度重视本书的编写和出版工作，并给我们提供了有力的支持和帮助。编委会全体成员都为此书的出版倾注了大量心血。我深深感激他们，并为他们能理解我的意图而同频共振至诚致谢，作为主编的我更是对这本书寄予较高的期望。

"位卑未敢忘忧国"，愿此书可以成为广大民众和军事爱好者所喜爱的读本；愿此书真正能为全民国防教育提供一个规范、优质、开卷有益的学习教材。

是为序。

2013年8月1日

前　言

　　进入 21 世纪的第二个十年,和平与发展仍是时代主题,求和平、谋发展、促合作已经成为不可阻挡的时代潮流。中国紧紧抓住和用好发展的重要战略机遇期,以经济建设为中心,坚定不移走和平发展之路,现代化建设成就举世瞩目,综合国力大幅跃升,人民生活改善显著,社会大局保持稳定,两岸关系继续呈现和平发展势头,国际竞争力和影响力不断提高。然而,和平发展并不意味着可以"刀枪入库,马放南山"。《周易·系辞下》告诫我们:"君子安而不忘危,存而不忘亡,治而不忘乱,是以身安而国可保也。"当今世界总体和平稳定的大环境没有改变,但是中国所面临的战略机遇期潜在的战略风险却在增大,生存安全问题和发展安全问题、传统安全威胁和非传统安全威胁相互交织。当前,一些国家肆意在亚洲深化军事同盟,扩大军事存在,频繁制造地区紧张局势。朝鲜半岛局势不时出现"痉挛性"紧张,日本在军事上针对中国的一面持续上升,中国岛屿领土主权及海洋权益面临严峻挑战,国家海外利益安全风险上升。与此同时,中国国内在发展变革进程中,各种矛盾交织,被外部敌对势力利用的风险也在增大。

　　走和平发展道路,是中国坚定不移的国家意志和战略选择。但是,没有巩固的国防和强大的军队,和平发展就失去了保障。加强全民国防教育,增强国防意识和国防能力,建设与中国国际地位相称、与国家安全和发展利益相适应的牢固国防体系和强大军队，迫在眉睫，任务艰巨而光荣。

各级领导干部作为党和国家建设事业的中坚和骨干，作为经济建设和社会发展的组织者、领导者，在国防建设上也肩负着不可推卸的重要责任。国防素质是领导干部必备的基本素质。加强领导干部国防教育是落实党中央重大战略部署，坚持以科学发展观为指导，统筹经济建设与国防建设，实现富国和强军相统一的必然要求；是增强领导干部战略意识、全局意识、忧患意识和责任意识，始终把国家主权和安全放在第一位，有效维护国家安全和发展利益的现实需要；是引领和带动全民国防教育普及深入，营造关心国防、支持国防、建设国防浓厚社会氛围的实际举措，意义重大而深远。

加强青少年学生国防教育是关系国家前途和民族命运的战略工程。学校国防教育是增强国防精神力量的重要途径。现代战争拼的是国家的综合国力，而精神力量是综合国力中的核心要素，爱国主义是国防精神力量的主要源泉。其次，学校是培养强大国防预备役力量的重要阵地。现代高技术战争，需要高质量、高素质的兵员和强大的预备役力量，而军校的培养远远不能满足现代战争的需要。作为培养高级专业技术人才的高校，理所应当承担这份责任和义务。《中华人民共和国兵役法》规定，受过军训的大学生是预备役军官的重要来源和战争动员的主要对象。21世纪初的阿富汗、伊拉克战争更进一步证明，高校已成为世界各国培养强大预备役力量的重要阵地。第三，在大学生中开展国防教育也是适应现代高科技战争和维护经济建设的需要。

民兵、预备役人员是国防后备力量的主体，肩负着建设祖国和保卫祖国的双重任务，是全民国防教育的重点对象。以党的基本路线为指导，在民兵、预备役人员中深入进行国防教育，其目的在于使他们增加现代国防知识,增强国防观念,自觉履行保卫祖国的义务,积极支持国防建设。他们有了强烈的国防意识,有了崇高的爱国主义精神,既可以出战斗力,又可以出生产力。在和平时期,人们的麻痹松懈情绪容易滋长,国防观念容易淡化。这种情况无论对国防建设还是经济建设都是不利的。

为全面推进国防教育,加强民众国防意识,我们编写了《国防形势教育读本》。该书高举中国特色社会主义伟大旗帜,以邓小平理论和"三个代表"重要思想为指导,深入贯彻落实科学发展观,认真贯彻胡锦涛总书记关于国防和军队建设一系列重要论述,依据党和国家有关政策、法规,根据国防教育重点对象领导干部、青少年学生和民兵预备役人员应学、应知、应会的需要,科学分析了国防和军队建设面临的机遇与挑战,详细介绍了国防教育的重要意义,中国国防形势的历史变迁,我国国防政策和军事战略、国防领导体制、国家武装力量、人民军队的建设和发展等国防和军事基本知识,揭示了当代国防和军队建设的特点和规律,全面反映了世界新军事变革和中国特色军事变革的新成就、新发展、新趋势。

目 录

中 国 篇

第一章 群雄并起 逐鹿中原 ……………………………… (3)
1. 乘隙袭取:牧野之战 ……………………………… (4)
2. 围魏救赵:桂陵之战 ……………………………… (12)
3. 骑兵运动战:漠北战役 …………………………… (18)
4. 以小击大:官渡之战 ……………………………… (29)
5. 以少胜多:赤壁之战 ……………………………… (43)
6. 以劣胜优:淝水之战 ……………………………… (57)

第二章 浴血奋战的中国 ………………………………… (69)
1. 宝岛重回祖国怀抱:郑成功收复台湾 ……………… (70)
2. 甲午壮歌:黄海海战 ……………………………… (78)
3. 黑暗中的曙光:南昌起义 ………………………… (86)
4. 红军绝处逢生:四渡赤水 ………………………… (95)
5. 八路军对日第一次胜战:平型关战役 …………… (104)
6. 利剑划破囚笼:百团大战 ………………………… (112)
7. 摧枯拉朽之战:淮海战役 ………………………… (120)
8. 雄纠纠气昂昂:抗美援朝战役 …………………… (128)

外 国 篇

第一章 文明之雏 战争涌起 ………………………… (141)
1. 叙利亚争夺战:卡迭石战役 ………………………… (142)
2. 以弱胜强:马拉松战役 ………………………… (149)
3. 骄兵必败:羊河战役 ………………………… (160)
4. 以少胜多:高加米拉战役 ………………………… (168)
5. 西方战争史上的杰作:坎尼会战 ………………………… (178)
6. 文明的冲突:十字军东征 ………………………… (186)
7. 烈血昂歌:英法百年战争 ………………………… (198)
8. 亡国之战:君士坦丁堡战役 ………………………… (208)
9. 海上霸主之争:英西海战 ………………………… (220)
10. 全欧战争:三十年战争 ………………………… (230)

第二章 龙战鱼骇 瞬息万变 ………………………… (241)
1. 拿破仑垓下歌:滑铁卢战役 ………………………… (242)
2. 一战的转折点:凡尔登战役 ………………………… (253)
3. 梦断马其诺:法国沦陷 ………………………… (262)
4. 属于人民的胜利:莫斯科会战 ………………………… (273)
5. 梦醒太平洋:日本偷袭珍珠港 ………………………… (284)
6. 成王败寇:中途岛海战 ………………………… (296)
7. 浴火重生:诺曼底登陆 ………………………… (306)
8. 帝国末日:柏林战役 ………………………… (319)
9. 沙漠风暴:海湾战争 ………………………… (335)
10. 开辟海战新模式:马岛之战 ………………………… (348)
11. 第五代战争的雏形:科索沃战争 ………………………… (365)

福 建 篇

1. 大湖战役 …………………………………（377）
2. 福州战役 …………………………………（381）
3. 漳厦金战役 ………………………………（390）
4. 东山岛保卫战 ……………………………（403）
5. 金门炮战 …………………………………（409）
6. 崇武海战 …………………………………（430）

参考文献 ……………………………………（434）
后记 …………………………………………（437）

中国篇

第一章
群雄并起　逐鹿中原

1. 乘隙袭取：牧野之战

牧野之战历史上又称"武王伐纣"，是周武王姬发于商朝末期（约公元前 11 世纪）率军在牧野（今河南淇县南）进攻商军，灭亡商朝的战略决战。一个偏隅西土的"小邦周"以区区不足五万人的兵力，将拥兵十七万之众的"大邑商"打败。此战以纣王自焚而死，商朝灭亡而告终。牧野之战是古代经典的车战型战例，商王朝六百年的统治就此终结。从此，周王朝开始了对中原地区的统治，西周礼乐文明因此而传播。

 战争背景

纣王在位时期，即商王朝全面危机的时期。史料上是这么描述纣王："智足以拒谏，言足以饰非，矜人臣以能，高天下以声，以为皆出己之下。"① 可见这位商朝的末代君主是一位过于自负的人物。他骄横暴虐，刚愎自用，挥霍无度，沉迷于酒色淫逸的生活。此时的商王朝呈现出一派"如蜩如螗，如沸如羹"的混乱局面：由于常年对外出兵，人民背负着沉重的负担，群众生活苦不堪言；酷刑滥用、政治腐败，统治集团内部矛盾十分尖锐。商的西方属国——周，国势正蒸蒸日上，与日薄西山、奄奄一息的商

---

① （西汉）司马迁：《史记》，韩兆琦译，中华书局 2012 年版，第 102 页。

牧野之战战前形势图

王朝形成鲜明对比。周文王姬昌在位期间,以吕尚(姜太公)为核心建立了一个团结而高效的政治智囊集团。在政治上,主修内政,宣扬德教,没有四处出兵,巩固了统治基础。同时,姬昌积极帮助各邻近国调停争端,在诸侯间口碑很好,赢得了"仁义"的美名。再加上各诸侯国不但要供应商朝攻打东夷的大量军队和物资,还要遭受到纣王时不时地猜疑,一肚子苦水,自然也乐于向周靠拢。在经济上,由于姬昌推行一些适应社会发展需要的农业措施,周国力日益强盛,开始积极向外扩张。周先后打败了西北方的犬戎(今陕西凤翔地区)、黎(今山西长治西南)、邗(今河南沁阳西北),进而夺取了商王的宠臣崇侯虎的崇地(今嵩县东北),势力深入商畿之内,打开了进攻商都朝歌之路。周扩地千里,声威大振。《史记》说:"天下三分,其二归周。"反映出周国实力已在商王朝之上,完全可以分庭抗礼。

文王姬昌逝世,他的儿子周武王姬发继位。武王即位不久便开始观兵盟(孟)津,所谓"观兵"用现代名词来表达,即为校阅或演习,很明显是一种战力测验和动员演练。据史料记载,有八百诸侯前来会盟,结成同心灭商的联合阵线。同时,周武王向朝歌派遣间谍,侦察商朝情况,并收买纣王重臣微子启、胶鬲等,促其反叛。然而此时的商纣王淫纵无度、毫无悔改,杀了忠心耿耿、辅助自己的伯父比干,另一个伯父箕子也被囚禁。此情此景,导致一些被牵涉的贵族叛逃到周国。纣王已感觉周文王争夺天下共主的雄心和咄咄逼人的东进势头对商王朝构成了极大的威胁,拟定对周出兵。机缘弄人,这一拟定的军事行动因为东夷族的反叛流产。商军主力奔赴东部沿海地带攻打东夷,虽然战争取得了胜利,俘虏了上百万的战俘,纣王也被称为百战百胜将军,但造成朝歌(今河南省淇县)空虚,无兵可守。武王问太公曰:"仁者贤者亡矣,商可伐乎?"太公对曰:"先谋后事者昌,先事后谋者亡,夏条可结,冬冰可折,时难得而易失。"①于是武王决定把握这一有利战机,先发制人,将纣之暴行遍告中原诸侯,会师孟津,集中兵力准备东征,乘隙决战灭商。

 作战经过

这次作战计划是:抓住商朝主力军滞留东部沿海地带攻打东夷的机会,周军精锐部队以偷袭、快速进攻方式,袭击留在朝歌的商朝守军。一旦政治中心被占领也就意味着商朝政权瓦解,然后再各个击破群龙无首的残余商军及附属国。

武王十三年(公元前1122年)1月3日,周武王统率兵车三百乘,虎贲

---

① (西汉)司马迁:《史记》,韩兆琦译,中华书局2012年版,第108页。

群雄并起 逐鹿中原 | 第一章

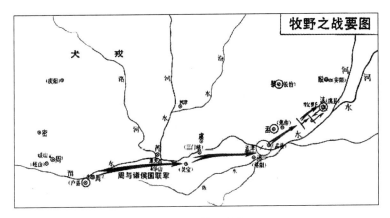

牧野之战作战经过图

(精锐武士)三千人,甲士(步兵)四万五千人,沿渭水循黄河向孟津前进,到达孟津和庸、卢、彭、濮、蜀、羌、微、髳等反商部落的部队会合。武王作"泰誓",历数纣王"自绝于天"的罪行,宣布"维共行天罚"的决定。商地人心归周,周武王可谓是众望所归。为不失战机,武王冒雨率领周军主力和协同作战的各国部落军队从汜地(今河南荥阳汜水镇)渡过黄河后,到百泉(今河南辉县西北)迅速向东进军,直奔商朝首都朝歌。沿途向商民宣告:周军不以百姓为敌,而是为民除害,以争取商地民众的支持。周军由于行军过程中,没有遇到商军的任何抵抗,仅仅花了六天时间就到达牧野。

朝歌方面收到周军进攻消息,朝廷上下一片惊恐。由于此时商军主力远在东部沿海地带攻打东夷,纣王无法在短时间内征集大量军队,只好在匆忙中武装大批奴隶、战俘,连同守卫国都的军队共约十七万人,由自己率领,开赴牧野迎战周师。《诗经·大明》称:"殷商之旅,其会如林。"

27日清晨,周武王庄严誓师,即所谓"牧誓"。誓词一方面痛斥纣王的罪行,声讨纣王听信妲姬妖言,不祭拜祖先,还召集大量的恶人残害老百姓等许多罪行,以唤起同仇敌忾意识。另一方面严申纪律,如:"不过六步七步乃止齐焉",每前进六七步,就要停止取齐,以保持队形;"不过于四伐五伐六伐七伐乃止齐焉",每击刺四五次或六七次,也要停止取齐,保持队形严整,稳住阵脚;要求将士英勇奋战,又不滥杀败逃之敌,以瓦解商军。

誓师后,武王下令向商军发起总攻击。在这一战役中,先由吕尚(姜太公)率领几百名周军精兵上阵挑战,冲乱商军阵脚,起到震慑作用。然后武王乘势以"大卒(主力)冲驰帝纣师",亲率主力跟进冲杀,由于地形较为平坦开阔,周军之戎车和虎贲甲士的战斗力得以充分发挥,将对方的阵形彻底打乱。再加上商军中的奴隶和战俘纷纷起义,拿起武器反而攻打自己后方的军队,最后商军崩溃。纣王看到败局已定,仓皇逃回皇宫,登上鹿台,自焚而死。周军乘胜追击,占领朝歌。周武王赶到鹿台时,用"轻吕"击刺纣王的尸体,并亲自斩其头颅悬旗众。

周军随后分兵四出,征伐忠于的商朝各地诸侯。

战例点评

牧野之战终结了腐朽没落的商王朝,确立了西周王朝的统治地位,为西周时期的礼乐文明开辟了道路。

牧野之战是我国古代车战初期的著名战例。该战役以少胜多,先发制人,胜在谋略,反映出3000多年前我国的军事家的谋略和作战艺术。

一、周军胜利的原因

周是商的诸侯国,实力原比商小,但周武王却在牧野之战中大败商军,以少胜多、以弱胜强,主要原因有以下几点:

(一)运用"伐谋"和"伐交"策略,争取人心,歼敌羽翼

在战争的酝酿阶段,周文王和周武王笼络人才、宣传德教、发展经

济、富国强民,周国上下出现"耕者九一,仕者世禄,关市讥而不征,泽梁无禁,罪人不孥"①的生动局面。文武两王以宣传谋略手段,发挥政治攻势的影响,笼络争取中原诸侯及西南若干部族,而造成强大之反商力量。如:通过"去炮烙之刑",废除商王朝酷刑,孤立商纣王;公正平等地调节虞、芮两国的领土纠纷;颁布有关搜索逃亡奴隶的法令,维护奴隶主们的既得利益。通过这些措施,瓦解敌人的同盟军和商朝廷内部势力,团结友军,形成共同对付商工国的联盟,使商朝陷入孤立。

(二)善于乘隙、先发制人,正确选择决战时机

周军的进攻,是一次远距离的奔袭战,而且要与各地诸侯取得战略上的协同,如果不抓住商军主力远在东南地区作战、一时难以回救的有利时机,是很难打败力量占优势的商军。周武王抓住有利时机,成功地运用了乘隙捣虚、奔袭朝歌的作战方针,抓住商朝主力军远征东南地区,商王朝内部矛盾重重的机会,果敢地率领周军主力和诸侯联军实行奔袭作战,使商军在战略、战术上都深陷被动,无法及时作出有效的抵抗。以至于周军在行军过程中,没有遭到商军的抵抗,进展顺利。

(三)战前誓师,严格军纪,鼓舞士气,瓦解敌人

适时展开战前誓师,历数商纣王罪状,揭露其悖天理、逆传统、无人性的残暴行径,表明自己是"吊民伐罪"的正义之师,确立了行动的合法性。这不仅坚定了将士夺取胜利的信心,也争取了商地军民的同情和支持。通过这些措施,周武王同诸侯和西南氏族、各国部落之师取得了政治上、军事上的一致,为推翻商朝的残暴统治奠定了胜利的基础。

为了统一作战行动,还规定了战斗纪律和对待俘虏的政策。有功者赏,有罪者罚,鼓励将士立功。

---

① (西汉)司马迁:《史记》,韩兆琦译,中华书局2012年版,第100页。

(四)武器上的重大优势予敌以巧妙而猛烈的打击

本战役为战车突破战。车战为我国古代战史上一大特色,战车之发明与使用,虽自商朝代早已开始,但大规模之运用,以及高度发挥其突击之性能,以此次作战为首。牧野,即殷都朝歌(今河南省淇县),其地形平旷开阔,很适合于战车运用。"牧野洋洋,檀车煌煌,马四彭彭,惟师尚父,时维鹰扬,凉彼武王。肆伐大商,会朝清明"①,说的就是当时周军对战车大规模之运用。以大量战车甲士猛袭纣军,实施突破作战,利用战车之机动性与冲击力,一举击破纣军之抵抗。

考古学家发现,周军的甲胄是由三部分钉成,彼此可以转动,相对灵活方便。因此,在近距离作战中,周军占很大的优势。

周军使用了轻兵器——剑。武王用"轻吕"击刺纣王的尸体,这里的"轻吕"就是一种剑。商人使用的兵器——短戈,功能以刺为主。而周军使用的兵器——剑,双面开刃,既可以砍刺也可以削劈,而且当时都是近身格斗,杀伤力很高。牧野之战中,剑使骁勇的周人如虎添翼。据史料记载牧野之战有"血流漂杵"之说。战场上刀剑纵横,缺乏甲胄护体的商兵当然是血肉横飞。

(五)精兵强将,灵活作战

周师全为精选之甲士,战力充沛,且孤军远出有进无退,故士气旺盛能充分发挥战力,一举击败纣军。在作战指挥上,周军虽然兵力数量少于商军,但始终注意保持队形的严整,不给敌人以可乘之隙。联军的指挥中枢应变能力强,在保持当时作战水平所要求的队列整齐、步调一致的前提下,又能根据阵前双方兵力配置,采取灵活机动的作战方法,先以

----

① 传统国学典藏编委会记著:《诗经·大明》,中国画报出版社2012年版,第224页。

骁勇善战的吕尚率小股兵力攻破敌阵,先声夺人,震慑敌军并分散其注意力,尔后以大军冲杀敌阵,使其措手不及,顷刻便使敌众溃不成军,一败涂地,迅速结束战斗,取得灭商的彻底胜利。

二、商军失败的原因

商朝统治集团政治腐败,强征民众、酷刑滥用、失去民心是商王朝迅速败亡的根本原因。商军在牧野之战失败的军事原因在于:

(一)作战消极被动

纣王骄傲轻敌,麻痹大意,对周人的战略意图缺乏警惕,放松戒备。同时,对东方进行长期的掠夺战争,削弱了力量造成军事部署的失衡。作战指挥上消极被动,直到周军压境时,才临时以奴隶和战俘组成军队,仓促应战。商军人数虽多,但大多数士兵没有受过相应的军事训练,而且是被迫作战,士气低落。凑合在一起,不能有效配合。结果奴隶阵上起义,反戈一击,其一败涂地也就不可避免了。

(二)作战武器落后

已有的史料上没有任何有关商军使用战车的记载。从考古发掘来看,商朝只有纣王等高级将领拥有华贵的"戎路车"作为乘坐之用。商军的主要战斗力是步兵,没有防御工程和武器,只是靠步兵的阵列组成人墙去阻挡快马重车的冲击,就像用血肉之躯去挡坦克。

很多商军的步兵根本没有甲胄,有也只是由一整块皮革制成,士兵被甲胄裹得转动困难。到了战场上,只有任人宰割的份。

2. 围魏救赵:桂陵之战

桂陵之战史上又称"围魏救赵",是战国时期(公元前353年),齐军用孙膑"围魏救赵"方法,趁魏军主力出兵在外,国内防务空虚之际,直捣魏都大梁(今河南开封),占据它的交通要道,袭击它空虚的地方,迫使远在异国的魏军撤回攻赵部队,齐军既解了赵国之围,又击败了魏军。桂陵之战是历史上一次著名截击战,即采用包抄敌人的后方来迫使它撤兵的战术。孙膑在此战中避实击虚、攻其必救,创造了"围魏救赵"战法,被后来的军事家们列为三十六计中的重要一计,成为两千多年来军事上诱敌就范的常用手段。

战争背景

战国时期,齐、魏、燕、赵、韩、楚、秦七雄并立。齐国地处东方,自西周以来一直是一个大国。公元前356年,齐威王登上王位后,任命邹忌为丞相,进行政治改革,加强国防建设,巩固了中央集权,国家实力日益强大。

同时期,魏国魏文侯也任命李悝为丞相,进行了各方面的改革:在政治上,推行因功受禄的官僚制度,废除世袭制,清明、健全的官僚体制由此而建立;在经济上,废除井田制,创制"平籴法",抽"什一之税"。同

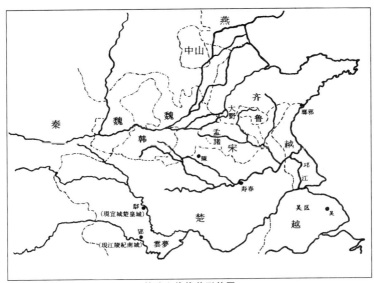

桂陵之战战前形势图

时,大兴水利工程,积极开荒,极大地解放和发展了社会生产力,促进了社会秩序的稳定;在军事上,颁布"武卒"选拔制度,重视军事训练,增强军队战斗力。这些政策的实施,使魏国迅速变得强大起来。魏惠王继位以后,迁都大梁(河南省开封市),开始积极向外扩张。

魏国日益兴起的国力,引起其他国家的恐惧和忌恨。同时,魏国积极向外扩张的举动,直接损害了楚、齐、秦等其他大国的利益。特别是齐国面临魏国向东扩张的严重威胁,齐、魏两国之间的矛盾显得十分尖锐。齐威王开始利用赵、韩两国与魏国之间的矛盾冲突,竭力拉拢韩、赵两国,联合抗衡魏国。

公元前356年,赵国赵成侯为了摆脱魏国霸权的控制,在平陆(今山东汶上)和齐威王、宋桓侯相会结好,同时又和燕文公在阿(今河北南阳北50里)相会。公元前354年,赵成侯为了达到兼并土地、扩张势力的目的,向依附于魏国的卫国发动战争,夺取漆及富丘两地,迫使卫国屈服称臣。赵国的行为引起魏惠王的极大不满,同时也使魏国感到了威胁,因为卫国属魏国保护国,魏国无法坐视不理,于是立即联合宋国出兵助卫反攻,魏卫宋三国联军直逼赵国首都邯郸(今河北邯郸),赵国被逼闭门防守,并派人向齐国求救。

得到赵国求救信后,齐威王马上召集文武大臣讨论是否出兵救赵。齐威王欣然采纳了大将段干朋的建议。段干朋主张救赵,他认为不救赵国不但会失去赵国的信用,而且养虎为患,从长远来看会给齐国带来麻烦。同时,他认为不适宜马上出兵,如果立刻派兵前往赵国邯郸,赵国既不会遭到损失,魏军也不会消耗实力,从长远战略利益来说是弊大于利。因此,根据战略形势来考虑,他主张延迟出兵,隔山观虎斗,使魏国与赵国相互削弱,然后实施"承魏之弊"的战略,即先派遣少量齐兵向南进攻襄陵,牵制魏国,等到魏军攻破邯郸,魏军和赵军双方都十分疲惫之时,再给魏军以正面的攻击。段干朋的论述有理有据,十分符合齐国统治集团的根本利益。于是齐威王决定齐军主力暂时按兵不动,静观其变,伺机出动,确保一举成功,同时,以部分齐军联合宋军、卫军向南进攻襄陵。

魏国的频繁扩张引起各国的敌视,各国开始乘魏国出兵攻打赵国、后方空虚的时候,纷纷出兵。楚国楚宣王派遣将军景舍率领部队向魏国南部的睢、濊地区进攻。秦国也发兵先后攻打魏国的少梁、安邑等要地。此时的魏国四面楚歌,处于四面作战的困难境地。不过由于魏国国力雄厚,主将庞涓破釜沉舟,决心破赵,不为其他战场的局势所动摇,因而魏军邯郸方面的一直勉力维持着主攻局面。

魏国以主力军攻打赵国,邯郸城快要失陷,此时两军相持已经有1年多了。就像段干朋预料的那样,赵魏两国都十分疲惫。公元前353年,齐威王认为和魏军一决胜负的时机成熟了,任命田忌为主将,孙膑为军师,率领齐军主力救援赵国,桂陵之战正式爆发。

作战经过

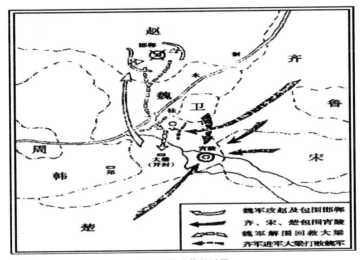

桂陵之战作战经过图

公元前353年,田忌率兵8万去救赵国。起初,田忌准备直趋邯郸,与魏军决战的计划,但孙膑劝田忌放弃此计划。他打比方说:如果要解开一个绳结,不能用蛮力强拉硬扯。同样,要分开决斗的冤家,自己不能也参与进去。所以,要解除重围,最好的办法就是避开敌军重点守备之处,而攻击其防守空虚的地方。这就是著名的"围魏救赵"战法,即派兵解围,要避实就虚,击中要害。

田忌采纳孙膑"围魏救赵"的计谋,以一部兵力南下,联合宋、卫军围攻位于大梁东南的魏邑襄陵(今河南睢县),显示齐军已攻魏救赵,坚定赵国抗魏的决心;主力则隐蔽,进至大梁东面的军事重镇平陵(今山东定陶东北)附近。由于平陵本不易攻取,且齐军有粮道被断绝的危险,魏军因此产生齐军指挥无能的错觉,齐军由此成功隐蔽了尔后进军大梁的企图。直到魏军已占领邯郸,实力大损、损兵折将急需休整时,齐军挥师直捣魏都大梁,逼魏惠王十万火急命令庞涓统兵回救。庞涓接令后,不得不放弃邯郸,以少数兵力留守邯郸,率领魏军主力返回大梁。但此时,孙膑摆兵布阵,齐军已于桂陵(今河南长垣西北)设下埋伏,准备截击魏军。可怜的魏军由于长期在外作战,长途跋涉加上急速行军,十分疲惫,士气低下,战意全无。于是齐魏一交战,魏军便被大败,魏军主帅庞涓被生擒,但与之有仇的孙膑在此次放过了他。结果赵国之围解除,邯郸亦失而复得。

桂陵之战后,魏国一蹶不振,齐国则声威鹊起,称霸中原,孙膑亦名扬天下。

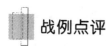
战例点评

一、齐军胜利的原因

荀子说过:"齐之技击不可遇魏之武卒。"①战国中期,魏国的实力要胜过齐国一筹,其军队也比齐军来得强大,然而齐军竟然能在桂陵之战中重创魏军,得益与齐国正确的战略方针和孙膑高明的作战指挥。

(一)抓住有利时机的战略方针

齐威王在恰当的时间表达了援救赵国的意向,使赵国下定决心抵抗魏军,拖住了魏军;及时对次要的襄陵方向实施进攻,使魏军陷入多线被

---

① 司马志编著:《荀子新解》,中国纺织出版社2012年版,第190页。

动作战的劣境;正确把握住魏、赵两军精疲力竭的有利时机,果断出击,一举获胜。

(二) 孙膑卓越的作战指挥

中国古代兵法中的一个重要命题就是"虚实"。"围魏救赵"的核心是避实击虚。"击虚"要具备两个条件,既是对方虚弱之处又是对方要害之处。去袭击对方虚弱但不是要害之处,不会对全局发生作用;去袭击对方要害但不是虚弱之处,根本就不容易打下来,反而对自己不利。通过正确分析敌我情况,孙膑选择适宜的作战方向,积极调动兵力进攻敌人既要害又空虚的首都大梁,迫使魏军返回救援,然后守株待兔,乘机打了一个漂亮的阻击战,一举获胜,从头到尾牢牢掌握住主动权,始终牵着魏军的鼻子走,牵一发而动全身。

二、魏军失败的原因

(一) 战术上墨守成规

庞涓拘泥于固定的战术原则,其想法和举动基本上都在孙膑的考虑范围之内。忽视了根据敌我情况、天气、地形等不同条件,没有采用灵活多变的战略战术,以创造有利的形势,从而达到夺取战争胜利。

(二) 作战指挥消极被动

庞涓对未来的危机预料不足,认为魏军兵多且精,军事实力明显强于齐军,想通过一次大规模会战而一决胜负。长期囤兵坚城,国内兵力空虚。战略上未能掌握诸侯列国的动向,在遇到敌军攻伐非主城时,没有判断出敌军的下一步行动。没有探察清楚就贸然追击,孤军深入,让对手牵着鼻子走,造成将士疲惫,后方空虚,终于遭到挨打失败的命运。

3. 骑兵运动战:漠北战役

漠北战役是汉武帝发动向匈奴进攻的一次战略性决战。汉武帝元狩四年(公元前119年)春,汉武帝派遣将军卫青、霍去病率领骑兵十余万、步兵数十万、预备马匹十四万,分两路深入大漠(今蒙古高原大沙漠)以北,同匈奴伊稚斜单于和左贤王率领的十万兵力决一死战。唐代诗人王昌龄在《从军行》写到:"大将军出战,白日暗榆关。三面黄金甲,单于破胆还。"①生动描写了漠北之战中大将军卫青穿过沙漠后和匈奴相遇,采用车骑协同的精彩战术,用武刚车包围匈奴,风起之时反击,大破匈奴,伊稚斜单于不敌汉军落荒而逃的场景。漠北之战是汉军在距离中原最远的战场进行的一次规模最大也最艰巨的远程奔袭战。汉军获得了战略决战的巨大胜利,歼灭与俘获匈奴军八万多人,匈奴和左贤王军所剩不过十之一二。经过此次大战,匈奴军元气大伤,匈奴部族远走漠北。从此长城内外"马牛放纵,蓄积布野",西汉政治、经济、文化、社会全面发展,迎来了一个持续的强盛时期。

 战争背景

在整个古代中国历史中,由于北方草原的游牧民族被中原富饶的农

---

① (清)蘅塘退士:《唐诗三百首》,岳麓书社2011年版,第190页。

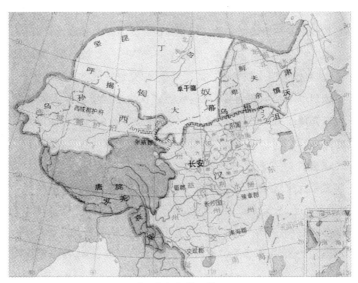

漠北战役战前形势图

业文明和肥沃的土地深深吸引,中原王朝与北方草原帝国之间长时间处于军事上的紧张关系,保护北部边疆免受游牧民族的入侵一直是中原政权的防御重心。汉高祖刘邦为了休养生息,对匈奴采取和亲政策,将宗室公主嫁予匈奴,并且每年送给匈奴大批物资,此后吕后、汉文帝、汉景帝时期一直沿用此政策,汉匈两国相安无事。

在汉武帝刘彻即位后,实行整理币制、专卖盐铁、加重商税等措施,秣马厉兵,筹集战争所需要的大量物力和财力,同时,与诸将商议对匈奴的作战方针。他认为经过多年休养,汉朝的国力已经足以解决匈奴的边患。对匈奴发起战略反击,先后取得了河南之战、漠南之战、河西之战的胜利,消灭了匈奴的右部势力之后,解除了来自西方的威胁,匈奴单于和右贤王远遁漠北,西北地区边患问题大大减轻。

但东北方向的匈奴伊稚斜单于和左贤王还拥有一定的军事实力,严重地威胁西汉北部边境的安全。就在匈奴对其右部的惨败无可奈何,对西汉王朝的打击一筹莫展之时,出现了一个人——翁侯赵信,此人是个叛徒,以前在汉匈漠南战役中投降了匈奴,深受伊稚斜单于的器重,而且还娶伊稚斜单于的姐姐为妻,被匈奴当成仅次于伊稚斜单于的显赫人物。伊稚斜单于采纳了赵信的一个建议:让匈奴退军到蒙古高原大沙漠以北地区,以此来引诱汉军进攻,等到汉军疲惫不堪的时候,再对汉军进行猛力攻击,一定会把汉军置于死地。

汉武帝元狩三年(公元前120年)秋,匈奴军分两路,每路有数万骑兵,袭击右北平(今辽宁凌源西)和定襄郡(今内蒙古和林格尔西北土城子),杀掠汉吏民一千余人而去。按照计划,匈奴将主力军撤至蒙古高原大沙漠以北地区,在那里等待长途跋涉、疲惫不堪的汉军,准备给汉军以歼灭性打击。

汉武帝认为伊稚斜单于这么信任赵信,一定认可赵信的汉军绝不敢进入大沙漠的判断。用兵讲究出其不意,应利用此时匈奴心理上的麻痹大意,抓住机会,让汉军深入漠北主动进攻。同时,考虑到汉军经过以往多次实战的锻炼,已经积累了使用大规模骑兵集团远程奔袭的作战经验。汉武帝决心向匈奴单于伊稚斜和左贤王的势力发动进攻。

汉武帝为确保胜利出击漠北,做了充分的战争准备。调集卫青、霍去病十万多骑兵集团,同时配备大量步兵和十四万匹马作为运送军用物资、军械的运输大军。汉武帝让卫青和霍去病各自率领五万人马,分路向匈奴军进攻。汉武帝计划让霍去病出兵定襄(今内蒙古和林格尔地区),集中精力攻击伊稚斜单于主力军,所以最精锐的部队尽数拨给霍去病。汉武帝没有给霍去病配副将,霍去病是个年轻有为的将领,为了有效地和匈奴作战,避免在沙漠中迷路,他任命匈奴降将归义侯复陆支和伊即轩等人为向导，随军负责宿营保障，寻找水源、草场等。霍去病兵权完全集中在自己手里，骑兵都是骁勇善战、敢于深入搏斗的精壮士兵。所以他的部队兵力集中，攻击力很强。汉武帝计划让卫青军出兵代郡（今河北蔚县境）。虽然由卫青率领的兵力相比于霍去病的东线更薄弱一些，但是汉武帝给卫青配备了久经沙场的老将李广为前将军，太仆公孙贺为左将军，主爵赵食其为右将军，平阳侯曹襄为后将军，使得西线在将领上优于东线。

作战经过

汉武帝元狩四年（公元前119年）春，卫青和霍去病接到汉武帝命令后，马上率领汉军向北行进。霍去病按计划从定襄出塞，直接攻击遇到的匈奴小股武装。他从俘虏口中得知，伊稚斜单于远在东方。汉武帝立即改命霍去病从东边的代郡出塞，而让卫青从定襄出塞，目的仍是让霍去病率精锐攻击伊稚斜单于的主力，卫青则主要应付左贤王的部属。

尽管汉武帝战前深思熟虑，但战场上的情况却出现了戏剧性的变化：两支汉军向北推进，各自搜索对手时，卫青部队碰上了伊稚斜单于的主力，而霍去病捕捉到的却是左贤王所率的人马。

一、卫青出西线（定襄）战场击溃单于

卫青出塞后，由定襄向北方向前进了一千多里，突然发现伊稚斜单于主力军正在前面准备迎战，于是卫青当机立断，迅速采取防御对策：兵分两路前进，即由李广和赵食其一起从东路出发，掩护汉军主力，等汉主力军到位后再攻击单于军的左侧背，而卫青则亲自率领汉主力军向单于军正面进击。

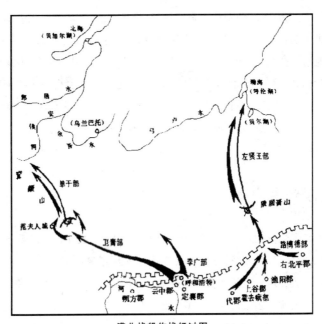

漠北战役作战经过图

卫青率军作战过程中,创造性地运用车骑协同的新战术。命令部队用重型战车即武刚车(四周及车顶以厚革皮覆盖用于防护的战车)环绕为营,扎站住阵脚,形成战车阵以掩护弓兵、弩兵与步兵免受匈奴骑兵冲锋的伤害,并发挥他们的射程与精度优势。布阵完毕,卫青即派出五千名骑兵向匈奴军进行试探性进攻,从侧翼加强阵型并除掉任何试图渗透入战车阵的匈奴兵。匈奴单于也派出万余名骑兵迎战汉军。双方开始进入僵持状态。僵持状态一直持续到黄昏,突然"大风起,沙砾击面,两军不相见"①,突如其来的沙尘暴打乱了战斗的节奏。卫青趁机派出主

---

① (西汉)司马迁:《史记·卫将军骠骑列传》,中华书局 2011 年版,第 2254 页。

力骑兵,利用能见度低、匈奴军无法辨物的时机从左右两翼迂回,将单于的阵营包围起来。伊稚斜单于"视汉兵多而士马尚强,战而匈奴不利",遂趁夜幕降临,率壮骑数百从西北方向突围逃走。天将黑,汉、匈两军仍在混战,死伤相当,这时候,汉军从被抓获的匈奴俘虏口中得知,伊稚斜单于已经在黄昏前逃跑了。于是卫青赶紧命令骑兵追赶,一直追到天亮,结果还是没有发现单于的去向。唐代诗人卢纶的《塞下曲》:"月黑雁飞高,单于夜遁逃,欲将轻骑逐,大雪满弓刀。"①正是当是汉军追击单于的写照。这时,匈奴已溃不成军了,被汉军消灭一万多人。卫青乘胜向北挺进,攻入窴颜山(今蒙古杭爱山南端分支)赵信城,缴获了大量的军用物资和军械,充实了汉军军备。撤退时,放火烧毁了剩余军资和赵信城。卫青到达漠南之后,与李广、赵食其汇合。

从东路出击的前将军李广和右将军赵食其,因东路道远,且水草少,不利于行军驻扎,迷路了,所以没有按照规定时间抵达漠北与卫青大军汇合。一直等到卫青率领汉主力军胜利回师,到达漠南时才相遇。卫青派人查问迷路的情况,曾经威震敌胆、被匈奴称为"汉之飞将军"的李广对部下说:"广结发与匈奴大小七十余战,今幸从大将军出接单于兵,而大将军徙广部行回远,又迷失道,岂非天哉!且广年六十余矣,终不能复对刀笔之吏(笔利如刀的主办文案的官吏)。"②遂拔刀自尽。右将军赵食其没有自杀的勇气。他被单独交付审判后,缴纳了一笔赎金,免去死罪,被贬作平民。

二、霍去病出东线(代郡)战场全歼左贤王

霍去病率军五万出代郡后,行动异常迅速,北进两千余里,越过大沙

---

① (清)蘅塘退士:《唐诗三百首》,岳麓书社2011年版,第244页。
② (西汉)司马迁:《史记·李将军列传》,中华书局2011年版,第2506页。

漠,与匈奴左贤王部遭遇。霍去病指挥汉军向匈奴军发动猛烈进攻,大败匈奴军,这五万汉军个个骁勇善战,合在一起如同一只巨拳,直捣左贤王的部队。左贤王从没有经历过这么沉重的冲击,还没能站稳脚跟,就被汉军打得七零八落,根本没能组织起有效的抵抗。兵败如山倒,匈奴人一看大势不好,状如惊弓之鸟,伏马落荒而逃。霍去病下令尾追掩杀。匈奴人疲于奔命,被汉军杀得人仰马翻。左贤王背信弃义,率领亲信逃跑,抛弃了苦战沙场的士兵。霍去病穷追不舍,一直追到了狼居胥山(今蒙古乌兰巴托以东)。最后,匈奴的三位亲王,以及将军、丞相、都尉等高级官员,共八十三人被霍去病俘虏。霍去病这次取得了较大的战果,一共斩杀和俘虏了匈奴七万零四百四十三人之多,左贤王的精锐部队几乎都被消灭。霍去病在狼居胥山(今蒙古乌兰巴托以东)修建了一个纪念台,同时又在姑衍山(今蒙古乌兰巴托市东郊)下,修了一个祭天台场,一是为了向匈奴示威,二也是为感激神灵的庇护,使他们连战连捷。霍去病军满载胜利的荣誉,凯旋而归。

匈奴伊稚斜单于突出汉军包围后,率领几百名亲信狼狈逃走。因为匈奴贵族统治集团十几天找不到伊稚斜单于身处何处,所以匈奴右谷蠡王乘机自立为单于。不久,伊稚斜单于才与其溃散的军队会合,右谷蠡王不得不取消自立的单于称号。

至此,惊天动地的汉匈漠北战役,遂告结束。

战例点评

漠北战役的胜利,使匈奴的主力遭到毁灭性的打击,再也不敢带领军队到大沙漠以南,自此"漠南无王庭"。稳定了广袤的北部边陲,加速了我国北部地区的进一步统一和开发。同时,漠北战役打通了到塔里木盆地及中亚的商路,匈奴控制的河西走廊归属于汉朝。从此,在从中原到中亚的丝绸之路上,西汉的外交使节和商人往来不断,丝绸之路逐渐成为中西交流的一座桥梁。

一、汉军胜利的原因

(一)正确的战略决策是胜利的前提

汉武帝是一位拥有雄图大略、积极进取精神的皇帝。在漠北决战中,他果断地采取了正确的战略决策。

汉武帝顺应历史形势的发展,适时地改变前代单纯防御的战争策略,确立了新的攻势战略思想,夺回了战争主动权,改变了西汉王朝几十年来被动挨打的不利地位。他针对匈奴的分布特点,正确地采取了各个击破的方针,制订了行之有效的战略计划。

经过河南、漠南、河西三大战役,匈奴右部被消灭,实力大大下降,而汉军正处于兵力强盛阶段。汉武帝巧妙地利用了匈奴认为汉军不能深入漠北的错误心理,决定出其不意,攻其不备。针对匈奴流动性大、机动力强的特点,汉军逐渐改取骑兵大军团远途奔袭和大迂回战法,以步兵担任保障,骑兵实施突击,充分发挥骑兵重兵集团快速机动和突击力强的特点,大胆地制定了远途奔袭、深入漠北、犁廷扫穴、寻歼匈奴主力的战略方针。在充分准备的情况下,汉武帝迅速组织东西两路大军突然北进,大胆深入,出乎匈奴意料之外,把匈奴军打个措手不及,一举获胜。

在用人方面,鉴于一些老臣宿将,如韩安国、李广等,虽然英勇敢战,令匈奴闻风丧胆,但由于多年来消极防御战略思想的影响,他们无法摆脱守边、堵击等防御战法的束缚,每出战胜少败多,不能担负指挥骑兵集团在荒漠草原地区进行大规模机动作战的重任,因此汉武帝破格地选拔了一批如卫青、霍去病等善于指挥骑兵集团行军作战的年青将领。这些年轻的将领们不负众望,在残酷的实际作战中积累了战斗经验,提高了指挥才能,承担起打败匈奴的重任。

(二)充分的作战准备是胜利的保证

为了贯彻主动进攻的攻势战略思想,汉武帝还进一步大力建设骑兵部队,提高了汉军在荒漠中行军作战的机动能力和攻击力。汉军充分进行战前准备,除集中全国最精锐的骑兵和最优秀的战将投入战斗外,还调集大批马匹与步兵运送粮草辎重,以解决远距离作战的补给问题。以"私负从马十四万匹"随军驮运补给,私负从马,既是粮驮,又是预备战马,马肉在必要时还可作为军粮。以数十万步兵转运辎重,不仅成为随军兵站、移动基地,而且成为骑兵兵团的前进据点,使骑兵兵团进有支援,退有所据。

(三)灵活的战术指挥是胜利的关键

卫青、霍去病不负重托,充分领会了汉武帝的攻势战略思想,创造性地从根本上解决了前人不曾、不敢涉足的难题,如大量的汉骑兵远赴沙漠荒原作战的一系列战术、指挥、补给等问题。每次出战都表现出主动进攻、大胆果决的积极进取精神,在实战中,他们都能充分发挥骑兵的特长,敢于快速冲击、远程奔袭、大范围迂回包围,以正面的连续冲击,配合两翼包抄,猛冲猛打,摧毁敌军的抵抗。特别是卫青,在遭遇单于主力后,机智地运用了车守骑攻、协同作战的新战术,先借助战车的特性迅速对敌形成有效的防御,使自己立于不败之地。继而发挥骑兵迅速机动的攻击能力,先试探性进攻发现敌之薄弱部位,再以主力迂回包抄敌军的两翼。既充分发挥了骑兵的迅速机动的进攻能力,又利用了战车的防御能力,将攻防完善地结合于一体,一举击溃单于的主力,显示出其战役指挥方面的优异才能。由于他们的出色指挥,使汉军跋涉千里而攻势不减。

(四)顽强的战斗精神是胜利的基础

漠北地区水源稀少,植被稀疏,飞鸟难至,人烟断绝。深入大漠以北作战,对汉军来说,会遭遇到诸如:昼夜温差大,地形单调,容易迷失方向等许多意想不到的困难。就是匈奴的军队对深入沙漠也感到害怕。沙漠环境对士兵的体能和士气是很大的挑战,没有骁勇善战、吃苦耐劳的战斗精神,是绝难取胜的。在这场战役中,卫青和霍去病两位将领表现出坚毅的作战决心和成功的作战指挥艺术。虽然卫青带领的并不是汉军最精锐的部队,但是当卫青率领的西路军发现伊稚斜单于在自己正前方时,他当机立断亲自率领主力军快速进攻,命令李广、赵食其从侧翼迂回,而且当得知伊稚斜单于偷偷逃跑,卫青还是率领军队穷追猛打,结果伊稚斜单于被打得十几天不知所踪。年轻的将领霍去病更是顽强,打得左贤王军队落花流水,把左贤王八万多士兵几乎消灭,追击敌军到狼居胥山才胜利而归。

另外,在外交上,汉武帝派彭吴联络貊,以阻止匈奴向东发展,派张骞通西域,与西域诸国建立友好关系,以切断匈奴右臂。经济上,发展生产、实行盐铁官营、酒类专卖,整顿币制和税收等,都为打败匈奴提供了有利的条件。

二、匈奴军失败的原因

(一)逆历史潮流而为,不得民心

社会历史的发展浩浩荡荡,顺之者昌,逆之者亡。汉武帝时期,西汉早已进入封建社会,代表的是先进的生产力。而匈奴还处在奴隶制社会,对西汉边境地区的长期进行掠夺,阻碍了北部地区的经济发展,给百姓安居乐业带来了极大的破坏。它代表着落后的生产力,必然走向失败。

(二) 轻敌思想严重,未做充分的准备

匈奴军对漠北决战,虽有一定准备,但轻敌思想严重,在战略上轻视西汉,未做充分的策划和准备。匈奴无视西汉几十年经济发展所积累的雄厚财力,以及西汉骑兵部队的迅速发展和战略战术的改变,自以为蒙古大沙漠是他们天然屏障,汉军不可能远赴漠北作战,即使汉军进入漠北,一定早已疲惫不堪,毫无战斗力。幻想不劳而获将汉军一举击灭。仅以部分兵力待命漠北,思想和物资准备均不足,加之各部之间没有很好地协调配合,因此处处被动,不仅丧失了战争主动权,而且在汉军的连续打击下,连战连败,主力损失殆尽。

4. 以小击大：官渡之战

东汉献帝建安五年（公元200年），曹操率领军队在官渡（今河南中牟东北）地区击败了袁绍军队的进攻。在这场战役中，曹操表现出卓越的军事才能，他知人善任、足智多谋。运用攻守相济、巧施火攻等战术，随机应变，屡出奇兵，最后以少胜多、以弱胜强、大胜袁绍。在《中国革命战争的战略问题》一文中，毛泽东同志称官渡之战是"双方强弱不同,弱者先让一步,后发制人,因而战胜"①的著名战例之一。官渡之战是一次关键性的战役,它决定袁曹双方力量转变的方向、促使中国北部由分裂走向统一。

 战争背景

东汉末年，朝政腐败，外戚宦官专权，天灾人祸不断，终于酿成黄巾农民大起义。虽然黄巾农民大起义最终被镇压，但是这场轰轰烈烈的农民起义无形中摧毁了东汉地主阶级的统治。因为在镇压黄巾农民大起义的过程中，地方的各个州郡官员独自揽括了军事政治大权，地主豪强也乘机组织"部曲"，搞私人武装，占据地盘，形成大大小小的割据势力。

---

① 王子今著：《历史学者毛泽东》，西苑出版社2013年版，第141页。

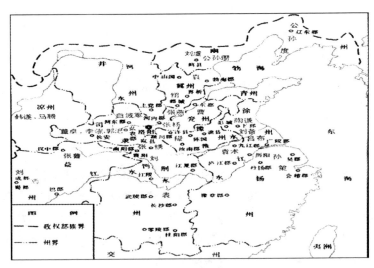

官渡之战战前形势图

袁绍占据河北、曹操占据兖豫、孙策占据江东、张杨占据河内、刘表占据荆州、吕布占据徐州、袁术占据扬州、张绣占据南阳、公孙瓒占据幽州。腐朽不堪的东汉政权分崩离析,名存实亡。

这些割据势力为了争权夺利、互相兼并,中原地区常年沦为战场,"白骨露于野,千里无鸡鸣",东汉末年的社会一片凄惨景象,民不聊生。

在各个割据势力的连年相互征战过程中,袁绍、曹操两大政治军事集团脱颖而出,不断壮大。一开始,袁强曹弱。首先,袁绍掌握的兵力达到十万以上,远远超过曹操。其次,袁绍根本没有后顾之忧,其占据的河北地广人众,而曹操则是四面受敌。但是,当时曹操的呼声却很高,很多人都很看好曹操,诸如曹操的谋士荀彧、郭嘉,张绣的下属贾诩等人,他们认为袁绍外表看上去好像宽厚仁慈,其实内心十分猜忌,虽然有谋略,但是做事优柔寡断,无法成大器。他们坚信局势会向着有利于有胆识和谋略的曹操变化。

建安元年（公元196年），曹操为了取得政治上的优势，把东汉的汉献帝挟持到许昌，形成"挟天子以令诸侯"的局面。建安二年（公元197年）春，袁术在寿春（今安徽寿县）称帝。曹操马上以"奉天子以令不臣"的名义，乘机讨伐袁术，最终把袁术的割据势力歼灭。建安三年（公元198年），袁绍击败公孙瓒，把青州、幽州、冀州、并州收入囊中。十月，河内郡太守张杨欲出军救援吕布时却为部下杨丑所杀，曹操解除进攻徐州吕布的后顾之忧；十一月，吕布被曹操消灭。建安四年（公元199年），张杨旧部睦固杀杨丑，欲北投袁绍，曹操派史涣、曹仁击破睦固，取得河内郡，把势力范围扩张到黄河以北。六月，袁术病死，十一月张绣听从贾诩的劝告，归降曹操。此时，中国北方大致形成了袁绍与曹操两大政治军事集团，决战势所难免。袁绍拥兵数十万，占据了黄河以北的幽、冀、青、并等州郡，处于进可攻、退可守的有利地位。曹操则占领了黄河以南的衮、豫、徐等州郡，但曹操只有数万兵马，所处的地理位置又易攻难守，且后方很不巩固，荆州的刘表、江东的孙策、南阳的张绣仍与曹操为敌。所以总体作战形势利袁而不利曹。

 作战经过

建安四年（公元199年）六月，袁绍派遣精锐部队十万，带着上万匹的战马，南下进攻许昌，官渡之战拉开了序幕。袁绍举兵南下的消息传到许昌，曹军上下多数人认为袁军十分强大，无法与袁军相抗衡。但曹操却说："吾知绍之为人，志大而智小，色厉而胆薄，忌克而少威，兵多而分画不明，将骄而政令不一，土地虽广，粮食虽丰，适足以为吾奉也。"决定以所能集中的数万兵力抗击袁绍的进攻。

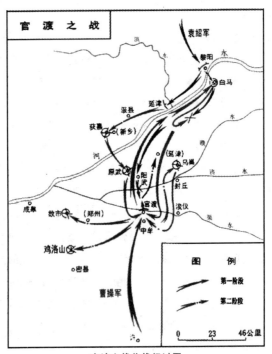

官渡之战作战经过图

同年十二月,正当曹操积极部署对袁绍作战计划的时候,刘备起兵反对曹操。刘备杀了曹军的徐州刺史车胄,占领下邳,屯兵数万人在沛县(今江苏沛县),打算和袁绍联合,攻打曹操。曹操分析了眼前的形势,认为"夫刘备,人杰也,今不击,必为后患。袁绍虽有大志,而见事迟,必不动也"。① 遂于建安五年(公元200年)正月,率领军队东征,目标直指刘备。一路上,曹操轻而易举地占领了沛县,收复徐州,转攻下邳,还逼迫

---

① (西晋)陈寿著,杨明译注:《三国志译注·武帝纪》,上海三联书店2013年版,第28页。

关羽投降。果然不出曹操所料，面对来势汹汹的曹操，袁绍迟疑不决，没有对刘备及时伸出援助之手，结果刘备全军溃败，仅带少数兵马逃往河北投奔袁绍去了。接着，袁绍发布讨曹檄文，官渡之战正式打响，一共分为四个阶段：

一、交锋阶段

建安五年（公元200年）二月，袁绍决定先发制人，主动出击，亲自率领大军向黎阳进军，打算渡过黄河和曹操一决胜负。袁绍安排郭图、淳丁琼、颜良进攻东郡太守刘延驻守的白马，希望夺取黄河南岸的战略要点，以保障袁军主力顺利渡过黄河。驻守白马的刘延掌握的兵力十分微弱，只有三千人，被颜良的军队围困，情况紧急。四月，曹操决定率兵救刘延。他采纳谋士荀攸的建议，运用声东击西的战术解白马之围。袁绍军队人数众多，首先分散袁军的兵力，曹操装出要渡过黄河攻打袁军后方，迫使袁绍分出一些兵力向西行进到延津。然后攻其不备，曹操派遣张辽、关羽为前锋，带领骑兵迅速袭击进攻白马的袁军，关羽迅速迫近颜良军，颜良仓促应战被斩杀，袁军溃败，白马之围被解。不甘失败的袁绍派大将文丑渡过黄河追击曹军，袁军抵达延津南。此时曹军只有骑兵五百余骑，危急之中，曹操命令骑兵解鞍放马，又将军需物品丢弃在袁军来的路上。袁军一见果然中计，见到曹军丢弃的马匹、军需物品后，你争我抢，乱作一团。曹操见此，命其五百多骑兵立即上马，向袁军冲杀，袁军顿时溃败，大将文丑被斩首。颜良、文丑都是河北名将，却被一战而斩，袁绍军队的锐气被挫伤。袁绍下令退军阳武。曹操顺利退回官渡。

声东击西，攻其不备，打了袁绍一个措手不及，不仅解了白马之围，还折了袁绍两员大将，曹军可以说是初战告捷。

二、相持阶段

袁军初战失利,但兵力仍占优势。袁绍的下属沮授主张持久作战,但是该建议没有得到袁绍的采纳。建安五年(公元200年)七月,袁绍率领军队向阳武(今河南中牟北)进军,准备南下进攻许昌。同年八月,袁军主力接近官渡,在沙堆上安扎为营,东西数十里。曹操也驻营与袁军对峙。同年九月,曹军发起攻击,当时曹操兵不满一万,且十有二三为伤兵,与袁军交战不利,退回营垒坚守。袁军见此,便堆起土山,筑高橹,用箭俯射曹营,使曹军士兵只能蒙盾而行。就在这个时候,曹操的谋士刘晔发明了一种抛石装置的霹雳车,曹操把这一产品运用到战场上,霹雳车射发出来的石头击毁了袁军所筑的楼橹,扭转了曹军被动的局面。袁绍又命令士兵挖地道袭击曹军,曹军也针锋相对,在营内掘地壕以对抗,堪称古代的地道战。双方相持三个月,曹军粮草快要用完了,士兵也十分疲劳,曹操几乎失去了坚守的信心,他开始顶不住了,心生撤军的想法。一日见运粮士兵疲于奔命,于心不忍,不禁脱口而出,"却十五日为汝破绍,不复劳汝矣"!曹操写信给荀彧,商议要退守许都,荀彧回信,回信大致内容是:袁绍的主力军在官渡集中,想要与曹操一决胜负。曹操可以乘机以弱胜强,这样的机会很难得,而且这是决定天下大势的关键所在。当年楚、汉在荥阳、成皋之间,刘邦、项羽没有人肯先退一步,以为先退则势屈。现在曹操要以一当十,扼守要冲而使袁绍不能前进,已经半年了。情势已然明朗,绝无回旋的余地,不久就会发生重大的转变。这正是出奇制胜的时机,千万不可坐失。于是,曹操一方面下定决心坚守阵地,加强防守,命令负责运输的部队采取十路纵队,缩短后勤补给的前后距离,并用两列阵,加强护卫,防止袁军突然袭击;另一方面积极寻求和捕捉战机,企图突围,击败袁军。不久曹操又闻袁绍的几千车军粮即将运至官渡大营,他立刻派大将徐晃、史涣截击,将袁军粮草全部烧毁,增加了袁军的补给困难。双方相峙月余,曹军粮草将尽,士卒疲乏,于是曹操寻机与袁绍决战。

三、转折阶段

同年十月,袁绍命令将领淳于琼率领士兵上万人护送车辆运送粮草,并把粮草囤积在故市(今河南延津县内)和乌巢(今河南延津东南),这两个粮仓大约距离袁军大营以北二十公里的地方。谋臣许攸建议袁绍派轻骑趁夜突袭许昌,袁绍不予采纳。恰这时许攸家中有人犯法,被其政敌审配扣押。许攸一怒之下,投奔曹操,告诉曹操袁军辎重万余乘在故市、乌巢,守备不严,建议曹操率领骑兵突然袭击乌巢,烧掉袁军的军需,袁绍将不战而败。曹操当机立断,马上行动,他命令曹洪、荀攸守营垒,亲自率领五千人,连夜出发,一路扮着袁军,冒用袁军旗号,衔枚缚马口,每人带一束柴草,骗过袁军哨卡到达乌巢后,即围住粮囤放火,及至天明。淳于琼才见曹军兵少,于是出垒迎战。曹操挥军冲杀,袁军抵挡不住,被迫推回营垒坚守。袁绍获知曹操袭击乌巢后,一方面派轻骑救援,另一方面命令张郃、高览率重兵猛攻曹军大营。可是曹军大营十分坚固,根本攻打不下。当曹军快速攻打乌巢淳于琼的营地时,袁绍增援的部队已经迫近。曹操鼓励士兵决一死战,全军士气大增,大破袁军,杀了淳于琼,并且将袁军的粮草全部烧毁。袁军战败的消息传到袁绍耳中,谋士郭图进谗言陷害张郃、高览,张、高二人获知后方有变,于是投降曹操,导致了军心动摇,内部分裂,大军崩溃。袁绍及其儿子袁谭只带了八百余骑,仓皇逃往河北。官渡之战最终以曹军胜利袁军溃败而结束,袁军死伤无数,被曹军歼灭和坑杀有七万余人。这一仗以后,袁绍集团一蹶不振。

 战例点评

经过一年多的对峙,以曹操的全面胜利而结束官渡之战。袁军十万兵力被曹操以两万左右的兵力击败,真可谓出奇制胜。使曹操最终在黄河中下游流域(当时中国最繁荣、文化最发达的地区)奠定了他无可争辩的统治地位,为统一北方奠定了坚实的基础。

战争的胜负取决于双方政治、军事、经济等各方面因素。官渡之战就是曹操政治军事集团和袁绍政治军事集团在政治、军事、经济等方面的较量。

一、曹军胜利的原因

诸葛亮在《隆中对》曾提到:"曹操比于袁绍,则名微而众寡。然操遂能克绍,以弱为强者,非惟天时,抑亦人谋也。"[1]在官渡之战中,袁绍在人力物力上明显占上风,而曹操却能以劣势战胜对优势。曹操是如何取得战役胜利的呢?其取胜之道值得后人很好地深思:

(一)实现政治资源的整合

自董卓之乱以后,中国的政治资源就分散了。军队和财政落到了各地方势力的手中,但威望和人事权依然掌握在中央政府手里。实现政治资源的整合是当时政坛力量组合的关键。中央政府与地方势力的联合,当然是实现这一整合最直接的手段。曹操在政治上"挟天子以令诸侯",使自己处于有利的政治地位;抑制豪强,得到中小地主阶级的拥护;注意网罗人才,得到地主阶级知识分子的拥护;同时曹操是一个懂得运用人

---

[1] (西晋)陈寿著,杨明译注:《三国志译注·诸葛亮传》,上海三联书店 2013 年版,第 237 页。

才的人才,能接纳他人之言。采用了刘晔、荀攸、荀彧、许攸等人献上的计谋,官渡之战才化险为夷。

（二）强健有力的后勤保障

后勤是一支军队的生命线,特别是在一场旷日持久的战争中,后勤几乎成了决定战争胜负的关键性因素。曹操在经济上实行屯田制,不仅有效地解决了军用粮草的供应,而且促进了社会生产力,安定了人民的生活。史书上多次出现曹操"粮少"、"粮尽"的字样,似乎曹操的粮食问题十分严重,但曹操的缺粮只是暂时性的接济不上,在采取了措施（如向兖州方面也下达运送粮食的任务）后,情况很快就改善了。曹操从一开始就把击败袁绍的希望放在打击袁绍的经济支持力上,他乘袁绍尚未南下的空隙破坏了青州,又在袁绍主力东向时打了袁绍在黄河沿岸的物资屯聚地;在与袁绍正面对抗中,他也一直捕捉着打击袁军运输车队的战机,并屡屡得手。最后,仅仅是由于袁绍的粮草匮乏,才赢得胜利。

（三）动员起全部力量投入战场

正所谓兵不在多,在乎能否调遣。曹操的周围有很多敌对势力,曹操在进行军事部署时是十分慎重。他搜罗了可以搜罗到的几乎全部兵力投入战场,真正把这场战争当做是一场决定双方命运的战略决战来准备的。由于袁绍的力量远优于曹操,各地官员对这场战争持观望态度,对曹操征调物资、人员的命令软顶硬磨。尽管曹操名义上拥有兖、豫、徐三州,但真正可以依靠的作战基地只有颍川一郡。曹操几乎把颍川所有壮年男子都征调上了前线。二十多年后,当上了皇帝的曹丕回忆道:"官渡之役,四方瓦解,远近顾望,而此郡（指颍川）守义,丁壮荷戈,老弱负粮……天以此郡翼成大魏。"①他下诏免除颍川一年的田租以为表彰。从史书中的记载来看,参加官渡作战的将领有曹仁、曹洪、夏侯渊、张辽、于禁、乐进、史涣、徐晃、许褚、张绣,后期还有李典,几乎囊括了曹军中所有重要的将领。只留下程昱、夏侯惇两支部队维持后方的安全,竭尽可能动员起全部力量投入战场。他起家的地方鄄城正处于袁绍的打击范围之内,守将程昱只有七百人的治安部队,曹操要给他增兵两千,但程昱宁肯自己承担风险,也要让曹操多保留两千人员用于主战场官渡。

(四)防御作战中被动力争主动

袁军拥兵十万,而曹操只有两万,双方力量悬殊。基于兵力考虑,曹操放弃分兵把守黄河南岸的策略。而是集中优势兵力,重点设防黄河要隘,以逸待劳,后发制人。而且,在实际防御作战中,曹操随机应变,指挥灵活,能从被动中力争主动。

1. 战前部署得当

争取战略上的主动,是曹操一向秉承的方针。战前,曹操作出以下部署:一方面,由于千里黄河多处可渡,袁绍兵多而曹操兵少。如果分兵把守,只会使已处于劣势的兵力更加分散。况且防不胜防,根本无法阻止袁军南下。所以曹操派遣将领臧霸率领精锐部队从琅玡(今山东临沂北)出发进入青州,占领齐(今山东临淄)、东安(今山东沂水县)、北海(今山东昌乐)等地,牵制袁绍,巩固右翼,防止袁军从东面袭击许都。同时,曹操率领军队进入冀州黎阳(今河南浚县东、黄河北岸),命令将领于禁率领两千人屯守黄河南岸的重要渡口延津(今河南延津北),协助白马(今河南滑县东、黄河南岸)的东郡太守刘延,阻滞袁军渡河和长驱南下。另一方面,由于官渡地处鸿沟上游,鸿沟运河东下淮泗,西连洛、巩、虎牢

---

① (西晋)陈寿著,杨明译注:《三国志译注·武帝纪》,上海三联书店2013年版,第51页。

要隘,是许都北面和东面的屏障,是袁绍夺取许都的必争之地。加上官渡靠近许都,后勤补给比较方便。所以曹操安排主力军在官渡(今河南中牟东北)一带筑垒固守,以阻挡袁绍从正面进攻。同时,曹操派人镇抚关中,拉拢凉州,以稳定翼侧。

2. 用持久战拖垮袁绍

曹操战役构思的重点就放在用持久战拖垮袁绍上,并从半年前就发起了一连串预备战役。第一步,他乘袁绍刚刚击败公孙瓒,正在补充休整的时机,于建安四年(公元199年)八月率军进至黎阳,派臧霸攻略青州,将黄河北岸相当范围的地域变成一片无人区,使袁绍在那里不可能取得任何补给。第二步,他于九月命于禁带领二千步兵以延津为中心沿黄河布防;另派出有力一部屯官渡,构成一个前轻后重,有一定纵深的防御体系,自己则带着主力回到许县,打算在许县城下进行决战。

3. 善于捕捉战机,果断施行

当庐江太守刘勋因受到孙策的逼迫而投降了曹操,直接威胁其后背的张绣也投降了,于是在孙策与曹操之间建立了一个缓冲地带。在曹操的侧翼只有一个刚刚反叛的刘备。于是曹操改变作战方案,再次亲率主力返回官渡,准备在更靠前的地方寻找战机,打败袁绍。曹操的这一兵力调动产生的一个副产品是造成了刘备的错觉,使他放松了对曹操的警惕,结果当曹操突袭徐州时把刘备打了个措手不及。他用"声东击西"的奔袭战术全歼白马的攻击部队;又用伏击战消灭了追击的骑兵。黄河一线的防御作战取得了出乎意料的成功。

二、袁军失败的原因

反观袁绍,官渡之战的失败有其必然原因:

(一) 政治集团内部不和

袁绍认为:"汉室陵迟,为日久矣,今欲兴之,不亦难乎!且今英雄据有州郡，众动万计，所谓秦失其鹿，先得者王。若迎天子以自近，动辄表闻，从之则权轻，违之则拒命，非计之善者也。"①政治上与汉献帝疏远，与地主豪强紧密勾结。纵容地主豪强，任意搜刮人民，抢夺百姓手上仅有的土地，不得民心。袁绍统治集团内部矛盾重重，袁绍骄傲轻敌，刚愎自用，不能采纳属下的正确建议，迟疑不决，一再丧失良机。

（二）后勤保障工作草率

在官渡之战中，袁绍对后勤工作表现出一种不可理解的忽视，后勤工作十分草率。曹操的兵力远较袁绍为少，运输线远较袁绍为短，曹操尚且感到了极大的后勤压力，袁绍的压力理应更大，可我们却在史书中找不到袁绍认为自己粮食不足的判断。在战争准备阶段，袁绍按照"兵马未动，粮草先行"的原则，向黄河前线运送战争物资。但似乎没有想到，敌人会对此采取阻挠措施。他把物资的屯集地过分地前靠，紧挨着黄河边；防御松懈，守备兵力既薄弱又分散，以至于禁、乐进所部发起一次进攻就轻易地占领了。

当兵进黄河岸边后，面对自己主动采取的持久战略，他似乎仍然没有把后勤保障工作放到重要的位置上，在阳武的四个月时间里，他没有采取有力的措施加强自己的物资储备。当物资耗尽，必须从后方前运时，他又先是派"锐而轻敌"的韩猛押运，结果被徐晃、史涣刧走粮草数千车。后来又派淳于琼（接应）运粮，但却没有放出警戒，听任其孤军在外，又被曹操偷袭成功。从淳于琼遭劫后袁军立即土崩瓦解来看，袁军盼望着救星淳于琼，因此才会在得知淳于琼覆灭后，立刻崩溃。

（三）没有动员起全部力量投入战争

袁绍的战略地位无疑要优越得多，但这一战略优势由于袁绍的轻

---

① （西晋）陈寿著，杨明译注：《三国志译注·袁绍纪》，上海三联书店2013年版，第105页。

敌,而没有充分动员全部力量。按当时的"部曲制"兵制,袁尚和高干所部全都没有参战,幽、并二州的战争力量事实上并没有被动员起来,投入与曹操的较量。从官渡之战后不久,袁绍死去,他的几个儿子相互之间发生内讧,各自都有一支相当可观的军事力量。这样庞大的部队当然不可能全都是官渡之战后在短期内招募的。可见他们没有参加官渡之战,所以才得以保存下来。

(四)战略十分拙劣

从实战经过看,袁绍在对官渡发起为时近两个月的攻坚战中,还是表现了相当的战斗力的,特别是采用了"起土山"、"挖地道"这样一些"上天入地"的立体进攻战术,给予曹军将士极大的心理震撼,甚至连曹操也一度决心动摇,准备放弃官渡,退保许县。但袁绍的战略是十分拙劣的。

1. 面对战机,迟疑不决

正当曹操和刘备打得不可开交的时候,袁绍的谋士田丰就曾建议袁绍要"举军而袭其后",主动进攻曹操。但袁绍用儿子生病作为借口不予采纳,无形中促成使曹操一帆风顺地击败刘备回到官渡,失去夹击曹操的千载难逢的机会。

2. 策略的失误

在袁绍看来只要能成功地突破黄河天险,在他优势兵力的打击之下,曹操一定会溃不成军。袁绍的企图是以攻击白马为诱饵,吸引曹操主力东向,争取歼敌一部,而后进军至黄河一线,通过宽正面的机动,突破黄河防线,进逼许县。主力侧敌行动,去进攻一个毫无战略价值的白马,当然会被曹操调动而遭到失败。

3. 消极进攻

作为在敌人的势力范围内进行进攻作战的一方,保持进攻的势头是很关键的。一旦停止进攻,只会对防守方有利。袁绍却毫无作为地在黄河一线停留了四个月之久,结果,还没有拖垮曹操,自己先耗不起了,不得不又重新发起进攻。在运粮车队多次遭刧后,由于供应即将中断,全军士气涣散,逃的逃,降的降,大势去矣!

4. 将帅傲慢无知

保护粮草在战争中是件大事。军中一日无粮草,大军就有崩溃危险。傲慢的淳于琼轻率地领兵出战,而不是就地坚守,是一个致命的战术错误,终致粮草被烧,后路被抄,军心动摇,内部分裂,全军溃败。

5. 以少胜多：赤壁之战

赤壁之战是东汉末年军阀混战中，孙权、刘备联军在长江赤壁（今湖北蒲圻西北）大败曹操军队的著名战略性决战。此战自东汉献帝建安十三年（公元208年）七月始至公元209年十二月结束，历时近一年半。曹军参战兵力二十余万，号称八十万，孙刘联军参战兵力五万余人，结果曹操集团军败北。这是中国历史上以少胜多的著名战争之一，包含多种作战形式，诸如：野战、攻城、追击、遭遇、火攻、退却、水战等。此役标志着群雄混战结束，进入了三国鼎立的初始形成阶段。《三国演义》一书中"刘豫州败走汉津口，鲁肃来夏口吊刘表之丧"、"诸葛亮舌战群儒"、"孔明用智激周瑜"、"群英会蒋干中计"、"用奇谋孔明借箭"、"庞统巧授连环计"、"锁战船北军用武"、"七星坛诸葛祭风"、"关云长义释曹操"都是描述赤壁的战事。

 战争背景

官渡之战后，曹操挥帅平定辽东地区的乌桓势力，统一了北方地区。心怀"天下混一"理想的曹操，企图先灭刘表于荆州，追歼刘备于樊口，再顺长江东进，击败孙权，以统一天下。于是他挥鞭南征。建安十三年（公元208年）正月，曹操回到邺城（今河北临漳西南）后开始为南征做好军

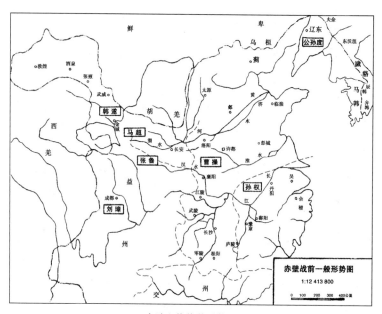

赤壁之战战前形势图

事和政治上的准备。军事上：一方面，准备南征。曹操派遣张辽、乐进等驻兵许都以南，还建造玄武池训练水军；另一方面，为了解除后顾之忧，对可能动乱的关中地区采取安抚政策，上书汉献帝封马腾为卫尉，封马腾的儿子马超为偏将军，代替马腾统领部队，命令马腾和家属迁至邺作为人质，以减轻西北方向的威胁。政治上：一方面，自任丞相，巩固自己的统治地位；另一方面，排除异己，维护自己的政治权威，捏造罪名杀了多次戏侮和反对自己的政敌孔融。万事俱备，只欠东风。一切准备就绪后，曹操紧擂战鼓，带领大军浩浩荡荡地直扑南方。

当时，南方的主要割据势力有两个：一是拥有扬州六郡、立国三世的东吴孙权政权。东吴政权是曹操吞并天下的主要障碍。经济上，东吴地区土地肥沃、物产丰富,战乱较少,同时南迁的北方人给当地带来了先进的生产技术,使东吴的经济如虎添翼。军事上,孙权在周瑜、程普、黄盖等著名将领辅佐下,拥有精兵数万,统治阶级内部十分团结,加上又占据长江天险。另一个主要割据势力是荆州的刘表政权。刘表是汉朝皇帝的同宗。他在汉末有些名望,但缺乏政治才干,处事懦弱,再加上年老多病,没有什么作为,基本上采取了维持现状的政策。刘表政权十分不稳固,刘表的两个儿子刘琦和刘琮因为争夺继承权闹得不可开交。

至于刘备,在当时还没有自己稳固的地盘。他原来依附袁绍,官渡之战后投奔刘表。刘表让他屯兵新野、樊城一带,作为自己阻止曹军南下的门户。刘备虽然力量弱小,但是野心不小,他索号"枭雄",志在"匡复汉室",所以就趁着这一机会积极整训军队、网罗人才,不断扩展力量,准备等待机会,独创局面。他这时拥有诸葛亮、关羽、张飞、赵云等谋士猛将,是曹操吞并天下的又一重要障碍。

作战经过

一、曹操夺占荆州(公元208年7月至8月)

建安十三年(公元208年)七月,曹操采纳了谋士荀彧"显出宛、叶而间行轻进,以掩其不意"的策略,亲自率领十余万大军南征荆州。荆州(今湖北襄樊市内)历来为兵家必争之地,荆州物产丰富,地处长江中游,是南北交通要道。占据荆州,既可以顺江东下,从侧面打击东吴,又能够控制湖北、湖南地区,向西进军还可以夺取富饶的益州(今四川)。曹操以一部分兵力向叶县、宛城(今河南南阳)方向佯动,牵制刘表的军队,主力部队则向新野方向,兵锋直指荆州、襄樊。

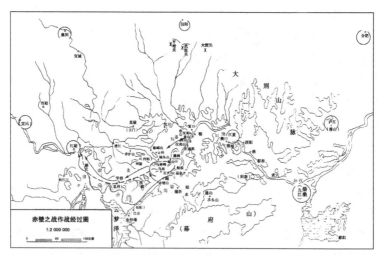

赤壁之战作战经过图

八月,荆州牧刘表病死,其次子刘琮继位。面对曹操的进攻,在蒯越与傅巽等人的劝说下,无能的刘琮惊慌失措地偷偷投降了曹操,却没有通知屯兵于樊城前线一直在准备抵御曹军的左将军刘备。刘备直至曹操大军已经到达宛城的附近时才意识到刘琮已向曹操投降,于是派人询问刘琮,这时刘琮才派宋忠告知刘备,刘备既惊骇又气愤,为避免陷入孤立,只好立即弃樊南逃。

刘备急忙率领部队退向军事重镇江陵(今属湖北荆沙)。由于刘备深得人心,刘琮的手下和荆州的很多百姓都要追随刘备逃走。刘备只好带上这些手无寸铁的群众,结果行军速度大大减慢,只能日行十多里。当时,有人劝刘备留下民众,先攻占江陵(南郡治所),因为此时的江陵贮藏着大量的粮草和兵器。但是刘备不愿意,刘备回答说:"要成就大事,必须以人为本,现在百姓愿意跟随我,我又怎能忍心丢开他们不管呢!"但是当时的情况十分危急,刘备决定派遣关羽带领水军一万人,先由水路乘船退往江陵,等候在那里会师。曹操听到了刘备南走的消息,十分着急,因为江陵是兵力和物资的重要补给基地,曹操很怕它落入刘备之手。于是曹操率领军队到达襄阳,然后委任将领乐进驻守襄阳,委任将领徐晃驻守樊城,最后曹操亲自和曹纯以及荆州降将文聘等精锐骑兵五千追击刘备。当刘备率领军民退到当阳(今湖北当阳东)东北的长坂时,曹操的骑兵从背后赶到。当时刘备虽有十多万众,辎重数千,但能作战的士兵很少。刘军匆忙应战,被曹军打得大败。至此,刘备不得不放弃原来退往江陵的计划,也不再顾及随从的军民了,甚至自己的妻儿也落下,仅仅同诸葛亮、张飞、赵云等几十名骑兵改向侧面的汉水撤退突围,在与关羽、刘琦等属下会合后,退守长江南岸的樊口(今湖北鄂城西北)一线。在荆州的战役中,刘备的亲信表现出异常地勇敢、机智和忠诚,如:赵云重新杀回把刘备的妻子甘夫人和刘备的儿子刘禅救出,并保护他们撤退。张飞只率领二十个骑兵负责断后,大喊"身是张翼德也,可来共决死"!结果,曹军怀疑有埋伏,紧急退兵,张飞乘机拆桥,刘备得以安全逃脱。

曹操返回后放弃追击刘备,继续南下,占领江陵。曹操占领江陵后,立即采取安抚政策,大力宣传荆州人民的"服从之功",任用荆州名士,诸如韩嵩、蒯越、邓羲等人,大力分官加爵,被封侯者就有十五位,诸如江夏太守文聘、蔡瑁从事中郎等。

在出征荆州之初,益州的刘璋派遣属下阴溥向曹操投降。占领荆州之后,曹军实力大增,俘虏八万余人,缴获千艘战船和大批物资。此时的曹操春风得意,踌躇满志,希望乘胜顺流东下,一举消灭东吴孙权,占领整个长江以东地区。虽然谋士贾诩建议曹操要暂时休养生息,利用荆州的丰富资源,巩固政权,然后以更强大的攻势击败孙权。可是曹操求胜心切,根本听不进去,仍坚持己见,以投降过来的荆州水军作水战主力,准备东征。

二、孙刘联合抗曹（公元208年9月）

建安十三年（公元208年）春，孙权占领了刘表部将黄祖守卫的江夏，打开了西入荆州的门户，伺机吞并荆襄，孙权势力不断壮大。听到曹操南下和刘表病死的消息后，孙权手下的鲁肃就对孙权说："荆州紧挨着我们的边境，形势险要，土地肥沃，百姓富足。如果占有了它，就可以创立帝王的事业。现在，刘表刚死，两个儿子不和，部下也各有打算。刘备是个了不起的人物，同曹操有仇。如果刘备同刘表的部下能够齐心协力，我们就应该联络他们，结成同盟。如果他们不能团结，我们就应该另外想办法去对付他们。"鲁肃还说："事情不能拖延。如果不赶快进行，恐怕曹操就要走在前头了。"孙权接受鲁肃的建议以为刘表吊丧为借口派遣鲁肃前往荆州去探听刘备等人的意向及消息。如果刘备和刘表的儿子合作得好，就联合他们共同抗曹。否则就利用他们之间的矛盾，夺取荆州，不让曹操抢先占领。

鲁肃还没到荆州，才刚刚到达南郡，刘琮投降和刘备南逃的消息就传开了。鲁肃马上赶到当阳长阪和刘备见面，劝说刘备与孙权联合。刘备采纳了鲁肃的建议，转向东行，并决定派诸葛亮和鲁肃一同前往柴桑（今江西九江西南）面见孙权，与从汉水东下的关羽率领的水军会合。这时候，碰巧江夏太守，即刘表的长子刘琦带领一万余人前来增援，于是大家一起撤退到长江东岸的夏口。

当时孙权也不愿以"全吴之地，十万之众"受制于曹操，但对刘备的力量有怀疑，对曹操的声势有顾虑。诸葛亮到达柴桑后，感觉到孙权的顾虑。为了坚定孙权抗击曹操的决心，诸葛亮分析肯定了刘备的实力："刘备最近虽兵败长坂坡，但是尚拥有水陆2万余众的实力，有能力与曹操作战。"①接着又分析总结曹操的劣势:"曹操虽然兵多势众,劳师远征,士卒疲惫;北人不习水战;荆州之民尚未真心归附曹操。"诸葛亮得出结论:只有孙刘联合作战,才能逆转形势。而且料事如神的诸葛亮预示将来会三分天下。在有理有据的论证过程中,孙权逐渐坚定了联刘抗曹的决心。

不过,当时东吴内部也存在以张昭为代表的一部分人主张投降。张昭认为曹操"挟天子以令诸侯",孙权还担任着汉献帝封的讨房将军兼领会稽太守职位,如果抵抗,从道义上说不过去。而且曹操水陆俱下,攻势强大,攻占了长江使得江东没有天险可守。恰逢此时,曹操又送来劝降书,信上说:"今治水军八十万众,方与将军会猎于吴。"其实其只有二十万的兵力,可见有恐吓的意思。所以张昭等人坚定要投降曹操,张昭是东吴的重臣,颇具影响,他这样的态度,孙权一时难以抉择。鲁肃趁孙权上厕所的机会,偷偷和孙权说不能采纳张昭的建议。鲁肃打比方说,假如他自己投降曹操,还可以担任州郡的官员。但是身为一方之主的孙权如果投降的话,曹操是绝对容不下的。于是,孙权认同了鲁肃的看法。同时,鲁肃建议召回驻守鄱阳的周瑜共同商量对策。

周瑜从鄱阳回来后,同样主张联合刘备抗御曹操。周瑜深入全面地向孙权逐一分析曹军的弱点:首先,虽然曹操统一了北方,但曹操的后方并不稳定,诸如在凉州割据的马超、韩遂,对曹操侧后是潜在的重大威胁;其次,冬天就要来了,北方部队远来江南,水土不服,必生疾病,天气盛寒,马缺饲料;再次,曹操犯了用兵大忌,舍长就短。舍弃北方军队善于骑战的长处,而同吴军进行水上较量;最后,曹操军队人数虽多,但是来自中原的北方兵不超过十五六万,而且他们已久战疲惫,而投降的刘

---

① (西晋)陈寿著,杨明译注:《三国志译注·诸葛亮传》,上海三联书店2013年版,第243页。

表旧部虽然有七八万人,却受到曹操的猜疑,斗志十分低落。所以不要害怕,只要动用精兵五万人,就足以打败它。曹操贸然东下,失败不可避免。孙权听完,大喜。

孙权一方面任命周瑜、程普为左右都督,鲁肃为赞军校尉,率军带领精兵三万人沿着长江而上和刘备会师,进驻夏口,联合抗击曹操。另一方面,孙权作为后援,亲自驻守柴桑,为周瑜运输粮草等军用物资。在强敌压境、存亡未卜的危急关头,孙权和刘备两个政治军事集团为了避免彻底覆灭的共同命运,终于结成了联合抗曹的军事同盟。

三、双方决战赤壁(公元208年10月至公元209年12月)

公元208年10月,周瑜率领军队与刘备会合于樊口,然后孙刘联军逆水而上,到达赤壁,和正在渡江的曹军不期而遇。曹操军队多为步兵和骑兵,在大江面前失去了威力。新改编及新归顺的荆州水兵战斗力差,又逢曹军中疾病流行,一开战,曹军就被周瑜水军打败。曹操不得不把战船靠到长江北岸,让水军和陆军会合在乌林(今湖北洪湖东北乌林矶),与孙、刘联军隔江对峙。同时,曹军积极操练水军,待机而战。由于曹操军队大部分是北方人,不习惯于水上作战,曹操便下令用铁链将舰船首尾连接起来,将战船首尾相接起来,减弱了风浪颠簸,人马于船上如履平地。

周瑜则把战船停靠南岸赤壁一侧,隔长江与曹军对峙。周瑜鉴于敌众己寡,久战不利,决心寻找战机速决。周瑜的部下老将黄盖,根据曹操部署的"连环船",建议火攻。周瑜采纳了黄盖的计策,并让黄盖向曹操假装投降,以便接近曹操战船。于是,黄盖写信向曹操假装投降,并与曹操事先约定投降的时间和地点。为了骗过曹操,周瑜继而忍痛杖责黄盖,行苦肉计,使黄盖终获曹信任。随后,黄盖带领十艘轻利之舰,满载浸透油脂的干柴草,外用布幔围裹,上插旌旗,并另备小船于大船后,以便放火后换乘。时值东南风起,船只航行很快。黄盖手举火把,让属下的士兵齐声大叫:"投降!"曹军官兵毫无防备,还争相观看黄盖来投降。当船距对岸曹军大船约二里时,黄盖下令各船同时点燃柴草,并换乘小艇退走。当天,江风刮得很猛烈,火船像箭一般顺风飞向曹军的连环船。曹军那用铁链首尾连接的舰船怎么拆也分散不开,顿时烧成一片火海,并迅速蔓延到岸边的营寨。在江对岸的孙刘联军趁乱横渡长江,大败曹军。曹操深知败局已定,下令烧毁剩余船只,命令军队沿着华容小道(今湖北监利北),向江陵方向退却。孙刘联军水陆并进,一直尾随追击。曹军行至云梦大泽时,先是迷失道路,后又遭遇风雨,道路泥泞,人马自相践踏,死伤无数。曹操回到江陵后,担心这次战役的失败会使后方政权不稳,马上亲自率领大军返回北方,派遣曹仁、徐晃等继续留守南郡(治所江陵)。周瑜、程普率部追击曹军,与扼守江陵的曹仁隔江对峙。周瑜令甘宁攻取江陵上游的夷陵,曹仁分兵去围攻甘宁,周瑜率主力增援,大破曹军。夷陵解围后,周瑜又回师同曹仁隔江对峙。刘备自江陵回师夏口后,溯汉水迂回曹仁后方。曹仁见江陵日益孤立,难以相持,于公元209年12月撤退。周瑜占领了江陵。从此,孙权控制了长江中下游地区。

 战例点评

经过赤壁之战,踌躇满志的曹操失去了在短时间内统一全国的机会,而孙权、刘备双方则借此发展壮大各自势力。刘备攻取了武陵、长沙、零陵、桂阳四郡,后又任荆州牧,从此有了自己的稳固地盘和势力范围,刘备取得了生存与发展的根据地,为以后进军益州奠定了基础。孙权通过赤壁之战,占领了江陵、沙羡等地,从而控制了长江中下游。曹操退回北方,虽然还占据着南阳、南郡二郡,但是再没有机会大规模进行南征。曹操吸取教训,大兴水师,控制江淮地区。由此,三国鼎立的格局逐渐形成。

从赤壁大战的整个局来看,对于曹军来说是一场遭遇战,而于孙刘联军而言则是一场伏击战。

一、孙刘联军胜利的原因

赤壁之战的胜利是天时地利人和等多种因素综合作用的结果。其中孙、刘联合抗曹的决策和政略运用无疑是最大的亮点。在赤壁之战中,孙权与刘备两大集团表现出卓越的战略筹划与灵活的作战指导:

(一)面对强敌,联合抗曹,奠定了联军胜利基础

孙刘联军能够以少胜多,以弱胜强,与执行了正确的联合抗曹的战略方针密不可分。毛泽东十分赞许"东联孙吴,北拒曹操"的战略。敌强我弱,分则俱亡,合则势强。孙刘联军在危急关头,精诚合作,结成政治军事同盟,与曹军抗衡,实乃明智之策略。

东吴政权政治安定,物产丰富,地理上又有长江天险以为屏障,军事上具有一定实力。刘备兵力虽少,但他在荆州收揽人心,招纳贤才,得到了当地一些政治集团和民众的支持。因此,孙刘双方联合起来,虽然就兵力数量来说仍为弱势,但实力大增,具备了夺取战争胜利的一定的客观条件。从当时双方力量对比来看,孙、刘皆处于劣势地位。孙、刘如不实行联合共同对付曹军,各自势单力薄,势必会被曹操各个击破。而孙刘联合就可以引起力量对比的变化,为战胜曹军创造了条件。正是基于这样的认识,孙、刘决定结成联盟,共同抗击曹军。孙、刘军事上的联合,不仅壮大了自己的力量,而且在战役实施过程中能够相互策应,相互配

合,从而掌握了战场上的主动权。在数个政治集团的互相争战中,争取和联合盟军,打击对己威胁最大的主要敌人,是古代许多著名政治家、军事家屡用的一个重要策略,这一政略在赤壁之战中取得了成功。

(二)准确分析形势,树立敢打必胜的信心,是取胜的前提条件

曹操在基本上统一北方后,挥军南下,兵不血刃地迫降了荆州刘琮,击溃刘备,进逼孙权。在曹军面前,孙、刘均处劣势。东吴的许多重要将吏,认为曹军无论在政治或军事上,都声势强大,难以抵御,主张迎降。孙权有抗曹决心,但顾忌力量不足,又看到刘备新败,在联刘抗曹上有所迟疑。诸葛亮和周瑜在危急关头不为曹军的外在声势所惑,也不盲目恃勇一拼,而是冷静分析情况。他们看到曹军优势中的劣势,强大中的弱点,即劳师远征,不善水战,水土不服,部分拼凑的兵力战斗力不强,侧后有两面作战的顾虑,具体而又准确地分析了曹军的兵力和战斗力。他们又从自己的劣势中,看到了军队虽少但精干、善于水战、以逸待劳、熟悉地形、适应水土等长处。从而驳斥了主和(实为迎降)者的议论,提出了战胜曹军的谋略,使孙权坚定了抗曹的信心。

在实施火攻袭击成功的情况下,孙、刘联军抓住时机地率领主力舰队横渡长江,乘曹军混乱不堪之际,奋勇打击。而且,坚决实施战略追击,扩大战果,夺取荆州。

(三)扬长避短,积极主动,在关键时机发挥了重要作用

孙刘军扬水战之长,巧施火攻。孙、刘联军的总兵力虽远不如曹操多,但吴的精兵在战前并未受到削弱,刘备所统之军在战时也得到一定休整。特别是他们拥有善于江河作战的水军,利用长江以发挥其水上作战之所长,对于远来疲惫、不善水战的曹军,是一个"以长击短"的制敌条件。周瑜利用曹军弱点和吴军长处,避强击弱,先机制敌,使曹军上下震

惊,混乱失措,从而由被动中夺得了主动。在赤壁形成对峙之后,周瑜等又能及时抓住曹军战船连结、水陆兵力密集的兵力部署上的重大错误,采取积极迎战,先机制敌,速战速决的方针,以兵不厌诈之策和出其不意的火攻打得敌措手不及。然后乘敌溃乱,迅速投入主力实施有力打击,迅速击溃曹军,取得战役胜利。

(四)连环妙计的使用,给曹军以出其不意的打击

知彼知己,方能百战百胜。孙、刘联军针对曹操骄傲轻敌的个性弱点,舍长用短失误,利用地理位置、天气变化方面等有利条件,连环使用妙计:张飞用虚虚实实之计大闹长坂桥,沉着退敌兵,使得刘豫州败走汉津口;诸葛亮用激将法激周瑜,使得孙权决计破曹操;周瑜利用蒋干用反间计除掉蔡瑁、张允,使曹军失去了懂得水战的将领;周瑜导演苦肉计,使黄盖获得曹操的信任。

二、曹军失败的原因

反观在赤壁之战中,曹军在进展顺利而兵力优势的情况下却惨遭失败,除了疫病困扰、天不作美,所处战略地域不利外,主要是由曹军准备不足、急躁冒进、疏于戒备,屡犯战略、战术上的错误造成的。曹军的失误主要有以下方面:

(一)战略错误,加速孙刘结合

曹操的战略对于赤壁之战成败的结局,起了关键的作用。纵观曹操起兵以来的作战活动,可以看出先弱后强、各个击破本是曹操一贯的作战思想,按照合乎逻辑的推想,曹操应当是首先击灭败将刘备,再图谋孙权。然而曹操不去离间破坏孙、刘集团的关系,以暂时拉拢孙权彻底追歼刘备,然后再攻孙权,不采取各个击破的方针而同时攻打两个敌人。曹操被胜利冲昏了头脑,根本没有估计到刘备在重创之下还可能对自己

造成威胁。在没有彻底肃清刘备残部的情况下公然向孙权宣战,这一举动无疑从客观上促成了孙刘联合抗曹,使自己陷入不利的境地。

(二)舍长就短,准备不足

赤壁之战,是我国战争史上第一次在长江进行的大规模江河作战。要在广阔水域击败东吴军队,没有一支强大的水师是难以实现的。曹军的水师既少且弱,但作为主帅的曹操对如何进行大规模水战显然缺乏正确的认识,又不懂进行江河作战的战法训练。在没有进行充裕的准备、主客观条件完全不具备的情况下就仓促出战。曹操在邺作玄武池练舟师,到南下荆州时,只有半年时间。而且池中水师未经江河风浪的锻炼,缺乏在长江流域大规模水上作战的经验。刘表新降的荆州水师数量虽多,但军心涣散,难以用于作战。曹操认识不到攻克长江天险所必须具备的主客观条件,以致在占领荆州仅一月,不听任何劝告,就仓猝决定顺江东下,并且向孙权发出宣战书,几乎没有时间进行必要训练和作战准备。在作战部署上又犯连结战船的错误。

(三)骄躁轻敌,急躁冒进

曹操的骄躁轻敌,过高地估计了自己,过低地估计了对方。他轻视了孙刘联盟的影响和实力。孙权在江东不但有周瑜、鲁肃、张昭等武将文臣的倾心辅佐,而且也得到了吴郡顾氏、陆氏等世家望族的诚心拥戴。刘备在荆州虽兵微将寡,但大得民心,特别是刘琮降曹后,归附刘备的刘琮部下及荆州民众达十余万,辎重也有数千辆。而曹操得荆州后,在荆州民心不稳,经济实力也不巩固。所以,曹操在轻取荆州之后,既未能客观地分析形势,采取稳扎稳打的方针,也未能坚持其惯用的各个击破的谋略,以为乘胜利之威,必能一举吞并江东。他低估了周瑜的胆量和能力,根本没有想到周瑜在兵力处于绝对劣势的情况下敢主动迎击,以至于在赤壁与周瑜遭遇时毫无准备,一交战就败退江北。

(四) 轻信诈降,疏于戒备

曹军退守乌林后,黄盖看到彼众我寡,"难以持久",也看到曹军舰船"首尾相接",不便机动,提出诈降火攻之策,为周瑜采纳。受降如临敌,应保持高度警惕,以备不虞。但曹操轻信黄盖是真降,对敌手可能实施火攻的情况茫昧无知,部队也不作任何戒备,因此在黄盖乘风实施火攻的情况下,顿时造成混乱,猝不及防,难以应战,以致在孙、刘主力猛攻下,只得全线溃退。

6. 以劣胜优：淝水之战

淝水之战是东晋十六国时期，偏安江左的东晋王朝在淝水（今安徽瓦埠湖一带）同北方氐族贵族建立的前秦政权之间进行的一次战略性大决战。此战由前秦发动，目的在于击灭东晋。战争自公元383年8月始至11月终，历时近4个月。前秦参战兵力九十余万人，东晋参战兵力八万余人，弱小的东晋始终临危不乱，利用前秦统治者符坚战略决策上的失误和战术部署上的不当，最终取得胜利。前秦军死伤者占十之七八，仅剩下十余万人，成为中国历史上以弱胜强的一个著名战例。此役，前秦淝水决战的失败，将其政权推向了末日，使北方各民族纷纷脱离了前秦的统治先后建立了十余个小国，中国北方又呈现出四分五裂、混战不休的战乱局面。东晋则趁此北伐，把边界线推进到了黄河，并且此后数十年间东晋再无外族侵略。"投鞭断流"、"风声鹤唳"、"草木皆兵"等许多战争典故都出自淝水之战。

 战争背景

西晋末年的腐败政治，引发了社会大动乱。公元316年，在内乱外患的多重打击下，腐朽的西晋王朝灭亡，中国进入了分裂割据的南北朝时期。公元317年，残余的西晋统治集团成员撤退到江南地区，在建康

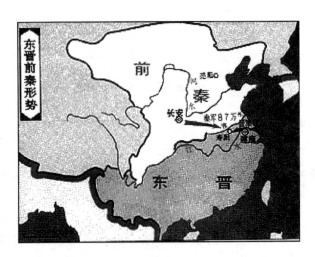

淝水之战战前形势图

(今江苏南京)拥立晋琅邪王司马睿为帝,建立东晋政权。东晋政权占据了汉水、淮河以南大部分地区。北方地区则处于割据混乱的状态,匈奴、羌、羯、鲜卑等少数民族首领纷纷称王称帝、争夺地盘。

在动荡中,氐族统治者苻健占据了陕西关中一带,并且以长安为都城,建立了前秦政权。公元357年,苻坚继承王位,自称前秦天王。苻坚是一位开明的君主,他重用汉族知识分子王猛治理朝政,同时采用了改革政治、发展经济、加强军事和繁荣文化等一系列积极措施,如打击民族豪强贵族,加强君主集权,整顿吏治,选用人才等等,从而使前秦的国家实力迅速增强,在一定程度上使前秦国实现了"兵强国富"的局面。前秦实力日益强大后,开始逐渐向外发展,在几年时间内初步统一了北方地区,相继灭亡了鲜卑慕容氏建立的燕、氐族建立的仇池、鲜卑拓跋氏建立的代、汉族张氏建立的前凉等割据政权。苻坚信心大增,开始向南进行扩张。公元373年,前秦军攻占了东晋的梁州(今陕西南部、四川北部的部分地区)和益州(今四川的大部分地区)。公元379年攻取襄阳(今属湖北)、彭城(今江苏徐州),这样长江、汉水上游就纳入了前秦的版图。公元382年4月,苻坚任命其弟苻融为征南大将军。8月,又任命裴元略为巴西(郡治在今四川阆中)、梓潼(郡治在今四川梓潼)两郡太守,秘密准备水军,企图仿效晋灭吴的战略,沿长江顺流而下会攻东晋都城建康。到了10月,苻坚认为攻晋的战备业已基本就绪,打算亲自挥师南下,一举攻灭东晋。在兴师之前,苻坚将群臣召集到太极殿,计议发兵灭晋的问题。在这次决策会议上,对于进攻东晋,前秦朝中大臣意见很不一致。虽然在淝水之战前,前秦的统治达到鼎盛时期,它统治的地区"东极沧海,西并龟兹,南苞襄阳,北尽沙漠"。但其统治基础很不牢固,内部存在着极其复杂的阶级矛盾和民族矛盾,危机四伏。同时,长期的战争严重削弱了前秦的经济、军事力量,原先那种"百姓丰乐"的盛世已经不复存在。所以大多数人对出征持反对意见。苻坚却固持己见地说:"夫差、孙怡皆保据江湖,不免于亡。今以吾之众,投鞭于江,足断其流,又何险之足恃乎!"①此为成语"投鞭断流"之典故。可见苻坚要以"疾风扫秋叶"之势,消灭东晋政权,统一南北。

公元383年7月,苻坚下令征兵政策,大量征兵。普通老百姓每十人出兵一人,富裕人家二十岁以下的从军子弟,只要作战勇敢,都被任命为禁卫军军官。共征集步兵六十余万,骑兵二十七万,羽林郎三万多,共九十余万人,号称百万大军准备大举进攻东晋。苻坚命令苻融率步骑兵二十五万为攻晋先锋;兖州刺史姚苌为龙骧将军,负责益、荆二州的军

---

① (北宋)司马光:《资治通鉴·晋记》,陈磊译注,中华书局2007年版,第1247页。

事。前秦军队分兵三路会攻东晋：东路由幽、冀二州经彭城南下；西路由蜀、汉沿长江、汉水进；中路为主力，由苻坚亲自统领，经洛阳、汝河、颍水向淮南寿阳进发，企图分进合击，会师建康。

东晋王朝是由一个北方士族所建立的偏安于南方的小朝廷。在东晋建立的几十年里，社会比较安定，经济获得一定发展。当时的东晋，长江上游由桓氏掌握，下游则属于谢氏当政，谢安担任青州、豫州、兖州、徐州、扬州五州都督。公元376年，孝武帝司马曜开始亲政，谢安总揽朝政。虽然东晋政权内部士族与帝室、士族与士族之间争权夺利的斗争异常激烈，但是，由于前秦的对外扩张逐渐威胁到东晋的统治，在淝水大战前，东晋政权的上层集团出现了矛盾缓和、共同抗秦的政治气氛。当时，东晋由宰相谢安主持朝政，他对于前秦南下攻晋早有防备。公元377年，长江下游江北一线的广陵缺乏将领，谢安极力举荐自己的侄子谢玄担任。谢玄上任后，选拔了刘牢之、何谦等人严格训练士兵，培养了一支在当时的整个中国最具有战斗力的精锐军队——"北府兵"。这些士兵都来自在北方的流亡移民，个个精壮、骁勇善战，是东晋时期战力最强的主力军。而且这些士兵思乡心切，反秦意志非常坚定，同时又经过了七年严格军事训练，具有很强的战斗力。同时，谢安决定采取防御战略，防御的重点是在荆州和淮南两个方向上布兵设防。淮南是建康门户，只有保住淮南，才能依托长江天险抵御强大的敌人。其战略方针是扼守长江南岸，阻止秦军顺流而下，而在江北牵制秦军。经谢安举荐，孝武帝司马曜任命谢安的弟弟谢石为征讨大都督，谢安的侄儿谢玄为先锋，带领谢琰、刘牢之、桓伊等"北府兵"八万余人，开赴淮河一线，抗击前秦军队的进攻；并命龙骧将军胡彬率水军五千人，由洛口沿淮河西进，增援淮河南岸的战略重地寿阳（今安徽寿县）；同时令荆州的桓冲率十万晋军控制长江中游，防备前秦军队由襄阳方向进攻，阻止秦巴蜀军顺江东下。摆开了与前秦大军决战的态势。

作战经过

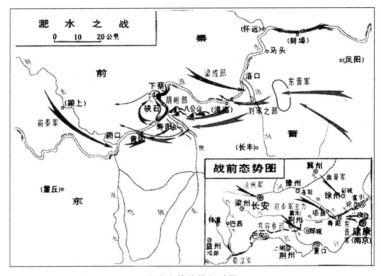

淝水之战作战经过图

公元383年8月,苻坚率领近百万行军,其中步兵六十万、骑兵二十七万、羽林军三万,兵分三路大举南下。据史料记载"前后千里,旗鼓相望。东西万里,水陆齐进",①声势十分浩大。在正面战场,由苻坚率领前秦主力于9月到达项城(今河南沈丘),前锋统帅苻融率领张蚝、苻方等二十多万士兵到达颍口(今安徽寿县西南),慕容垂、慕容暐带领数万

---

① (北宋)司马光:《资治通鉴·晋记》,陈磊译注,中华书局2007年版,第1251页。

人到达郧城(今湖北安陆)和梁州军会合,再向成阳(今陕西成阳东)进攻。在东面战场上,幽州和冀州军陆续到达彭城(今江苏徐州)。在西面战场上,姚苌带领的数万兵马,由蜀地顺江而下,向建康进军。

一、初战洛涧,东晋军首战告捷(公元383年10月至11月)

公元383年10月,苻融率部在淮河方面发动进攻。10月18日,前秦军攻陷寿阳(今寿县),俘虏晋军守将徐元喜,取得了夺取历阳、进逼建康的有利地位。与此同时,前秦军的慕容垂占领了郧城(今湖北郧县)。东晋将军胡彬接到命令率领水军增援寿阳,在途中得悉已被苻融攻破,立即命令部队停止前进,退守淮河中游的一个重要隘口——硖石(今安徽凤台西南,寿县西北),在那里等待谢石和谢玄的大军。苻融一方面率领前秦军进攻硖石,一方面命令部将梁成等率五万人扼守洛涧(即洛水,位于今安徽怀远西南),并在洛口(洛涧入淮河之口)设木栅横截淮河,以阻止东晋军队沿淮河西进,阻断了胡彬的退路。谢石、谢玄率东晋主力到达洛涧以东25里处,见秦军声威甚壮,于是命令部队停止前进,按兵不动。此时,被困于硖石的胡彬部军粮已尽,于是派人送密信给谢石,信中称敌多粮尽,恐难久持。但是前秦士兵捉住了送信的东晋士兵,并且把这封信送到苻融手里,苻融马上向苻坚报告:敌少易擒,宜速进军。苻坚于是留大军于项县(今河南项城),自率轻骑八千余人,日夜兼程,赶往寿阳直接指挥。苻坚认为,晋军一旦知道他来到淝水,就会退守长江,无法与之决战。因而严禁部属言其至寿阳,并命令以小将旗列淝水北岸,以示秦军营中没有大将。显然,苻坚企图在寿阳一举歼灭东晋军队的主力,然后直取建康。为此,苻坚决定在军事进攻的同时,展开政治诱降。他派在襄阳被俘获的东晋将领朱序前往谢石营中劝降。但朱序到晋营后,不但没有劝东晋投降,反而向谢石提供了提供有利情报。朱序说:"秦军虽有百万之众,但还在进军中,如果兵力集中起来,晋军将难以抵御。现在情况不同,应趁秦军没能全部抵达的时机,迅速发动进攻,只要能击败其前锋部队,挫其锐气,就能击破秦百万大军。"①听了朱序的一席话,谢石心中惧意烟消云散。原本谢石只是想打防御战,等到前秦军疲惫的时候再乘机反攻。现在谢石改变了作战方针,转守为攻,主动出击前秦军队前锋。

11月,谢石派部将刘牢之率精兵五千人进攻秦军梁成部,揭开了淝水大战的序幕。梁成闻讯沿洛涧列阵以待。刘牢之率军夜袭梁成军大营,大败前秦军,杀死梁成、梁云等前秦将领,前秦扬州刺史王显等人被俘虏,东晋军缴获前秦军大批军械物资。而且分别派兵占领渡口,断了前秦军的退路。前秦的士兵腹背受敌,争着逃跑,由于是北方人,多数不会游泳,溺水死亡无数。此役刘牢之部以一击十,大获全胜,极大地鼓舞了晋军的士气,初步扭转了开战以来的不利态势。

二、再战淝水,前秦军一败涂地(公元383年11月)

洛涧战斗的胜利,打破了秦军对淮河的封锁,东晋军队沿着淮河水陆并进,直逼寿县东北瓦埠溯。苻坚站在寿阳城墙上看着列阵严整的东晋军,又看着八公山(今寿县城北四里)山上郁郁葱葱的草木,以为都是东晋的士兵,心理十分害怕。这时,前秦将领张蚝已经渡过淝水,谢石与之交战不利,于是稍向后撤退。谢玄、谢琰率数万大军列阵以待,张蚝率军退回西岸,两军遂隔淝水形成对峙局面。谢玄利用秦军将士厌战、苻坚企图速战速决的心理,派使者去见苻融,用激将法对他说:"君悬军深入,而置阵逼水,此乃持久之计,非欲速战者也。若移阵少却,使晋兵得

---

① (北宋)司马光:《资治通鉴·晋记》,陈磊译注,中华书局2007年版,第1252页。

渡,以决胜负,不亦善乎?"①要求秦军由淝水西岸略向后撤,以便晋军渡过淝水,一决胜负。秦军诸将认为,己众彼寡,扼守淝水,不使晋军上岸,是万全之策。但苻坚满不在乎,他认为可以将计就计,主张让前秦军队稍向后退一些,等到东晋军队渡过淝水的时候,派大量的骑兵突击取胜。可是实际上前秦军士气低落,内部不团结。在实际作战中,加上指挥不灵,这一后撤便造成阵脚大乱,朱序又乘机在阵后大呼"秦兵败了!"前秦兵以为真的败了,竞相逃跑。谢玄、桓伊、谢琰等人乘势率领八千精兵渡过淝水,展开猛烈追击。苻融见此情景,急忙骑马前去阻止,以图稳住阵脚,结果马倒在地,被追上的晋军手起刀落,一命呜呼。谢玄率大军乘势追击,直至青冈(今寿县西北)。前秦前锋军大败,导致后续秦军溃退,形成连锁反应,结果全军溃逃。溃逃的前秦军士兵胆战心惊,听到鹤的鸣叫声和刮风的声音,都以为是东晋追兵的铁蹄声,于是昼夜奔逃,一刻也不敢停留。结果这些慌不择路的前秦军经不起风餐露宿、冻饿交加的折磨,伤亡占了总人数的百分之七八十。淮南太守郭褒被俘虏,苻坚也中箭负伤,前秦军逃到洛阳的时候仅剩下十余万人。东晋军队收复了寿阳,缴获大批武器和物资。

 战例点评

公元 385 年,苻坚被羌族姚苌所杀,前秦随之灭亡。淝水之战稳定了东晋王朝的统治,遏制了北方少数民族南下侵扰江南地区,为社会经济的恢复和发展提供了良好的环境。这场战争也促使北方地区暂时统一的局面解体。

---

① (北宋)司马光:《资治通鉴·晋记》,陈磊译注,中华书局 2007 年版,第 1252 页。

1937年,毛泽东在《论持久战》中说,秦晋淝水之战属于"强大之军打败仗、弱小之军打胜仗的历史事实"。淝水之战是以少胜多的著名战例,对后世兵家的战争观念和决战思想有很久远影响。

一、东晋军队胜利的原因

东晋军队的胜利,主要的因素归结起来,就是:

(一) 临危不乱,上下一心,一致抵抗

自西晋灭亡以来,汉族人民一直认为继承西晋的东晋是自己的政权,就是非汉族的少数民族也不否认这一点。这是东晋内部团结一致抗击前秦侵略的思想基础,也赢得了师出有名的名声,具有广泛的民意和社会基础。因此,晋军虽少,但有人民全力支持,军队战斗情绪高涨。此外,当时东晋统治集团内部,在东晋面临生死存亡的关键时刻,也暂时缓和了各大族之间的矛盾,出现了君臣和睦,政治稳定,全国上下"同心同德一戎衣"抗秦的形势,并非"垂亡之寇"。

(二) 积极主动的战略战术是制胜之策

晋军在这场战争中获得胜利,宰相谢安功不可没。谢安指挥灵活,根据敌我情况的变化及时改变战争策略,抓住良机与敌人决战,而且坚决实施战略追击,扩大战果,最终获得胜利。在战略上,采取积极防御方针,得敌情之实,知彼知己,将防御重点放在淮河中段,这既是对敌情的正确判断,也是从自身的实力情况出发的。在作战指导上,谢石、谢玄等人也有许多值得称道之处,如:善于抓住战机,洛涧战斗打响后,晋军能够乘秦军兵力分散之机,转守为攻,夺取初战胜利,挫其兵锋,励己士气;淝水决战时,以智激敌,诱其自乱,又利用秦军前锋与主力脱节、阵脚混乱的时机,乘隙掩杀,果断发动进攻,坚决实施战略追击,扩大战果,最后夺取战争胜利;了解天时地利,发挥自己的优势,攻击敌人的弱点。东晋充分发挥了水军的作用,进攻时,水军迂回秦军的侧后,抢占要地,或水陆并进,牵制秦军的兵力。防御时,水军配合步骑兵扼守战略要地,阻止秦军渡河。精练的北府兵以一当十,其战斗力远胜于前秦军。

二、前秦军队失败的原因

前秦虽拥有绝对优势兵力,但最终却遭到挫败。苻坚惨败淝水,原因众多:

(一)对基本战略形势估计的错误

苻坚胸怀统一南北的远大志向,发动淝水之战,是符合社会发展的历史潮流,无可厚非。但在内部不稳,意见不一,降将思乱,人心浮动的战略形势下,发动灭晋战争的并不利于前秦制胜。苻坚武断地拒绝了大臣们富国强兵,稳定内部,再伺机谋取东晋的策略,急于出动倾国大军讨伐东晋,失败在所难免。虽然前秦表面上统一了北方地区,但统治集团内部矛盾十分尖锐复杂,统治力量内耗相当严重:首先,前秦是一个由多民族组合而成的国家。羌族的姚苌、鲜卑族的慕容垂都是被迫投降于前秦,他们时时刻刻都在寻找机会摆脱前秦统治;其次,在是否派兵出征东晋这个问题上,各位大臣意见分歧严重,没有形成统一意志,作战配合方面很不团结。而且,前秦为了统一北方,连年征战,耗费巨大,兵疲民困,被迫征来的汉族士兵根本不愿灭晋,被迫参战的其他各族军队也各怀异志。例如:苻融下令小退,士兵乘机大退。这说明违反民心的战争,虽然兵多,却更容易溃败。

(二)骄傲轻敌,急于求成

司马光曾切中要害地评论淝水之战:"坚之所以亡,由骤胜而骄敌也。"① 苻坚是一个盲目骄狂的统帅,战争还未打响,他便可笑地扬言:要俘虏晋帝司马昌明、谢安和桓冲。并且事先替他们在京师修建府第,虚宅以待,完全是一厢情愿。俗话说骄兵必败。苻坚自认为拥有兵力百万,粮食军用物资堆积如山,投鞭便可断流,征服东晋易如反掌。由于在统一北方的作战中,他屡战屡胜,所以苻坚更加骄傲自大和主观武断,在对东晋军队的军队数量和作战素质一无所知的情况下,一意孤行地轻率开战。而且十分草率地处理军队调集部署、战略方针制定、临战指挥等问题。例如,苻坚甩掉前秦主力军,亲自率领八千骑兵前往前线,破坏了自己的指挥中枢的作用,打乱了战略战役部署。

(三)只有战略上的分进,没有战略上的协同

苻坚在战略指挥上有严重的缺陷:战线太长,只有战略上的分进,没有战略上的协同。除了苻融率领的前锋部队到达战场,其他各路大军各自为政,均远离主战场之外。例如:慕容垂到了郧城就止步不前,幽冀两州的军队到了彭城也按兵不动。直到淝水开战,凉州的军队才到达咸阳,本应顺长江而下的姚苌不见任何动静。这样,表面看来秦军是数路大军,分进合击,"东西万里,水陆齐进,运漕万艘",声势浩大,但中路突出冒进,发展过快,东西两路进展缓慢。在战役上中路主力部队本身前后距离过长,首尾难以相顾,从而把优势兵力分散了。如此,前秦军队直接参战的只有三十余万人,除其中一部被歼于洛涧,一部围攻硖石外,真正投入淝水战场的只有二十余万人,这样一来,前秦军队在兵力上的绝对优势变成了相对优势。而这二十余万人又主要集中于淝水沿岸和寿阳一带,孤军冒进,根本就没有侧翼的掩护和保障。由于兵力过于分散,给东晋军队集中兵力各个击破制造了机会,例如:首次在洛涧开战,前秦

---

① (北宋)司马光:《资治通鉴·晋记》,陈磊译注,中华书局2007年版,第1253页。

军就被消灭五万。

（四）战术极防守,被动应敌

前秦军队的南进在战略态势上无疑是进攻的,但在具体战役战术上却表现为消极防守、被动应敌。特别在苻融率军夺占寿阳后,没有主动向东晋主力部队发起进攻,而是将数十万大军部署在淝水、寿阳一线,采取消极防御的战役布势。这就使自己在战略上转入被动,最终给东晋军队以可乘之机。

同时,还派东晋降将朱序去敌方劝降,反给朱序立功赎罪的机会,以致前秦军机泄漏,让对手掌握自己情况,使自己陷入被动地位。最后,秦军溃败最致命的直接因素就是秦军淝水岸边的主动后撤。随意后撤,自乱阵脚,给敌人提供可乘之机。

第二章
浴血奋战的中国

1. 宝岛重回祖国怀抱：郑成功收复台湾

1624年，荷兰侵略者侵占了中国台湾，开始残酷的殖民统治。台湾人民反抗殖民统治的斗争不断，但始终未能摆脱荷兰殖民者的魔爪。1661年3月，郑成功率领两万多名将士，从金门出发，穿越台湾海峡，发起收复台湾的战役。在台湾民众的支援下，郑成功先后攻克了荷兰侵略者在台湾的两大据点——赤嵌城和台湾城。1662年，荷兰侵略者战败，被迫签字投降，郑成功从荷兰侵略者手里夺回了分离祖国38年之久的宝岛台湾。郑成功收复台湾，是中华民族反击外来侵略、保家卫国胜利的典范。该战役驱逐了荷兰侵略者，维护了中国领土完整，捍卫了中华民族的根本利益，也铸就了郑成功"民族英雄"的地位，具有重要的历史意义。

 战争背景

郑成功，原名郑森，是明末将领郑芝龙的长子。1646年，清军攻陷福建，郑芝龙投降清朝政权。从此，郑成功与父亲分道扬镳，举起反清大旗，继续效忠南明永历政权。1659年，郑成功率军攻打南京，战争失利，损失惨重，陷入了困境。此时，清朝统治根基日益牢固，而郑军偏居厦门一隅，军队补给越来越困难。郑成功苦苦寻找新根据地以解决军队后续发展的问题。在这一过程中，前荷兰通事何廷斌发挥了重要作用。他是福建南安人，原在台湾给荷兰人当翻译，1660年，因与荷兰人发生矛盾，他逃至厦门地区，投诚郑成功。何廷斌十分熟悉台湾情况，认为台湾的物产资源无疑可以帮助郑成功解决军饷问题，其次台湾独居一隅，有利于扩大反清根据地，且台湾百姓长期受荷兰殖民者欺压，反抗之心强烈，必然会支持义军。同时，他还向郑成功献上了台湾水道和要塞防御的地图。

台湾自古是中国领土的一部分，由于明末政治腐朽、军备松弛，给了外来侵略者以可乘之机。17世纪初，荷兰在亚洲专门从事殖民掠夺和征服的东印度公司在其殖民地巴达维亚（今印度尼西亚的雅加达）建立起来。1624—1642年，荷兰殖民者陆续完成了对整个台湾的侵占，并修建了台湾城和赤坎城两座堡垒。荷兰殖民者在台湾横征暴敛，人民生活苦不堪言，怨声载道；侵略者还开展传教活动，妄图对当地人民进行奴化教育。在残酷的殖民统治下，台湾的汉族和高山族人民始终没有放弃反抗斗争，各地起义此起彼伏。

1661年正月，清军基本攻占了大陆各省份，郑成功面临的形势十分严峻，经过综合考虑，他作出了攻打台湾的决定。1661年2月，郑成功着手收集敌情、练兵造船、准备粮草，进行细致周密的攻台准备。在众将领参与的研究攻台之事的军事会议上，郑成功对当前形势做了分析，"附近无可措足，惟台湾一地离此不远，暂取之，并可以连金、厦而抚诸岛"，而后，"广通外国，训练士卒，进则可战而复中原之地，退则可守而无内顾之忧"。

1650年前后，荷兰东印度公司负责台湾殖民事务的长官为揆一，驻守在热兰遮城（今台南市安平古堡），地方官是描难实叮，驻守在普罗民遮城（位于今台南市）。1660年，郑成功要攻打台湾的消息在台湾民众中流传开来。揆一也听闻风声,亦抓紧应对,紧急加强部署防备,对华人的行为多加以限制,期间华人多有伤亡。与此同时,揆一也向巴达维亚城的总督报告有关情况并请求支援。同年7月16日,巴达维亚总督派遣司令官范德兰率领由12艘船只和1400多名官兵组成的舰队前往援助。对郑成功是否攻台,荷方没有掌握明确情报,因此,总督特别强调,若郑成功没有前来攻台,那么范德兰舰队必须前往攻打澳门,以挽回无端出兵的损失。9月20日,范德兰舰队的11艘船只抵达台湾。为对郑成功是否有意攻打台湾的想法一探究竟,10月22日,台湾评议会决定派员赴厦门会见郑成功,郑成功在给荷兰方面的回复中明确表示友好并否认有攻台打算。事实上,范德兰从开始就判断郑成功不会攻打台湾,对其意图进行探明后,遂在1661年2月27日指挥两艘船只以及所有随行军官折返巴达维亚,只剩余4艘船只和不到600名没有军官指挥的士兵留台。此时,荷兰在台湾地区的总兵力约为1500人。

 作战经过

1661年3月23日,郑成功率众在金门举行誓师仪式后,亲率第一梯队2万余人,战舰百来艘,自料罗湾出发向东南挺进。第二梯队由黄安指挥,战舰20余艘,6000余人,后续跟进。次日清晨,郑军穿过台湾海峡,在遭遇微弱的抵抗后,占领澎湖。留下4位将领驻扎澎湖,郑成功继续率军东进。由于风大浪高,郑军遇到了自然险阻,耽误了些时日。30日晚,郑成功率队冒着暴风雨横渡海峡,经过与风浪的搏击,4月1日清晨,郑军抵达台湾鹿耳门港外。

荷军的两个据点赤嵌城和台湾城都在今天的台南市,两座城之间有一内港,名为台江。台湾城在台江西边,赤嵌城在台江东边。从外海进

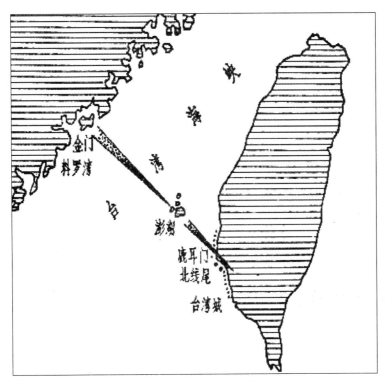

入台江有两条航道：一条为大员港，也叫南航道；另一条为北航道，也称鹿耳门航道。南航道船只容易通行，荷军做了重点布防，要经过此航道，郑军必须面临一场硬仗；鹿耳门航道狭窄，只能通过小船，大船必须借助涨潮才能通过。郑成功心里早有盘算，选择了鹿耳门航道。4月初一中午，鹿耳门潮水大涨，为郑军通过鹿耳门航道提供了天然良机，郑成功借机率军行进，大小舰只顺利通过鹿耳门，荷军的布防完全暴露。荷军原来料定郑成功必经南航道前来，因此，当郑军突然出现在眼前，他们完全措手不及，惊呼"兵自天降"。进入台江后，郑军立即兵分两路，一路登上北线尾驻扎,北线尾是一块面积不足1平方公里的沙洲,南与台湾城相对,北临近鹿耳门航道,在此驻兵,起到了监视和牵制荷军军舰的作用;另一路在击败荷军的仓促应战后,在赤嵌城西北约10里地的禾寮港登陆,在台江沿岸建立阵地,计划从侧背对赤嵌城发起进攻。台湾的汉族、高山族人民见郑军到来,纷纷热情迎接并提供力所能及帮助。

郑军在胜利登陆后,立即实施对赤嵌城荷军的包围,当即切断了赤嵌城与台湾城的联系。当时,赤嵌城中的兵力约400人,台湾城中的兵力共1100人左右。荷军兵力虽弱,但却十分狂妄,仗着船坚炮利和城池坚固,揆一将兵分三路向郑军反扑:贝德尔上尉率兵240人进攻从北线尾登陆的郑军;阿尔多普上尉率兵200人增援赤嵌城;战舰则大举进攻停泊在台江的郑军船只。针对此情形,郑成功也做了相应的应对部署。郑军从禾寮港登陆扎营后,郑成功即命左虎卫王大雄、右虎卫陈蟒指挥船只负责鹿耳门海口,以接应后续兵力登陆;命令宣教前镇陈泽防守北线尾一带,保障主力安全;派兵监视台江江面,切断赤嵌城与台湾城的联系。在北路,贝德尔趁郑军刚刚登陆,指挥士兵分两路攻击郑军,陈泽指挥大部兵力从正面迎战,另派一部兵力包抄荷军侧后,打得敌人落荒而逃,郑军则乘胜追歼消灭荷军。在南路,增援赤嵌城的荷军,也为郑军打败。阿尔多普残部逃回台湾城。眼见形势不妙,再次派人往台湾城请求增援。台湾城荷军守将研究后,拒绝了增援的要求。在海上,荷兰海军以两艘战舰和两艘小艇攻击郑军。经激战,一舰被击沉,另一舰又二艇受重创逃跑。三场战役均以荷军失败告终,至此,赤嵌城和台湾城彻底成为两座孤立的城堡。

郑成功加紧了对赤嵌城的包围并派员前往劝降。荷军一方面派人前往巴达维亚搬救兵,一方面派使者前来郑军大营求和,表示只要郑成功退兵,可献上10万两白银犒军。郑成功严词拒绝了荷军的条件。荷军负隅顽抗,在攻城一时难下之际,台湾人民也纷纷加入了增援郑军的行列,共同打击荷兰侵略者。熟悉地理环境的台湾当地民众献计,只要切断城外高地的水源,荷军就将不战自乱。郑成功听取了建议,果断切断了赤嵌城的水源。城内守军眼见胜利无望最后举白旗投降。在登陆后第4天,郑军成功攻破了赤嵌城。赤嵌城荷军投降后,描难实叮前往劝降揆一,遭到拒绝。郑军决定下一站挥师台湾城。

台湾城是荷兰殖民者在台湾的统治中心,城防坚固,防卫严备,城上南北方向共设置了20门大炮。这些大炮射程远,火力猛,死死封锁了通城的各条道路。双方一直进行着零星的交战,郑军始终难以靠近台湾城。郑军一面两次写信劝降揆一,一面积极准备攻城,新调来28门大炮,在劝降无果后,郑军猛攻台湾城,于24日凌晨摧毁了台湾城大部围墙,击伤许多荷军。由于城墙厚实,加上荷军火力密集的抵抗,郑军仍无法破城。鉴于台湾城城防牢固,一时难以战胜,为减少伤亡,并解决补给问题,郑成功派遣提督马信率兵继续围困荷军,同时将兵力分驻各地,实行就地屯垦,做长期作战准备,郑军开始"有警则荷戈以战,无警则负耒以耕"。另外,郑成功还积极到高山族人民聚居的四大社(均在今台南县)走访,受到当地居民的热烈欢迎与拥护。

5月2日,在黄安等将领的率领下,郑军后续兵力6000人乘船陆续抵达台湾。在兵力和粮草都得到补充之后,从5月5日起,郑军在所有通向台湾城的街道上筑防栅、挖壕沟,进一步围困荷军。揆一仍心存侥幸,寄希望于援兵前来解围,再次拒绝了郑成功的劝降。荷兰当局在获悉台湾的战事情况后,派遣了10艘军舰和700名士兵,由雅科布·考乌带领,在7月18日到达台湾海域。荷兰侵略者在得到增援后,遂决定再战试图扭转战局,迅速兵分水、陆两路向郑军发起攻击。海上,荷舰企图在郑军侧后烧毁郑军船只,郑成功亲率战舰迎敌,反将荷军军舰包围。

经过一小时激战,郑军大获全胜。陆上,郑军同样打败了荷军的进攻。此后,荷军闭门不战。

台湾城的荷军被围数月,粮草不足,士气低落。10月,为挽救岌岌可危的局面,揆一企图联合清军,共同夹击郑军。清军答应请求,但条件是要荷军先派战舰攻打厦门。揆一无奈,只能派考乌率部前去攻打厦门。之前一役的惨败让考乌心存畏惧,不敢轻易出战,中途转而驶向泰国,后又折回巴达维亚。如此一来,与清军夹击郑军的计划落空了,城内荷军眼看增援无望,士气更加低落,不少士兵陆续"投奔"郑军。郑成功决定转变战术,在对方获得援兵之前,向台湾城发起猛烈攻击。郑军新建了3座炮台,深挖了许多壕沟。1662年1月25日晨,郑军发起总攻,共调集了28门大炮,发射了约2500发炮弹,先占领了城外重要据点乌特支堡,然后居高临下,猛攻台湾城。荷军困于城内,手足失措,无计可施。郑成功派人入城劝降。荷兰殖民评议会召开紧急会议,研究对策。鉴于台湾城被围近9个月,荷军死伤1600余人,形势呈一边倒,揆一见大势已去,毫无办法,只得同意由评议会出面同郑军谈判。经过会谈,1662年,揆一签字投降。至此,宝岛台湾又重回祖国的怀抱。

 战例点评

郑成功收复台湾战役,是中国历史上大规模渡海登陆作战的成功实践,是中华民族抗击外来侵略的勇敢尝试。郑成功能够打败荷兰侵略者,存在客观的有利因素。驱逐侵略者,保卫家园是当时台湾民众的共同期盼,因此他们为郑成功提供了积极的援助。此外,荷兰殖民者限于当时的交通条件,在士兵、弹药、粮草等配备补给上都存在困难。当然,除此之外,郑成功个人的指挥才能也是重要原因。一是做好充分的战前准备,兵马未动,粮草先行,郑成功始终高度重视解决后勤保障问题,积极多方筹措粮饷,保障了军需;根据渡海及攻城作战的实际,积极修造了适于海上作战的大型战舰,铸造了当时较为先进的火炮,并大力操练兵士;通过侦察掌握台湾地形、敌军布防及潮汐、风向、航道等详细情况,通过反复商讨,制订周密的作战计划。二是战术巧妙灵活,虚虚实实,一方面积极备战,一方面还热情接待来访的荷兰议员,并写信给荷兰总督,消除了敌方疑虑,使敌方放松了戒备,成功隐蔽了作战企图;在渡海登陆作战中,大胆利用气候条件,剑走偏锋,选择走鹿耳门航道,达到了出其不意、攻其不备的效果,牢牢掌握了战争主动权。三是及时调整战术,因时而变不僵化,比如在台湾城久攻不下,损失较重的情况下,及时转变作战方针,一面围而不打消耗敌军,一面积极安排兵士屯垦,自给自足,伺机而动,做好长久战的准备,保障了战争的顺利进行。四是充分利用人和的因素,在登陆台湾后,郑成功严令士兵禁止侵扰台湾民众,赢得了人心,得到了台湾人民的信任和大力拥护,在获取荷军防卫情报、做出包围并切断赤嵌城水源战略决策、军需的补给乃至一线的战斗等方面,台湾民众都给予了大力帮助。

这一战役打击了外国侵略者的嚣张气焰,驱逐了荷兰殖民统治者,结束了荷兰侵略者对台湾长达 38 年的残酷殖民统治,维护了祖国领土的完整,彰显了包括台湾同胞在内的华夏子孙英勇无畏的抗争精神,在中华民族发展史上具有重要的意义。郑成功收复台湾的行为和功绩,当为中华儿女世代所传颂。

2. 甲午壮歌：黄海海战

　　黄海海战，也称大东沟海战或中日甲午海战，是 1894 年中日甲午战争期间双方海军主力在黄海北片海域进行的海战。北洋水师的广大将士浴血奋战，顽强杀敌，英勇抗击了入侵之敌。最后，北洋水师战败，退守威海卫；日方联合舰队多艘战舰受到重创，日本联合舰队掌握了黄海的制海权。黄海海战是中日甲午战争中极为重要的组成部分，深刻影响着甲午战争的后期战局演变。售军舰给中日双方的军事大国都极其关注此战，这是世界史上第一次具规模的现代钢铁军舰海战，也是中国历史上唯一的一次舰队海战。

 战争背景

　　清光绪二十年（公元 1894 年），在清朝的洋务运动进行了三十余年后，清朝海军拥有北洋、南洋、福建和广东四支水师舰队。其中，属北洋水师实力最为强大，共有大小型舰艇 25 艘，士兵将领近 4000 人，并拥有 2 艘德国制造的铁甲巨舰——定远号和镇远号，其实力在当时的亚洲可谓是比较强大。但除北洋舰队之外的其他各支水师实力比较弱，因朝廷拨款有限、各水师负责官员贪污炮弹等经费，战前清朝海军在整体军备实力上已落后于日方。甲午战争爆发前，日本通过明治维新，走上资本主义道路,国力日渐强盛,积极谋求对外扩张。通过扩充军事实力,实施八年造舰计划,日本海军实力持续加强,并将舰队统一整编为联合舰队,舰队司令为伊东佑亨海军中将。联合舰队由本队第一小队、第二小队、第一游击队、第二游击队等小队组成,拥有数艘航速快、大炮多的新式战舰。1894年初,日本趁朝鲜爆发农民起义之际,开始实施蓄谋已久的侵华战争,妄图"聚歼清国舰队于黄海"。日本暗地里出兵朝鲜,并在朝鲜丰岛海域,突然袭击北洋水师的广乙、济远两艘巡洋舰,造成广乙舰重伤损毁,济远舰败走,随后日军又击沉了北洋高升号运输船,俘获了操江号炮舰,制造了历史上的"丰岛海战"。

1894年8月1日,中日两国同时向对方宣战,甲午战争随之全面爆发。当时争夺黄海制海权、护送援军,成为北洋水师和联合舰队同时面临的最紧迫的任务。但双方的策略明显不同,清朝方面,李鸿章坚持消极防御的方针,没有制定一个完备的作战计划。与北洋水师形成鲜明对比的是,日本海军在海战前就明确了要进行战斗来夺取黄海制海权。由于日军不断增兵朝鲜,使得在朝鲜的中国陆军数量处于劣势,清政府决定向朝鲜增援。9月15日,丁汝昌指挥北洋水师主力护送搭乘4000人陆军的5艘运兵船抵至大连湾。9月16日,北洋水师到达鸭绿江口的大东沟。9月17日,护送运兵船卸载完毕后北洋水师舰队停泊在大东沟口外。而日本方面,早已谋求要跟北洋水师一战。为了实现打败清军、侵占中国的目的,日军把能否在海战中取胜,视作是战争的关键。9月13日,当日本联合舰队完成护送援军登陆仁川的任务之后,联合舰队本队和第一游击队即开往鸭绿江口,寻找北洋水师主力。9月17日10时许,联合舰队第一游击队发现了北洋水师;随后,北洋水师镇远舰也发现日本的舰队。大鹿岛海域,鸭绿江口外海,几乎集中了中日两国全部主力舰艇,大战一触即发。

作战经过

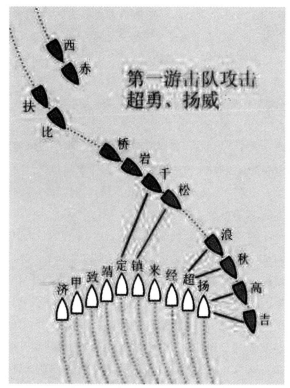

12时许,联合舰队第一游击队在先,本队在后,逼近北洋水师。第一游击队由吉野、浪速、高千穗、秋津洲4艘快速巡洋舰组成,剩余的军舰编为一字竖型。北洋舰队发现敌舰后,以信号旗集结附近的战舰,水师提督丁汝昌当即决定将10艘军舰列为5队,以犄角鱼贯小队阵迎战,后判断敌舰采用一字竖阵意在直取中央,立即改变队形,旗舰定远号位于中间位置,其余各舰在两侧呈人型阵依次展开。12时50分,中日双方舰队相距5300米左右,北洋水师定远舰首先开炮攻击。战斗开始后,在距北洋水师5000米处日本联合舰队第一游击队往左拐弯,冲向北洋舰队比较薄弱的右翼。在双方舰队相距约3000米时,日本第一游击队四舰在发起猛烈攻击的同时加速横越北洋舰队,朝舰队右翼之超勇、扬威二弱舰开火。二舰虽顽强反抗,但在日四艘快速巡洋舰优势火力猛击下,不幸中弹起火。同时,定远等舰也与跟上的敌舰主队展开激烈的战斗。但很不幸,炮战开始不久,日舰发射的一枚排炮,就击中了北洋舰队旗舰定远号的望台,正在指挥的丁汝昌受伤,由总兵刘步蟾代为指挥。接着,日舰排炮又打落定远帅旗,也摧毁了信号器具。顿时,舰队失去了联络和指挥,使得各舰处于各自为战的境地。

在日本第一游击队绕攻超勇、扬威时,其本队六舰驶至北洋舰队的前方,其船腹恰好被北洋舰队各舰首所指向。于是,北洋舰队各舰以主炮猛轰日六舰。因行动缓慢,比睿、扶桑、西京丸号、赤城等后续诸舰,落在后方。这时,定远、镇远及右翼各舰猛轰敌舰松岛、千代田、严岛、桥立;左翼致远、靖远等舰则炮攻比睿、赤城等各舰。在北洋舰队的连续攻击下,比睿被迫冒险驶入北洋舰队阵中,受到定远、镇远、广甲、济远等舰的围击,船体破损严重,兵士多有伤亡,在乌烟滚滚中逃出包围。随后,北洋舰队左翼各舰又近距离猛轰赤城并击毙舰长板元,舰上日军官几乎全被击毙。在北洋舰队猛烈炮火攻击下,不仅比睿、赤城,其他舰只吉野、浪速、高千穗、秋津洲、西京丸等也都损伤严重。

原停在大东沟口外待命的平远号防御铁甲舰、广丙及鱼雷艇,见势急速来助战。其刚驶到北洋舰队右后方,就与日舰本队相遇,各舰当即向日舰发起进攻。但不幸交战中平远号被日击中冒火,无奈退出战役。逃出北洋舰队包围的比睿因舰上起火,只得离队向西南方逃遁,赤城舰见此，火速急救。北洋舰队来远等舰见比睿逃跑，立即追击。在离比睿300米左右距离时，比睿发炮击中来远，引发船体着火。乘着中方其他各舰减速施救来远之机，比睿、赤城加紧驶离。此时，在附近的西京丸见此状，急忙发出救援信号。第一游击队见到信号后以高速向比睿、赤城与北洋舰队之间回驶，以炮火掩护，边战边进，把处境危险的几艘日舰和北洋舰队隔开。赤城、比睿号趁机逃离海战。同时，日方趁北洋舰队和第一游击队对峙时，率日舰本队开过北洋舰队右翼，绕至北洋舰队背后，与第一游击队形成对北洋舰队的合围之势。北洋舰队陷入困境，前后均受制于敌，日本舰队逐渐转为上风。

即使面临不利形势，北洋舰队广大官兵也毫不怯战，仍就奋勇杀敌。丁汝昌身受重伤仍拒绝进仓躲避，于甲板上鼓舞将士。右翼总兵定远管带刘步蟾接替其督战和指挥，亦尽心尽责。超勇、扬威虽被击中起火，但仍然继续战斗。尤其是超勇即便舰体倾斜，还是发射炮火攻敌不止，表现出了顽强的战斗精神。随后，日舰本队绕到北洋舰队后围攻超勇。14时23分，在敌舰炮火围攻下，超勇孤立无助下沉，管带黄建勋及舰上士兵大部牺牲。致远号在管带邓世昌指挥下，纵横驰骋，奋勇杀敌。邓世昌曾留学海外，熟悉海军业务，平时就训练有素，享誉三军。致远号在被4艘日舰围攻，舰艇多处严重受损且弹药用尽的情况下，与日舰吉野号狭路相逢。邓世昌见吉野是日第一游击队的旗舰，船坚炮利，决定开足马力与之相撞同归于尽。日本官兵见状十分惊恐，以密集炮火向致远发射，致远舰的驾驶室被击中，驾驶员牺牲，邓世昌亲自驾驶致远号继续向吉野舰撞去，后被敌舰数发鱼雷击中，引起爆炸。15时30分，致远沉没，时年46岁的邓世昌及全舰大部分官兵捐躯殉国。致远被击沉后，在附近的济远管带方伯谦见状大惊，慌忙转向逃走，慌乱中误撞扬威号。方伯谦于战后不久也受到了应有的惩罚，在旅顺黄金山下的刑场上被斩首。广甲与济远编为一队。广甲管带吴敬荣眼见济远逃遁,也跟随逃跑,因心慌意乱,指挥失当,船体在大连湾三山岛外触礁搁浅。日本第一游击队见济远、广甲逃走,随后追击,因相距甚远,无法追及,遂返回围攻位于北洋舰队右翼的经远。经远中弹起火,管带林永升镇静自若,沉着指挥,以一敌多,相拒甚久。终因寡不敌众,经远遭炮击中,林永升牺牲。在舰体沉没的最后时刻,经远官兵仍坚持作战,直至最后,表现出高尚的军人气节和大无畏的爱国情操。16 时 40 分,经远沉没,全舰 200 余人大部分殉国。

在北洋舰队先后失去六舰之后,只剩下定远、镇远、来远、靖远四舰。而日本联合舰队则尚存吉野、高千穗、秋津洲、浪速、松岛、千代田、严岛、桥立、扶桑等九舰。中方军舰在数量、吨数上均处于十分被动局面。但是,北洋舰队剩余的定远、镇远、来远等舰相互依托,顽强地进行反击。全体爱国将士,面对困境,毫不怯弱,灵活应对,坚持战斗。定远、镇远两艘铁甲巨舰被日五艘舰团团包住,定远舰管带刘步蟾带领全体官兵,左右调度,指挥得当,敌炮不能击中;镇远管带林泰曾指挥镇远舰,自始终与定远保持着掎角之势,与日五舰巧妙灵活周旋。如此这般,定远、镇远在敌强我弱的严峻形势下,继续与日各舰互相开炮,历经一个多小时,虽然巨炮均已受伤起火,但广大爱国将士一边救火,一边反击抗敌,未曾松懈和逃遁。下午 3 点半左右,定远号的炮弹击中了日本本队旗舰松岛号,使得松岛号丧失了作战能力,日方其他几舰也受损严重,日本联合舰队司令伊东决定向东南方撤退。靖远号得知定远桅楼被毁无从发信号和指挥,主动替代担负升旗集队发信号的重任。由此,众舰重新集结,定远、镇远、来远、靖远等舰重新排成单列,向东追击日舰。此时天色已晚,日本舰队无意再战,开足马力渐行渐远。北洋舰队追击日舰十余里,时暮色苍茫,弹药已尽,只好收队返归旅顺。至此,历时五个多小时的黄海海战宣告结束,北洋舰队共损失超勇、扬威、致远、经远、广甲等五舰,其他各舰也都有不同程度创伤,官兵伤亡千余人;日本联合舰队五艘军舰受重伤,但未沉一艘,官兵伤亡600人。黄海海战以后,北洋水师不再出战,日本联合舰队控制了黄海海域。

战例点评

　　这场战役历时五个多小时,不论战斗之激烈,投入兵力之多,耗时之长,都是近代海战史上所罕见的。海战的经验和教训,对世界近代海军的海战战术、装备配置等都产生了较大影响。战争伊始,北洋舰队将两铁甲居中摆成人型阵,列弱舰于右侧,此侧后遭日第一游击队的攻击;日联合舰队将弱舰置于后方摆成一字竖阵,遭到北洋舰队主力舰的截击。双方均是以己之长,攻敌之短,目标都是对方的弱舰。此时,双方虽各有损伤,但北洋舰队仍能维持队形和操列,而日方的阵列已被打乱,北洋舰队稍占上风。接下来,北洋舰队的超勇、扬威、致远、经远先后沉没,济远、广甲逃跑,共减少六舰。由于失去了致远、经远、济远等主要舰只,北洋舰队战斗力大减,无力发起攻势,只能转而防御,失去起初的优势。日军比睿、赤城、西京丸三舰虽或退出或失去战斗力,但这三舰都为弱舰,对总体战斗力影响不大,日军逐渐占了优势。在战斗中,日本联合舰队指挥有方,战术得当,充分发挥了其舰航速高、射速快的优势,掌握了战场主动权;北洋舰队则指挥失误,交战不久全舰即失去了统一的指挥,而且弹药不足、质量不过关,终导致舰队大败,损失惨重。致远、经远两艘巡洋舰的沉没,对北洋舰队的战斗力是很大的削弱。此外,济远临阵脱逃,不打自败,也影响了北洋水师的斗志与合力。虽如此,中国广大爱国官兵在海战中临危不惧、英勇顽强、血战到底的精神可歌可泣,充分体现了中华儿女不畏强敌、保家卫国、勇于牺牲的气概,他们的爱国精神和英雄壮举值得后世永为纪念。

清政府的腐败、北洋水师的退化,是清海军战败的主要原因。清政府腐败无能,为修建颐和园等园林大肆挪用海军经费,同时大规模缩减海军开支,由于一直没有添置新舰,原有的军舰与新式军舰相比已经处于劣势;清政府缺乏对战争的全盘策划和部署,对战争的可能未作分析和判断,主和派奉行消极防御的战略,寄希望于列强的调停,坚持"避战保船",各派系更多考虑的则是私利。北洋海军内部贪污腐化,军纪涣散、精神萎靡,甚至购来的炮弹内为煤灰、泥沙等物填充,北洋海军自成军后就处于停滞不前甚至倒退的状态。而同期,日本全国上下正倾尽全力扶持强大海军建设,当海军经费不足时,日本天皇拨出30万元支持海军建设,同时民间也筹集了200多万元的经费,保证了海军的持续快速发展。战前,日本军国主义者经过长期准备并精心策划,制定了详尽的抢夺制海权计划,重点添置了中型速射炮,多次潜入中国侦察预定战区的情况,对中国的总兵力和作战能力作了详细的调查。如此鲜明的对比,北洋水师遭此战败也是难免的。

3. 黑暗中的曙光：南昌起义

南昌起义，又称八一南昌起义或八一起义，是中国共产党领导的反对蒋介石汪精卫叛变革命、破坏统一战线、屠杀革命力量的武装反抗事件。南昌起义是在土地革命战争时期，中国共产党联合国民党左派继续发扬武昌革命起义精神，打响了武装反抗国民党反动派的第一枪。从此，中国共产党开始了独立领导武装斗争和创建革命军队的新征程。千百万革命同志在黑暗中，在国民党反动派的白色恐怖中看到了希望的曙光。中国共产党从此拥有了属于自己的人民军队，8月1日后来被正式确立为中国人民解放军诞生日。面对国民党离经叛道的行径，中国共产党人拿起了枪杆子，开始了为民族独立、自强、荣耀拼死奋斗的历程。

 战争背景

当时的世界动荡不安，日本爆发了大规模的金融危机、英国工人阶级开始了反抗剥削的全国总罢工……而当时的中国更是风起云涌，各种政治力量角逐博弈，都在试图引导中国的命运。此时，中国共产党和国民党建立起的统一战线，正在领导着中国人民同北洋军阀和各种反动势力做斗争。由于中国共产党的影响力不断扩大，国民党内部的反动势力恐惧共产党的壮大，要求将其扼杀在摇篮里。蒋介石军事集团和汪精卫武汉国民政府为此分道扬镳。武汉政府下令开除蒋介石党籍,同时派兵讨伐南京。从1927年4月份起,以蒋介石为首的国民党新右派在上海、南京等地发动多次针对共产党和国民党左派的武装政变,残杀共产党员、国民党左派及革命群众,中共千辛万苦谋求的国共两党合作遭到失败的厄运。大革命的方向也顿时扑朔迷离。而国民党反动派却开始与帝国主义相勾结,一步步走向了人民的对立面,成为了地主阶级和大资产阶级联盟的新军阀集团。

合作道路的阻断、国民党反动派的背信弃义、大革命的失败,这些血的教训让中国共产党人开始反思革命的出路问题。1927年8月7日,中共中央在湖北省汉口秘密召开紧急会议。这就是在中国共产党历史上有着重大转折意义的"八七会议"。八七会议果断抛弃了陈独秀右倾投降主义的错误,确立实行土地革命和武装反抗国民党的政策方针,毛泽东同志在会上提出了"枪杆子里出政权"的著名论断。从此,中国共产党走上了武装斗争的道路。

1927年7月12日,中共中央决定进行改组,中止了中央委员会总书记陈独秀右倾机会主义的领导。为了挽救革命,中国共产党人士决定在敌人兵力比较薄弱的江西南昌发动起义,并成立了由周恩来、李立三、恽代英等同志组成中共中央前敌委员会,周恩来任书记,具体领导这一具有历史意义的起义。南昌起义革命队伍主要有朱德领导的第五方面军第三军军官教导团和南昌市公安局掌握的两个保安队。7月26日叶挺领导的第11军24师和由贺龙领导的第20军悄悄从九江转移到南昌,参加革命的部队共计人数达到3万余人。当时的国民党反动派第二方面军的剩余部队驻扎在九江地区;第五方面军第3军主力驻扎在樟树、吉安、万安等地区,第6军主力正由萍乡向南昌挺进,第9军主力驻扎在进贤、临川等地区;南昌市及近郊地区由第五方面军第3、第6、第9军各一部以及警备团计 3000 余人驻扎，共计一万余人。周恩来等同志当机立断决定先发制人，在 8 月 1 日当日趁援兵还未到来之前发起革命起义。

 作战经过

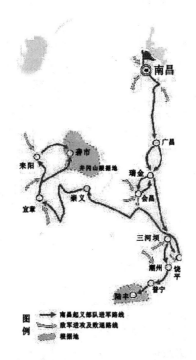

8 月 1 日凌晨，南昌城寂静的夜空随着一声枪响被彻底打破。各路起义军身系红领巾，左臂扎着白毛巾，手电筒上贴上红十字，朝着各自的目标发起了攻击。在周恩来、贺龙、叶挺、朱德、刘伯承等同志的指挥和领导下,南昌起义爆发了。中共敌前委员会将指挥中心设在松柏巷天主教堂附近的一所学校中,起义的枪声打响后,周恩来任总指挥。按照中共前敌委的作战部署,贺龙、刘伯承率领第11军第24师攻击松柏巷天主教堂、百花洲、新营房等处敌军;第20军第1、第2师攻击旧藩台衙门、牛行车站、大士院街等处敌军。战斗一直进行至黎明,共消灭敌方3000多人,缴获大炮多部,各式枪械5000多支,子弹70多万发。起义中,由于朱德凭借自己在南昌的社会关系和地位,不仅摸清了南昌城内守军的布防情况,使得起义军有的放矢各个击破城内守军。同时,他还争取到了两个保安队参加起义,壮大了起义队伍的力量。经过四个小时的激战,全歼敌军,胜利占领了南昌城。当天下午,聂荣臻、周士第率领驻马回岭的第25师第73团全团、第74团机枪连和第75团3个营起义,于1927年8月2日抵达南昌,胜利会师。

起义胜利后,中共前敌委员会在南昌召开会议,通过会议讨论成立了中国国民党革命委员会,选举邓演达、何香凝、宋庆龄、吴玉章、谭平山、贺龙、林伯渠、叶挺、周恩来、张国焘、恽代英、李立三、徐特立、彭湃等25人为委员。吴玉章任国民党革命委员会秘书长,周恩来、贺龙、叶挺、刘伯承等任参谋团成员。参谋团作为军事指挥机关,刘伯承任参谋长,郭沫若任总政治部主任。委员会决定起义军仍然使用国民革命军第二方面军番号,贺龙兼任第二方面军总指挥,叶挺兼任前敌总指挥。另外,叶挺任第11军军长,聂荣臻任党代表;贺龙任第20军军长,廖乾吾任党代表;朱德任第9军副军长,朱克靖任党代表。全军共计2万余人。8月2日,南昌市会集了成千上万人的群众、学生以及社会各界人士,竞相要求加入革命队伍。中国国民党革命委员会对外公布了《八一起义宣言》、《八一起义宣传大纲》,表明了革命军队坚决拥护孙中山"联俄 联共 扶助农工"政策以及反对帝国主义、新旧军阀的坚定决心。

面对南昌起义的胜利,汪精卫急命张发奎、朱培德等立即进攻南昌。伴随着起义的胜利,第一次真正掌握了武装力量的中国共产党人面临三种选择:就地不动——以南昌为中心,形成与汪精卫的武汉政府、蒋介石的南京政府鼎足而立的态势;上山——到江西、湖南的广大山区建立根据地;下海——南下广东,夺取出海口,争取共产国际的支援,准备将来再次北伐。缺乏指挥革命战争实践经验的指挥者们,做出了"下海"这一事后看来最为不利的选择。1927年8月3日起,中共前敌委指挥起义军分批撤离南昌开始南下。计划经瑞金、寻乌进军广东,先占领东江地区,休整兵力,积蓄力量,然后夺取广州。当起义军到达进贤县时,第10师师长蔡廷锴突然清点该师中的共产党员并予以驱离,并带队回返江西东北方向,从此脱离起义军队伍。8月6日至8日,叶挺、贺龙所部陆续抵至临川。起义部队从南昌出发后,因未及整顿,沿途百姓受反动派恶意宣传的欺骗均闭户拒客,致使部队饮食不继。士兵们在炎热天气中超负荷山地行军,病死和逃亡者很多。行军3日,部队实力损失已达三分之一,兵力仅剩1.3万人左右。前委决定停留一周以休整队伍。在此期间,前委废弃利用一般土豪劣绅来提款、派款、借款的旧筹款政策,改为对土豪劣绅征发、没收粮食财产和罚款的政策;另外,因二十军、十一军的参谋人员逃跑,有泄漏原定军事计划的危险,决定到瑞金后改道长汀、上杭南下;正式组建第九军和第二十军第三师。8月25日,先头部队到达瑞金县壬田以北地区。此时,奉驻广东的国民党军第8路军总指挥李济深命令,钱大钧部9000多人到达会昌、瑞金地区,并派遣一部兵力抵至壬田,意图截击起义军南下;黄绍竑部9000多人挺进于都,为钱大钧部作战提供援助。对此,中共前敌委决定乘钱大钧、黄绍竑两路部队尚未完全会合之际对其进行分别瓦解击破。起义军立即攻击壬田敌军,消灭其一部,并于26日占领了瑞金县城。从缴获敌军文件中得知敌军准备在会昌集结18个团兵力同起义军决战,周恩来紧急召开参谋团会议研究对策,决定先击破会昌敌军。30日,第二十军从东北面向会昌发起攻击,吸引敌军主力;第十一军从西北面向会昌发起攻击,攻占会昌城。起义军集中火力对会昌的钱大钧主力发起猛烈进攻,至30日占领了会昌县城。前后两战我军共消灭钱大钧部6000多人,缴得枪械2500多部;起义军也付出伤亡近2000人的代价。另外,起义军一部于9月初在会昌西北的洛口地区也打退了黄绍竑的攻击。

起义军在会昌战役后断断续续返回瑞金,改由东沿汀江、韩江,经福建省长汀、上杭南下。9月5日,起义军进驻长汀。在这里,周恩来主持召开中共前委会议,研讨攻取东江的行动计划。会议最后决定,以主力取潮汕,留一部分兵力于三河坝监视梅县之敌,再经揭阳出兴宁、五华取惠州。事后证明,这次分兵的决定是导致起义军南征失败的直接原因。9月10日,周恩来和彭湃率领起义军一个团进驻上杭。19日,起义军进占三河坝。按照长汀会议决定,起义军在这里实行分兵,由朱德率第十一军第二十五师等部留守三河坝,由周恩来、贺龙、叶挺、刘伯承等率主力部队进军潮汕。9月22日,第11军第25师在对广东省大埔县三河坝发起战役后占领,而主力继续向南挺进。23日,起义军顺利攻占潮州。24日晨,起义军进驻汕头。但这时敌军正分三路在潮汕周围集结。9月28日,起义军主力在揭阳县玉湖附近地区遭遇并打败陈济棠、薛岳部的东路军。在继续向丰顺市挺进的过程中在汾水村地区再次遇敌激战,起义军伤亡2000多人,形势不利,只能先向揭阳方向撤走。当日晚,黄绍竑部占领潮安地区。周恩来这时已重病缠身,撤离汕头就被人用担架抬着行军。10月3日,在普宁市,起义军主力与由潮汕撤离的革命委员会会集,而后继续往海丰、陆丰地区撤离。在经过流沙西南的莲花山时,起义军再次遭遇东路军的阻击,不敌,部队大部溃退。随后,起义军领导人和革命委员会分开撤离,剩余 1000 余人转入海陆丰地区。在集中火力猛烈打击钱大钧部后,在三河坝的第 25 师也往潮安方向转移,于 10 月 5 日在饶平县内与由潮汕撤离的第 3 师一部集合。接着,在朱德、陈毅同志的指挥下,部队开始往闽赣方向作战略转移。这次长途跋涉,经饶平、平和、大埔、永定到达武平。起义军从福建武平的东留乡撤离战斗后,东江特委的罗屏汉、潘秉星等人接应起义部队,他们带着起义部队经寻乌剑溪的山间小道到达了会昌的筠门岭,后来又来到了安远的天心镇。由于连续作战行军,部队减员严重,有些干部和战士对革命的信念和前途产生了动摇,不断有人脱离部队,抵达大庾时只剩七八百人。面对着这样的一支队伍,朱德和陈毅站了起来,开始对余下的队伍进行整训。首先,肃清队伍中思想动摇或者敌人的渗透部分,坚定全体人员的信仰;其次,重新整编队伍,将部队重整为一个团,由朱德同志任团长、陈毅同志任指导员。再次,严明纪律。通过整训,这支部队后来成为中国人民解放军的核心战斗力量和人才储备资源。在过农历新年的时候,部队到达湖南宜章,歼灭了该县的反动武装,打土豪、分田地,建立了苏维埃政权,发起了著名的湘南起义。在 1928 年 4 月,部队到达井冈山革命根据地,同毛泽东领导的秋收起义部队会合。从此,"朱毛"就成了一个令对手心惊的最佳组合。

 战例点评

南昌起义打响了武装反抗国民党反动派的第一枪。对于南昌起义的伟大意义,中共中央以及党和军队的一些领导同志都作过评价。早在 1927 年 10 月 24 日,中共中央就明确指出:"南昌暴动的'八一'革命在中国革命史上有极重大的意义。""现在叶贺虽然是失败了,而南昌暴动

在湘鄂粤各省工农武装暴动的总政策中,始终是中国革命史上最光荣的一页。""只有决定四省民众武装暴动,以及率领叶贺军队暴动反抗武汉反动政府之政策,是算党抛弃机会主义而走上布尔什维克道路的新纪元。"周恩来自责对南昌起义存在决策失误的地方,所以他对南昌起义失败的教训说得很多,但对南昌起义的伟大意义说得很少。他仅肯定:"八一起义在共产党领导下,向国民党反动派打响了第一枪,这在大方向上是对的。"

威震中外的八一南昌起义在打响武装反抗国民党反动派第一枪的同时,还造就了一大批名将,他们为中国人民的解放事业,为人民军队的发展立下了不朽的功绩,如陈赓大将、粟裕大将、许光达大将、张云逸大将等等。1955年首次授衔的十大元帅中有7位参加了这次起义,其中,叶剑英虽未直接参加,却战斗在敌人的心脏,化解了一次次剿杀起义军的阴谋,为起义的胜利作出了重要贡献;10名大将中有4位直接或间接参加了这次起义;6名上将、11名中将和诸多的少将参加了这次起义。一场暴动,诞生了如此多的将帅之星,这在世界战争史上也是罕见的。

1933年7月11日,中华苏维埃共和国临时中央政府发布《关于"八一"纪念运动的决议》,决定将8月1日定为中国工农红军成立纪念日。此后,8月1日就成为中国工农红军和中国人民解放军的诞辰。1949年6月15日,中国人民革命军事委员会决定以"八一"两字作为中国人民解放军军旗和军徽的主要标识。

虽然南昌起义最后失败了,但是这场战役先胜后败给中共带来很多有益的启示和弥足珍贵的经验教训。南昌起义的失败,客观上说是因为敌人力量太过强大,主观上是因为起义军缺乏指挥经验。在转移的过程中,起义军没有很好地与湘、鄂、赣等地区的农民运动相结合,也没有有针对性地进行土地革命战争。两次分兵导致兵力分散,不能有效集中优势兵力,招致敌军各个击破,导致最终起义的失败。在以后中共革命的大多数时候,虽然共产党经常处于劣势,但是往往可以出奇制胜以少胜多,不能不说是前车之鉴让中国共产党更快地成熟成长起来,最终引导中国人民走向民族独立的胜利。

4. 红军绝处逢生：四渡赤水

周恩来曾评价四渡赤水是毛泽东军事指挥艺术的得意之笔。四渡赤水是一组环环相扣的战斗，从1935年1月中旬到4月初南渡乌江，中央红军在贵州、四川、云南的边界赤水河流域转了三个月，走了110个城镇。整组战斗败中有胜，胜中有败，先败后胜，反败为胜。四渡赤水，毛泽东把军事指挥的想象力和创造力发挥到极致。他运用灵活的作战战术，穿梭于敌重兵集团之间，巧妙诱敌歼敌，彻底粉碎了蒋介石等反动派企图围歼红军于川黔滇边境的狂妄计划，红军取得了战略转移中具有决定意义的胜利。"雄关漫道真如铁，而今迈步从头越。从头越，苍山如海，残阳如血。"毛泽东在二渡赤水胜利之后，挥笔记录下了当时战争的激烈以及中共红军不畏艰辛奋勇作战的激荡情怀。四渡赤水是一场运动站、转折站。毛泽东和他领导的部队在这里神奇用兵，四次飞渡，在中国军事史上写下了以弱胜强的"得意之笔"。

战争背景

土地革命战争时期，也称作第二次国内革命战争时期。中国共产党领导中国人民，深入开展土地革命，反对国民党的恐怖统治，从1927年蒋介石、汪精卫发动反革命政变开始，到1937年抗日战争爆发后结束。

叛变了革命的以蒋介石为首的国民党代替了北洋军阀,企图扑灭革命,消灭共产党,残酷镇压革命群众。中国共产党和中国人民没有被国民党的屠刀所吓倒,继续英勇地高举起反帝反封建的革命大旗。接连发动了南昌起义、秋收起义、广州起义。起义之后,毛泽东根据当时敌我形势,主动放弃攻打长沙的计划,转向敌人统治薄弱的农村地区,到达永新县三湾村时,对部队进行了改编,确立了党对军队的绝对领导,这就是红军建军史上有名的"三湾改编"。10月到达井冈山地区,建立了以宁冈为中心的井冈山革命根据地。1928年4月朱德、陈毅率领南昌起义保留下来的一支部队到达井冈山,与毛泽东会师,合编为中国工农红军第四军。蒋介石调集军队,对红军和革命根据地,发动了大规模的反革命"围剿"行动,妄图彻底消灭红军。中共红军成功击退了蒋介石的四次围剿。

1933年初,日军大举入侵华北,中华民族危机重重,然而国民党政府蒋介石却置民族危亡于不顾,仍然坚持推行"攘外必先安内"的反动方针,坚持要消灭共产党及其领导的红军。中央苏区在取得四次反"围剿"胜利后,"左倾"势力占据了上风,提出要与国民党军队正面决战,结果红军损失惨重,被迫退出中央革命根据地,实行战略转移。国民党很快判明红军意图,急调四十万大军围堵。由于王明"左"倾教条主义依然在党内占主导地位,导致长征初期红军损失严重,在渡过湘江之后,总兵力由出发时的8万多人减少到3万人左右。红军到了生死存亡的关键时刻。在这关键时刻,毛泽东提出应该向敌军力量较为薄弱的贵州行军。毛泽东的这一主张在随后召开的中共中央军委会议和中央政治局扩大会议上得到了通过。随即,中央红军掉转方向往贵州方面行进,在1935年1月3日,中央红军突破乌江天险,7日胜利拿下黔北重镇遵义城。把十几万追堵的国民党军甩在了乌江对岸,给红军带来了十分宝贵的休整机会。期间,中共中央召开了政治局扩大会议即遵义会议。会议结束了王明"左"倾教条主义在中央的统治,确立了毛泽东在红军的指挥权,在关键时刻保存了中央红军和中共中央的有生力量,中国共产党和红军从此走上了胜利发展的道路。

中央红军北渡乌江占领黔北之后,蒋介石调集嫡系部队及川黔湘滇等地共约150个团的兵力,从不同方向围堵遵义地区。蒋介石指派薛岳为总指挥,调集各路兵马包围中央红军,企图阻止红军北进四川与红四方面军会合,或东进湖南与红2、红6军团会合。1月中旬,薛岳兵团2个纵队8个师尾追红军进入贵州,集结于贵阳、息烽、清镇等地;黔军以2个师担任黔北各县城守备,以3个师分向湄潭及遵义以南的刀靶水等地进攻;川军14个旅分路向川南集中,其中2个旅已进至松坎以北的川黔边境;湘军4个师位于湘川黔边境的酉阳至铜仁一线构筑碉堡,防堵红军东进;滇军3个旅正由云南宣威向贵州毕节开进。国民党中央军和川黔湘滇四省的兵力及桂军一部,共40余万人。

面对此敌情,毛泽东等同志果断决定中央红军在四川泸州西南的蓝田坝、大渡口一线北渡长江,与川、陕革命根据地的红四方面军会合,建立川西或川西北革命根据地。如若渡江失败,则暂停留川南地区,等待时机成熟再从宜宾上游北渡金沙江。1月19日,红1、3、5、9军团共3.7万人分三路先后从遵义、桐梓、松坎地区出发,向土城、赤水方向前进。与此同时,红四方面军从川北西渡嘉陵江,行进至川南地区与敌对峙;红2、红6军团也在湘鄂川黔边界地区四处出击。四渡赤水,由此展开。

 作战经过

1月19日,蒋介石下达围剿中央红军的命令。川军刘湘成立了以潘文华为总指挥的川南剿匪总司令部,对红军两面夹击。1月20日中央红

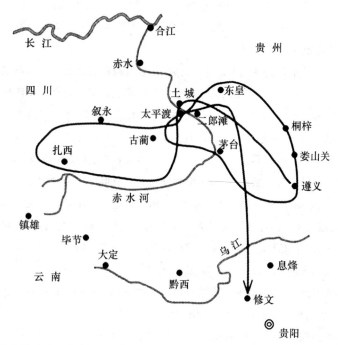

军军委纵队进入桐梓县。当日晚,朱德总司令下达了红军21日行动部署。为了迷惑敌人,红1军团在北线积极开展战斗,并大肆散播红军主力向重庆方向挺进的言论。24日,红军先头部队击败了国民党黔军的武装,攻占土城,挺进赤水。25日,红3军团到达土城。与川军短兵相接。但是川军抢先占领了右侧高地,并凭借其地理优势对红军实行火力封锁。经过数小时激战,红军正面部队攻下右翼高地,由于此刻川军后援兵团赶到,双方形成对峙局面。翌日清晨,红军决定保存实力撤出旺隆场。27日,中央军委纵队到达土城。尾追而至的川军郭勋祺旅,与红军中央纵队后卫5军团接火。中央军委决定集中优势兵力夹击敌人。28

日,红3、红5、红1军团一部、干部团、军委纵队在土城、青杠坡一带猛攻尾随的川军两旅,予以重创。经过数小时的作战,战事进入僵局,川军增援部队已经赶到,军委紧急调1军团2师折回土城支援。经过几轮交锋,敌人受到重创,红军牢固控制了道路以南的山头。但由于对敌情掌握失实,低估了川军兵力,加上川军后续4旅部队迅速到位,双方遂陷入对峙局面。下午5时,军委召开紧急会议,分析形势,认为红军必须放弃北渡长江的计划,从土城一带西渡赤水河,向川南前进。1月29日凌晨3时,红军分左中右3路从土城、元厚、沙陀度西渡赤水河。到傍晚,3万红军已经全部渡过赤水河。随后,红军向四川省古蔺、叙永地区行军,准备适时从宜宾上游北渡长江。川敌立即以8个旅分路追截,以4个旅沿长江两岸布防;薛岳兵团和黔敌也从贵州分路向川南追击;滇敌3个旅向毕节、镇雄急进,企图截击红军。此时,张国焘擅自违抗中央指令,北进陕南,导致川军无所牵制,可以集中兵力阻止红军北进。2月2日,薛岳部和贵州、云南的军阀部队组成"剿匪军第二路军",重新包抄红军。根据中央红军的计划路线,此时川军严防的叙永县城已经成为红军向宜宾靠拢的一大障碍。右纵队红1军团第2师按照军委命令进攻叙永,西进途中在毛坝、大坝等地遭川军截击。红军多次组织冲锋,均未成功。中央军委商定暂缓北渡长江计划,改从黔西向东行军。蒋介石随之调整兵力部署,在湘西地区围堵中央红军,并任命龙云为总司令,薛岳为前线总指挥,与川军及第一路军配合,妄想将中央红军围歼在长江以南、横江以东、叙永以西。2月4日,红军部队从叙永全部撤离。3日,中央红军纵队和后卫5军团通过摩尼进驻四川石厢子。2月9日,中央红军到达扎西地区,迅速完成了休整工作,部队作战能力大大提高。至此,为四渡赤水的第一渡。

中央红军在扎西地区驻扎后,蒋介石判断红军依然会北上渡江。于是派两路军队从不同方向往扎西地区围攻。此时,蒋的大部分兵力都在川滇边境,而黔北兵力空虚。毛泽东敏锐地抓住了这个机会,决定出其不意东渡赤水河。11日,中央红军从扎西向东行进,从敌人的空隙穿插出来,将数十倍于红军的敌人抛在长江北岸和乌江西岸。15日,中央负责人在白沙场召开了会议,拟定了东渡赤水河的行动部署。18日至21日从太平渡、二郎滩二渡赤水河;同时,为混淆迷惑敌军,中央红军派出红5军团的1个团佯装往温水方向前进,折回黔北。蒋介石原先的部署全部被打乱。24日占领桐梓。25日夜占领了娄山关。27日,在董公祠击溃了守军3个团的阻击,28日晨再次攻占了遵义城。此时,国民党军第1纵队第93师、第59师赶来增援。毛泽东集中优势兵力,在敌军还未来得及喘息将其全歼于遵义城。遵义战役历时5天,红军连夺桐梓、娄山关、遵义等地,俘敌3000余人,国民党军两个师又8个团为红军所消灭。这是中央红军战略转移以来取得的最大的胜利,极大地鼓舞了红军的士气,同时也沉重打击了追兵的气焰。至此,为二渡赤水河。

遵义战役后,蒋介石气急败坏地前往重庆亲自督战。电令川黔各军:"本委员长统一指挥,如无本委员长命令,不得擅自进退,务期共同一致完成使命。"蒋介石企图南北齐攻,在遵义、鸭溪地区围击中央红军。蒋介石命令川军3个旅从桐梓向遵义城东北地区进攻,第9军两个师从重庆向松坎、新站地区进攻,第2纵队主力3个师向仁怀等地区进军,第3纵队4个旅行进至大方、黔西地区布防。第4纵队一部于金沙、土城等地集结以阻止红军往西发展,第1纵队4个师在乌江南岸以作策应。中央红军9军团在桐梓、遵义等地牵制川军向东,主力部队则由遵义地区西进白腊坎、长岗等地。这样的部署使得滇军主力几乎完全东调,云南成为无防之城。15日中央红军相继攻克贞丰、龙安、兴仁、兴义等城。当红军主力部队遭遇鲁班场第2纵队时,因敌装备精良且兵力集中,红军付出了重大代价,激战未果。但是鲁班场战斗也给敌人造成沉重的打击,使得其困守在鲁班场内三天而不敢轻举妄动,这为红军三渡赤水河赢得了宝贵的时间。中央红军于16日快速展开渡河行动,次日下午,红军已经全部渡过赤水河进入四川古蔺县境内。如果说红军一渡赤水、二渡赤水是为形势所迫被动转移,那么从茅台三渡赤水就是战略性的主动转移。红军再次进入川南,摆出了北渡长江的姿态。蒋介石急令所有军力向川南集聚。至此,为四渡赤水的第三渡。

三渡赤水河后,中央红军进驻金鱼沟、大村一带,一方面发展当地群众基础,一方面补给物资,同时再次佯攻贵阳和东渡乌江,诱敌重兵集聚川南。蒋介石摸不透红军的意图,认为红军的战斗力并未削弱。于是蒋介石调动大军向赤水河两岸集聚,这正好中了中央红军的调虎离山计。3月20日,红1军团1个团大张声势向古蔺行军,诱敌往西;中央红军按照上级部署从二郎滩、九溪口、太平渡再次东渡赤水河。27日,红9军团假装从马鬃岭地区向长干山方向进攻,诱使敌军北向;红军主力则继续南进,并于次日突破敌军封锁线,进至乌江北岸的沙土、安底等地。31日红军南渡乌江。4月2日,红一军团佯攻息烽,掩护通过息烽,进入扎佐地区。蒋介石恐红军进攻贵阳于是急调龙云主力3个旅火速增援,并命薛岳、湘军何键部在川黔湘边拦截。正当国民党各路兵力继续东调之际,红1军团又对贵阳东南的龙里镇进行佯攻,向军力虚空的云南快速挺进,连攻下数个县城,接着又渡过北盘江,连续攻下贞丰、龙安等城镇。蒋介石急派3个师的兵力沿路追击。4月下旬,当中央红军攻下沾益、马龙等地,进逼昆明城下时,已经把追赶的敌军远远地甩在了后面。接着,红军一部再次佯攻昆明,大部队却往西北方向的金沙江岸行进。由于龙街渡、洪门渡均不利红军渡江,中央军委决定,红3军团第13团在洪门渡过江,红1、红3、红5军团则利用仅有的7只小木船由皎平渡过了金沙江。北路的红9军团,也在差不多时段从会泽以西的树节、盐井坪过了金沙江。到此,中央红军终于摆脱了敌军的围堵追击,国民党几十万军队全部被抛在金沙江以南地区。红军实现了渡江北上的计划,取得了战略转移的伟大胜利。至此,为四渡赤水的第四渡。

 战例点评

四渡赤水,是毛泽东等同志凭借高超的判断力和决断力指挥的一场经典运动战。四渡赤水出奇兵,是中国红军战斗史上变被动为主动、以弱胜强的经典战例,突出体现了毛泽东的军事艺术和才华。

四渡赤水之前,敌我军事力量对比悬殊,敌军重重围堵追击,红军面临异常严峻的形势。毛泽东等领导同志当机立断放弃原计划,改行军敌人力量薄弱的贵州区域,有效避免了与强大敌军正面冲突,从而保存了红军的战斗力和有生力量。红军一渡赤水后,各路敌军纷纷尾随而至。为打乱敌军的部署并伺机歼击敌人,根据敌兵力分布的强弱,红军突然向东行进二渡赤水,并抓住有利时机痛快歼灭迎头之敌,顺利占领遵义城。通过这样的军力调遣和部署,打乱了敌军分进合击的战略意图,使原先在全局上处于优势地位的敌军在局部陷入被动局面,红军争取和掌握了部分主动权。在三渡、四渡赤水中,红军又巧妙地避实击虚、声东击西,适时隐蔽、突然出击,神出鬼没地游走、腾挪于敌军重兵之间,将主动权始终牢牢掌握。敌军企图于遵义一带围歼红军,红军却快速、灵巧地跳出包围圈。当敌军再次进入赤水河以西妄图再次围逼红军时,红军却再渡赤水,把敌军全部抛在乌江以北。而此时,红军故意再次摆出欲攻贵阳、向东与红2、红6军团会合的姿态。当敌军被引导误判、全军东调之际,红军却向西行军,借佯攻昆明顺利渡过金沙江,如此种种安排和战术,迫使敌军无所适从、疲于奔命。这说明,只要正确分析战况和敌情,根据实际作出科学战略部署,即使敌方处于暂时的优势和主动,也是可以扭转形势,化被动为主动,化不利为有利的。

四渡赤水之战,中央红军在敌重兵围堵中灵活机动,穿插自如,虽未能实现在川、黔建立根据地的设想,但最终摆脱了几十万重兵的追击。毛泽东根据敌情的变化灵活用兵,避实击虚,这与红军长征初期不顾敌情一味死打硬拼形成了鲜明对比。红军与敌周旋时虽然走了不少弯路,部队相当疲劳,但敌几十万大军被红军拖来拖去,更是疲惫不堪。此种用兵之法,也正是毛泽东后来总结的战术的精髓:"你打你的,我打我的;打得赢就打,打不赢就走。"

5. 八路军对日第一次胜战：平型关战役

平型关位于山西繁峙县东北边境，邻接灵丘县，西去雁门关 115 公里，南近河北平县界，古称瓶形寨，以周围地形如瓶而得名，历史上很早就是戍守之地，战略地位十分重要。平型关战役，从 1937 年 9 月 23 日开始，到 26 日为止，是抗日战争时期八路军对侵略平型关的板垣征四郎一部进行的一次胜利的伏击战，共消灭日军 1000 余人。这是中日开战以来八路军取得的第一次胜利，沉重打击了日军的嚣张气焰，打破了日军不可战胜的神话，鼓舞了抗日部队的斗志，加强了全国人民抗战的信心。

 战争背景

1937 年 7 月 7 日，日军发动震惊中外的卢沟桥事变，这是日本军国主义蓄谋已久的战争，中国进入了抗日战争时期。在中华民族面临生死存亡的危急时刻，中国共产党以民族大义为重，与国民党再次展开合作，开始了长达八年的抗日战争。日本帝国主义为实现其独霸中国的野心，迅速抽调兵力，采取速战速决的策略，从华北和上海两个方向对中国发动了大规模侵略，扬言要在 3 个月内灭亡全中国。在占领北平和天津后，日军兵分 3 路进军中国腹地：沿津浦线南犯，直指山东；沿平汉线南进，进攻河南；沿平绥线西侵，进军晋察冀。西侵晋察冀是日军主攻方向,其意图是借此打开晋北通道,占领太原,消灭国民党第二战区主力,最终占领华北地区。国民党军在华北约有70万的兵力,两倍于日军。但由于实行错误的抗战路线和防御方针,国民党军不敌士气高涨、武装先进的日军,正面战场不断遭受挫败。到8月底,西犯日军攻陷了南口、张家口,紧接着又攻陷了大同、广灵和蔚县,目标直指太原。平型关、雁门关是长城防线的两道重要关口,是日军进攻太原的必经之地,也是保卫太原的最后要塞。两关中,平型关地处山西和河北交界,较雁门关而言相对薄弱。

西路日军在占领大同、蔚县后,兵分两路向南继续进攻。一路由关东军察哈尔一部沿同蒲铁路线南进,进攻雁门关;一路由日军第五师团经广灵、灵丘进攻平型关,意图与沿同蒲铁路南进之日军会师雁门关,进而侵占太原。第五师团是日华北方面军的直属部队,具有很强的独立作战能力,进攻平型关的任务由师团长板垣征四郎负责指挥。板垣征四郎,日本陆军大将,毕业于陆军士官学校,日军中著名的"中国通",是日本昭和时代重要将领,第二次世界大战甲级战犯之一,在日军中以胆量著称,曾于1931年与石原莞尔共同策划"九一八"事变。之前,敌第5师团已攻占了阳原、蔚县等地,并行进浑源、灵丘。他们妄图突破平型关、茹越口要隘,配合南犯的察哈尔部,攻击国民党第二战区主力,以此协助华北方面军进攻平汉铁路沿线国民党第一战区主力。9月16日,日军第5师团第21旅团第21联队主力从广灵西侵占浑源县城;第5师团第9旅团主力从蔚县南侵占涞源。20日,第21旅团两个大队南进,侵占了灵丘县城,矛头直指平型关。同时,关东军察哈尔部两个旅团也从大同、怀仁南犯,配合第5师团进攻国民党军。22日,日第5师团第21旅团一部,从灵丘进犯平型关,并攻占东跑池地区。在日军进犯平型关、茹越口防线时,国民党军第二战区马上调整部署:分别安排第6集团军、第7集团军在平型关、茹越口、雁门关一带,意图凭靠长城一线山地有利地形及阵地阻止日军的进犯。第6集团军在平型关负责正面防御。

正面战场节节失利、日军越战越勇,这严重挫伤了中国军民的抗日士气,"亡国论"此起彼伏。在此严重形势下,中国共产党决定派遣八路军立即开赴抗日前线。八路军115师、120师先后由陕西出发,经黄河,9月中旬抵达晋东北地区,并作好了对日直接作战的准备。与此同时,第129师也于9月底行进太原及正太路南侧地区。平型关战役就是在这样的背景下发生的。

 作战经过

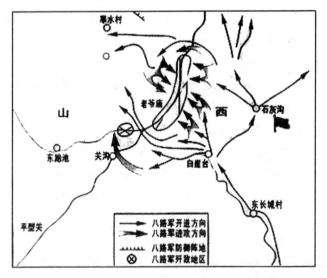

为配合国民党军守卫平型关、雁门关等地,保护太原以及华北地区,八路军第120师迅速增援雁门关,第115师迅速增援平型关。115师师

长为林彪。在9月中旬,115师进驻平型关以西大营镇地区。与此同时,国民党军要求八路军前出灵丘正面迎战敌军。考虑到国民党军已经接连挫败以及日军日益亢奋的情况,115师判断前出灵丘正面匆忙迎战,目的不明确,难以按预定目的阻止敌人的进攻。因此,115师决定由侧边向进攻平型关的日军发动突然攻击,这样,既能坚持中共中央定的独立作战原则,又可以配合国民党军在平型关战场的正面战场。9月23日,日军先锋部队到达平型关附近,同时对国民党军阵营发起小规模攻击。林彪决定,当晚部队立即作好战斗准备,计划在平型关至东河南镇公路两边地区,伏击并消灭进犯平型关之日军。第343旅在白崖台以西的关沟至小寨村以南地区埋伏,负责主要进攻任务。该旅部署第685团在关沟地区,负责切断辛庄与东跑池日军的联络,歼击辛庄等地日军;第686团在白崖台以北公路两边,突击并占领老爷庙,拦腰切断日军,消灭沿公路挺进的日军。第344旅部署第687团在小寨村至东河南镇地区,并控制韩家湾北侧地区,断敌退路和增援力量;第688团为预备力量,暂未进入阵地,部署在东长城村附近。9月24日傍晚,八路军收到国民党第6集团军送来的文书,声称9月25日拂晓时分该军8个团的兵力将分3路进攻侵犯的日军。经过研究,林彪命令部队于25日零时,按原定计划向预先设伏地区行进。25日零时,115师主力部队冒着瓢泼大雨在崎岖蜿蜒的山路上向平型关东北方向集结,除688团、687团部分兵力外其余部队均于黎明前进入阵地隐蔽待命。平型关前,在从关沟至东河南镇十余公里的峡谷中,一场大战悄然来至。

黎明时候,日军第5师团21旅团两个联队从灵丘沿路向平型关方向行军,队伍一字前行,前面是约100辆左右汽车,接着是200余辆大车,最后是部分骑兵。由于道路狭窄,路面湿滑,日军行进缓慢,警戒松散。八路军判断,此路部队是敌军进攻平型关的部分主力和军需运输部队。待日军行进到老爷庙周遭,在平型关一个无名山头上的115师指挥所当机立断发出进攻信号。八路军部队居高临下向山沟公路的日军发起猛烈攻击,密集凶猛的火力瞬时在日军队伍中四处冲击。自信满满的日军遭到意外打击,一时不知所措、手忙脚乱。乘日军陷于混乱之际,伏击部队马上发起冲击。685团从关沟以北高地迎头截击,消灭了日军先头一部力量,同时封锁了日军往南逃窜之路。686团分别从左右侧冲上公路与日军进行激烈残酷的肉搏战。687团于蔡家峪、西沟村地区对日军后续部队发起截击,并占领了韩家湾北侧高地,从而将日军的退路切断。这时,遭受打击的日军逐渐回过神来,在失去指挥的情况下,凭借精准的枪法、凶狠的刺刀技术,以三人为一组背靠背,与八路军部队展开厮杀。有一部分日军,四处找寻有利战机,依靠汽车作为掩护,意图冲击公路附近的制高点老爷庙。

八路军马上发现了日军的意图,686团受命组织突击队千方百计抢占老爷庙制高点。此时,老爷庙成为两军争夺的焦点。负责抢占任务的是3营的全体官兵,抢占中由于遭到日军集中火力干扰,伤亡严重,9连到最后只剩余10多人。经过激烈战斗,在一营、二营的掩护和帮助下,三营终于成功占领了老爷庙制高点。在占领老爷庙制高点后,八路军以密集火力从高处对山沟里的日军予以痛击。在大炮、骑兵无法发挥作用的情况下,日军集合了五六百人的兵力,在飞机的掩护下对老爷庙阵地发起疯狂反扑,妄图夺路向北逃窜。三营不断反击,一营、二营积极配合,连续打退日军的攻势,日军的突围企图始终未能得逞。13时至15时,增援日军会合部分受困日军,在飞机的掩护下,对小寨村以北隘口地发起连续攻击。344旅687团2营对此予以坚决抵抗,该团1营也配合着攻击敌军两侧,使得日军不敢轻举妄动,为八路军主力全歼被围之敌赢得了时间。平型关地区的被围日军眼见待援无望,集结兵力再次向老爷庙高地发起进攻。686全体官兵,发扬连续作战的精神,顽强抵制住日军的进攻,最后冲下公路将敌全歼。

消灭被围之敌后,除686团第3营在老爷庙以北高地向东河南镇警戒外,旅主力对东跑池的日军发起进攻。黄昏时分,685团攻克了东跑池东北1900高地,686团也到达该村附近。在此之前,大约有2000余人的日军已先到达东跑池附近,该区域原本是由国民党负责,但该军未按承诺发兵,由于没有国民党军的援助,导致日军由团城口逃脱。在此之后,该部日军即与浑源南下增援的日军力量进行会合。与此同时,有30辆汽车、600多个骑兵规模的日军力量增援东跑池方向日军;日军新增大批飞机加入战斗。鉴于不利形势,八路军留一部兵力观察日军动向,一部兵力继续清理战场,主力则从战斗中撤出。行往灵丘、涞源方向的独立团以及骑兵营,在日军后方纵横穿插,紧紧扼守住了阵地,有力地切断了日军的交通线,有效地配合了平型关八路军的作战。平型关战役,共歼敌1000余人,损毁汽车100余辆、大车200余辆,缴获野炮1门、掷弹筒20余个、机枪20余挺、步枪千余支、军需用品无数以及众多的秘密文件,日军最后花了三个小时的时间来收尸、开路。八路军为此也付出了伤亡约500人的代价。

战例点评

平型关战役,八路军利用伏击战,以少胜多,以弱胜强,集中优势兵力大规模消灭敌人,从整个抗日史来看,其虽不是大仗,但它震撼了全国及海外,意义深远。平型关战役是"七七事变"后中国军队对日作战的第一个重大胜利,沉重打击了日军的狂妄姿态,团结了全国上下抗击日军的决心和信心。通过对日进行成功伏击,显示了八路军的突出战斗能力,中国共产党和八路军的影响力不断扩大,敌后抗日根据地得到了巩固和拓展。从此,八路军开始逐渐成为华北战场抗日力量的主力。战斗的胜利也有效牵制住日军第5师团的行动,为平汉路国民党军作战和忻口会战争取了时间。毛泽东同志在大捷次日致电朱德、彭德怀曰:"庆祝我军的第一个胜利","平型关的意义正是一场最好的政治动员"。陈赓同志在日记中写道:"沿途群众对我们非常欢迎。特别是平型关战斗的胜利,使他们对我们的信仰更加提高"。国民党政府称之为:"华军在平绥线之空前胜利。"国民政府领袖蒋介石两次致电祝贺。国内各党派团体纷纷致电祝贺,国外媒体也纷纷报道115师胜利的消息。

战役能取得大捷,归结起来,主要是由于八路军准备充分、战术得当、英勇杀敌,充分发挥了山地战和近身战的特长。战前,115师通过会议对全体干部进行了广泛的政治动员和宣传,鼓励广大将士要以此战役扩大我党我军的影响,坚定全国人民的抗战信心。各级各部门分工明确,协调一致,为伏击战做足了准备。师长林彪3次到伏击地实地观察,最终选择在关沟、辛庄至东河南镇地段上作为伏击地区,以老爷庙周边作为伏击的主要区域。老爷庙周边谷深山高,不利日军行动,我军设伏主要兵力于此处,有利于自上而下集中火力、有效歼敌。战前,日军主力部队已处于国民党军阵地平型关的正面。八路军利用日军部队准备与国民党军正面交战的时机,机巧地设伏于敌侧后。如此,有利于发挥地形特点对我军的优势,有效避开日军猛烈火力,同时也能限制敌军快速撤退和增援。在日军行进至平型关、雁门关一带时,八路军115师、120师就已经按计划隐蔽集结完毕。八路军虽系大规模行军,但由于行动快速、安排缜密,日军丝毫没有察觉。加上日军侵犯我国土,连连得利,骄横异常,此时我军给日以出其不意的进攻,训练有素、装备先进的日军一下阵脚大乱,措手不及,尚来不及组织抵抗就完全陷入被动挨打的局面。

我军则充分发挥短兵火器的威力,展开贴身肉搏战和白刃战,有效地完成战斗部署和任务。八路军待敌主力全部进入我军设伏范围后才发起战斗,时机选择极为合适。在指挥部统一号令下,八路军上下齐心,团结一致,同时向日军发起攻击,各部队官兵英勇激战,越冲越勇,势如破竹,表现出极强的战斗素质,打出了气势和豪迈,伏击圈内日军悉数被歼。另外,我军部署了一个团的兵力在蔡家峪至东河南镇,在歼击日军主力纵队后尾的同时也能阻敌突围、截敌增援,这是主力作战胜利的保障。八路军在战场上缴获的文书材料,使中国军队进一步掌握了日军的战略意图,对后来的战役产生了重要影响。

  战役中,八路军没有及时派部队占领战场的重要制高点,这一疏漏给我军造成很大伤亡,这是战役的教训和不足,应引以为戒。我军虽获胜,但同时也要看到,日军的指挥官指挥有度,在经历短暂混乱之后,即可马上组织有效抵抗;其步兵不仅射击精准,行动快速隐蔽,还能独当一面,这些都是我们可以学习的。根据平型关战斗的经验,毛泽东在1937年9月29日进一步提出八路军的作战方针:"根本方针是争取群众,组织群众的游击队。在这个总方针下,实行有条件的集中作战。"不久,又归纳其为"独立自主的游击战和运动战",完善了我党我军对日作战的指导思想。林彪在《平型关战斗的经验》一文中也总结了12条与日军作战的经验。

6. 利剑划破囚笼：百团大战

百团大战又称晋南游击战，是抗日战争时期八路军105个团的力量在华北地区对日军占领的交通线和据点发起的大规模攻击战役，因此定名为百团大战。此战役从1940年8月20日开始，到12月5日结束，历时3个半月时间，是抗日战争时期八路军在华北地区发动的规模最大、历时最长的一次战役。在地方武装和广大人民群众的支持下，八路军共毙伤日伪军2.5万多人，俘日伪军1.8万多人，破坏铁路、公路近2000多公里，攻克据点近3000个，并缴获了大批武器和军用物资。这次战役严重毁坏了日军在华北地区的交通线，给敌人以当头有力一击，夺回了部分被日军侵占的地区，在中国抗日战争史上具有重要地位。

 战争背景

1940年夏秋之交，乘德国法西斯在西北欧纵横驰骋、美国还在加紧战备、英国无暇顾及之机，日本帝国主义处心积虑、野心勃勃推进"南进"政策，妄图夺取英、美等国在东南亚和西南太平洋上的殖民地。为此，日本帝国主义加紧在中国战场对国民党进行诱降，同时继续大力对抗日根据地发起攻击。特别是在华北地区加速实行"囚笼政策"，对当地抗日力量连续发动大规模扫荡，并在荒原挖沟筑堡试图阻碍抗日力量的进攻，企图摧毁华北各抗日根据地,巩固其占领区,使中国成为其"南进"的后方基地。日军在华北及正太线附近地区驻扎有20余万人,另有飞机150架。由于当时国民党提出"曲线救国"的主张,暗中委派其部分兵力降日,积极协助日军进攻抗日根据地,伪军约有15万人。为打击敌军,粉碎日军的"囚笼政策",争取华北战局朝更有利的形势发展,更好地引导全国的抗战局势,八路军决定对华北日军占领的交通线和据点,发动大规模进攻战役。

在华北交通线中,正太铁路占着十分重要的地位,它横越太行山,是连接平汉、同蒲两铁路的纽带,全长230余公里,是日军在华北的重要战略运输线之一。八路军的进攻战役首先在正太铁路(石家庄—太原)发起,因此开始称为正太战役。八路军总司令朱德、副总司令彭德怀等下达命令,要求以不少于22个团的兵力,彻底摧毁正太铁路。同时,为配合正太铁路的摧毁战,部署部分兵力对同蒲(大同—风陵渡)、津浦(天津—浦口)、平汉(今北京—汉口)、德石(德州—石家庄)、北宁(今北京—沈阳)等铁路以及华北部分主要公路线开展破坏活动。各兵团据此对铁路沿线以及其两边的相关情况,进行了重点侦察和分析,同时做好物资器材等方面的准备工作。地方政府和广大劳动人民,亦是加紧筹备,积极支援战斗。八路军参战部队主要有晋察冀军区39个团、第120师20个团、第129师46个团,共105个团约20余万人,许多地方武装也参与了战斗。

 作战经过

8月20日,八路军直奔正太路主目标,同时向正太路全线突然发起奇袭,该线对日军的物质供应、军事布局等都具有重要意义,日军措手不及,全线被动。是日夜,在司令员聂荣臻指挥下,晋察冀军区18个步兵

团、1个骑兵团、2个骑兵营、5个游击支队,在炮兵和工兵支援下,分成左、中、右3个纵队,分别对正太铁路东边日军独立混成第8旅大部、独立混成第4旅一部发起进攻。同时,在师长刘伯承、政委邓小平的指挥下,第129师8个团、8个独立营组成左翼破击队、右翼破击队和中央纵队,也对正太铁路西段日军独立混成第4旅大部、独立混成第9旅一部发起进攻;会同平定、辽县等地方武装,另以2个团兵力分别对平辽、榆辽公路进行攻击并牵制各处守敌。经过激战,第129师攻占了除寿阳等少数据点外的正太铁路西段。与此同时,总预备队也进入平定以西之天华池、韦池村地区,其第14团占领了阳泉西南正太铁路的狮垴山,以预防日军对破击队右侧背的袭击。在此发生了狮垴山争夺战,持续了6昼夜,守卫狮垴山的我军部队一次又一次打退日军的进攻,重创敌军。

8月25日后,日军抽调兵力向晋察冀军区部队实行反击。第129

师、第 129 师第 386 旅和决死队第 1 纵队各 2 个团、晋察冀军区 4 个团、第 120 师抗击了日军的进攻。到 9 月 5 日,第 120 师共作战 160 余次,歼敌 800 余人,同蒲铁路北段和忻县至静乐、汾阳至离石等公路被切断。为配合攻击正太铁路和同蒲铁路北段的战斗,第 129 师和晋察冀军区 50 多个团的兵力,与游击队和民兵一起,对平汉、平绥等铁路线和部分主要公路、日据点,进行了大规模的进攻。9 月 6 日,击毙日军大队长。与此同时,在师长贺龙、政委关向应指挥下,第 120 师 20 个团的兵力攻击同蒲铁路北段和铁路以西部分主要公路。经数日战斗,除阳泉、寿阳以外的正太铁路西段大部据点已为第 129 师所掌控,正太铁路西段处于瘫痪状态。9 月 10 日,八路军总部下令休整,以备再战。

为进一步扩大战果,9 月 16 日,八路军总部命令各部继续作战,破坏日军交通线,对抗日根据地内的日伪军据点实施摧毁性打击。不过,日军受第一阶段打击的教训,提高了警惕,加强了据点的守备,大量调动、集结,并继续进行毒气战。从 9 月 20 日开始,第 120 师主力对同蒲铁路北段宁武至轩岗段进行破坏,再次切断同蒲铁路北段的交通;晋察冀军区破坏涞灵公路,并夺取涞源、灵丘;第 129 师破坏榆辽公路,并夺取榆社、辽县。

9 月 22 日,晋察冀军区 8 个团、2 个独立营、3 个游击支队发起涞灵战役。晋察冀军区成立右翼队,以攻占涞源及其附近据点,经过一夜激战,攻占了东、南、西城关。晋察冀军区第 3 团继续攻击涞源东北的据点东团堡,经反复冲锋激战,日军 170 人全部身亡。另外,部队还相继攻占了金家井、北石佛、桃花堡等 13 个据点。另一方面,成立左翼队以阻击灵丘、广灵等方向支援涞源的日军,随后与右翼队一同,攻占灵丘等据点;另在桃花堡地区备兵力阻击平绥铁路东段增援的日军,剩余部分兵力驻扎在易县以北地区。然而,救援涞源的日伪军突破我军阻击并于 28 日中午到达涞源附近。再战不利,右翼队向南撤退。10 月 2 日,军区发起涞灵战役第二期作战,先后攻克了南坡头、抢风岭、青磁窑等据点,并袭击了金峰店、黄台寺等地的日军,前后历时18天。

9月23日,以第129师第386旅和决死队第1纵队两个团为左翼队,以第385旅为右翼队,发起了榆辽战役。23日夜,第386旅强攻榆社,经激战,攻占城西及西南一部;24日下午,发起第二波进攻,经激战,攻占榆社中学之西北角及西部多数碉堡;24日夜,发起第三波进攻,日军大量施放毒剂,我军第772团第3营全部中毒;25日16时,第386旅突击部队发起第四波进攻,占领核心阵地,全歼敌军。27日,右翼队第385旅发起攻击,攻克除管头外辽县以西日军全部据点。正当第129师两翼部队合力进攻辽县时,日军分别向辽县、管头支援。129师决定暂停攻击辽县,转移主力往红崖头、关地垴地区,准备消灭东援管头的日军。经过激战,由于辽县、和顺等日军增援关地垴地区,第129师部队主动撤离战斗,放弃榆社。榆辽战役历时9天,第120师掌控了朔县至原平之间的数段铁路,同蒲铁路一度处于瘫痪状态。

从10月6日到翌年1月24日。日军在一个多月里的广大地区连续遭到八路军的两次大规模攻势打击,损失惨重,受到巨大震撼,深感八路军力量的可怕和对其威胁的严重。为此,调集重兵,从10月6日起,先后对我华北各抗日根据地进行疯狂报复"扫荡"。我军连续作战未及休整,随即便投入反"扫荡"作战,但由于日军兵力集中疯狂报复,还是给根据地造成了极大损失。10月19日,八路军总部要求开展大范围反击战,坚决打击日军的"扫荡"。第129师各部英勇抗击,重创日军的进攻;晋察冀抗日根据地平西和北岳两区军民,互相配合,广泛开展游击战、伏击战,不断进攻日后方交通线,袭击日军迫使其撤退;第120师与晋西北群众在晋西北抗日根据地,集中优势主力,攻击日军修路部队、运输队和后方交通线,歼击日伪军,迫使其全部撤离抗日根据地。在地方武装和广大人民群众的支持配合下,八路军以强有力的战斗反击了日伪军的"扫荡"。

在遭受此挫败后,日军从华中战场调集了2个师的力量增援华北军,加紧了对华北抗日根据地的报复行动,施行疯狂的"清剿",企图消灭根据地军民的生存条件,占领了除保德、河曲以外的所有县城和大部集镇。第120师部队和晋西北地区群众实行空室清野,坚持游击战。同时,集中主力部队破击日军后方交通线,攻击日军修路部队和运输队。1941年1月下旬,日军被迫全部撤出晋西北抗日根据地。

战例点评

百团大战是抗日战争以来最大的一次战役,有效地瓦解了日军力量。八路军在百团大战中消灭的日军,约占当时这一地区日军总数的十分之一,这对日本帝国主义是一个沉重的打击。战斗的胜利也震撼了伪军的力量,一时间,伪军组织急剧动摇,纷纷向八路军靠拢。聂荣臻在答《抗敌报》记者问时指出,"'百团大战'是一个主动的进攻战役,使日军在华北的主要铁路、公路受到广泛破坏,井陉煤矿被彻底破坏,沉重打击了日军的'囚笼政策'、'治安肃正'、'以战养战'等阴谋计划。"日华北方面军在其作战记录中也承认:"此次袭击,完全出乎我军意料之外,损失甚大,需要长时期和巨款方能恢复。"另外,敌军被迫调集两个师团回防华北和进攻敌后抗日根据地,也减轻了国民党正面战场上的压力,减轻了东南亚和西南太平洋地区的压力。

在战争中,共产党军队并没有正面出击,而是侧面的游击战争,以减少自身有生力量的损失。并且在破袭战中获得最大限度的战略物资。百团大战所采用的战略战术正是游击战中的一种,它是一种非正规作战方法。按照毛泽东的说法就是"敌进我退,敌驻我扰,敌疲我打,敌退我追",破袭战的具体做法是挖沟,使日军的机械化部队难以行进,并破坏敌人公路、铁路交通设施。另外作为人民战争的一种作战方法,游击战本身积极动员广大群众融入战争。这就使得人民也成为共产党方面参战的重要成员。从百团大战中日双方的比较看,共产党军队损失有限,战果丰富。

百团大战锻炼、考验了八路军的作战力量,证明了八路军并不是"游而不击"的军队。此战役对遏制妥协投降倾向、扭转不利时局起到了重要作用,具有政治和军事上的双重意义。彭德怀在自传中写到:"此役也给了投降派又一次打击,提高了共产党领导的抗日军队的声威,打击了国民党制造所谓八路军'游而不击'的谣言。"经过大战的磨炼,也促进了我军向大兵团协同作战的转变,促进了我军战斗力的提高。习惯了游击战的中国共产党、八路军,能在华北如此广袤的地区,在敌人的重重据点之间,快速有效地发起百团以上兵力的攻击,充分体现了其高超的组织能力和协调能力。没有周全的计划、充分的准备、良好的沟通和配合,此役是不可能取得成功的。

百团大战沉重打击了日本的"囚笼政策",在全国战略上起了重要作用,首先打击和推迟了敌人进攻重庆、昆明、西安的阴谋,此后日军对情报机构进行了空前的改革和加强,进一步明确了在华北以中共军队为重点的指导思想。日军华北方面军称此役为"挖心战",将每年的8月20日定为"挖心战"纪念日。同时还引起日军内部产生"不应变更倾注主力于中国的主旨"的争论,因而推迟了日本"南进"步伐。

在这次战役中,中国共产党领导的华北敌后抗日军民齐心协力、前赴后继,同日本侵略者浴血奋战,充分表现了中华民族不屈不挠的战斗精神。百团大战严重地破坏了日军在华北的主要交通线,收复了被日军占领的部分地区,给侵华日军以强有力的打击。百团大战对坚持抗战、遏制当时国民党妥协投降暗流、争取时局好转起了积极作用。彭德怀在自传中写到:"这次战役大大提高了华北人民群众敌后抗日的胜利信心,对日寇当时的诱降政策以及东方慕尼黑阴谋以很大打击,给蒋管区人民以很大兴奋。"各根据地的群众团体纷纷打电报表示祝贺,晋西北的总工会、农民救国会、妇女救国会等发来贺电。国际新闻媒体也都报道之。连国民党方面也含糊其辞地称道百团大战的胜利。

百团大战的不足之处在于对战势判断不够准确,采取了与我军实力不完全匹配的指导方针。当时华北战场上的基本形势是敌强我弱,但是,八路军对这种力量对比判断得不够到位,高估了我军的实力,对整个战役的发展过于乐观,提出了太高的战斗目标和要求。而实际结果并没有完全如愿,抗日根据地没有得到扩大,反而加剧了敌军对我根据地的围攻。对日军战略判断不准,战机选择太早,决定在相持阶段采取主动的大规模进攻行动,集中我军主力同敌人打大仗,刺激了日军,过早地暴露和削弱了我军的力量,使我解放区军民付出了很大的代价,抗日根据地遭受较大损失。即便如此,综观全局,百团大战依然是光辉和伟大的,一些遗憾并不足以改变其在抗战史上的地位。

7. 摧枯拉朽之战：淮海战役

淮海战役，是中国人民解放军华东、中原两大野战军，在以徐州为中心，东起海州、西至商丘、北起临城、南到淮河的广袤地区，同国民党军队进行的第二个战略决战性战役。人民解放军参战部队共60万人；国民党军参战部队80万人，出动飞机近3000架次。战役始于1948年11月6日，终于1949年1月10日，共消灭国民党军55.5万余人。战役消灭了国民党军的主要兵力，撼动了国民党的独裁统治，解放了北方广大国土，为解放军渡江作战、实现全国统一打下了基础。

 战争背景

1948年，中共中央召开"九月会议"，提出要歼灭国民党军500个旅，5年左右（从1946年7月算起）根本打败国民党的战略任务。1948年秋，人民解放军在全国各个战场上大捷不断，喜报频传，越战越勇，特别是东北辽沈战役的胜利，从根本上改变了敌我军事力量的对比。济南战役后，山东境内除青岛等少数地方外，绝大部分都已全部解放，这就让华东野战军腾出了有生兵力；中原解放区已趋于稳定，中原野战军也抓住时机抽身而出为淮海战役提供了重要兵力支撑。从而，华东、中原两大野战军已经具备了与敌在南线进行大规模作战的条件。蒋介石政府眼见东北形势不妙,北线难保,于是决心死守南线,但是在集中兵力守徐州、还是撤守淮河的选择上是始终犹豫不决,举棋不定。

济南战役后,为守护徐州,拱卫南京,蒋介石命令邱清泉的第2兵团驻扎黄口砀山地区;黄百韬的第7兵团驻扎新安镇(现新沂)地区;李弥的第13兵团驻扎徐州以东地区;孙元良的第16兵团主力由郑州撤向蒙城地区,其第99军往蚌埠;周碞的第1绥靖区驻扎淮阴地区;冯治安的第3绥靖区驻扎临城、枣庄、台儿庄、贾汪地区;刘汝明的第4绥靖区自开封等地东移商丘地区;李延年的第9绥靖区驻扎海州地区。各部以徐州为中心,沿津浦和陇海两条铁路线分布,共60万人。同时,蒋介石又令华中"剿总"所属的黄维的第12兵团往确山、驻马店集聚。11月5日,为避免重蹈辽沈战役覆辙,蒋介石派顾祝同在徐州召开军事会议,调整部署,明确从11月6日起邱清泉兵团驻扎在砀山、永城地区;黄百韬兵团转移到运河以西、徐州以东;李弥兵团往灵璧、泗县行进;冯治安部退守韩庄、台儿庄线;刘汝明部从商丘撤到蚌埠;李延年部从海州撤退;黄维兵团驻扎太和、阜阳地区,等待东援。蒋介石召开此次会议及其安排的目的是阻止人民解放军南下,保护南京。

9月25日,中共中央军委和毛泽东同意华东野战军进行淮海战役的建议。10月11日,毛泽东提出了由华东野战军单独进行淮海战役的作战计划:首先集中兵力歼灭黄百韬兵团;随后进攻海州、连云港地区之敌;最后,与敌决战于两淮地区。为阻止徐州国民党军主力的东援,华东野战军调遣一半以上的兵力围攻徐州,牵制徐州军力,为消灭黄百韬兵团争取充足的时间。同时,陈毅、邓小平率中原野战军主力进行郑州战役、刘伯承率中原野战军一部向江汉、宛西行军,以配合华东野战军进行淮海战役。10月20日,中原野战军主力发起郑州战役,野战军歼敌万余人,郑州、开封解放。由此,中共中央军委决定扩大淮海战役规模,由陈毅、邓小平负责指挥。并部署华东野战军和江淮军区两个独立旅,阻止敌人增援徐州,切断敌军后退之路,力保主力军队围歼黄百韬兵团;第1、第6、第9纵队和鲁中南纵队主力南下,攻击新安镇、瓦窑地区之敌;苏北兵团南越陇海路,攻击阿湖、高潭沟地区之敌;山东兵团南下,歼灭冯治安部或劝其起义。部署中原野战军第1、第3、第4、第9纵队东进,直插宿县,由南面进逼徐州;华东野战军第3纵队、两广纵队和冀鲁豫军区两个独立旅,向砀山、萧县方向突击,从西北面进迫徐州;第2、第6纵队和陕南第12旅,在11月20日前快速挺进到亳县以南地区,阻击黄维兵团东进。

 作战经过

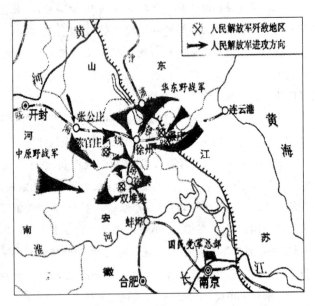

11月初,华东野战军主力出击,准备于8日完成对新安镇地区黄百韬兵团的包围。华东野战军参加作战的部队包括第1纵队、第3纵队、第6纵队、第8纵队、两广纵队、鲁中南纵队、特种兵纵队等八个纵队。但此时国民党军队按顾祝同徐州会议的安排,已开始调整兵力。我军当即进行追击和堵截。6日下午,华野司令部发布了全线出击的进攻命令,随即拉开了淮海战役的序幕。中央军委指示华野:"非有特别重大变化,不要改变计划,愈坚决愈能胜利"。当晚,鲁中南纵队在鲁中南军区地方兵团的配合下,在纵队司令员钱钧的指挥下,消灭了第九绥靖区5000多人,其余纵队也按照事先约定好的路线从不同方向迅速挺进徐州,其中第1、第6、第9纵队、鲁中纵队,中野第11、第12纵队等由东北向徐州以东的新安镇地区发动攻击。第4、第8和第11纵队以及江淮军区部分突进运河车站等地,切断黄伯韬兵团和李弥兵团的联系。第7、10、13纵队攻击韩庄等地,切断黄伯韬的退路。与此同时,中原野战军部队也开始向徐蚌线开进。如此,华东野战军和中原野战军从各个方向战略包围了徐州。

8日,国民党军第3绥靖区副司令张克侠、何基沣率3个半师起义,在徐州东北防线撕开了一个大口子,淮海战役取得第一个重大胜利。起义部队近徐州,刘峙十分惊慌,将主力集中于徐州,命令邱清泉兵团、李弥兵团、孙元良兵团连夜往徐州集合。同时,杜聿明折返徐州仍任副总司令;李延年之第9绥靖区机关在蚌埠组建第6兵团;刘汝明第4绥靖区改编为第8兵团。黄百韬兵团主力在解放军穷追猛打之下,频频失误,9日退到运河西岸。此时,华东野战军已加紧追至,并歼灭了黄百韬兵团先头部队。第4、第6、第8、第9纵队向黄百韬兵团展开攻击,第11纵队和江淮军区两个独立旅也从南攻击。至11日,已经将黄百韬兵团主力,围困于碾庄圩地区。12日,全歼国民党第63军。13—14日,接受了国民党第 107 军主力的投降,余部被消灭。同时,鲁中南纵队已占郯城,苏北地方武装攻克了海州、连云港地区。15 日我军攻克宿县,截断徐蚌线,切断了国民党军大本营与徐州集团的联系。至此,宿县南北一大段铁路已为人民解放军所控制,切断了国民党军唯一的一条陆上补给线,徐州陷入孤立。11 月 6 日,黄维兵团从确山东援,由阜阳、涡河向徐州方向行军。该部沿途不断受到我军的阻击、追击,行进缓慢,困于南坪集以西地区。

黄百韬兵团被围后,我军决定伺机诱歼邱清泉、李弥两部。刘峙、杜聿明以邱清泉兵团、李弥兵团共 5 个军 12 个师,从 12 日开始东援黄百韬兵团,但遭到我军的坚决抵抗,敌军行进十分缓慢。从 12 日开始,华东野战军各纵队猛烈攻击黄百韬兵团,中央军委要求华东、中原野战军集中精力,争取数日内彻底摧毁黄百韬兵团及宿蚌线上的国民党军。19 日晚,我军对碾庄圩发起总攻,至 20 日黎明,占领了敌军全部阵地。黄百韬逃跑,我军乘胜追击,到 22 日傍晚,全歼黄伯韬兵团,黄百韬自杀而亡。至此,黄百韬兵团等部 18 个师共 17 万余人全部被我消灭,我军也完成了对徐州的战略合围。

黄百韬兵团被歼后,11 月 24 日,蒋介石决定兵分 3 路齐攻宿县,打通徐蚌联系、援救被困部队后退守淮南。朱德同志指示:"我们的胜利已经肯定了,但不要因胜利冲昏头脑而看不到困难"。华东野战军山东兵团部署兵力,对沿津浦路及其以东的杜聿明所部邱清泉兵团、津浦路以西的孙元良兵团予以坚决阻击,敌行进缓慢。11 月 23 日,敌黄维兵团攻击南坪集,企图进至徐州与宿县一线,与邱清泉部会合。经激战,25 日晨,我军将黄维兵团困于双堆集地区,敌多次突围失败,只能困守等援。这就使得蒋介石"打通徐蚌,三路会师"计划破产,于是蒋介石命杜聿明等放弃徐州,由西南绕道攻击中原野战军侧,先解黄维之围,然后共同南撤。11月30日，杜聿明按照蒋介石的命令，率邱清泉、李弥、孙元良3个兵团等众约30万人，放弃徐州，往西南方向撤退，向萧县、永城方向转移。华东野战军发出政治动员令，要求"勇猛、干脆、彻底地全歼敌人，不能让敌人逃到江南去"，随即马不停蹄昼夜追赶。2日，我军在萧县、永城间追上敌人，随即发起猛攻。同时，渤海纵队攻击徐州；江淮军区2个独立旅前出淮南，攻击蚌埠以南津浦路。3日上午，蒋介石命杜聿明集团改向濉溪口方向行进以解黄维兵团之围，杜聿明部经过激烈争论后决定执行蒋介石的命令，并采取一面进攻，三面掩护，逐次跃进的战法转向我军发动攻击，同时蒋介石还命令退守蚌埠的李延年兵团再次北援向双堆集方向行军。经过战斗，至4日，我军将杜聿明集团围困于陈官庄、李石林的狭小区域内。12月5日，刘伯承、陈毅、邓小平发布总攻命令，以中野第4、9、11纵队及豫皖苏军区独立旅组成东集团，由4纵司令陈赓、政委谢富治统一指挥，担负主要突击，攻击沈庄、张围子、张庄之敌；以中野第1、3、华野第13纵队组成西集团，由3纵司令陈锡联统一指挥，攻击官庙、马围子、许庄之敌；以中野第6、华野第7纵队及陕南12旅组成南集团，由6纵司令王近山、政委杜义德统一指挥，攻击玉王庙、赵庄、周庄之敌，鲁中南纵队为预备队。华野特种兵纵队所属炮兵分为两个炮群，分别支援东、南集团作战。

在同时包围杜聿明集团和黄维兵团、李延年兵团再次北援、敌正从武汉调兵东援的情况下，我军决定一边继续围守杜聿明集团，一边阻击李延年、刘汝明兵团东援杜聿明集团，并在消灭黄维兵团后随即对杜聿明集团发起进攻。刘伯承、陈毅等下达总攻黄维兵团的命令，要求各部队要不惜最大牺牲保证完成任务。12月6日16时，我军发起进攻。12月12日，刘伯承、陈毅发布《促黄维立即投降书》，要求其不要再作绝望的抵抗，应爱惜部属的生命，放下武器。但黄维拒不投降，拼死顽抗。经连续激烈的战斗,至15日,残敌被全歼,兵团司令黄维、副司令吴绍周被俘。黄维兵团被消灭后,李延年、刘汝明兵团遭我军强烈阻击,伤亡7000余人,不得不撤往蚌埠,驻扎在淮河岸。至此,我军包围了杜聿明集团,消灭了国民党军黄维兵团,夺取了战役的关键胜利,杜聿明集团已成孤军。中共中央军委和毛泽东主席决定对杜聿明集团采取围而不打的策略,令淮海前线部队战场就地休整。豫皖苏军区5个团驻扎北淝河岸,往蚌埠方向保持警戒,其余军队进行休整。

1949年1月6日16时,我军以猛烈炮火发起战斗,经两个多小时的激战,解放军攻占了夏庄、何庄等十三个村落,歼敌万余人。7日,李弥兵团向邱清泉兵团防区撤逃。我军乘机发起进攻,又克李弥兵团司令部多处据点。李弥兵团大部被歼,残部逃入邱清泉兵团防区。经过两天的战斗,解放军又歼敌约十四个团近一万五千余人。此时,敌整个防御体系已被打破。华东野战军组成东、北、南三个突击集团,对杜聿明发起总攻。至10日10时,全歼敌军,杜聿明被俘、邱清泉被击毙。至此,淮海战役胜利结束。毛泽东评价:"淮海战役打得好,好比一锅夹生饭,还没有完全煮熟,硬是被一口一口吃下去了"。淮海战役结束后,淮河以南的敌人仓皇南逃。中原野战军改编为第二野战军,华东野战军改编为第三野战军,为尔后的渡江战役做好了准备。

 战例点评

淮海战役以少胜多、以弱胜强,为解放战争时期具有决定意义的三大战役之一。战役使蒋介石在南线的精锐主力损失殆尽,淮河以北完全被解放,淮南大部也为解放军所控制,是战争史上的一个伟大战例。军事上的失败引起了国民党政治上的危机,各派系间的斗争趋于白热化,加速了其走向灭亡。

思想政治工作是我军克敌制胜的精神动力和重要保证。我军通过新式整军运动,提高了广大官兵的政治思想觉悟。战前,召开各种会议,广泛进行思想教育和动员,加强了广大指战员的战斗意志,提高了部队的政治素质。战役中,积极开展瓦解争取敌军工作。在淮海战役中,敌军共有五个师起义,一个师投诚。在对待俘虏问题上,实行原则性与灵活性相互配合,对敌人展开分化、孤立、瓦解。这些有针对性的思想政治工作不但瓦解了敌军的士气,削弱了其战斗力,而且很好地保存了我军的战斗实力,加速了战役胜利的进程。

正确的领导和指挥是我军克敌制胜的关键所在。淮海战役的胜利是中共中央军委领导集体智慧的结晶,是毛泽东军事思想和领导才能的胜利。中共中央军委审时度势,从宏观上把握全局,敏锐捕捉战机,中共军事家以其高超的战略指导和战役指挥艺术制定了一系列科学有效的战略和战术,果断决策,精心谋划,从实际出发,精心遴选进攻目标,集中优势兵力,各个歼灭敌人有生力量,机动灵活地运用多种战术,夺取战场主动权,这些决定了这场伟大战役的最终胜利。

上下齐心、团结一致是我军克敌制胜的法宝。战役是在中共中央军委和总前委的正确指挥下,中原、华东两大野战军在广大地方武装配合下进行的一场大规模的协同大战。战斗的胜利除了依靠各参战队伍舍生忘死、英勇顽强地与敌军殊死战斗外,还与广大人民群众的大力协助是分不开的。无论是在运送弹药、接济粮食,还是在医疗救护伤病员等方面,他们都成为解放军最为信赖、最为可靠的好伙伴。陈毅同志评价淮海战役时曾指出,"淮海战役的胜利,是广大人民群众用小车推出来的"。广大人民群众的支援是淮海战役取得胜利的根本保证。淮海战役是一场人民战争,淮海战役的胜利也是人民的胜利。

8. 雄赳赳气昂昂：抗美援朝战役

抗美援朝战役，是新中国成立后，中国人民志愿军为保家卫国、维护世界和平而进行的一场反侵略战争。战役从1950年10月25日至1953年7月27日，历时2年零9个月。最后，志愿军与朝鲜军民并肩作战，靠劣势装备打败了优势装备武装的所谓"联合国军"及韩国军队。时过60余年，战歌"雄赳赳气昂昂跨过鸭绿江，保和平为祖国就是保家乡，中国好儿女齐心团结进，抗美援朝打败美帝野心狼"依然响彻在朝鲜战场和中国大地上。

战争背景

第二次世界大战日本投降后，朝鲜以"三八线"为界被分为南北两部分，北部为苏军受降区，南部为美军受降区。三八线作为军事分界线的划定，为朝鲜内战的爆发及多国部队的参战埋下了祸根。二战后，世界资本主义体系遭到严重削弱，国际形势发生了巨大的变化，民族民主运动蓬勃兴起，世界上形成了资本主义阵营和社会主义阵营两大阵营。美帝国主义依仗其强大实力，不断干涉、破坏社会主义国家和人民民主国家政权。1948年5月，美国违背第二次世界大战中关于朝鲜问题的协议，支持李承晚集团在朝鲜南部成立"大韩民国政府"，制造朝鲜民族分裂。8月15日,大韩民国宣告成立。在此情况下,朝鲜人民在朝鲜北部成立了以金日成为首相的朝鲜民主主义人民共和国政府。从而,朝鲜境内出现了两个各自为政、互相对立的政府,双方矛盾日益尖锐,斗争不断升级,形势越发严重。1950年6月25日,朝鲜局面失控,内战全面爆发。

面对朝鲜局势,美国判断其为"柏林事件更大规模的重演",为维护和显示其霸主地位,美帝国主义即出兵干涉。6月27日,杜鲁门发表声明,宣布派兵朝鲜,并下令第七舰队进入台湾海峡。同日,在没有苏联和中国两个常任理事国参加的情况下,美国操纵联合国安理会通过非法决议,以"紧急援助"韩国为由,组建有16个国家组成的"联合国军"入侵朝鲜。美国空军在对朝鲜狂轰滥炸的同时还空袭了中国东北边境,造成中国人民伤亡。6月28日,毛泽东同志发表讲话,号召"全国和全世界的人民团结起来,进行充分的准备,打败美帝国主义的任何挑衅。"7月10日,中国人民反对美国侵略台湾朝鲜运动委员会在北京成立,并在7月14日发出《关于举行"反对美国侵略台湾朝鲜运动周"的通知》。抗美援朝运动开始波及全国。中央军事委员会根据毛泽东的提议,于7月13日作出了《关于保卫东北边防的决定》,抽调第13兵团等兵力共计25.5万余人,组成东北边防军,后又调动第9、第19兵团,分别驻扎于靠近津浦、陇海两条铁路线的机动区域。

面对美帝国主义的侵略,朝鲜人民英勇奋起,誓死血战。先后攻克了汉城、大田等地区,到8月中旬,解放了韩国90%的地区,将"联合国军"赶到洛东江以东约1万平方公里的狭小地带,双方陷入拉锯战。9月15日,美军趁朝鲜人民军主力在朝鲜南部洛东江地区作战之机,其第10军于朝鲜西海岸仁川登陆,对朝鲜人民军形成两面夹攻之势,同时将战火向北燃烧。形势朝着有利于美帝国主义的方向发展。仁川,是朝鲜半岛中部西海岸的一个港口,离汉城西南约40公里,是朝鲜半岛东西最狭窄之处。9月30日,周恩来发表讲话,指出:"中国人民决不能容忍外国的侵略,也不能听任帝国主义者对自己的邻人肆行侵略而置之不理。"之后,周恩来又表示:"美国军队正企图越过'三八线',扩大战争,美国军队果真如此做的话,我们不能坐视不顾,我们要管。"10月,杜鲁门与麦克阿瑟商谈中国会否出兵问题,麦克阿瑟判断中国国力、军力尚弱,不敢出兵与美国对抗,"不足为患"。于是,美帝将我国的一再声明和警告抛之脑后,加快了向中朝边境的进军速度。

美军从仁川登陆后,突破"三八线"一路北上,占领平壤、元山,前出至清川江一线,企图迅速占领整个朝鲜。朝鲜人民军主力北退无路,腹背受敌,战局骤变。同时,美国飞机多次侵入中国领空,直接威胁到新中国的国家安全,战火即将烧到鸭绿江边。10月8日,朝鲜政府请求中国出兵援助。1950年10月上半月,中共中央召开多次会议,全面深入分析面临的局势,认真研究战况。经过讨论和分析,从大局出发,中共中央政治局作出了抗美援朝、保家卫国的战略决定。10月8日,中国人民革命军事委员会发布命令,将东北边防军改为中国人民志愿军。随后,开始分批渡过鸭绿江,开赴朝鲜战场。战役发起时,"联合国军"总司令为美国远东军总司令麦克阿瑟;人民志愿军司令为彭德怀同志。麦克阿瑟,美国著名军事家,五星上将,二战时期历任美国远东军司令,西南太平洋战区盟军司令。彭德怀,老一辈无产阶级革命家、军事家和政治家,中华人民共和国十大元帅之一,是我党、我国、我军卓越领导人之一。

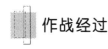作战经过

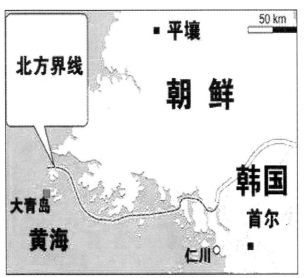

1950年10月19日,中国人民志愿军第一批入朝参战部队,分3个方向渡过鸭绿江入朝,与朝鲜人民军共同战斗。10月25日,抗美援朝战争爆发。志愿军入朝后,"联合国军"在朝鲜的地面部队为23万余人,其中用于"三八线"以北作战的有13万余人。美国决定速战速决,命令其两线部队以最快速度向中朝边境行进。入朝后发现"联合国军"及韩国军前进飞快,志愿军已来不及先敌占领预定防御地区,于是改变原定防御计划,采取在运动中歼敌。10月25日,志愿军发起抗美援朝战争第一次战役,以1个军的主力配合朝鲜人民军在东线长津地区,切断元山、平壤间的铁路线,牵制敌北援;集中5个军另1个师于西线云山、温井、龟城地区,对"联合国军"发起突然攻击。10月29日占领熙川;11月2日

占领云山。"联合国军"措手不及,应对无力,被迫从鸭绿江边撤退至清川江以南德川地区,其在感恩节前占领全朝鲜的计划破产,朝鲜战局初步稳定。第一次战役志愿军共歼敌1.5万多人。

志愿军初战告捷后,以一部兵力继续抗击,主力则后撤诱敌深入,准备在预定战场上歼击敌人,其后再将战线推至元山、平壤一线。此时,志愿军在前线的作战兵力达38万多人,在东西两线均形成优势兵力;"联合国军"在前线的地面部队也增至22万余人,包括1个空降团,飞机1200余架。11月24日,"联合国军"发起旨在圣诞节结束朝鲜战争的总攻势。按预定计划,志愿军故意示弱,将敌诱至预定地区后对其发起突然猛烈的打击。经过10余天激战,全歼美第7师第32团和第31团的一个营,并重创美陆军王牌陆战1师。先后收复平壤、元山,占领咸兴、兴南,并切断敌人陆上退路,敌不得不从海上撤逃。此役推进战线至"三八线"南北地区,粉碎了"联合国军"迅速占领朝鲜北部的计划,敌不得不由攻转为防,战局朝着有利我方的方向发展。

面对战况,美国内惊呼此为"美国陆军史上最大的败绩",是"珍珠港事件后美国最惨的军事败绩"。为扭转局势,"联合国军"以"先停火,后谈判"为借口,妄图争取时间,休整再战。为争取更大主动,不给敌反扑再战的机会,志愿军决定继续越过"三八线"向南行,于1950年12月31日起对"联合国军"及其指挥的韩国国军发动进攻战役。此时,"联合国军"的总兵力为34万余人,沿"三八线"构筑防线,另有美军第10军在大田、大邱地区集结。共31万余人的志愿军在人民军3个军团的配合下,冲破敌"三八线"防线和阵地,占领汉城。敌第一道防线全线崩溃,被迫往南撤退,"联合国军"内部矛盾进一步加剧。1951年1月8日,志愿军认真研判战况,果断结束战役,就地巩固胜利成果。第三次战役共歼敌1.9万多人。

在连续3次战役胜利后,由于连续作战,部队十分疲惫,志愿军决定采取轮番作战的策略,主力转而休整。此时,志愿军一线部队有21万余人,人民军有7万余人,驻扎在汉城、高阳等地区休整。"联合国军"发现志愿军一线兵力不足、供给不易,便迅速增兵,意由防御转入进攻,于1月25日发动23万余人大规模攻势。志愿军立刻从休整转入防御,展开抗美援朝战争第四次战役,部署一部兵力在西线坚决抵抗,集中主力在东线横城地区反击韩国军。东线战役取得了胜利,但主要方向上并没有挫败敌人的进攻。随后,为了以空间换取时间、掩护后续兵团到达,遂在全线转入运动防御,抗击消耗"联合国军"。3月14日,中朝军队撤出汉城。4月11日,"联合国军总司令"麦克阿瑟被撤职,由侵朝美军第八集团军司令李奇微接任。4月21日,战斗稳定在"三八线"附近,战局暂时处于平衡,志愿军后续力量此时也完成了集结。第四次战役志愿军虽有较大损失,但仍歼敌7.8万多人。

再次越过"三八线"后,"联合国军"企图从侧后登陆配合正面进攻、在朝鲜蜂腰部建立新防线。此时中朝军队由于增兵到达、加上休整部队集合归来,决定趁兵力优势消灭敌有生力量,迅速重夺主动权。4月22日,志愿军和人民军发起第五次战役,首先进攻在西线涟川、汶山至春川段,再移兵力于东线歼敌,紧接着北撤转移,稳定战线。至6月10日,基本阻止了敌军的反扑,将战线稳定在"三八线"附近,双方形成对峙局面。第五次战役志愿军共歼敌8万多人,历时50天。经过这次较量,"联合国军"对中国人民志愿军和朝鲜人民军的力量重新作出估计,不得不转入战略防御,并接受停战谈判。

五次战役历时7个半月,中朝军队共歼敌23万人,将"联合国军"由鸭绿江边驱至三七线,并最后将战线稳定在三八线南北地区,战争双方形成了抗衡局面。但在武器装备条件上,中朝军队仍处不利地位。经过

7个多月的较量,美国政府综合考量各方压力,决定转入战略防御、同中朝方面谈判,并于6月初通过外交途径向中朝方面作出了通过停战谈判结束敌对行动的表示。中朝方面,也深感在现有技术装备条件下短时间内歼灭敌人的困难,于是提出"充分准备持久作战和争取和谈达到结束战争"的战争指导思想和在军事上采取"持久作战、积极防御"的战略方针,转变为阵地战为主,由军事斗争为主转变为军事、政治(外交)斗争"双管齐下"。1951年7月10日,战争双方开始举行朝鲜停战谈判。

1951年7月26日,讨论到军事分界线问题时,美国在谈判桌上进行政治讹诈,要求将军事分界线划在中朝军队控制的三八线以北地区,中朝方面严词拒绝。之后朝鲜战场出现长达两年多的边打边谈的局面。8月18日美军集中8个师的兵力,发动了"夏季攻势",接着又于9月29日发动了秋季攻势;与此同时,美国空军实行所谓"绞杀战",企图切断中朝人民军队前线粮食弹药的供给;1952年初又秘密发起细菌战。对此,中朝军队不畏艰难英勇反击,取得了夏秋防御战役、反"绞杀战"和反细菌战的胜利,并冒着敌机轰炸的危险创建了"打不烂、炸不断的钢铁运输线"。面对不利形势,"联合国军"被迫于11月27日同意合理的军事分界线协议。

1953年春,双方因战俘问题,再次在谈判桌上陷入僵局。对此,"联合国军"为巩固防线争取筹码,改变作战方式,采取小规模的进攻加之空军破坏。志愿军则转为带坚守性质的积极防御,采取以歼灭敌人为主的阵地进攻,并随着阵地的日益巩固而有效开展小股战斗、不断扩大战斗规模。1952年秋,中朝军队全线进行战术反击。为扭转被动形势,10月14日,"联合国军"以上甘岭地区为主要进攻目标,发动了一年以来规模最大的"金化攻势"。此次战役被称为"上甘岭战役"。战争为期43天,战斗激烈程度为前所罕见,特别是炮兵火力密度,已超过二次大战水平。

敌对高地疯狂攻击轰炸,将我两个高地的土石炸松近2米。而防守上甘岭两个阵地的志愿军主要依靠步兵武器、依托坑道和野战工事,克服了常人难以忍受的困难顽强抵抗敌军的进攻。11月25日,敌方面对巨大伤亡不得不停止战斗,上甘岭战役以我军完全胜利而告结束。

关键时刻为加快停战,中朝军队发起了1953年夏季反击战。5月13日发动第一次进攻战役,5月27日至6月23日展开第二次攻势,7月13日至27日展开第三次进攻,3次攻击共持续时间两个半月。通过夏季战役,志愿军歼敌12.3万余人,收复土地240平方公里,造成了停战后有利的态势。"联合国军"越来越受到来自各方的压力,停战谈判进程大大加快。6月8日达成战俘遣返问题协议;随后"联合国军"保证停战协定,实现最终停战。1953年7月27日,美国在在板门店同中朝代表签订了《关于朝鲜军事停战的协定》。至此,历时3年零32天,中国人民抗美援朝运动胜利结束。

战例点评

两年零九个月的抗美援朝战争中,中国人民志愿军创造出了人类战争史上的奇迹,捍卫了领土完整、国家主权和民族尊严,全面促进了新中国国防建设的开展,使中国的经济建设获得了有利的国际和平环境,大大提高了新中国的国际地位,也维护了社会主义阵营的统一。志愿军面对强敌和恶劣的战争环境,打败了完全现代化装备的美国军队,这对我军积累现代化战争经验、更好地保家卫国具有重要的历史意义。抗美援朝,是我国领导人应对局势的智慧决策。新中国刚成立,内战甫定、百废待兴,国内外反动势力蠢蠢欲动。"唇亡则齿寒,炉破则堂危",抗美援朝出兵参战的决策,是中共中央和毛泽东根据朝鲜党和政府的请求、科学分析国际国内形势,经过慎重思考、反复权衡作出的正确抉择,体现了中国人民反抗侵略、不惧强敌的决心和信心,充分体现了中华民族的正气,符合中华民族的最大利益与世界和平的需要。

抗美援朝战争中,中共中央正确判断局势、认真研究作战规律,制定了科学的作战方略。面对敌人大规模成建制的空军、威力强大的炮弹和坦克,我军大量开展夜战和运动战,有效弥补白天行动受限的劣势,也弥补了武器装备的劣势。采取其他创新战术如"冷枪冷炮"狙击运动、小部队作战活动、"零敲牛皮糖"以及坚守与反击相结合、多兵种协同作战的战术手段,给予敌军极大的反击。同时,以坑道为骨干的防御体系,解决了在敌极其猛烈的火力之下减少伤亡,保存有生力量的难题,有效地削弱了敌在技术装备上的优势,进可攻退可守,证明了坑道在以劣势装备进行坚守防御中的优越性。在粉碎美军细菌战中,我军从政治外交上进行坚决斗争和呼吁制止,同时组成"美帝国主义细菌战罪行调查团",结合科学技术反击细菌战并最终取得胜利。美军发动"空中绞杀战",每天出动几千架次飞机狂轰滥炸,妄图破坏我军后方补给供应线,给我军后勤工作带来了严重挑战。然而我军根据实际作战形势,及时创新后勤保障体制,甚至使用战斗部队进行人背马驮的火线运输,围绕着反轰炸和建立畅通的兵站运输线发展形成了"运输—抢修—防空"三位一体的后勤保障体制,为前线战斗官兵扫除了后顾之忧。在运动战中,我军后勤部门及时延伸补给线,确保军队的可持续作战能力;在阵地战中,我军按作战方向采取分片包干供应到军的办法。

战争中我军始终牢牢掌握军事和政治的主动权,将谈判桌的战争与战场的战争等同视之,边打边谈、以打促谈,对促成战争的胜利具有重大意义。若在敌我双方力量均衡的情况下进行停战谈判,斗争将十分复杂和艰巨。敌人若在谈判桌上无法达成目的,必将转诉于战场;而我方如若在战场失利、想在谈判桌上获得主动权也不切实际。停战的实现必须要靠军事斗争的胜利来取得,军事斗争又要服务政治斗争。在斗争中以打带谈,才能实现优势情况下的最终停战。此外,战争期间,全国人民同仇敌忾,表现出了强大的民族凝聚力和空前的爱国热情。全国各民族、各阶层、各党派紧密团结在党中央周围,积极生产、节衣缩食全力以赴支援前线,成为抗美援朝战争胜利的力量源泉。在这场斗争中,强烈的爱国主义精神和民族凝聚力是我们赢得战争胜利的根本。

外 国 篇

第一章
文明之雏　战争涌起

1. 叙利亚争夺战：卡迭石战役

公元前14世纪末叶至13世纪中叶，古代埃及与赫梯为争夺叙利亚地区的控制权展开了延续数十年的战争。其中，关键性战役卡迭石之战（也翻译为"卡叠什之战"）发生于公元前1312年，战斗十分激烈，但最后双方都遭受到较惨重的损失，均未取得决定性的胜利。这场战争是古代军事史上有文字记载的最早的会战之一，也使得其他国家或武装集团得以进入中东历史舞台；战后缔结的和约是历史上保留至今最早的有文字记载的国际军事条约文书。

 战争背景

在弱肉强食、适者生存的时代，一些地肥、国小的地方自然成了强国争夺的对象。古代叙利亚位于亚非欧三大洲的结合部，扼古"锡道"要冲，是古代商队贸易枢纽。另外，当时近东的一个重要商业中心城市——乌加里特，正位于其西北地带。因此，古叙利亚成为诸列强的必争之地。公元前的近千年间，以叙利亚及其周围地区为中心，若干奴隶制国家（埃及、赫梯、米坦尼、亚述等）展开了激烈的争霸，史称"诸帝国

卡迭石战役中的埃及大军

的混战"。其中以古埃及与赫梯之间的争夺最为激烈,而卡迭石之战便是他们之间的一次最著名的战役。

到公元前15世纪,古埃及可谓国力强盛,是地跨亚非的军事大帝国,对叙利亚地区曾多次发动掠夺战争,力图建立和巩固在叙利亚地区的霸权。但到了14世纪中叶,由于埃及受宗教影响极大,当其忙于进行宗教改革时,苏皮卢利乌马斯却作为赫梯帝国的一位雄才大略的国王登上近东历史舞台。赫梯是公元前2000年左右在小亚细亚出现的印欧语系民族,大概来自黑海以北地区。这是一个以强悍善战闻名的古代民族,他们最先发明了铁制的武器,常常攻掠周边国家和民族。公元前1610年,他们攻占了叙利亚和巴勒斯坦。几年之后,又攻陷了巴比伦帝国的首都巴比伦城,洗劫了这座当时世界上最为繁华的城市。为了争夺中东地区的地盘,赫梯人又击溃了臣属于埃及的卡迭石王公的抵抗,而卡迭石则标志着埃及在叙利亚统治的北部极限。于是,赫梯与埃及在叙利亚的利益直接发生冲突。这些行动严重威胁了埃及的霸权地位。

此时古埃及与赫梯的领导人,是古代世界两位叱咤风云的人物,即拉美西斯二世和穆瓦塔利斯。当拉美西斯二世当政的第三年,又发生了这么一件事,把两国的争霸战争推到了顶点:阿穆路国王本特西纳叛乱,脱离赫梯,投靠了埃及。拉美西斯二世于当年5月率军收复了阿穆路。穆瓦塔利斯认为这是一种挑衅,因此,于同年冬天征集了一支相当庞大的军队,准备和埃及决一死战。同时,拉美西斯二世也厉兵秣马,扩军备战,组建了"普塔赫神",连同原有的"阿蒙神"、"赖神"、"塞特神",加上努比亚人、沙尔丹人等组成的雇佣军,共拥有4个军团,2万余人的兵力。另外,由于卡迭石是联结南北叙利亚的咽喉要道,也是赫梯军队的军事重镇和战略要地。埃军试图首先攻克卡迭石,控制北进的咽喉,尔后再向北推进。两国边境一时剑拔弩张,战争迫在眉睫。

 作战经过

拉美西斯二世4年,古埃及首先出兵占领了南叙利亚沿海的别里特和比布鲁斯。次年4月末,拉美西斯二世统率4个军团从三角洲东部的嘉鲁要塞出发,沿海北上。

在拉美西斯二世即将出发远征叙利亚之前,赫梯人在埃及的"内间",便派人给赫梯王送去有关埃及军队准备出征的秘密情报。穆瓦塔利斯立刻组织召开王室会议,制定了以卡迭石为中心,扼守要点,以逸待劳,诱敌深入,粉碎埃军北进企图的作战计划。

到达卡迭石之前,由于在横渡奥龙特河(卡迭石以南10公里)组织不善,埃军纵队行动脱节。拉美西斯二世亲率阿蒙军团作为先锋走在前头,随后的赖军团和阿蒙部队之间有数英里的间隔,普塔赫军团则距离更远些,而塞特军团则仍远在阿穆路地区,当天根本不可能抵达战场。

卡迭石战役情况表

	埃及军队	赫梯军队
作战时间	公元前 1312 年	
作战地区	卡迭石	
作战目的	争夺领地	确保领地
作战指挥	拉美西斯二世	穆瓦塔利斯
兵力对比	普塔赫、阿蒙、赖、塞特四大军团，加上努比亚人、沙尔丹人等组成的雇佣军，2 万多人，战车千辆，持有盾牌、弓箭、长矛等武器。	由多民族组成 2 万余人的部队，拥有双马战车 2500—3500 辆，持有盾牌、弓箭、长矛等武器。

当阿蒙军团到达渡口萨布吐纳（在卡迭石以南 8 千米），逮获两名赫梯军队的"逃亡者"。这两名实为赫梯"死间"的贝都因游牧人谎报赫梯主力由于惧怕埃及大军的到来，目前尚远在卡迭石以北百里之外的哈尔帕驻扎，并佯称叙利亚各城邦王侯们的军队更愿意投向埃及。由于至此埃及侦察兵仍然没有弄到任何有关赫梯军主力的情报，拉美西斯二世轻信了这两名赫梯"死间"所提供的情报，毅然率阿蒙军团孤军深入，从萨布吐纳渡口渡至奥伦特河西岸，在抵达卡迭石城后，在城堡的西边安营扎寨。此时，穆瓦塔利斯率赫梯军主力悄悄地转移至卡迭石城以东的奥伦特河东岸，并派出了侦察兵监视阿蒙军团及其后续部队的动态。

侦察兵却正巧被埃及军抓捕，严刑拷打之下，俘虏供认：赫梯军队的主力现正隐藏在城东的河对岸，拥有充分的准备，将围攻埃及军。此时，拉美西斯二世才意识到军队已陷入赫梯人的圈套，并派急使催促赖军团和普塔赫军团尽快赶到卡迭石战场。

当赖军团到达卡迭石以南的丛林时，早已埋伏于此的赫梯战车部队出其不意地攻其侧翼。赖军团损失惨重，溃败逃散。接着，赫梯军队以 2500 辆战车向埃军阿蒙军团发起猛烈攻击，一下子就冲进了埃及法老的军营。陷入重围之中的拉美西斯二世在侍卫的掩护下,左突右挡,奋力抵抗,并祈求阿蒙神的庇佑,还将护身的战狮放出来"保驾"。

此时,冲进军营的另一些赫梯士兵,看到埃及法老的珠宝及大臣们的金银,都看红了眼,纷纷丢掉身上的兵器,一心扑在如何抢到更多的财物上了。

拉美西斯二世战狮护驾

正当赫梯军队大肆哄抢的时候,塞特军团从沿海匆匆赶来与主力部队会合了。这支援军呈三线配置,一线以战车为主、轻步兵掩护,二线为步兵,三线步兵和战车各半。援军突然出现于赫梯军队侧后,对赫梯军猛攻。被围的法老和埃及士兵见援军到了,顿时勇气倍增,一阵内外夹击,终于把拉美西斯二世从危局中解救了出来。

埃及军队连续发动了6次冲锋,把大量赫梯战车赶入河中。赫梯国王也增派1000辆战车投入战场,3000名士兵的后备部队全部用上。顷刻间,战场上到处都是呼喊和哭泣,屠杀和流血。黄昏时分,眼看着赫梯军队就要胜利了,埃及普塔赫军团及时赶到。在这危急关头,埃及军队重振旗鼓,对普塔赫军团做了部署:第一线为战车兵,作为冲杀敌人的先锋;第二线由10个横排的重装步兵队组成,手持盾牌和长矛等武器,形成一个密集的阵列向前推进,在步兵队的两翼有战车兵保护,同时这些战车兵还去压迫敌人的两翼;第三线仍是战车兵,作为后卫或用来追击敌人,轻弓箭手穿插在第一、第二线中间射箭扰乱敌人阵线。

埃及军正是用这样的方阵作战,使得赫梯军队最引以为豪的战车兵也几乎全军覆没,只好收兵退入卡迭石城堡。卡迭石之战也让埃及军遭受到了较惨重的损失,拉美西斯二世随后不久也向南撤军了。此场战争可谓双方势均力敌,胜负未分。

此后的16年中,两国战争延绵不断,但规模都比较小。而长期的战争消耗,也使两国国力日渐衰落。到公元前13世纪末,印欧人的一支伊里利安人闯入小亚细亚,颠覆了赫梯王朝。埃及在拉美西斯三世时期,虽然顶住了"海上民族"的冲击,但其国势也已日薄西山了。

战例点评

埃及与赫梯之间的战争,是两个奴隶制国家为了经济和军事目的,而对叙利亚进行争夺的战争。就其性质而言,双方所进行的都是非正义的战争。战争的成败分析如下:

1. 灵活用间,掌握先机

战争的历史经验一再表明,要战胜敌人,必须摸清敌情,做到"知彼";而要做到"知彼",就须利用一切可能的手段,周密地进行敌情侦察。卡迭石战役中,埃军未动,赫梯人却已先知,这得益于赫梯人成功地在埃及军队中使用奸细,从而掌握了先机,提前做好了战斗准备。这一点是拉美西斯二世有所失误的。在战斗即将打响前,赫梯成功用"死间"以假情报欺骗了拉美西斯二世,使其错误指挥、陷入圈套,主要也是因为埃及军没有及时弄到赫梯军主力的任何情报。

2. 纪律混乱,丧失战机

严明的纪律是部队战斗力的"粘合剂"和"倍增器"。军队要坚决维护政令与军令的权威性、严肃性,严格遵守军队的条令、条例和各项规章制度,做到令行禁止,统一行动。当埃及军队陷入赫梯军的包围圈,处于全面被动、一触即溃时,赫梯士兵却为了抢夺财物而扔下了武器,把乘胜追击敌军的事忘在了脑后。当赫梯国王和部下总结这次大战失利的原因时,纳丁将军深思着说:"如果我们的士兵不去抢夺那些金银财宝,也许……"赫梯国王也哀叹道:"是珠宝迷住了我们的双眼,失去了最好的战机。"

3. 战法恰当,左右战局

战役初始,赫梯军采取了要塞防守与以战车为主力的野战进攻相结合的战术,取得了战场上的主动权。他们一方面坚守卡迭石城堡,另一方面却以主力部队隐蔽活动于城堡附近,对埃及"赖军团"和"阿蒙军团"发起了攻其不备、出其不意的突袭。入夜,战斗暂停以后,其战车兵余部又得以退入城堡,以待再战。战役关键时刻,埃及普塔赫军团及时救援,并采取步兵与战车兵协同的方正作战,成功击溃敌人,挽回了战争的局面。

2. 以弱胜强：马拉松战役

马拉松会战是希波战争中的一次重要战役，是西方古代战争史上以少胜多、以弱胜强的著名战例之一。奥林匹克运动会上的一个竞赛项目——马拉松赛跑，就是源于这个战役。公元前490年，波斯以希腊雅典城邦和埃雷特里亚城邦曾援助米利都城邦为借口，派出10万士兵和舰队第二次征讨希腊，同年9月在马拉松与雅典军交战。此战波斯军队6400人丧生，而雅典一方只损失192人。双方阵亡数字的悬殊差距充分体现了希腊密集阵队对波斯方阵的压倒性优势。马拉松战役是雅典，也可以说是整个希腊第一次靠自己的力量击退波斯的一场会战，标志着单枪匹马作战方式的结束和重甲方阵战术时代的开始。它提高了整个希腊世界的士气，遏制了波斯向西扩张的势头，对于希腊文明在之后三个世纪中所达到的光辉无比的成就而言，无疑是这些成就最初的台阶。因此，英国军事史学家富勒评论马拉松战役"是欧洲诞生时的啼哭声"，在世界军事史上占有重要地位。

 战争背景

希腊人从荷马时代起，开始从巴尔干半岛北部慢慢向外渗透，并在希腊群山之间的肥沃的土地上组成许多公社，由家庭而村落，由村落而

马拉松战役战场

城邦小国。由于希腊的特殊地形,一个个小国被许多山脉分隔着,中间只有极少量的陆上交通,所以每一个城邦小国都以拥有主权的"天下"自居。在城墙之内,是以和平相处为原则,而在城墙之外,就到处是敌人。此类城邦国家在希腊一共兴起了几百个,受地形限制农业不发达,但是航海业十分繁荣,各个城邦之间的贸易也很频繁。在这些大大小小的城邦中,斯巴达和雅典是最大的两个国家。

波斯是古代西亚一个奴隶制国家,它是通过征服战争而发展起来的大帝国。到第三代——大流士一世统治时期,波斯帝国已经成为世界历史上第一个横跨亚、欧、非的庞大帝国。大流士自称"全部大陆的君主"。他野心勃勃,进一步向西方扩张,控制了爱琴海北岸的色雷斯和黑海海峡一带,这无疑构成了对希腊的直接威胁。而以雅典为代表的希腊城邦还因此失去了通往黑海的商业交通线。这危及到其海外利益,因此对波斯的西侵更是难以容忍。希波战争不可避免了。

公元前500年,饱受压迫之苦的小亚细亚西部以米利都城邦为中心爆发了反波斯的起义。斗争中,他们向希腊半岛各城邦求援。斯巴达以路远为由拒绝援助,雅典则派出20艘三列桨战舰前往助战。公元前498年,起义者焚烧了波斯一个行省中心撒尔迪斯。公元前494年,波斯帝国派重兵将起义镇压下去,辉煌的米利都也被波斯人的大火变成断壁残垣。之后,大流士发誓要惩罚介入小亚细亚起义的希腊城邦。由此,世界历史上第一次欧亚两洲大规模国际战争——希波战争爆发了。

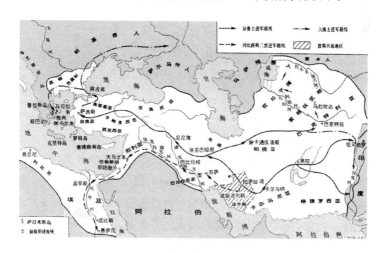

公元前5世纪前后波斯帝国地图

公元前492年夏,大流士一世派马尔多尼斯率海陆大军向希腊推进。当在色雷斯海岸时,其舰船在阿托斯海角遭遇风暴,毁坏战舰达300艘,2万余人失踪,损失惨重。与此同时,波斯陆军遭到色雷斯部落的偷袭,死亡将士无数,马尔多尼斯也受伤了。波斯军队只好中途撤军,第一次对希腊的进攻以失败告终。

大流士将此次失败归咎于马尔多尼斯的无能,并没有放弃对希腊的

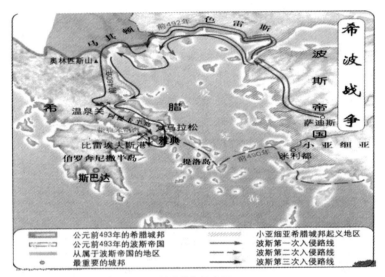

希波战争示意图

战争。他一度曾幻想不战而降服希腊城邦,向其派遣使者,索取臣服波斯象征的"水和土",实际上是要他们无条件地献出国土。不少小邦慑于波斯帝国的淫威而屈服,但是雅典人却愤怒地把波斯使者投到深坑里,斯巴达人也把使者推下水井,并嘲笑说:"井里有的是水和土,你自己拿去吧!"雅典和斯巴达的不屈服举动激怒了大流士。他组织了新的力量准备进行第二次远征。这一次不是采取海陆并进的路线,而是直接渡过爱琴海,向希腊进攻。大流士通过侦察得知,在雅典存在着一支反对当政者、图谋与波斯人合作的强大政治势力。如果能够引诱雅典军队离开雅典,同时派另一支波斯军队进攻雅典,并与反当政者的政治势力内外夹攻,就可以比较轻易地拿下雅典。为此,大流士决定首先征服力量较弱又靠近雅典的埃雷特里亚,造成雅典人在精神上的震动,造成恐怖,迫使人民投到反叛力量的怀抱中。然后再派一支军队在雅典东北约40公里的马拉松登陆。几年前被驱逐的雅典国王希皮亚斯投奔了波斯,成为大流士的高级顾问。他不但向波斯人献上完整的希腊地图,而且积极为波斯远征军出谋划策,马拉松平原这个登陆地点就是希皮亚斯选定的。马拉松平原三面环山,一面是濒海的大平原。地势平坦,草势可人,适于骑兵作战和马草的补给。波斯人在此拉开进攻雅典的架势,诱使雅典军队出战,使城内的反叛势力能够夺权。这样,既可以避免攻城战,减少损失,又有利于争取反叛势力。而第一支军队在攻打临近的埃雷特里亚成功后,兵力腾空,还可随时赶赴支援马拉松平原这第二战场,或者还可转战围攻正值城中空虚的雅典。

面对强敌,雅典政府一面紧急动员全体雅典公民赴马拉松迎战,一面派遣长跑健将斐力庇第斯火速奔往斯巴达求援。48 小时,斐力庇第斯跑完了 240 公里终于到达斯巴达。斯巴达人虽然同意派兵援助,但他们宣称只有等待月圆了,即过了 9 月 19 日的宗教节后才能出兵支援。这样,反波斯入侵的任务就完全落在雅典身上。

公元前 490 年 9 月,波斯大军登陆马拉松平原。600 艘波斯战舰把月牙形的海湾挤得水泄不通,岸上是 3 万波斯大军筑起的一座庞大的营垒。在紧靠马拉松平原的一座山顶上,是雅典军队的营地。雅典士兵可以居高临下俯视整个平原,观察波斯军队的一举一动。两支军队这样对峙有好多天了,山下的波斯人好整以暇,并不急于攻击雅典军队。因为拖的时间越长,波斯海军运来的部队就越多,要知道在爱琴海对岸的小亚细亚,还有 10 万波斯军队等着被送过来。山上的雅典营地里,气氛却十分紧张,人人都是一脸的凝重。雅典军队只有区区 1 万人,而这是雅典除去卫戍部队以外,能够拿出来的全部家底。雅典的军事委员会,由十位将军组成,分别代表雅典十个最大的家族。委员会设军政长官一名,每年在雅典贵族中选举产生。这年的雅典军政长官是卡利马什,他召开会议,要求大家投票决定是否立刻同波斯人决战。投票结果是五票赞成,五票反对,这就意味着卡利马什的一票将决定雅典的命运。卡利马什没有马上作出决定,因为雅典军面对的是一个近50年来攻无不克、战无不胜的波斯帝国,无论在国力、军力上希腊和波斯都无法相比。如果选择与波斯为敌,则前途凶险,输掉任何一场战役就可能导致亡国。正当卡利马什犹豫不决的时候,投赞成决战票的五位将军之一米提亚德说道:"现在整个雅典的命运握在你的手上,你必须决定是甘愿被波斯人奴役,还是奋起抗争为雅典赢得自由,也为你赢得千古不朽的名声。如果我们不立刻与敌决战,波斯军队会越来越强大,而雅典的投降派会越来越嚣张。我坚信雅典健儿强过波斯人百倍,胜利一定属于我们!"米提亚德这一席话打消了卡利马什的顾虑,终于投票支持和波斯大军决战。

众望所归,米提亚德被推选为战役总指挥。米提亚德出生于雅典一个最古老的家族。他的祖父曾经取得了色雷斯小国切索尼的宗主权,因而米提亚德既是雅典公民,又是切索尼的王子。几年前波斯王大流士征服色雷斯以后,率军越过多瑙河进入南俄草原,企图征服那里的游牧民族塞提亚人,他临行前将多瑙河上的一座浮桥交给几个希腊藩邦守护(其中包括切索尼),以备不虞之时能够安全返回。后来大流士果然在南俄草原受挫,不得不撤回来。这时米提亚德建议拆毁浮桥,将大流士困在多瑙河对岸。这一招相当狠辣,因为大流士大军此时粮草将尽,后面又有塞提亚骑兵紧紧追赶,如果不能及时渡过多瑙河,大流士即使不死于塞提亚人的箭下,也会死于饥馑。可惜其他的希腊城邦首领无人有这样的胆识,米提亚德只得眼睁睁地看着大流士安全返回。很快有人将这件事报告给大流士,于是米提亚德成为波斯帝国头号通缉犯,不得不逃到雅典。曾经作为藩属参加过波斯军事行动,对波斯军队的组织和优劣了如指掌:古波斯军队以步兵为主,步兵方阵一般是十行纵深,每一个纵列代表一个基本战术单位"十人队",队长站在最前列,装备一面长方形盾牌,和一支约两米的长矛,上身披轻便的鳞片甲;他身后的九名步兵,每人装备一副弓箭和一柄弯刀,一般不被甲。战斗时队长负责抵挡敌人步骑兵的冲击,而身后的九名弓箭手以密集的齐射杀伤敌军,其中只有第二排的弓箭手能够从队长的身旁直射敌人,后面的八人则是对空放箭,射角由前到后逐渐抬高至45度,这样在阵前三百米以内构成弓箭的火力覆盖。但为了给轻装步兵足够的空间弯弓射箭,波斯军队一般队形比较疏松。当敌人被波斯人的箭雨大量杀伤,溃不成军之时,波斯步兵就开始冲锋,他们将弓收入箭囊,拔出弯刀,冲入敌阵近身格斗。波斯人的箭是一种三棱宽刃箭镞,青铜质地,带倒钩,杀伤力强大,但穿透力不足。另外,由于波斯军队主要由被征服属国构成,士兵主动参战的意愿不强。

相对地,希腊军队的主力是重装步兵,他们的装备包括青铜打造的头盔、胸甲和肩甲,躯干的其他部位着鳞片甲;一面浅碟形圆盾直径约一米,表面是一层青铜蒙皮;主要兵器是一支长约三米的矛,辅助兵器是一柄六十公分长的短剑。希腊步兵战斗时通常组成密集的方阵,有八行纵深,前四排士兵持矛水平向前,后排的长矛叠在前排长矛之上,而后四排则将矛竖立。希腊的密集阵战术对士兵的身体素质和战术素养要求非常高,一个全副武装的步兵需要负重四十公斤,进行长距离的奔跑和高强度的冲刺。一个希腊方阵必须在任何情况下保持队形紧密,步调一致,这需要长时间的队列训练才能达到。为了保卫家园,希腊联军参战中将士气高昂并奋勇杀敌。

米提亚德刚到雅典,就主持收复了沦落敌手多年的两个爱琴海岛屿,立该成为雅典炙手可势的人物。

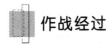 **作战经过**

公元前9月21日,雅典军队到达马拉松以后,总指挥米提亚德首先命令雅典步军控制各个山头,占据有利地形,封锁波斯军队前往雅典的各个道路。这使得整个战场有利于希腊联军的防守,而不利于波斯军队的进攻。联军居高临下对平原上波斯军的营地可谓一览无余。

此时正值雨季,马拉松平原只有中间地势较高,没有积水,两边都是泥沼地。为了使雅典的阵线不被波斯骑兵从两翼迂回,也针对波斯军队在平原作战惯用中央突破的特点,米提亚德决定不惜削弱中央方阵的力量,只设置四排横队,把实力雄厚的雅典军队重步兵分为两个约有半里长的横队配置在两翼,前后有八排,这样两边的泥沼还可成为联军天然的屏障。而波斯军队正像米提亚德预料一样,骑兵、弓箭手和主力步兵配置在中央阵线,较弱的兵力放在两翼。

激战即将开始了。雅典军队只有1万人,而波斯军队10万人。面对强弱悬殊的状况,米提亚德对战士们说:"雅典是被套上奴隶的枷锁,还是永保自由,关键就在你们身上!"这震撼人心的话语,鼓舞了士兵们的战斗勇气。

希腊联军排成横队向前推进,当进到波军弓箭的射程之内,米提亚德立刻下令冲锋。希腊步兵表现出极高的训练水平,他们背负着沉重的武器装备,顺着斜坡,一路狂奔,而阵形丝毫不乱。面对攻击,波斯军猛烈射击,射出的箭密如飞蝗一波接一波地落在高速奔跑雅典方阵之上,却如同雨打芭蕉一般在雅典步兵的盔甲和盾牌上纷纷弹开。

面对波斯军正面强大的"火力",希腊中央阵线前进到一定距离,就佯装弱势,且战且退。看到希腊军中央阵线出现了空隙,波斯军更加骄

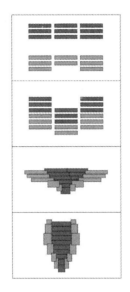

马拉松战役战斗序列示意图

纵得意,认为就要胜利了,都想抢功受赏,纷纷争先向前,步步紧逼。可是由于两翼在希腊军的打击下前进受阻,结果造成了正面突出,队伍混乱,首尾无缘的局面。

这时,希军两翼重步兵看到时机已到,就开始出击。他们挥戈舞剑,杀声震天,疾风潮水般猛冲下来,正面的长度迅速缩短,形成两面包围的态势。波斯军顿时三面受敌,前后不能相顾,本还想迂回到雅典阵线后面,但雅典方阵的两翼几乎是紧贴着平原两边的泥沼地,波斯骑兵根本没有机动的空间。无奈之下,他们只好以队形硬性冲击雅典人的方阵,但由于缺乏盔甲保护,且队形较为松散,结果也是纷纷倒在雅典方阵的矛下。

经过奋力拼杀,部分波斯军才摆脱重围,向海边撤退。希腊联军乘胜追击,在海边又与其展开了一场激战。最后,部分残敌得以爬山舰船,落荒而逃。

马拉松之战结束后,米提亚德急着想让雅典城内的人们得到胜利的喜讯,又派刚从斯巴达送信回来的斐力庇第斯赶回雅典报捷。他一下子又跑了42.195公里,到达城的中央广场时,只说了:"高兴吧,我们胜利了!"便栽倒在地,气绝身亡。后世为了纪念"马拉松战役"和这位忠于职守的通信员,在1896年雅典举行的第一届现代奥利匹克运动会上设立了马拉松赛跑,其长度恰好是从马拉松战场到雅典广场的全程。

希腊军在战争取胜后,米提亚德仅留少数人驻守,便急忙班师回雅典。波斯军队在马拉松战败离岸之后,才接到雅典内奸发出的求援信号。这部分军队急忙率舰队驶向雅典,企图趁雅典陆军尚未返回,里应外合袭占雅典城。此时另一路波斯军刚在埃雷特里亚战胜,准备从雅典南面的法力龙港登陆,从侧翼迂回攻击雅典。可当波斯人接近雅典时,看到的是严阵以待的雅典军团,并且得知斯巴达援军行将到达,自知战机已失,遂立即调转船头,向海上退去。

 战例点评

在马拉松会战中,雅典之所以可以获胜,主要原因有以下三点:

(1)两军部队作战士气和装备配备有差距。希腊军队普遍是重装步兵,使用青铜盾牌和铠甲,单个士兵的素质比较高,在战斗中注重纪律和整体阵形。而且,这次战斗是雅典人保卫自己家园的一战,战斗力很强。反观由各个不同民族组成的波斯军队,相互之间交流不便,而且有些士兵是强征入伍的,因此,在前锋部队退下来的时候,后面的波斯士兵也四散逃命了。波斯士兵使用的是藤编的盾牌,防御力较差,不利于近身的大规模混战。

（2）两军的作战准备不同。正如孟子所言"劳师远征也"。《孙子兵法》也提出要"重战"与"慎战"。波斯军队从波斯浩浩荡荡的出发，继而与雅典周边邦国发生战争，已经损失惨重，又没经过长期整备就仓促进攻雅典。因此，在战势上，雅典处在了绝对有利的条件上，以逸待劳，兵士备战充分，养精蓄锐，战斗力强。反观波斯，劳师远征，且疲于奔战，在一定程度上削弱了波斯军的战斗力，而且还存在着严重的水土不服，士兵身体素质日益下降。

（3）两军对战法的使用不同。首先，米提亚德能够占据最有利的地形，处于高地，不但能够较清楚掌握敌方情况，而且当希腊军队由高向低冲向敌阵时，所表现出来的整体力量要比波斯军队大得多。其次，希腊军能够抓住战机，波斯军队骑兵较强，趁波斯大部分骑兵尚未赶到会战地点时，及时发动战争。最后也是最重要的，米提亚德在战场中能够打破常规，较好的谋兵布阵，以己之长克敌之短，才能出奇制胜。

3. 骄兵必败：羊河战役

公元前405年,斯巴达和雅典在羊河入海口附近海域进行了一场闻名世界的海战,史称"羊河战役"。结果,雅典舰队几乎全军覆没,而斯巴达海军则夺得了赫勒斯滂海峡的控制权。此战直接决定了古希腊最著名的战争之一——伯罗奔尼撒战争的胜负。长达27年之久的伯罗奔尼撒战争最终以雅典的失败而告终,斯巴达成为了希腊世界的霸主。由此,整个希腊民主政治制度逐渐退出了世界舞台,而斯巴达主张的奴隶主贵族政治逐渐抬头,最后导致整个希腊半岛走向了君主专制。另外,斯巴达即使在这场历史近30年的战争中获胜了,但也损失惨重。这场两败俱伤的战争成为了希腊城邦由盛而衰的转折点,为后来马其顿控制希腊、东征波斯开辟了道路。

 战争背景

享有世界四大文明古国之誉的希腊,不仅以灿烂的文化艺术闻名于世,还以其军事的生成之早和战争的发展之快而享誉全球。

伯罗奔尼撒战争前,希腊与波斯展开了一场为期近半个世纪的希波战争。面对强大的波斯帝国,希腊城邦为了共同保卫自身的独立,组成了反波斯同盟,希腊军事强国斯巴达被推选为盟主。而雅典实际上是这个同盟中经济力量最大、文明程度最高的成员。在几次对波斯的战斗中,雅典都发挥了关键的作用。于是雅典渐渐不满于自己在同盟中的地位。在波斯军队被同盟军赶出希腊,外患消除的时候,希腊同盟内部的矛盾斗争也开始表面化了。

公元前5世纪,希波战争结束后,由于大量奴隶流入,古典奴隶制充分发展,希腊各主要城邦都进入经济繁荣时期。雅典在伯利克里执政时,内部实行了民主改革。改革后的雅典迅速发展成为希腊最繁荣的政

伯利克里

治、经济、文化中心。雅典的野心随着实力的膨胀而膨胀。希波战争中,雅典联合希腊各城邦组织起来的提洛同盟,在战后并未解散。此时的雅典为了自身的利益,开始不断对外侵略扩张,并把提洛同盟成员国逐渐变成自己的附庸,进而控制了爱琴海,最终形成了与斯巴达争霸希腊的局面。为了发展自己的海军舰队,雅典还私自挪用了提洛同盟金库中的资金。对不服的同盟成员国,雅典动用武力进行镇压,并将他们当做被征服国,接管其海军,勒索其贡赋。

雅典扩张的手段残忍粗暴,激起了希腊各城邦的强烈不满和激烈反抗。斯巴达为了保住希腊的盟主地位,更是对雅典不满。斯巴达同样拥有自己的同盟——伯罗奔尼撒同盟。这样,以斯巴达为首的伯罗奔尼撒同盟便成为对抗雅典霸权和扩张的主要力量。

当时,雅典控制着希腊爱琴海北部和东部的岛屿、城邦以及普罗彭提斯海和黑海沿岸的一些城邦。伯罗奔尼撒同盟则控制着伯罗奔尼撒半岛和希腊中部的城邦,以及地中海中部的西西里岛。在政治体制上,斯巴达的贵族寡头政治与雅典的民主政治处于水火不容的境地,而双方又都渴望把自己的政治制度扩大到希腊的其他城邦。为此,斯巴达支持

各城邦的贵族派,雅典则相反,支持其中的民主派,双方相互敌对、各不相让。在经济上,双方为争夺奴隶、原料、商品市场,也不断发生冲突……这一系列的矛盾使得希腊半岛内部孕育着一场大战。

公元前435年,隶属伯罗奔尼撒同盟的希腊城邦科林斯与其殖民地克基拉发生冲突。公元前433年,雅典出兵援助克基拉,用武力迫使科林斯撤兵,双方结下怨恨。公元前432年,雅典以科林斯殖民地波提狄亚隶属提洛同盟为由,要求他与科林斯断绝关系,双方矛盾进一步加剧。为了报复,同年秋,伯罗奔尼撒同盟召开大会,他们向雅典人提出了许多勉为其难的要求,雅典企图反驳这些要求,但失败了。斯巴达人向雅典人发出了最后的通牒,遭到了雅典的拒绝。公元前431年3月,著名的伯罗奔尼撒战争爆发了。

战争爆发时,雅典一方拥有一支300多艘战舰组成的强大海军舰队,同时拥有雄厚的财政储备,不过陆上力量比较薄弱,步兵、骑兵总数仅3万人。斯巴达一方则相反,他们拥有强大的陆上力量——一支拥有6万人的步兵和骑兵,而海上力量则极弱。这样一来,在总体实力上,双方不相上下。伯罗奔尼撒战争是一场旷日持久的大厮杀,战争一直持续了27年之久。尽管雅典与斯巴达之间仍不分高下,但长期的斗争,双方都已经损失惨重,疲惫不堪。

此时,足智多谋的吕山德再度出任斯巴达海军统帅。吕山德是赫拉克勒斯(希腊神话中最著名的英雄之一)的后裔,精力充沛,才智过人,意志坚强,具有高超的军事指挥才能。他很早就认识到,没有足够强大的海军就没有彻底击败雅典的可能,因此他积极主张筹建斯巴达海军。年轻时上任伊始,他就积极外交,从波斯人那里筹到了巨额资金,并迅速建造了100艘三列桨战船。同时,他还大大提高了桨手的雇佣金,使受雇于雅典船队的桨手纷纷转而奔向斯巴达战船服役。

文明之雏 战争涌起 | 第一章　163

古代希腊

　　这些举措让吕山德在早期就为斯巴达军队获得了一次对雅典海军的战机：眼见桨手缺失，当时的雅典海军统帅亚西比德万分焦急，却无奈拿不出钱来维持舰队。为了筹集军饷，他暂时将舰队交给副手安提奥霍斯指挥。但安提奥霍斯却自视甚高，麻痹轻敌，对斯巴达海军毫无防范。吕山德便利用此良机，对雅典海军发动突然袭击。公元前406年春，他率领舰队先是假装撤离，然后连夜北上，突然袭击了驻泊在诺丁姆海角的雅典舰队，一举击毁了15艘敌船。此次战役战果虽然不是很显赫，但却提高了吕山德的威信,鼓舞了斯巴达海军的士气。雅典方面则因这一次小败竟罢免了能干的亚西比德。

斯巴达法律规定一个人不能两次担任海军统帅,但斯巴达却敢于违反祖宗教规,让吕山德再掌大权。再任的吕山德对敌我双方的各种情况了如指掌。经过冷静分析,他决定首先控制住雅典在海上的粮食运输通道,然后再创造战机歼灭雅典舰队。而对自己的海军过于自信的雅典军则恰恰忽略了这一点。他们甚至没有在战略意义极为重要的赫勒斯滂海峡沿岸布兵设防。吕山德认为机不可失,果断决定出击。

作战经过

公元前405年夏末,吕山德率船队以迅雷不及掩耳之势攻占了赫勒斯滂海峡沿岸的拉姆普萨科城,切断了雅典的粮食补给线,然后下令士兵们在城中养精蓄锐,等待战机。

雅典得知这一消息,立即派新任海军统帅科农率领雅典海军的180艘战舰火速尾追而至。战舰停泊在羊河河口,与拉姆普萨科城隔海相望,准备与斯巴达海军决一死战。吕山德见敌人来势凶猛,决定先退避三舍,同时准备以示弱的方式蒙蔽、疲惫和骄纵已得意忘形的雅典海军,然后再伺机破敌。

第二天一早,雅典战船便排成密集的队形冲杀过来。吕山德严令斯巴达战船不得与之交锋。雅典海军见斯巴达海军不敢露面,便肆意取笑与谩骂,气得斯巴达海军咬牙切齿,恨不得马上找雅典海军拼个你死我活。但吕山德传下命令,有擅自出战者斩。身为将军的吕山德明白,这时出战,根本就是以卵击石,毫无胜算。

此后四天,为了挑起战斗,雅典人天天叫阵,以为斯巴达人胆小怯战、不堪一击,骄横之气也一天比一天厉害。吕山德感到时机已经成熟,有了破敌良策。

第五天,雅典舰队又例行性的叫骂了一个白天,因斯巴达舰队仍毫无动静,最后只好怏怏而回。这时,吕山德看到机会来了,便命令几条侦察船尾随敌舰跟踪调查。同时,命令全军登上战舰,做好出发作战的所有准备,一旦收到号令,即迅速启动,驶向敌舰。

侦察船尾随雅典舰队到达羊河口后,发现敌人刚刚抛锚就有许多船员离船上岸,寻欢作乐去了。此时,整个雅典舰队可谓一片混乱,完全处在一种麻痹大意的状态之中。斯巴达的侦察船见此情形,连忙调转船头。船员们高举反光的铜盾牌,发出了事先约好的信号。一见信号,吕山德立即命令200艘战船向雅典舰队冲去。舰队快要接近羊河口时,敌人仍毫无察觉,大多数敌船上竟空无一人。

直到斯巴达海军几乎冲到了雅典舰队的锚泊地时,正站在海滩上的雅典海军统帅科农才在不经意的一眼扫视中,发现大事不妙。他急忙命令士兵登船迎战,但为时已晚。仓皇之中,雅典舰队仅有20艘战舰能够起锚开动。斯巴达海军用舰船上的铁冲角猛烈撞击敌舰,使得雅典舰队很多舰船还来不及应战就沉没了,绝大多数希腊海军战士还来不及登舰,也只好束手就擒。科农感到大势已去,无心恋战,带着仅剩的战船冲杀了出去。斯巴达水兵将钩锚抛向雅典的战舰,待两舰靠近,就登上舰队,与敌人展开激烈的肉搏战。斯巴达人还登上雅典的空舰,居高临下,对试图登舰的雅典人猛烈刺杀。在斯巴达人的猛烈攻击下,科农仅带领9艘战舰杀出重围。顷刻之间,拥有180艘三层桨战船的庞大的、不可一世的雅典海军竟几乎全军覆没。吕山德对待战俘心狠手辣,他下令将抓获的雅典官兵全部处死。而斯巴达这一方几乎没有承受什么损失,以"零伤亡"的代价,便取得了如此辉煌的战果。

战例点评

争夺制海权在古代军事史上占有相当的地位,战争双方对海上通道的争夺战,包括从海上入侵、海上封锁和海上作战,都达到了相当规模。羊河海战对伯罗奔尼撒战争结局产生了决定性的影响,战争后雅典社会和经济也遭到了严重的破坏,从此一蹶不振,再也不能成为繁荣富庶的希腊霸主。这在一定程度上也强调了制海权对于一个沿海国家的重要性。

另外,羊河之战中斯巴达之所以能战胜雅典,主要原因有以下几点:

1. 知人善任,人尽其才

斯巴达珍惜人才,在用人上能打破陈规,知人善任,让经验丰富、具有出色外交能力与军事指挥能力的吕山德再掌海军大权,发起这场战争。而雅典军队却墨守成规,因为一些小失败就能轻易罢免一些出色的将军,如公元前406年雅典与斯巴达在莱斯沃斯岛附近的大战。当时,雅典海军仅仅以25艘战船的损失,轻易击沉斯巴达70艘战船,并使斯巴达当时的海军统帅卡利克拉提达斯在战争中阵亡,赢得了胜利。但是这一胜仗并没有给指挥海战的雅典10位将军带来荣誉,他们反而因未收拾己方战士尸体而给自己带来了灾难,直接指挥战斗的8位将军被判死刑。因此,战争要取得胜利必须知人善任,这也是《孙子兵法》中的一个重要思想。

2. 抢占要地,把握先机

冷兵器时代,绝大部分战争都是近距离的白刃战。刀光剑影中,天气、地理等自然因素对战争的影响甚大。到火器时代甚至现代战争中,地势要塞仍然在战争中占据非常重要的作用,有时一个要塞甚至关系到整个战争的成败。此场战役中,雅典竟然没有在战略意义极为重要的赫勒斯滂海峡沿岸设防,让斯巴达海军有机可乘。斯巴达统帅吕山德深谋远虑,准确判断,抢占了要地,以逸待劳,把握了先机,可谓一举就夺取了战争的主动权。

3. 忍辱负重,后发制人

面对雅典人的百般辱骂,作为斯巴达统帅的吕山德可以始终不为所动。他深知地方的海上力量明显强于自己,当敌方士气高昂之时迎战,无异于以卵击石。于是,他尽力躲避决战,想方设法拖住雅典人,消耗雅典人的士气。而雅典一方在作战时内部甚至出现海军各将军不服指挥官,如此不统一的情况,还傲慢轻敌,全军麻痹大意,才造成了这场大败。正如修昔底德认为的:"雅典的失败是由于雅典人犯的错误和同盟选错领袖造成的,而这些错误又根源于人们的自私和宗派主义。雅典人富有力量、勇气和创造力,但他们缺乏能导向成功的团结、无私和纪律。而斯巴达人的胜利不只是因为雅典人犯了错误,更重要的是他们大小盟邦都能忍受困境,不屈不挠,甘愿为赢得自由而牺牲生命。"①

---

① 〔古希腊〕修昔底德:《伯罗奔尼撒战争史》,谢德风译,商务印书馆1978年版,第418页。

4. 以少胜多：高加米拉战役

高加米拉战役指的是公元前331年10月1日马其顿帝国与波斯帝国在今巴比伦以北的高加米拉地区进行的一场战役。双方于此次战役皆投入巨大兵力，马其顿帝国尽倾麾下4万余部队，波斯帝国更是倾尽全国近百万兵力。虽然波斯帝国在战前做好了充足准备，但因军心涣散，更加之马其顿军队的英勇善战和亚历山大大帝的灵活指挥，波斯帝国终以惨重伤亡败北，君主大流士三世也于战后被杀。因此，高加米拉战役是亚历山大东征中与波斯军队所进行的一场具有决定意义的战役，在西方战争史上被称为改变古代世界局势的"最伟大的一场战役"，亚历山大也因此被认为是"历代最优秀的骑兵指挥之一"。

 战争背景

伯罗奔尼撒战争使希腊诸城邦元气大伤，内部矛盾错综复杂，冲突持续不断，实力再也无力恢复。马其顿位于巴尔干半岛希腊东北部，它在腓力二世统治时期（公元前359—前336年在位）开始强大起来。腓力二世凭借强大的军事力量实行专制统治，趁希腊各城邦混乱不堪、无力外御的时候，运用外交手腕、金钱利诱和军事进攻等各种手段强行插手其内部事务，意图夺取整个希腊。许多希腊奴隶主珍惜自己的财产甚于

高加米拉战役情景图

国家的独立,都乐意屈服于马其顿,希望强大的马其顿国家比城邦更能保证他们对奴隶和穷人的统治;但也有持反对态度的奴隶主组成了联军,反对马其顿入侵。公元前338年,马其顿大败希腊联军于喀罗尼亚城下,确立了在全希腊的霸主地位,下一目标就是向东方进军。腓力二世在科林斯召开各城邦大会,宣布各邦间停止战争,建立以他为盟主的泛希腊同盟,并以"讨还血债"为由向波斯宣战。但他亲征的愿望还没来得

亚历山大大帝

及实现,就于第二年的夏天遇刺身亡。不久,他的儿子亚历山大三世受军队的拥戴登上王位,时年20岁。

亚历山大是一个传奇式的人物,他大胆、聪颖,有出众的智力、坚定的信念、敏锐的判断力和随机应变的能力。他出生于公元前356年,13岁时便拜希腊哲学家亚里士多德为师,深受希腊文化陶冶,曾梦想不仅

征服世界,更要使世界希腊化。16岁起,他就跟随父亲南征北战,从中学到了不少作战技术和军事知识。18岁时,在著名的卡罗尼亚战役中运用自己的聪明才智,指挥马其顿军队的左翼取得了辉煌的战果。

亚历山大继位后,立即仿效希腊人的制度实行政治、军事改革:削弱氏族贵族的势力,加强君主的权力;改革货币,鼓励发展工商业;实行军事改革,创立了包括步兵、骑兵和海军在内的马其顿常备军;在腓力二世基础上进行完善,组成纵深密集的作战队形,纵深达16排,士兵手持马其顿矛,第一排矛有两米长,以后逐渐递增,战争中六排士兵能同时协同用矛行动,号称马其顿方阵,前有轻装步兵,侧翼为骑兵,在战场狭窄时可拉长为长方队形,遇敌包抄可向前成凸形,防卫时可紧缩让盾牌相接成盾墙。通过这些改革,马其顿不但经济实力大增,军事实力也越来越强。

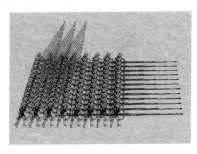

马其顿方阵

在平定了希腊各邦的叛乱后,亚历山大决定继承父亲的遗志,实现称霸世界的野心。公元前335年秋,亚历山大以马其顿军为主、雇佣兵和各邦盟军为辅,组成了第一批约3万步兵、5千骑兵和160艘战船的远征军。公元前334年春,亚历山大授权安提帕特将军摄政,亲自率领远征军从都城派拉出发,渡过赫勒斯滂海峡,开始进行持续10年的东征。

这时的波斯帝国已经处于没落衰败时期,在懦弱无能的大流士三世统治下,政治腐败、经济衰退、境内起义不断。因此,亚历山大把自己的"第一站"定位波斯。

波斯大流士三世得报亚历山大亲率大军渡过海峡,立即派出一支万

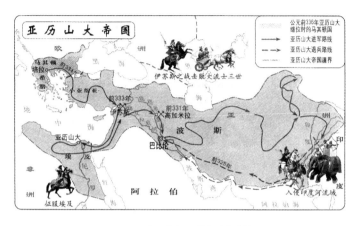

亚历山大在位期间马其顿帝国版图

人大军,配合地中海的 400 艘海军战舰,海陆并进,企图消灭马其顿军队于海滩阵地。亚历山大用重装步兵摆成方阵迎敌,冲杀在前,只几天时间就尽数消灭了来攻的波斯部队。之后,亚历山大又沿地中海东岸往南进军,于公元前 334—前 333 年冬,以快速的攻势轻易地征服了小亚细亚半岛,并向波斯腹部推进。公元前 333 年夏,亚历山大在伊苏斯以 3 万人的军队又大败了波斯 16 万的军队,大流士三世落荒而逃,而其母亲、妻子和两个女儿被俘。此役后,马其顿军获得了战争的主动权,打开了通往叙利亚、腓尼基的门户。大流士则在幼发拉底河要求议和,表示愿意出巨款赎回他的亲人,还愿割让半个波斯帝国给亚历山大,却遭到了亚历山大的直接拒绝。为了切断波斯军后方的军事威胁,切断陆海联系,避免两面作战,公元前 332 年,亚历山大转变方向,挥师南下,沿地中海东岸前进,一年左右就成功征服了叙利亚、腓尼基和埃及,取得了大量的财富,并拥有了强大的舰队。此时的波斯可说完全失去了海上的优势。

卷镰战车

公元前331年春,亚历山大率步兵4万、骑兵7000从孟菲斯出发,朝幼发拉底河沿岸开进,追寻大流士三世的踪迹。另一方面,求和失败的大流士为了挽回面子和维护王者的尊严,下令在帝国各省强制征兵,在两年之内已集结了来自24个部族的百万大军。另外,他还主持了波斯军队有史以来最大规模的武器换装,给骑兵大都配备了鳞片甲,把标枪更换为希腊式样的长矛,步兵换上了更厚重的盾牌。大流士殚精竭虑寻求击破马其顿方阵的良策,最后寄希望于专门组建的200辆卷镰战车。这种装备是无可非议的,但由于时间仓促,驭手没有经过充分的协同训练,就准备迎战马其顿军。

公元前331年9月22日,亚历山大已率领大军渡过底格里斯河。而大流士三世在检讨伊苏斯战役后,将失败归咎于战场地形的狭窄,不利于发挥波斯军骑兵的优势,于是他为即将到来的大决战精心选择了战场。高加米拉平原位于底格里斯河上游东岸,地貌平坦开阔,毗邻著名的波斯帝国大道,这不仅利于扬己骑兵之长,还有利于军队的后勤补给得到保障。9月24日,马其顿侦查骑兵很快发现了波斯大军在高加米拉的踪迹,第二天傍晚,就在距离波斯大营10公里的地方扎营。

另外,值得一提的是高加米拉战前的一起天文现象,对参战两方军队的士气起到了截然不同的作用。古代战争,常常用天象来预测国家大事。公元前331年9月20日晚,天空月亮突然变黑,出现月食,准备战争的马其顿大军和波斯军队内部都出现了恐慌。但马其顿军队中的祭司亚里斯坦德及时安抚士兵,声称希腊人崇拜太阳神阿波罗,波斯人崇拜月亮女神阿斯塔特,月食是不利于敌方的征兆。在亚历山大激动人心的战争必胜动员下,士兵们都信心十足,斗志昂扬。而波斯军队统帅大流士三世却无能为力,军队对波斯帝国大势已去的未来深信不疑,士兵们人心涣散、抵抗意志薄弱,他们已经不再奢望胜利,只想为波斯王最后一次尽忠效力。

作战经过

公元前331年9月30日清晨,马其顿大军拔营。组成战斗阵形向波斯大军逼近。大流士三世则认为亚历山大准备即日决战,也命令波斯大军进入预定战场,摆出一个正面宽大8公里的巨阵。正午时分,马其顿大军接近战场,看到广袤的平原上遍布波斯军队,人喧马嘶,长矛如林,令人触目惊心。见此景象,亚历山大下令暂缓进攻,就地扎营。下午,他派出轻骑仔细勘察战场,并亲自靠近观察大流士三世的排兵布阵。波斯军队全军分前后两条战线,前军的两翼由各部落的御林军和骑兵组成,左翼配有100辆战车,右翼配有50辆战车。中央方阵由波斯皇族部队的步兵、弓箭手和骑兵混合编组,由大流士直接指挥。方阵的两侧部署了印度族骑兵,整个阵势前面还有15头战象和50辆战车。这种阵势的用意是利用两翼骑兵的高速移动力以及独有的镰刀战车,通过迂回,包抄敌人的后路,然后同中央的步兵一同夹击敌人。面对此等情况,亚历山大召集众将领和参谋人员共商进攻之计,根据自己的兵力,确定了行动计划:全军将布成一个空心的梯形阵势,左右前三面均构成正面,都可以与对方接战;左翼最左边布置骑兵,由副帅帕曼纽指挥,这是骑兵中最出色的一支队伍,剩下的全是步兵;右翼主要是骑兵和轻装兵,由皇家中队和联军组成,帕曼纽的儿子担任指挥;在左右两翼的两侧又各设立了一个侧卫,侧卫既可以向外旋转来加强自己侧翼的兵力,也可以向内旋转以增强自己正面的兵力;中央是马其顿方阵,全是重装步兵,由亚历山大亲自指挥;在第一线中央方阵前面,亚历山大还精心选择了一些优秀的弓弩手和标枪对埋伏在此,以打击波斯的战象和战车;另外,在正面马其顿方阵后还部署了一个后方方阵,以应付中央方阵出现漏洞和从后方包围的敌人。最后他还鼓励将士们要机敏地服从命令,要互相呼应,紧密协同。部署完毕,亚历山大命令士兵吃饱睡足,美美地休息了一晚。而波斯军摆好阵势后,却由于正面没有堑壕保护,同时又害怕敌人随时都可能在夜间进行突然袭击,于是全副武装地站了一个晚上。

　　骑兵　步兵(2个团)　　　步兵(4个团)骑兵

　　　　步兵步兵步兵步兵步兵步兵(第2线)

　　　　　骑兵　　　　　　　骑兵
　　　　　骑兵　　　　　　　骑兵
　　　　骑兵　　　　　　　　　骑兵
　　　骑兵　　　　　　　　　　骑兵
　　　　　　　辎重营

高加米拉战役初始两方军队方阵布局图

　　10月1日拂晓时分,决战开始。亚历山大高举长剑,下令部队移动,当逐渐接近波斯军时,出乎波斯军的意料,指挥军队向右斜方向移动,佯装攻击波斯军的左翼。大流士三世不知是计,也指挥部队向马其顿军的右翼移动。当波斯部队走出已经铲平的地形之外时,他才意识到战车在预设场地之外作战将会失去作用。于是,大流士三世立即命令左翼骑兵实施大迂回,绕到亚历山大军的右翼,以阻止他们继续向右延伸。亚历山大明白大流士的意图,迅速派骑兵前去阻击,但是被波斯压倒优势的骑兵击败了。亚历山大又派了骑兵增援,大流士也派了个功能多的骑兵,双方展开了激烈的骑兵大战。虽然亚历山大军遭受重大损失,但是军队的纪律和勇气开始表现了出来,他们连续向敌人冲锋,终于将波斯骑兵击退。不一会,波斯军左翼出动卷镰战车,试图冲散马其顿军方阵。战车刚刚接近,马其顿方阵前面的标枪手、弓箭手立即上前迎战。尽管波斯军队人数众多、装备精良,但是勇敢的马其顿士兵用标枪和排箭截击战车,冲上去拖下车夫,杀死牲口。他们死战不退,顶住了敌人的冲击。接着,大流士又把方阵全部调上来,同时命令左翼骑兵绕过马其顿军的右翼,迅速迂回插向后方,企图形成决定性的包围。在这紧要关头,亚历山大沉着冷静,下令全军收缩队形,避敌锐势,狙击迂回和穿插之敌,本人则率军以纵深队形向前推进,以等待时机,乘虚而入。此时,由于波斯军骑兵已经绕向马其顿右翼,造成了中央和左翼之间的空虚,出现了一个缺口。

战机终于出现了。亚历山大迅速抓住这一契机,率领骑兵直向突破口冲去。顿时,马其顿军像洪流一般直扑大流士的中央部队。人喊马嘶,刀光剑影,转眼之间激烈的肉搏战展开了。亚历山大一马当先,在冲杀队伍中所向披靡,锐不可当。另外,马其顿的长枪方阵也发挥了很大的作用,长矛像刺猬的尖刺一样向波斯军紧紧逼来。突如其来的变化使大流士不知所措,眼看四面八方都是激昂的马其顿人,本已提心吊胆的大流士再也无心恋战,他拨转马头,第一个溜之大吉。群龙无首的波斯左翼军队顿时乱了阵脚。马其顿军则越战越勇,经过连续几次的冲锋,终于突破了企图迂回包抄的波斯左翼阵线。

与此同时,波斯军队的右翼也在发生着恶战,他们既不知道大流士已经逃跑,也不知道左翼败北的消息,看到马其顿军右翼斜进,左翼落在右翼后面的状况,试图绕过马其顿军的左翼,一边从侧面攻打,一边从正面出击。马其顿左翼受到两面夹击,立即派人向亚历山大告急。正在追杀波斯军中央和左翼部队的亚历山大得知情况,立即停止追击,带兵前来救援。于是,整个战役最激烈的骑兵会战开始了,马其顿军前后攻击,波军实在无力招架,又闻大流士已逃,顿时斗志全无,纷纷落荒而逃。亚历山大率军乘胜追击,一直追了50多公里。

至此,高加米拉战役结束了,波斯军队遭到毁灭性、决定性的打击,约有数万士兵被杀或被俘。而马其顿方面仅仅损失了1000匹马和几百人,相比之下战功赫赫。而且,亚历山大还获得了大量军用物资,补充了以前所消耗的军备,壮大了自己的军事力量。

战例点评

高加米拉战役是军事史上以少胜多的典型战例,这里我们来总结归纳下这场战争的成败点:

1. 战前准备对比

战争中只有知己知彼,才能百战不殆。亚历山大非常注重对情报的侦察。此场战役前,他就彻底摸清了波斯军队的数量、编制和装备,甚至作战部署等情况,并及时对己方军队布置作出周密的调整。另外,他明白己方参战人数远远不如敌方,士兵可能会出现恐惧等心理情况,在战前又情绪高昂地给将士们做了鼓励性的动员,可谓备战充足。而相对比,大流士三世却高估自己军事实力,尤其是对卷镰战车的能力寄予的过高期望,不及时追踪敌情,错误评估敌方举措,让全军将士在白白在寒风中站了一晚上,作战中对敌方的军事部署还一无所知,才直接中计。因此,可以说大流士三世战前准备不如亚历山大。

2. 士气对比

人在战争中起着决定性的作用。显然,亚历山大对于这一点看得非常重,也因此马其顿士兵才能在场场战争中都能斗志昂扬且越战越勇。相对的,为了维护个人尊严,波斯统帅大流士三世强征的士兵不但缺乏战斗经验,更缺乏战斗精神。再加上战前月食给波斯军带来的恐慌,他们对己方战胜已不抱太大希望。在战斗中,波斯军队在人数众多的情况下还不占到明显优势,其主帅更是在战局不利的情况下率先逃走,这对部队的士气又是一个严重的打击。

3. 指挥水平对比

在作战指挥上,亚历山大在战役中不但可以灵活应用马其顿方阵,而且临战中还善于观察,及时抓住战机。而大流士三世身为波斯军队统帅,与亚历山大可说已有多次交手,却仍然不了解对手的作战特点,任由对手调动,改变了自己的事先部署。在战斗中,大流士不能及时组织援军支援受阻部队,甚至在正面被突破时,不顾军队,率先逃跑。由此可见,在率军打仗上,大流士根本无法与亚历山大相比。

5. 西方战争史上的杰作：坎尼会战

坎尼会战,是第二次布匿战争中的主要战役。公元前216年8月2日,迦太基统帅汉尼拔仅以6000人的伤亡代价,消灭并俘虏了罗马近7万人的军队。此战成为古罗马历史上最惨痛的败北,也成为全球史上在单日中伤亡最严重的战役之一。这是一个非常成功的歼灭战,堪称西方战争史上的杰作。在西方国家的词汇中,坎尼也因此成为了围歼战役的代名词。霍尔沃德在《剑桥古代史》中写道,这是"汉尼拔的最高成就。它以其时机选择上的无比精准,骑、步兵战术的高度协调,表现出它是古代战争史上一个无与伦比的军事艺术典范"。

 战争背景

亚历山大帝国解体后,希腊社会进入了全面衰弱的时期。这时,地中海中部的意大利半岛和北非沿岸兴起了罗马和迦太基两大城邦。公元前275年,罗马统一了意大利后,成为西地中海地区最大的国家之一,便把矛头转向了对殖民地和贸易路线的争夺,而仅隔一道海峡的西西里岛粮食丰富且在海上贸易中占据重要地位,便成为了其首要争夺之地。但另外一个城邦——迦太基,同希腊人长期通过激烈的斗争才夺得西西里岛西部地区。当时,迦太基也已经发展成为一个统辖大西洋至埃及西

坎尼会战

边的北非海边、西班牙南部以及西地中海各岛的强大国家。面对罗马的争夺,他们自然不能袖手旁观。这样,从公元前264年,两大强国因争夺西西里开始冲突。罗马人称迦太基为布匿,因此,他们之间的战争又被称为布匿战争,在一个多世纪里先后爆发了三次。

第一次布匿战争发生于公元前264年到公元前241年间,罗马大败迦太基,取得了地中海西部的制海权。战败的迦太基不甘心屈服,为了夺回失地,经过近二十年的充分准备,于公元前221年,任命25岁的汉尼拔为主帅,开始了复仇之战。

汉尼拔是古代最伟大的军事家之一,被西方人誉为战略之父。他出身于一个军事贵族家庭,自幼随父从军,受过良好的军事训练和外交才能的培养,精通几种语言,能发动不同国籍的人为他作战。根据史家蒂托·李维的记载,当汉尼拔央求与父亲同行参加第一次布匿战争时,其父便要汉尼拔在神殿内发下了终生与罗马势不两立的重誓。公元前228

迦太基势力范围

年,父亲遇伏身亡,汉尼拔便继承了父亲的遗志。平时,他生活简朴,常常披着斗篷睡在放哨战士中间,和士兵同甘共苦,在军中享有盛誉,深受士兵的爱戴。

这时,罗马人还在加紧扩张,又占领了阿尔卑斯山以南的高卢,并和西班牙东部沿海地带的萨贡托建立了同盟。汉尼拔对此不能容忍,带着国仇与家恨于公元前219年春,出兵攻占了萨贡托。罗马人当然不会善罢甘休,公元前218年3月正式向迦太基宣战,于是,第二次布匿战争爆发了。

汉尼拔

公元前218年4月,汉尼拔率领9万步兵、1.2万名骑兵和37头战象,用了33天时间,克服了许多难以想象的困难,越过了比利牛斯山和阿尔卑斯山,又巧渡了罗尼河,到达了意大利北部的波河平原。罗马人措手不及,被汉尼拔连续击溃。在敲开意大利的北大门后,汉尼拔继续挥军南下,趋向亚德里亚海岸,以便打击罗马人的后方。公元前217年,汉尼拔率军穿越毒气弥漫的沼泽地带,在特拉西梅诺湖附近的山口设伏,一举歼灭罗马追兵2万余人。由于长期征战,力量不断消耗,迦太基政府因内部政敌干扰还不及时给予人力物力支援,远征军面临供应危机。后来,汉尼拔得知坎尼城储备大量粮食物资,且防御薄弱,便率领军队从北部阿普里亚向南推进,突然攻占坎尼,获得了补给。但坎尼是罗马的重要粮仓,据波利比奥斯所述,"坎尼被夺取使得罗马军队发生骚乱,若只是失去了一处地方与仓库并不足以引起骚动,但坎尼是对各被夺省份的控制点"。因此,罗马决心全力夺回,将所能调动的 8 万步兵、6 千骑兵全部投入战斗。迦太基军队此时却仅有 4 万步兵和 1.4 万骑兵。从力量对比来看,罗马军在步兵数量上占绝对优势,而迦太基军则在骑兵数量上占有优势。

另外,值得一提的是针对此次战争,罗马选任瓦罗和帕卢斯当选为新执政官。瓦罗好大喜功,主张速战速决,而帕卢斯却小心谨慎。两位执政官在指挥军队如何作战上,意见不一。帕卢斯认为迦太基之所以驻军于坎尼附近的平原是由于这里地形平坦,一旦爆发战争将有利于骑兵较强的迦太基部队作战,最好想个办法把汉尼拔的军队引到南面有利于步兵较强的罗马军队作战再战斗。但瓦洛根本不听这个意见,他认为"在哪里发现汉尼拔,就在哪里对他进行攻击"。结果双方各执己见,争执不休。这种争执不仅使统帅们失去了统一的意志,还影响了将士的情绪。经过协商,两位新执政官决定轮流指挥军队。

 作战经过

公元前 216 年 8 月 2 日,罗马军由瓦罗担任最高统帅。拂晓时分,他留下一部分兵力防守营地,其余部队在他的率领下接近敌人,并展开了队形。瓦罗采用的是罗马人惯用的三线平行序列:罗马人步兵较强,骑兵较弱,步兵在中央,骑兵分在两翼,其中罗马骑兵配置在左翼,同盟军骑兵在右翼;步兵排成 70 列,其中重装步兵成密集方阵配置在中央,轻

装步兵配置在主战线之前。中央战线由帕卢斯指挥,经验丰富曾担任过执政官的赛维利阿指挥左翼,瓦罗自己指挥右翼。这个队形突出深度,其优点在于以中央重装步兵的强冲击来突破对方的阵线。

汉尼拔为了这次会战,几天前就做了充分的准备。先占领战场的他在这段时间内不但掌握了罗马人的战术特点,而且还掌握了坎尼的气象变化规律。他知道,这里大约在中午时分常有强烈的东南风。由此,他制订了一个简单而大胆的作战计划:整个部队背向东南展开,轻装步兵和投石兵作为前哨配置在阵线之前;部队成半月形展开,左右两翼是主力,由骑兵和重装步兵组成,分别由汉尼拔的弟弟和外甥指挥;中央突出配置步兵,且前弱后强,由汉尼拔亲自指挥。这样,迦太基的整体阵形呈"凸"字形,凸面向着敌方。汉尼拔的用意是以用中间突出阵势引诱罗马军主力集中攻击于此,然后逐渐向后退却将其诱入己方阵内,同时用强有力的两翼骑兵扫清敌两翼骑兵,再迂回到敌阵之后,形成前后夹击之势。同时,汉尼拔命令500轻装士兵携带长矛、盾和短剑,准备在必要时向敌人假投降,以混入敌阵,从内部打乱敌军部署。另外,为了切断敌人的退路,他还派遣一支精锐部队埋伏于敌阵后方的树

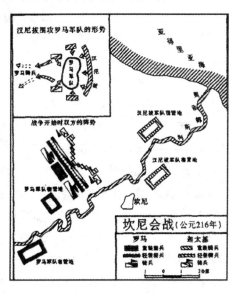

坎尼会战两军布兵图

林里,以便在风起后从后面打击敌人。

待迦太基军摆阵完毕,瓦罗看到迦太基军两翼强、中间弱的阵势,临时又将自己的阵势做了一番调整:把正面缩短,纵深加长,间隔缩小,企图强化中央攻击力量,以绝对优势一举击垮汉尼拔的中央方阵。这一调整正中汉尼拔的心意,而由于队形收缩,罗马中央军队人与人之间、单位与单位之间都挤靠在一起,失去了运动的余地和弹性。部队从未用过这种新的队形,自然不太适应,因此实际上一开始罗马就处于了不利的地位。

上午9时许,军号吹响,双方的步兵发出一片呐喊声,弓箭手、投石手和投射手相互投射"子弹"。在战前双方统帅激动人心的鼓舞下,士兵们都斗志昂扬,一场血腥残杀开始了。轻装步兵冲击之后,方阵步兵开始投入战斗。集中的罗马步兵全力向汉尼拔的中央突出部挺进。迦太基步兵一面抗击,一面故意示弱缓缓地向后退。瓦罗见状,以为敌军方阵已体力不支,遂指挥两侧向中央汇合发动更猛烈的攻击,使迦太基中央半月形突出阵势逐步向内弯了进去,变成了"凹"字形阵势,陷进了汉尼拔设置的口袋中。这时,汉尼拔令500名身藏短剑的轻装步兵向罗马人那里逃跑,交出手中的矛和盾,假装投降。瓦罗看到这些"投降"的士兵交出了武器,未加多问就把他们安置在阵形后方。"降兵"加上"败退",瓦罗甚至以为这场会战的关键时刻已到,还把预备队全部投入了战斗。罗马步兵愈向前进,正面愈小,队形愈收缩变长。汉尼拔是一个掌握战场火候的老手,他见时机成熟,在自己中央方阵被突破之前,命令重装步兵从左右两侧同时向中央夹击罗马步兵主力。同时,他下令左右翼的骑兵一起出击,从两翼包抄敌人。迦太基右翼轻装骑兵因数量较少,与罗马左翼骑兵此乃构成了对峙的局面,左翼数千名坚强有力的重装骑兵则奋勇冲击,以压倒性的优势,迅速打垮罗马右翼骑兵。接着,左翼骑兵一部分从正面援助右翼骑兵,另一部分则绕过罗马步兵后方,从背后袭击罗马左翼骑兵。他们在迦太基骑兵的前后夹击下,迅速崩溃而逃跑。汉尼拔立即向伏兵发出了战斗信号。埋伏在树林中的迦太基军队,迅速从后面包抄过来,切断了敌人的退路。

时至中午,正如汉尼拔预计的那样,海面上刮起了强劲的东南风,随即黑云滚滚,漫天尘土。这对原本就四面受敌的罗马军队来说,更是雪上加霜。由于他们直接面向东南,两眼被风沙吹得直流眼泪,无法观察敌方行动,投射的箭石也因逆风速度减慢,力量大减。在这几乎只能束手待毙的情况下,原本人员就很稠密的罗马军已经乱成一团。而迦太基军却由于背对着风,借助风力,投射的石头和箭矢又远又猛。正在这时,假装投降的500命士兵也趁势作乱,突然从怀中抽出短剑,奋力向就近的罗马士兵杀去。此刻,插到罗马步兵后面的迦太基左翼骑兵也从背后冲杀过来。

坎尼战场上,迦太基军杀声四起,且越战越勇。罗马军却四面被围,仅能做困兽之争。残杀整整持续了12个小时。罗马军队执政官帕卢斯与指挥官赛维利阿以及其他许多军官,全部惨死在乱党之中。汉尼拔只是以较小的代价却夺取了巨大的胜利。

 ## 战例点评

坎尼会战是汉尼拔在战争指导上最出色的杰作之一,他正确指挥,力争主动,充分发挥了己方骑兵的作用,最成功之处主要有以下三点:

1. 善用天候

《孙子兵法》开篇就讲到:"兵者,国之大事,死生之地,存亡之道,不可不察也。故经之以五事,校之以计,而索其情:一曰道,二曰天,三曰地,四曰将,五曰法……天者,阴阳、寒暑、时制也。"因此,早在兵戎相见的古代战争,人们就明白"天时、地利、人和"对于作战的重要性。知晓天时,恰恰在很多时候都能起到决定性的作用。汉尼拔能够做到认真观察,掌握战场的气象变化,并排兵布阵时巧妙利用,这是他的第一点成功之处。坎尼战争中,借着东南风,不但使面对风沙的敌方无法继续作战,而且使得背对的己方将士力量大增。这一点,却是罗马军没有考虑到,被忽略了的。正所谓,一步错将步步错。

2. 出奇制胜

兵法云:凡战者,以正合,以奇胜。战争中,战法不因墨守,要随机应变。坎尼战争中,汉尼拔的"凹凸"战法可谓出神入化,及时掌握战机打得罗马军可说是措手不及。这与罗马军队当时军事制度存在着严重的弊端也大有关联:罗马采用的是军政一体的制度,没有专设的军事统帅,军队由民选的政府首长,也就是执政官来统帅。执政官每届有两名,任期一年。如此意味着所有罗马的统帅基本都是兼职的"业余选手",只懂得最最表面与传统的战略战术。另外,由于任期太短还受到元老院等多方面制约,一般执政官在作出军事决策时不得不考虑众多其他因素,特别是选举因素,常常会作出一些急功近利的事。就拿瓦罗与帕卢斯来说,他们当选的背景就是罗马舆论已经对与迦太基的战争久拖不决感到厌烦,迫切要求其毕其功于一役,一举消灭汉尼拔。因此,在对付弱敌时,罗马人还可以用实力上的绝对优势来掩盖其决策上的劣势,而一旦遇到汉尼拔这样的劲敌,罗马人的问题就暴露无遗了。

3. 兵不厌诈

诈术是诱歼敌人的一种军事谋略,也是战争法允许的合法作战方法之一。正所谓"兵不厌诈",恰当运用计谋,是取得胜利所需要的。战役中,汉尼拔能考虑到用"诈降"的方式使己方士兵混入敌方阵营,在关键时候制造内乱,这是坎尼之战的另一个制胜点。

6. 文明的冲突：十字军东征

公元1096年至1291年，西欧封建主、大商人和罗马天主教会对地中海东岸诸国发动了侵略性的远征。因为出征者每个人的衣服上都绣着十字形标记，因此被称为十字军，他们发动的战争也因此被称为十字军东征。由于罗马天主教圣城耶路撒冷落入伊斯兰教徒手中，十字军东征大多数是针对伊斯兰教国家，主要目的是从伊斯兰教手中夺回耶路撒冷。十字军东征从表面上看是一系列在罗马天主教教皇的准许下、由西欧的封建领主和骑士对地中海东岸的国家发动的持续了近200年的宗教性战争，但实际上，参加东征的各个集团都有自己的目的：诸多缺少土地的封建主和骑士把富庶的东方作为掠夺土地和财富的对象；意大利的威尼斯、热那亚、比萨等地的商人想控制地中海东部的商业进而获得巨大利益；而罗马教皇想合并东正教，扩大天主教的势力范围；被天灾与赋税压迫的许多生活困苦的农奴与流民受到教会和封建主的号召，被引诱向东方去寻找出路与乐土。

到近代，天主教已承认十字军东征造成了基督教徒与穆斯林之间的仇恨和敌对，是使教会声誉蒙污的错误行为。但从另一方面来看，十字军东征使西欧直接接触到了当时更为先进的拜占庭文明和伊斯兰文明，这种接触为欧洲的文艺复兴开辟了道路。每次十字军开始时，都有讲道、宣誓及授予每个将士十字架的仪式，任命成员为教会的将士。十字

十字军东征图

军东征历时近200年(实际战争25年),前后共10次,其中以西欧骑士为主力的正规军入侵8次,动员总人数达200多万人,涉及欧亚非三大洲的许多国家和地区。十字军东征虽然以反对异教徒对基督教"圣地"与信徒的蹂躏为由,但实际上是为了扩张天主教的势力范围,以政治、宗教、社会与经济目的为主,发动对亚洲西侧的侵略劫掠战争,其间大小战役为数众多、胜败参半,最后以十字军退回欧洲、所建殖民地彻底被消灭而告终。它是世界中世纪历史上的大事件之一,堪称"中世纪的世界战争"。

战争背景

耶路撒冷不论是在古代还是近代都不是一个寂静的城市。这个位于地中海东岸巴勒斯坦的小城,曾是古代犹太王国的都城,并在城内建有耶和华圣殿。犹太民族把耶路撒冷视为圣城,是代表和崇拜上帝的中心之地;同时,圣经又云耶路撒冷是耶稣受难和"升天"的地方,因此基督教徒视之为圣地并前往朝拜;同时耶路撒冷还被穆斯林们认为是他们的先知穆罕默德踏石升天的地方,因此该地成为伊斯兰教继麦加和麦地那之后的第三圣地。

早在公元7世纪,信奉伊斯兰教的穆斯林的塞尔柱突厥人占领了耶路撒冷。11世纪塞尔柱突厥人建立了强大的塞尔柱帝国。11世纪末,西欧社会生产力有了长足的发展,手工业从农业中分离出来,城市崛起,已有的财富已不能满足封建主贪婪的欲望,他们渴望向外攫取土地和财富,扩充政治、经济势力。另外,当时的西欧实行长子继承制,许多不是长子的贵族骑士不能继承遗产,成为"光蛋骑士",他们往往靠服兵役和劫掠商旅为生。除了骑士外,西欧的城市商人,特别是威尼斯、热那亚和比萨的商人,企图从阿拉伯和拜占庭手中夺取地中海东部地区的贸易港口和市场,独占该地区的贸易,因而也积极参与了十字军。而欧洲教会最高统治者罗马天主教会,也企图建立起自己的"世界教会",确立教皇的无限权威。这些原因促使他们把目光转向了地中海东岸国家。十字军中的农民参与,是因为他们受到封建主越来越重的剥削和压迫,再加上连年的灾荒,他们梦想寻找摆脱饥饿和封建枷锁的出路,逐渐被教会所蒙蔽,被骗往东方。1092年,塞尔柱帝国苏丹马立克死后,帝国旋即分裂成多个封建小王朝,力量迅速衰落,然而拜占庭仍疑心其是隐患。拜占庭皇帝阿列克塞一世因国内局势动荡、国力虚弱,当时诺曼人还在巴尔干西部两次打败其军队,于是向罗马教皇乌尔班二世求援。此举正中了罗马教皇垂涎东方财富和教俗的下怀。1095年11月,罗马教皇乌尔班二世在法国南部城市克莱蒙召开宗教会议,发表了中世纪历史上最有影响力的一次演说。他以上帝的名义号召基督教徒为"解放"圣地进行"神圣战争"。他诱惑人们说,在东方"遍地流着奶与蜜",耶路撒冷是一个"充满欢娱快乐的天堂"。他向人们保证,凡是参加"圣战"的人,死后的灵魂将直接升入天堂,家属和财产将受到教会保护,债务可以缓期偿还,一切罪孽都在赦免之列。乌尔班二世成功地蛊惑了在场的人们,乌尔班的演说不时为"阿门!……阿门!"(希伯来语,意思是此乃上帝所愿)的呼声所打断,与会者群情激奋。宗教感情的冲动,物质利益的诱惑,使西欧许多阶层的人,尽管其目的各异,都狂热地投身于这一震惊世界的征服战争之中去。

 作战经过

　　第一次十字军东征(1096—1099年)。1096年春,法国隐修士彼得和德国没有地位的骑士华尔特集结一些贫苦农民,打开东征的先河,继之者有英国、西班牙、意大利等国的农民。他们如同民族大迁徙,携妻带小,举家而行。这支队伍缺乏组织也没有经过训练,更缺少必要的装备和给养。他们就像强盗一样沿途烧杀抢掠,因此也不断遭到当地人袭击,死伤惨重,当年秋天抵达君士坦丁堡时只剩一半的人员。拜占庭皇帝不准他们进城,并很快把他们送过博斯普鲁斯海峡。因没有统一指挥、没有具体作战计划加之部队疲惫不堪,他们一到小亚细亚就被歼灭,生还者不足3000人。同年秋,以法国贵族为主的骑士十字军分四路东征,其主要领导者是诺曼骑士奥特朗托的博希芒德。1097年春,四路十字军约3万人会合于君士坦丁堡,为以后合作关系不至于破裂,双方经讨价还价勉强达成一个临时协议:拜占庭提供支援与补给,十字军胜利后必须归还原来属于拜占庭的领土。1097年5月,十字军进攻塞尔柱帝国鲁姆苏丹国首都尼西亚。因该城北面为山、南面临湖,城高而坚固,且外有壕沟,防卫森严,十字军围攻7周未果。随后十字军渡海进入小亚细亚穿过500英里几乎没有人烟的山野和沙漠地带,攻占埃德萨、安条克,分别建立埃德萨伯国和安条克公国。1099年7月15日攻占耶路撒冷,十字军入城后大肆烧杀劫掠,3日间杀死穆斯林7万之众,妇孺老幼都不能幸免。随后建立耶路撒冷王国,使之成为十字军控制东方的主要基地。

第二次十字军东征(1147—1149年)。12世纪初,中近东穆斯林世界重新走向统一,势力逐渐恢复。1128年,摩苏尔总督艾马德·赞吉夺回被十字军一度占领的阿勒颇,建立赞吉王朝。赞吉于1135年夺取安条克公国东部领土,1144年消灭埃德萨伯国。其他十字军国亦岌岌可危,遂向罗马教廷告急。教皇基尼乌斯三世派勃艮第修道院长伯纳为使节,赴欧洲各地游说,鼓吹发动新的东征,得到法王路易七世和德皇康拉德三世的响应。

1147年4月,德皇率7万军队一路烧杀抢掠经维也纳、贝尔格莱德、亚得里亚堡直奔君士坦丁堡。拜占庭皇帝知道德军来犯,关闭城门、守卫道口。德军因为一路上遇到大雨,粮食和物资被冲走很多,供给短缺导致未攻城人马已先倒下,不得已只能决定放弃君士坦丁堡。德军渡过博斯普鲁斯海峡,不幸在小亚细亚山区迷了路,炎热和饥渴又使许多人丧生。当疲劳不堪的德国骑士到达多里利乌姆附近时,遭到了土耳其人的突然袭击,德国骑士伤亡惨重,于10月溃退到尼西亚,幸存者不足7000人。后来,除德皇率少数好战骑士留下外,大部分人相继回国。法王为避免重蹈德军覆辙,改从西部沿海绕行。此路虽比较安全,但山重水复,行军困难。1148年初,法军好不容易到达劳迪克亚附近,又遭土耳其人袭击,死伤无数,后退守安塔利亚。因船只不够,法王率贵族骑士从海上赴安条克,步兵队再取陆路去安条克途中被歼灭。3月,法军抵安条克后取陆路至阿克,与先到的德军会合。德法联军放弃原来收复埃德萨的计划,决定先攻打大马士革。但大马士革是叙利亚诸城中防御能力最强的城市之一,而当时法德联军已为数不多,且经长途跋涉异常疲劳,战斗力很弱,十字军屡攻不下,伤亡很重。1149年春,德王看取胜无望,遂率残部归国。几个月后,法军伤亡殆尽,也含羞而归。就这样,出动较早的德国军队溃退,想要攻占大马士革的法国最终也兵败而归,因此这次远征的两国都没有达到战争的目的。

第三次十字军东征(1189—1192年)。此次东征是在"神圣罗马帝国"法国国王奥古斯都腓力二世和英国国王理查一世的率领下进行的。第二次十字军东征失败后,中近东穆斯林势力进一步强大。1171年,萨拉丁推翻埃及法蒂玛王朝,自立为苏丹,建立阿尤布王朝,并于1187年7月在哈丁大败十字军主力。消息传到西欧,教俗封建主为之震惊,教皇格雷戈里九世立即号召组织新的东征,得到德皇腓特烈一世、法王菲力普二世、英王理查一世以及

红胡子皇帝腓特烈一世

意大利城市贵族的响应。腓特烈率其部队,沿上次远征的陆路穿越拜占庭。法国人和英国人由海路向巴勒斯坦挺进,途中占领了西西里岛。由于十字军内部矛盾重重,此次远征也没有达到目的。德意志十字军一路上伤亡惨重,冲过了整个小亚细亚,但红胡子皇帝在横渡萨列夫河时溺亡,其军队也就随之瓦解,只剩下一些残兵败将继续东征。腓力占领了阿克拉港后,于1191年率部分十字军返回法国,留下了一些士兵。理查在叙利亚取得了一定的成果,攻占了塞浦路斯,并建立了塞浦路斯王国,又将其卖给了原耶路撒冷国王。之后,十字军于1192年与埃及苏丹萨拉丁签订和约。条约规定:十字军保有从提尔到雅法的沿海地带,内地和耶路撒冷归萨拉丁管辖,基督教徒可以自由到圣城朝圣,不受欺凌。据此,提尔到雅法的沿海狭长地带仍归耶路撒冷王国所有,耶

路撒冷仍然留在穆斯林手中。因此,本次远征也并没有取得实质性的战略目的。

十字军进入君士坦丁堡

第四次十字军东征(1202—1204年)。此次东征由教皇英诺森三世发动,目的本是要攻占穆斯林所控制的埃及,作为日后行动的基地。1198年,教皇英诺森三世即位后号召组织新的东征,得到法德意等国积极响应。东侵原定目标是埃及,因它是占领十字军东方领地的阿尤布王朝的老巢,一旦打败埃及,夺回圣城便指日可待。十字军去埃及需要威尼斯提供大量船只,但威尼斯不愿与自己有密切贸易关系的埃及受到战争破坏,加之想打击商业劲敌拜占庭、夺取东地中海的商业霸权,便在开价8.5万银马克巨额要价的同时,提出先进军拜占庭、后进攻埃及的要求。教廷和法德统治者本就因拜占庭不为十字军提供援助而致其多次失败怀恨在心,加之教皇本就有统一基督教世界的计划,于是决定先进攻同信基督教的拜占庭。这一决策的重大失误,使教皇此后发起的历次东征失去了基督教军民宗教信仰的支持,为十字军东征的最终失败埋下了伏笔。

此次十字军主要由法国和意大利贵族组成,在没有足够的金钱付给威尼斯人以便渡海到埃及的情况下,十字军按威尼斯贵族将领的建议转去攻打扎拉城(现克罗地亚的扎达尔),并利用拜占庭国内的纠纷转而攻打君士坦丁堡,并在抢劫和破坏后血腥地屠城三天。大战过后,威尼斯占去拜占庭帝国八分之三的领土(包括爱琴海、亚得里亚海沿岸许多港口和克里特岛)。而十字军则以君士坦丁堡为中心建立了拉丁帝国和两个附庸于君士坦丁堡的拉丁帝国的国家,分别是雅典公国和亚该亚公国。1261年,尼西亚王国消灭拉丁帝国,复兴拜占庭国家,第四次东征再度失败。

第五次十字军东征(1217—1221年)。1213年4月19日,教皇英诺森三世要求信徒组建一支新十字军,但此教令没有得到欧洲的君主们支持。于是,教皇要求教士进行布道宣传,让信徒、社会地位较低的贵族和破落的骑士加入十字军。1215年11月,教皇在拉特兰大堂主持召开了宗教会议,宣布组建一支以攻打埃及为目标的十字军,想通过战胜埃及的穆斯林王朝进而重新夺取耶路撒冷。1217年,十字军先到地中海东岸的十字军城市阿克开拔。途中,君士坦丁堡拉丁帝国年迈的皇帝约翰、塞浦路斯的于格一世和安条克公国的王储博希蒙德四世也加入支持。其间,十字军按惯例沿途掳掠。1218年6月,开始包围达米埃塔。但在几个月的战争中,疾病困扰着十字军。适逢此时,穆斯林苏丹阿迪尔死了。1219年11月,达米埃塔失守。十字军终打开了胜利之门。1221年,十字军企图进攻开罗。战役中,穆斯林军队借尼罗河水截断十字军的路,并包围十字军。9月,穆斯林收复达米埃塔。第五次十字军战争终告失败。

第六次十字军东征(1228—1229年)。此次东征是在"神圣罗马帝国"皇帝腓特烈二世率领下进行的。教皇格列高里九世将第五次东征失败归罪于德皇未能如期参加,要求他1225年进行新的东征。德皇直到1227年才招到足够的军人,完成相关准备,又因自己生病再次推迟东征。愤怒的教皇将他逐出教门,宣布他不是十字军人而是狡猾的敌人。德皇为夺耶路撒冷王位继承权,1228年夏主动率军东征。这次远征使耶路撒冷在1229年暂回到基督教徒手中,但1244年又被穆斯林夺回。

第七次十字军东征(1248—1254年)。此次东征由法国国王路易九世发动。1244年,原居住在里海附近的花剌子模人在蒙古西征的压力下西迁,击败法兰克人十字军侵入叙利亚。9月,埃及苏丹乘势攻占耶路撒冷。1245年,教皇英诺森四世决定组织第七次东征。十字军很快便攻取了达米埃塔,但却陷入被瘟疫折磨的境况。熬过瘟疫后,十字军进攻开罗,被拜巴尔率领的奴隶骑兵(马穆路克)打败。结果路易九世的弟弟阿图瓦伯爵被杀,路易九世被俘。1250年,当时的苏丹被其马穆路克军官推翻,故法国以大笔赎金赎回路易九世。但直到1254年,路易九世和与他的士兵才被释放回国。

第八次十字军东征(1270年)。由法国国王路易九世领导,进军突尼斯。13世纪后半叶,由于内部争斗、外无支援,剩下的十字军殖民势力日趋衰弱。埃及马穆路克王朝苏丹培巴尔决心效仿萨拉丁,消灭十字军,先后于1256年夺取恺撒里亚和阿克,1268年占领雅法和安条克。法王不堪失败耻辱,主动请命再次东征。十字军在突尼斯登陆不久,路上发生传染病,路易九世染病身亡。路易九世的儿子兼继承人腓力三世马上下令撤退。此次十字军东征以撤退收场。

第九次十字军东征(1271—1272年)。此次东征由英格兰的爱德华王子领导,赶到北非救援路易九世,但已经无力回天。他在阿卡签订了停战协议,于1272年返回英格兰继承王位。

此后教皇继续号召基督教徒进行"圣战",但再也无人响应。在东方,埃及穆斯林军队连续攻占的黎波里、西顿、提尔等城市,并于1291年攻克十字军最后据点阿克,十字军东征彻底结束。

 战例点评

恩格斯写道:"……在十字军远征期间,当西方的'重装'骑士将战场移到东方敌人的国土上时,便开始打败仗,在大多数场合都遭到覆灭。"十字军远征持续了将近200年,罗马教廷建立世界教会的企图不仅完全落空,而且由于其侵略暴行和本来的罪恶面目,使教会的威信大为下降,后世史家评论道:"在某种意义上说,比失败还更坏些。"从军事角度来看,十字军整体更是失败的,其失败的原因是多样。首先,十字军素质低下,缺乏统一指挥和正确的战略战术。十字军东征前后九次,历时约200年,投入兵力数十万,但在军事上并没有创造性的成就,也没有产生伟大的将帅,除了不齿于人类的战争暴行,没有留给后人一点闪光的军事遗产。这也是十字军东征被后世诟病的重要原因。其次,西欧军队重装骑兵对土耳其和阿拉伯军队轻骑兵在战术上的劣势,是十字军战场上失利的另一个重要因素。我们可以看到十字军采用的是骑士军战术,战斗由骑士骑兵发起,多为单个对单个的决斗,协同动作有限。与十字军作战的土耳其人和阿拉伯人的主要兵种是轻骑兵。交战时,他们先用箭击溃十字军的部队,然后将其包围,实施勇猛果敢的攻击,把它们分隔成数个孤立的部分加以歼灭,战术上优于十字军。掠夺财富、扩张领地是东征的重要物质驱动力,但十字军疯狂抢掠,在给中近东各国人民带去严重浩劫的同时,也为自己的覆灭掘下了坟墓。十字军一个头目写给教皇的信里说,他骑马走过尸体狼藉的地方,血染马腿到膝。寺院、宫殿和民间的金银财物被抢劫一空,许许多多的古代艺术珍品被毁。这场屠杀以后,十字军到"圣墓"前去举行宗教仪式,随后又投入了新的烧杀掳掠。《耶路撒冷史》记载说,十字军占领该城后,对穆斯林不分男女老幼实行了惨绝人寰的3天大屠杀。"勇士们"为了掠取黄金,剖开死人的肚皮到肠胃里去找。后来,因死人太多,干脆把死人堆架起来烧成灰烬,再在尸灰里扒寻黄金。法国编年史家维拉杜安写道:"自世界创始以来,攻陷城市所获的战利品从未有如此之多。"十字军这种强盗行径,充分暴露了其宗教的欺骗性和虚假性。十字军的暴行引起了沿途居民的愤怒和反抗,他们不做向导、不让通行、不提供食宿,还聚集到一起四处袭击十字军,杀死零星、掉队的官兵;暴行也导致了前期东征的重要盟友拜占庭不愿支持配合,十字军在地形生疏、气候恶劣的异国他乡缺乏粮食和物资供给,行军困难,疾病、饥饿所引起的非战斗性减员严重。这些都是导致十字军东征失败的重要因素。

尽管如此,十字军东征对于人类历史的发展来说并非没有一点价值和意义,十字军东征在给西亚、西欧人民带来深重灾难的同时,客观上促进了东西方交流,并推动了西欧社会的发展。比如十字军东侵在客观上强迫性地打开了东方贸易的大门,使欧洲的商业、银行和货币经济发生了革命,并促进了城市的发展,造成了有利于产生资本主义萌芽的条件。

东侵也使东西方文化与交流增多,在一定程度上刺激了西方的文艺复兴,阿拉伯数字、代数、航海罗盘、火药和棉纸,都是在十字军东侵时期内传到西欧。十字军东侵还促进了西方军事学术和军事技术的发展,如西方人开始学会制造燃烧剂、火药和火器;懂得使用指南针;海军也有新的发展,摇桨战船开始为帆船所取代;轻骑兵的地位与作用得到重视等等。

有人说十字军东征是"人类历史上一座疯狂和愚蠢的纪念碑",这座纪念碑将人类的野蛮、贪婪、愚昧永远伫立在那里,让世人代代警醒。

7. 烈血昂歌：英法百年战争

百年战争是指英国和法国，以及后来加入的勃艮第，于1337年至1453年间的战争，是世界最长的战争，断断续续进行了长达116年之久，无论英国还是法国都没有预料到这场战争会持续这么久。

百年战争造成的影响无疑是深重的。对于英法两国来说最重要的是促进了民族意识的形成。英国人的民族意识和对自己英国性的认识始于何时不易确定，但他们有时把自己比作是具有不同种族、语言、地区或不同文化和政治传统的多民族。在中世纪后期英国人在不列颠群岛或在欧洲大陆上与其他民族对抗，而且常常是以暴力对抗。这些抗争是促进民族性和英国性的自我意识的温床。百年战争是这些抗争最集中的表现，它让英国人明白了自己的身份。而法国虽然在战后经济严重衰落，但是法兰西民族在抗击英国侵略的过程中开始觉醒，为此后民族国家的建立创立了条件。

 战争背景

北欧维京海盗骚扰侵略法国海岸由来已久。卡洛林王朝时期，法兰克统治者查理三世同意这些北欧人在法国海岸诺曼底定居下来，他们后来建立了诺曼底公国。1066年诺曼底人在征服者威廉的统帅下成功地入侵英格兰,在此后150年内英国宫廷里全是说法语的盎格鲁—诺曼贵族。他们同时统治着英格兰和诺曼底。1154年,法国最强大的贵族——

亨利二世

安茹伯爵亨利因其母亲的血缘关系,得以继承英格兰王位,是为英国金雀花王朝的建立者——亨利二世。亨利二世扮演着十分罕见的双重角色:一方面他是英格兰的国王,尊贵无上的英国君主;另一方面,作为法兰西的安茹伯爵、兼诺曼底公爵、兼阿基坦公爵,亨利二世无可否认是一个法国人,是法兰西国王无可非议的臣子。作为国王,他是英国的统治者;作为公爵和伯爵,他又是法国的臣民。因此除非他自愿放弃法国国籍、放弃在法国的一切权利,否则他作为一个法国公民理所当然必须对法兰西国王唯命是从。如果他那样做就意味着:他必须向法国国王交还他作为法国贵族时所继承的,比整个英格兰还要富庶的大片法国领土——安茹、诺曼底和阿基坦等等。老奸巨猾的亨利二世采取耍赖战略,他一方面承认法兰西国王(路易七世)是他法律上的主人,另一方面又对法王的命令置若罔闻,根本不履行作为法国贵族的任何义务。对于一个不但拥有国王头衔、而且领土比自己大两倍以上的强横逆臣,路易七世和世界上任何有尊严和权力欲的封建君主一样,把亨利视为眼中钉、肉中刺,想尽一切办法战胜亨利,夺回本应属于自己、属于法兰西国王的法国领土。英法之间这种君不君、臣不臣,利害关系纠缠不清的混乱局面,在双方的后代之间一直延续下去,直到百年战争的来临。

历代金雀花王朝的英国君主,理论上都是法国臣民,理应为法兰西国王效犬马之劳。不仅如此,无论作为与法国王室历代通婚的姻亲之家,还是作为法国最强大的封建领主,一旦法兰西王位出现空缺——老国王没有儿子,或因为种种原因没有合法的王位继承人——法兰西大大小小的贵族们为争夺王位而明争暗斗的时候,金雀花王朝的君主毫无疑问地拥有参与游戏的资格。英国国王身兼法国贵族,同时还要是法国国王的姻亲,参与法国王位的竞争可以说是既合理又合法。于是在法兰西国王查理四世死后,金雀花王朝的爱德华三世就正式提出了继承法国王位的要求。

在14世纪时,法国人试图把英国人由法国西南部赶走,从而统一法国。英国当然不愿退出,并欲夺回祖先的土地,如诺曼底、曼恩、安茹等。当时英法两国因为贸易利益的关系,均对佛兰德斯作出争夺,使它们之间的冲突加深。因为佛兰德斯表面上属于法国,但实际上却独自行政,并经常与英国进行羊毛贸易。而战争的导火线则是英王爱德华三世乘法国卡佩王朝绝嗣之际,欲以近亲的关系继承法国王位,但最后王位却由腓力六世所获得,因此爱德华三世对法国宣战,以夺取法国王位。当时神圣罗马帝国的诸侯和佛兰德斯站在英国一方,而苏格兰和罗马教皇则支持法国。英军当时是雇佣兵制,由步兵、弓箭兵和雇佣骑兵组成,统一由国王亲自指挥,而法军则主要由封建骑士组成。

作战经过

根据局势的转变,百年战争大致可分为四个阶段。

百年战争的第一阶段(1337—1360年),英法双方争夺佛兰德和基思。英王爱德华三世首先占领了弗兰德在大路上建立了立足点。1340年的斯吕斯海战中,英军重创法军,夺得制海权。

面对气势汹汹的英国军队,法国把自己最精锐的骑兵部队派到了前线。当时,英军没有能与法国抗衡的骑兵部队。法王腓力六世扬言:"在强硬的马蹄下,愚蠢的英国人将会粉身碎骨,他们的肉体只会被我们用来铺筑庆功的大道。"可是,当两军真正交手时,法国人很快就为自己的骄横付出了代价。弓箭成了英军的秘密武器。这种弓箭名叫"大弓",射程远、射速快、精度高,能在200米的距离内射杀身披铠甲的骑士。爱德华三世指挥军队,故意放慢进攻速度,引诱法军来攻,等法国铁骑来到大弓射程内时,他下令发射利箭,大批的法国骑兵倒下。英国人很快控制了战争的主动权,并占领了法国的门户诺曼底。1346年,梦想占据整个法国的爱德华三世再次亲率弓箭部队在诺曼底登陆,并于7月占领了法国的卡昂,接着奔袭法国首都巴黎。8月24日,英军和法军在阿布维尔以北的克雷西村展开了决定胜负的厮杀。在此战中,英军的弓箭再次让法国人吃够了苦头。这场大厮杀一直持续到夜色降临,最后,腓力六世在60名骑士的保护下仓皇撤离。不久,爱德华三世又攻占了法国的港口重镇加莱。正当爱德华三世踌躇满志地准备对法国发动更大规模的进攻时,一场突如其来的瘟疫打乱了他的如意算盘。

进入加莱城时,不少英军染上了黑死病病毒。黑死病不但导致英军大量死亡,而且导致英国的人口锐减,由黑死病流行前的400多万人降到疾病过后的250万人左右。更可怕的是,黑死病给英国人带来了心理上的极大恐惧,人们惶惶不可终日。在短短一年之内,英国著名的坎特伯雷大主教职位竟然因为黑死病而三次易主,最短者任职仅仅6天。由于各地教堂的主教频繁死亡,英国人看重的感恩仪式也被迫停止。后来,随着瘟疫的肆虐,甚至出现一件首饰换了几个工匠最后还是半成品的情况;有的案件尚未开审,原告和被告都双双死去;新婚夫妇蜜月没度完就含泪永别。英国陷入到空前的恐慌中。在这种情况下,爱德华三世再也无力顾及同法国的争斗,只好于1360年同法国签订《布勒丁尼和约》,宣布放弃对法国王位的要求。

百年战争的第二阶段(1369—1380年),查理五世复仇。1364年,法国查理五世上台,他在一次朝会上说:"现在是让可恶的英国人屈服的时候了。我发誓带领我的臣民夺回属于我们的一切。"为了夺回英占领区,法王查理五世改编了军队,整顿了税制,他用雇佣步兵取代部分骑士武装,并建立了野战炮兵和新的舰队。法军采用突袭和游击战术,趁着英国黑死病大流行的机会,从1368年开始,查理五世开始逐步收复法国的大片失地。1372年,法国的舰队又在拉罗谢尔打败英国舰队,重新控制了西北沿海海域。到70年代末,法军已逐步迫使英军退到沿海狭窄的一隅。这样,整个战争的态势发生了有利于法国的变化。然而,就在查理五世打算一鼓作气收复全部失地时,却突然离开了人世。1380年继承王位的查理六世是个精神病人,没能力治理国家,更不用说领兵打仗。这给了英国人很好的喘息机会,但此时的英国仍陷入瘟疫之中,无力反扑,战争进入僵持状态。由于瘟疫一时难以控制,英国被迫与法国在1396年签订了20年停战协定,把卢瓦尔河以南至比利牛斯的领土割让给了法国。

百年战争的第三阶段(1415—1424年),英国重开战端。勃艮第派和阿曼雅克派两个封建主集团发生内讧,并且国内农民和市民的起义不断,导致法国国内矛盾加剧。法国国内的混乱状态给英国提供了一个入侵的好时机。1415年8月,亨利五世率领4.6万精锐部队从朴茨茅斯出发,在塞纳河口附近登陆,攻占哈弗拉城后,向加莱方向进攻。英军在阿赞库尔战役中击败法军,并在与其结盟的勃艮第公爵的援助下占领法国北部,从而迫使法国于1420年5月21日在特鲁瓦签订丧权辱国的和约。按照和约条款规定,法国沦为英法联合王国的一部分。法王把公主凯瑟琳嫁给英王亨利;英王亨利五世宣布自己为法国摄政王,并有权在法王查理六世死后继承法国王位。不久,亨利和凯萨琳结婚,然后凯旋回国。法王在这一战中是赔了夫人又折兵。但是,查理六世和亨利五世于1422年都先后猝然死去。由于争夺王位斗争加剧,法国遭到了侵略者的洗劫和瓜分,处境十分困难。捐税和赔款沉重地压在英占区居民身上。因此,对法国来说,争夺王位的战争已转变为民族解放战争。

百年战争的第四阶段(1424—1453年),法国的胜利。1422年亨利五世逝世后,英国虽然没有马上衰落,但是在"百年战争"中也逐渐不敌法国。襁褓中的亨利六世在一些杰出将领的支持下同时继承了英国和法国的王位。1423年和1424年,英国先后在克拉旺和维尔讷伊的战役中取得了重大胜利。至1428年英国在法国的领土已经延伸至卢瓦尔河沿岸,并准备围攻奥尔良。从奥尔良战役开始,法国经历了一场伟大的民族复兴,这在很大程度上归功于贞德的领导。据称她受到了神的启迪,因此被称为"圣女"。1429年5月,她率领法军解除奥尔良之围,取得了一场伟大的胜利。

贞德原是法国洛林的一个普通农家少女,她称自己多次见到"神迹"现身,例如圣米迦勒、圣凯瑟琳等,让她拯救法国。但是,当地的领主罗

圣女贞德像

伯特·德·博垂科特认为她纯粹是在编造故事,便命人把她赶走。不久,与英国结好的勃良第人进入贞德所在的村庄,她被迫在当地的小镇新堡避难。然而上帝的指示不断在她脑海中回荡,让她解救奥尔良。在贞德的一次次请求下,博垂科特将信将疑。他给了贞德一匹战马和一把剑,让她去卢瓦尔河以南几英里外的地方面见太子。1429 年 3 月 4 日,她抵达了维埃纳河畔的希农。索尔兹伯里去世后,英国对奥尔良的围困陷入了困境。但 1429 年 2 月,约翰·法斯托夫爵士获得了鲁夫赖战役,即"鲱鱼战役"的胜利,确保了英军的供给。法国王太子提议离间英国及其勃良第同盟,这一招果然有效,勃良第军队从奥尔良撤军,法军终于看到了一丝解围的希望。3 月 6 日,贞德第一次得到太子的接见。太子本人迷信神力,但是他要检查她的贞操才能交给她指挥大权。太子的岳母对贞德做了一番检查,认为她确实带来了"神明支持奥尔良"的信号。

贞德虽然自信有神灵保佑,但她还是严肃认真地进行了军事训练,学会了骑马和挥矛。国王为她特制了铠甲、宝剑和旗帜,旗上绣着"我们高高在上、公断是非的救世主……还绣着一个天使,手捧着耶稣赐福的百合花"。这面旗帜成了贞德的标志。法国人不再犹豫,纷纷投奔到她的旗下。3月22日,在一封贞德口述的信中,她明确表示要把英国人赶出法国。不久,贞德率军前往奥尔良,一队教士走在最前方,高唱"伏求造物神灵降临"。

4月,贞德抵达了奥尔良。奥尔良占地面积广阔,以英军的兵力很难将其完全包围,如今又少了勃良第的援助,英军渐渐觉得力不从心。他们建了几座临时要塞,但这几座要塞远远不够,而且东面几座要塞之间相去甚远。贞德同法国援军一起乘船渡过城南的卢瓦尔尔河。他们仅仅试了两次就奇迹般地冲破了岸上英军的阻拦。法国人之所以能够顺利登岸,还有一个原因不可忽略:奥尔良城内的守军出击圣卢普,分散了英军的注意力。29日,贞德的援军进入奥尔良城。

贞德一边继续鼓舞士气,一边打探英军的防守情况,法军成功进行了几次突围,先夺取了圣卢普,两天后又夺取奥古斯汀。5月8日,她指挥法军进攻卢瓦尔河南岸的土列尔堡,颈部被箭射中受伤。战斗异常激烈,迪努瓦一度建议撤军,但是贞德决定询问神的旨意后再做决定。不久她回到战场,重新集结了法军。

英军上下弥漫着恐惧的氛围,而法军却愈战愈勇。贞德身先士卒搭起了云梯,两军展开一场激战,结果以英军的败退而告终。不久,法军打退了围城的英军,奥尔良得救了。英军撤退后,法军举行了两天的感恩活动,为圣女贞德和她指挥的军队欢呼。

解围奥尔良后,贞德开始清剿卢瓦尔河谷的英军残部,将其赶回诺曼底。她让敌人开始敬畏上帝,惧怕她的军队。英军中的流言称,上帝不支持他们。很快,雅尔若、博让西谷和卢瓦尔河畔默恩相继落入法国手中。6月18日,法军又取得了帕泰战役的胜利。暂且不论法军是否受到了上帝的帮助,但是现实中有一个不可忽略的因素,即火炮的应用。自克雷西战役和阿金库尔战役以来,长弓一直是英军克敌制胜的有力武器,但从此以后,一个杀伤力更强的新式武器将取而代之,再次改变战争的面貌。

奥尔良战役后,法军逐渐扭转了战局,取得了一系列的胜利。帕泰战役胜利后,法国收回了巴黎东部的领土。法军的士气和军事力量不断增强,1453年,他们在波尔多北部的卡斯蒂永战役中大胜什鲁斯伯里伯爵约翰·塔尔伯特率领的英军,士气达到了顶峰。这次胜利结束了英国对阿基坦地区长达三个世纪的统治,也宣告了"百年战争"的结束。

战例点评

为了争夺王位和土地,英国和法国的统治者发起的这场长达116年的战争,不但极大地影响了欧洲的政治格局,而且给两国人民带来了深重的灾难。西方一位历史学家一针见血地指出:"百年战争,就是一场百年的屠杀游戏。当高高在上的王公贵族为自己争得的利益开庆功宴的时候,一些失去家园和亲人的无辜的人们却在无声地痛哭。战争持续了一百年,哭声也持续了一百年。"百年战争给法国人民带来了深重的灾难,给法国经济造成了很大损失,但是,它却促进了法国民族的觉醒。在赶走了英国人之后,统一法国的历史性进步过程即告完成。在英国,百年战争暂时巩固了封建贵族阶级和骑士阶层的统治地位,从而延缓了国家权力集中的进程。百年战争展示出英国的雇佣军优越于法国的封建骑士武装,从而迫使法国建立了常备雇佣军。这支雇佣军效忠于国王,在组织、军纪和训练方面均具有正规军的特点。王权与要求消除封建割据的市民的联盟,是雇佣军的政治与财力基础。战争表明,骑士、重骑兵已失去了以往的作用,而步兵的作用,特别是那些能够成功地与骑兵作战的弓箭兵的作用则得到了提高。在战争中出现的火器虽然还抵不上弓和弩,但却被越来越广泛地运用到各种战役当中去。战争性质的改变及其转化为人民解放战争的过程,使法国摆脱了侵略者的统治。

百年战争还使英国人意识到了海权的重要性,进而重视加强海军建设。1340年6月英国海军在埃克吕斯大败法国海军,从此掌握制海权达数十年之久,并获得顺利地把军队和给养运送大陆的保障。然而,埃克吕斯海战只是爱德华三世远征佛兰德尔的一次偶发事件。英国人从未保持一支永久性的舰队,并且英国军舰的吨位不高,这和它的海外商业地位是不相称的。相反,法国却学习他的同盟者卡斯提尔人的专长,在鲁昂修造了一些海军船坞,从而在海上占了上风。法国人和卡斯提尔人在1369年后日益大胆地进犯,英国沿海的防务由南部和东部滨海几郡并由其他内陆诸郡资助,但是即使如此也不能防止温奇尔西、赖伊和其他港口遭到劫掠。特别是百年战争结束时,英国人更是担心法国渡海入侵。惨痛的教训让英国人明白了海军的重要性。同时,由于脱离了大陆,英国成为了一个岛国,人们认识到了海防的重要。早在15世纪30年代中期一份小册子的作者就劝告:要特别保护好周围的海,他们是英格兰的围墙,因为如果英格兰被比作城市,那么包围它的城墙便是大海……

百年战争让英国人真切地感受到了海军的重要性,从而形成了建设海军的意识。然而可惜的是,百年战争后英国就发生了"红白玫瑰战争",影响了海军建设的进程。直到亨利七世时才大力发展海军。同时,这场持续百年的规模浩大的战争,发生在14世纪中期英国资本主义生产关系萌芽产生时期,对英国资本主义生产关系萌芽的成长有着巨大的影响。

8. 亡国之战：君士坦丁堡战役

君士坦丁堡战役，即1453年奥斯曼土耳其帝国灭亡拜占庭帝国的攻城战。东罗马帝国的首都君士坦丁堡雄踞在欧亚两洲交界的博斯普鲁斯海峡的南口，三面环水，背靠大陆，地势十分险要；加上东罗马帝国多年来的构筑经营，城防工事十分坚固，如一座铜墙铁壁的铁城，固若金汤。要想攻破君士坦丁堡，即使不是异想天开也绝非易事。然而，不可攻破的神话被奥斯曼土耳其人打破了。

15世纪奥斯曼帝国统治者穆罕默德二世亲率20万大军和配有重炮的战舰300艘，将君士坦丁堡围得水泄不通。君士坦丁堡的军民为保卫家园，誓与城堡共存亡。但是偌大的拜占庭帝国适合服兵役的男子一共只有25万左右，而应征入伍的人不过5000左右，加上部分外籍军人总共8000人左右。拜占庭虽然在人数上没有优势，但是他们有一个君士坦丁堡城，这一座城池除在西面筑了两道坚不可摧的城墙之外，还在城墙上每隔百米筑一堡垒，墙外挖了很深的护城壕。在城北金角湾的入口处，用粗大的铁链横锁水面，使任何船只都无法驶入。城东城南面临海湾敌人很难接近的地方。但就是这个固若金汤的城堡被攻陷了。穆罕默德二世容许他的士兵在城里连续三天三夜大肆烧杀抢掠。君士坦丁堡壮丽豪华的王宫被付之一炬，许多珍贵文物被抢被烧，丧失殆尽，所有的基督教偶像都从教堂搬出，换上了伊斯兰教的壁龛，全城最大的圣索非亚教堂改建为清真寺。不久,奥斯曼土耳其帝国迁都君士坦丁堡,并将城名易为伊斯坦布尔(意即伊斯兰之城),这个名称一直沿用至今。君士坦丁堡陷落了,伴随着它一同逝去的是持续千年之久的拜占庭帝国的覆灭。

战争背景

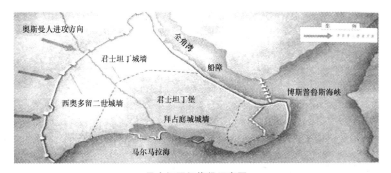

君士坦丁堡战役示意图

公元395年,罗马帝国正式分裂为西罗马帝国(首都位于罗马)和东罗马帝国(即拜占庭帝国,首都在君士坦丁堡)。西罗马帝国于公元476年灭亡,拜占庭帝国却在东欧大陆上屹立了千年之久,极盛时领土还包括意大利、叙利亚、巴勒斯坦、埃及和北非地中海沿岸,是古代和中世纪欧洲历史最悠久的君主制国家。拜占庭帝国共历经12个朝代,93位皇帝。在其上千年的存在期内它一般被人简单地称为"罗马帝国"。拜占庭帝国的文化和语言大多数是希腊的,但其拜占庭的皇帝和臣民却将自己视为罗马人。在从330年到1453年这11个世纪的时间里,"拜占庭帝国"从来没有成为过这个国家的正式或非正式名称,其臣民也从来不曾将自己称为"拜占庭人"。对于那些以罗马帝国正宗继承人自居的东罗马人来说，尽管他们说的语言是希腊语，文化也以希腊文化为主，但到7世纪为止他们的官方语言却是拉丁语。狄奥多西斯二世加强了君士坦丁堡（伊斯坦布尔）的城墙，使得这座城市成为被"野蛮人"攻不破的城市。拜占庭帝国在9、10和11世纪初达到了它发展的顶峰。在这段被称为"黄金时期"的几个世纪里，拜占庭帝国抵抗了罗马教廷撤销佛迪奥斯为教主的要求，获得亚得里亚海的制海权，占领了意大利的一部分和保加利亚的大部领土。公元7世纪阿拉伯帝国兴起后，东罗马帝国丧失了叙利亚、巴勒斯坦、埃及。11世纪后，东罗马帝国趋于衰落。1204年第四次十字军东征，十字军卑鄙地背叛了自己的承诺，偷袭了君士坦丁堡，拜占庭帝国被拉丁帝国所取代。1261年拜占庭复建，但其领土只包括小亚细亚西北部、色雷斯、马其顿、爱琴海北部一些岛和伯罗奔尼撒若干据点。14世纪后，奥斯曼帝国不断对拜占庭入侵。14世纪末期，拜占庭军队丢失了安纳托利亚这个重要的马匹盛产地，东罗马的核心部队——拜占庭骑兵的建设受到巨大影响，军队战斗力急剧下降。君士坦丁十一世望着这个父辈的江山，虽有心重振帝业，但心里也明白自己的帝国已经到了黄昏暮年。但当强兵压阵的时候，君士坦丁十一世依然为了捍卫家园作出了最后的殊死搏斗。

奥斯曼帝国在中古后期和近代的历史发展中曾起了重要的作用。这个国家是中古后期兴起的，它的建立者是游牧于里海东南部呼罗珊一带的一支突厥人。13世纪时，蒙古人开始向西扩张，迫使他们迁移。最初他们依附于塞尔柱突厥人建立的罗姆苏丹国，在和拜占庭相邻的萨卡利亚河畔得到一块封地。1242年，罗姆苏丹国在蒙古人的打击下瓦解。于是这支突厥人获得了充分发展的机会，从此开始发展壮大。部落酋长埃尔托格鲁尔死后，他的儿子奥斯曼继位。奥斯曼也许是历史上名声最响的帝王了，他的名字成为土耳其帝国的国号延续了600多年，这个庞大的帝国地跨亚非欧三大洲,扼住大陆交通的咽喉,曾长期是世界上最强大、最繁荣的帝国之一。1326 年,奥斯曼给他儿子乌尔汗留下了"要公正、仁慈、珍视学者、保护人民"的遗嘱之后,就撒手人寰。乌尔汗攻占了布鲁沙,并迁都至此,将奥斯曼的遗体葬于此城,布鲁沙从此成为奥斯曼人的圣城。奥斯曼帝国从创始人奥斯曼到第 10 代苏丹苏莱曼大帝,300 多年间一直保持上升趋势,他的后继者中乌尔汗、穆拉德一世、穆罕默德二世、谢里姆一世、苏莱曼一世都是杰出的优秀统帅,使帝国"像一团日益增长的火焰,不管遇上什么,都紧紧抓住并进一步燃烧下去",直至灭了千年古国拜占庭,傲视三大洲。奥斯曼统治期间,奥斯曼土耳其人逐渐从游牧走向定居生活。

穆罕默德二世

穆罕默德二世是土耳其奥斯曼帝国第七任苏丹(最高首领)。幼年时曾接受严格的伊斯兰教、文化和军事教育,继承王位的时候只有21岁,他有一个绰号——"饮血者",生性多疑但是却聪明过人,他精通5种语言、诗词、文化、艺术、哲学和文学等等。他崇拜亚历山大、恺撒、奥古斯丁这样的杰出人物,并且满腔抱负梦想着作出一番比历史上这些伟人更伟大的事业。1451年他刚刚正式继位便开始着手攻击君士坦丁堡的准备活动。穆罕默德二世的准备活动包括首先与拜占庭皇帝君士坦丁十一世签订和平条约,对君士坦丁十一世作出友好的姿态以降低拜占庭的警惕性;外交方面与周边国家如匈牙利的波斯尼亚等等签订休战或者和平协议,避免让奥斯曼遭受腹背之战;军事方面,于1451—1452年,他下令封锁博斯普鲁斯海峡,并在君士坦丁堡城外5英里—8英里处位于欧洲一侧的如梅利堡垒处修建城堡。该堡垒将成为日后土耳其围攻君士坦丁堡的军事基地。为了能够攻下君士坦丁堡,穆罕默德二世积极的充实军备力量。在战争爆发之前,奥斯曼土耳其大约有20万左右的兵力,还有一支专门的炮兵部队和一支由300艘战舰组成的海军部队,并且全部配有火炮。穆罕默德的大炮是由枪炮制造商人奥尔班提供的,奥尔班许诺为穆罕默德提供一种威力巨大的火炮,用以打穿君士坦丁堡的城墙。3个月后,他果然造出了一个铜质的庞然大物"巴西利卡射石炮"。射石炮长8米,出弹口径达76厘米。第一次试验时,它把一个重达360千克的炮弹射到了1英里开外,把地面砸出了一个1.8米的深坑。1453年春天,工匠们用了60头公牛才将造好的大炮拉往140英里之外的君士坦丁堡对面。奥尔班和工匠们共为穆罕默德制造了70门"巴西利卡",如此大规模地制造大炮在东方实属首次。

拜占庭皇帝知道大战在即,他知道凭着自己的力量很难有完全的胜算。他向基督教世界发出了求救信号,却没有等来任何援军。但是,皇帝没有绝望。君士坦丁下令关闭城门,撤掉护城河上的桥梁。1945年4月5日,穆罕默德二世率领大军来到君士坦丁堡城下,双方摩拳擦掌,大战即将来临。

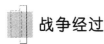
战争经过

1453年4月15日,战争正式开始了。穆罕默德二世将全军分为4个军队:第1军队,由查刚指挥,负责监视格拉港,并在金角的两端架设桥梁,准备攻击木门;第2军队,由卡拉加指挥,负责攻击从木门至阿德莱罗普门之间的城墙;第3军队,由依沙克指挥,负责攻击从圣罗马拉斯门至金门之间的城墙;第4军队,集中了穆罕默德二世的所有精兵,由哈里尔指挥,攻击地段位于第2、3军队之间的莱卡斯河谷中,这也是此次围攻战役的主要突击方向。奥斯曼土耳其军队在西城墙护城河抢架浮桥,并试图用云梯强攻,炮火猛攻了三四天,但最后还是被击退,损伤惨重。穆罕默德二世决定停止漫无目的的炮击,集中所有火力攻击城墙的一个三角地区,不料金角湾被拜占庭军部下铁索阵,战舰无法近岸;外海展开海战,拜占庭海军凭20余艘巨舰冲击土军数百军舰的封锁线,土耳其海军居然毫无便宜可占。土耳其的军队强攻了四五天没有收到明显的效果。穆罕穆德认为自己在人数上占有绝对的优势,如果对君士坦丁堡发起强攻一定可以一举拿下。于是他在4月18日对君士坦丁堡发起总攻。土耳其士兵高呼"冲啊!抢啊!"一窝蜂地冲向护城河边。一时间,呐喊声、摇铃声、兵器碰撞声、士兵的喊杀声、妇女的哭声、儿童的尖叫声,所有声音混在一起,大地好像都在发抖。城上城下到处弥漫浓烟……但是这一切丝毫没有动摇守将吉斯提尼,他果断地命令所有火器一齐发射,致使攻城者被迫立即退到壕沟中。与此同时,罗塔拉斯大公也击退了土耳其海军的攻势。穆罕默德二世的全线总攻击就这样被挫败了。君士坦丁堡仍旧巍然矗立在战火与硝烟之中。

第一次攻城的失败,使穆罕默德二世的头脑有所清醒,他意识到,只有控制金角,才能构成对北面海墙的威胁,况且君士坦丁皇帝对于手中掌握的微弱的兵力,也已经不可能再做较大的分散使用。穆罕默德二世决定将其海军舰队的一部分船只,从波斯普拉斯海岸上拖过一段陆地,运到格拉塔西面流向金角的一条河中,沿河流向金角方向突击。他马上命令,动员数千名民工,在陆地上建成一条木质轨道,涂上黄油,在强大的炮火掩护下,将70多艘战船拉上岸来,通过轨道,送入河中,溜进了金角地区。这一出乎人们意料之外的举动,使君士坦丁皇帝大吃一惊,他决定对敌船采取夜袭,但由于秘密泄露,这个主张未能成功,反而遭到土耳其军顽强的抵抗,最后大败而归。此时,一些将士劝君士坦丁皇帝,为保住个人性命,还是逃走为好。听到将士们发自肺腑的关切的话语,皇帝含着眼泪说:"我决心在这里与你们共存亡!"皇帝的决心,使君士坦丁堡的防御有了新的生命。在永无休止的炮击中,土耳其军队又于5月7日和12日分别以3万人和5万人的兵力,猛烈攻击圣罗马拉斯门附近的城墙,但都被吉斯提尼率兵击退,土耳其军死伤无数。但是,土耳其军队的后备部队源源不断到达,兵力日益增多,而随之也带来一个严重的问题,即众多部队的后勤补给严重不足。穆罕默德二世心里清楚,除非能在月底攻陷城池,否则就要因为后勤补给不足而自动撤退。在作战问题上,他也看到,主要问题是不能控制住已被炮火轰开的突破口,也就是说,无法阻止敌军对突破口的快速而有效的修复。于是,在5月18日的攻击中，他采用了一种新的掩护工具，即"攻城楼"，将这种新式武器拖到城壕边，从"楼"上向城内发射火力，但这种方法立即被吉斯提尼降服了，他命令守城士兵将火药桶推入城壕中，"攻城楼"顷刻间化作灰烬。硬攻不奏效，新式武器也没有起什么积极作用。穆罕默德二世一计不成，再生一计，即采用坑道爆破的战法。爆破地点以选在阿德莱罗普门和卡里加里亚附近最为有利，特别是后者，位于布兰齐恩宫附近，只有一层城墙防护。截止到5月25日，土耳其军队花费了极大的精力，利用挖掘的坑道，企图炸开城墙，但这种企图不久也化为泡影，土耳其军队的工兵不是被炸死、杀死，就是被闷死或者被淹死。坑道爆破的战法同样没有显示出任何威力。

接二连三的失败，对于土耳其军队的士气打击不小。开始有人散布撤军的言论。穆罕默德二世也一筹莫展。强攻无效、诱降又失败，难道真的要放弃么？但是他手下的大将查刚说了一番话让穆罕默德二世下定决心再次集结兵力发起总攻。查刚意思是说：亚历山大曾以更少的兵力，征服了全世界，提醒穆罕默德二世不要放弃任何希望，继续进攻，争取成功。穆罕默德二世决定5月29日从陆、海两个方向同时发起总攻击。

这一次是采取陆、海军联合的作战行动，其作战计划是：采取不分昼夜地连续进攻，适时不断地投入生力军，其间不准以任何理由中断或暂停进攻。目的是消耗守军，待其精疲力竭之后，实施最后的强大突击，力争一举拿下该城。土耳其海军舰队的任务是：以各种火力牵制海墙上的防御力量，使其无法抽出兵力向城墙方向增援。随之，全军筹措了充足的作战物资，包括云梯2000架和用来拉倒填补突破口的栅栏所需的铁钩以及用以填充壕沟的大量束薪等等。

5月28日上午,穆罕默德二世亲临前线,视察了攻城部队,并策马环绕全军,最后再次检查了战前的准备工作。全军上下信心十足,一举夺城,看来是指日可待的事了。而与之相比处于守城的君士坦丁堡则死气沉沉,守兵已剩下不足4000人,各种各样的谣言传说四起,军心不稳,民心动摇。5月28日晚,教徒们云集在圣索菲亚教堂,举行最后一次基督教祭典。拜占庭帝国危在旦夕,举行这种无疑是告别仪式的礼仪,更令人感到黯然神伤。接着,皇帝率领吉斯提尼一行,迎着落日策马西行,在暮色苍茫中来到圣罗马拉斯门。鉴于守兵数量单薄,不足以防守两道城墙,皇帝决定全力坚守两层墙中的空场,这样,可以对前后城墙都有所顾及。为了保证不使任何一个守兵临阵逃离战场,他下令把所有城门都锁住。现在,所有将士各就各位,只有一条出路,那就是一拼到底,将土耳其人击退。

黑夜沉沉,浓雾漫漫,几滴雨点悄悄落下来。土耳其军营中一片黑暗,万籁无声。29日凌晨,突然,号声、鼓声和呐喊声响成一片,土耳其军队的总攻再一次打响了。

穆罕默德二世将土耳其军队的主攻方向上莱卡斯河谷地区的部队分成3个梯队,1梯队、2梯队和3梯队分别由杂牌军、地方民军和新军充任。第1梯队的任务是消耗守军的弹药和精力,并将其拖垮。在混乱中,数以千计的土耳其士兵冲过壕沟,架起云梯千余架。这时,城内守军以各种火力实施压制,甚至向外抛沸油。第1梯队纷纷败下阵来。紧接着,第2梯队又投入了战斗。战况变得空前激烈,经过反复冲杀,第2梯队突入了空场之内,但马上就被吉斯提尼率领的精兵击退,被一下赶出了空场。接着第3梯队立即跟上,其先头部队被吉斯提尼的精兵杀死无数。激烈的肉搏战开始了,双方犬牙交错,互有进退,相持不下,一时还难以区分雌雄,战斗到了白热化程度。

希腊人的败局似乎早已注定。此时发生的两件事足以致命:第一,他们从科克波塔门出击土耳其军侧翼后,没有将此门关严,一支土耳其军便得以乘虚而入,爬上了城门上的塔楼;第二,古伊斯提尼亚尼在肉搏战中身负重伤,虽然皇帝恳求他留下,无奈这位意大利人去意已决。当他被抬上一艘热那亚小船驶离港口时,热那亚人便意识到大势已去。

君士坦丁堡的士气迅速瓦解。苏丹下令进攻圣罗马努斯门,一名身材异常高大的安纳托利亚人哈桑顺着栅栏爬到城墙顶端,不幸中箭身亡。但是,紧随其后的大量土耳其军如潮水般涌来,击垮了希腊守军,一直打到内城墙下,兵不血刃便翻过内墙。一踏进君士坦丁堡中心,土耳其人的呼声四起:"君士坦丁堡攻破!"守城将领慌忙调动部队,想及时封锁住突破口,但外围攻城的土耳其部队抓住这个可乘之机,从各个方向登上城墙,并且升起了一面面土耳其军旗。拜占庭将领布柴尔地兄弟率兵拼死搏斗,孤注一掷,总算堵住了突破口,重新收复了失地。土耳其军队在莱卡斯河谷地区发动的三次进攻,都被拜占庭守军一一挫败。

惨烈的战斗仍在继续。从小门冲进城去的新军又与守军展开了殊死的搏斗,守军的侧翼因此被牵扯了极大的兵力和精力,加上进攻正面,土耳其后备部队源源不断的开来,并实施持续不断的攻击,守军渐渐抵挡不住,纷纷败下阵来。穆罕默德二世发动的最后一次攻势奏效了。数千名新军士兵冲入城墙,与顽抗的守军残余部队短兵相接,并以数量占绝对压倒的优势,源源不断冲进去,到了此时,守军败局已定。

君士坦丁皇帝目睹了这一切,丝毫没有退缩,他带领为数不多的将士,继续向敌军冲去,并且高呼:"我要与我的城池共存亡!"但很快就在激烈的厮杀中阵亡了。君士坦丁皇帝倒下去了,君士坦丁堡以及拜占庭帝国的末日也随之到来。土耳其军队从四面八方蜂拥而入,接着开始了大屠杀。教堂被夷为平地,房屋被洗劫一空,5万多人民群众沦为奴隶。剩下的人已经寥寥无几,以致若干年以后,穆罕默德二世还要从外地向这里移民,来充实此地的人口。

穆罕默德二世费尽心机,损兵折将,耗费了大量的财力和物力,终于还是攻取了君士坦丁堡。随后,他颁布命令将君士坦丁堡更名为伊斯坦布尔,并以此作为奥斯曼土耳其帝国的首都。

战例点评

君士坦丁堡的沦陷标志着拜占庭帝国的灭亡,一个千年帝国时代终于结束了。一个时代的结束代表着另外一个时代的开启:奥斯曼帝国。奥斯曼帝国逐渐战领了东欧的大部分领土,成为地中海东岸的霸主,接着又征服了阿拉伯半岛上的大部分国家,继伊拉克之后,土耳其人又征服了波斯湾沿岸的哈萨。直到17世纪中叶,阿拉伯封建主起来反抗土耳其,强大的人民起义更是彼伏此起,才开始震动着整个奥斯曼帝国。

随着君士坦丁堡的陷落,许多学者纷纷逃亡到欧洲的意大利等地,其文化也随着这些学者传播到欧洲各国,从而使欧洲文化得到了很大的发展,迎来了之后著名的文艺复兴时代。君士坦丁堡的陷落还使得伊斯兰势力开始进入欧洲大陆。随着奥斯曼帝国在欧洲东部势力范围的巩固,伊斯坦布尔也成为东西方交流的一个重要城市,他们开始控制东西方交流通商的海陆要道,对来往的商旅征收重税。这就迫使欧洲开辟通向东方的新航路以避开重税。随着政治势力进入欧洲,伊斯兰信仰也随之传入欧洲大陆,一些信仰伊斯兰教的欧洲人形成了一个新的民族:穆斯林族,巴尔干半岛的局势因为伊斯兰势力的介入而变得更加复杂。日后终于成为"欧洲大陆上的火药桶"。拜占庭帝国虽然不复存在了,但它留给世人的影响永远值得我们反复思索。一个曾威震四方的帝国一步一步沦陷直到亡国,让我们不禁反思,一个国家如何才能永葆活力?借用古人的一句:"忘战必危,居安必思危",一国只有加强国防建设,增强国防实力,即便是和平年代也要警醒战争的存在性,才能保证国家长治久安,长盛不衰。

9. 海上霸主之争：英西海战

1588年的"英西大海战"是人类历史上最重要的海战之一，它决定了近代早期欧洲的命运，并且在一定程度上，对近代早期的世界都产生了影响。英国在1588年英西海战中的胜利，是一次以弱胜强的胜利，它再一次显示了在王权统治下的民族国家的力量。长期处在欧洲主流文明之外的岛国，第一次以强国的姿态向欧洲大陆发出了声音，并迅速进入世界海洋霸权和商业霸权的争夺中心。西班牙慢慢退出了历史的主要舞台，一个新的海上强国初露峥嵘。这一战以舰船的机动灵活和火炮优势取代了以往海战的短兵相接、强行登船的肉搏战，海上战争从此呈现出一种全新的格局。这次海战实质上是后起的殖民主义英国与老牌的殖民主义西班牙之间的一场决战：英国在海上大获全胜，击败了最强大的对手，从西班牙手中夺取了海上霸权，从此取得霸主地位；西班牙则因"无敌舰队"的覆没而一蹶不振，就此衰落下去。

 战争背景

地理大发现后，西班牙和葡萄牙成为两个早期殖民帝国。为了调和西、葡两国之间的矛盾，罗马天主教皇亚历山大六世发布训谕，指定大西洋上一条子午线，通过亚速尔群岛和佛得角群岛以西和以南的100里格

英西海战油画

(里格:长度单位)的地方,即教皇子午线,作为西、葡之间行使权力的分界线。两国在各自的地区拥有控制权,别国的船只,非经两国许可,不得在这些地区航行和通商。同年,西、葡两国根据教皇训谕,签订条约,正式划分了两国的势力范围。这种势力划分的方法,从表现上看让西、葡两国各占一方,和平相处,但实际上不仅没有缓和西、葡之间的矛盾,反而使欧洲各国之间的矛盾加深。16世纪,封建的军事殖民帝国西班牙在西半球不可一世,对新征服的美洲广大殖民地的残酷剥削和掠夺,对无本万利贩卖黑奴生意的垄断,使西班牙突然富足起来。黄金和白银源源进入西班牙,全世界的贵金属集中在西班牙人手里,马德里王宫成了欧洲豪华的王宫。在西班牙国王查理一世时期,西班牙成了欧洲最大的帝国。查理一世是西班牙统一者、天主教的斐迪南和伊莎贝拉的孙子,按其父系来说,查理一世又是神圣罗马帝国皇帝马克西米连一世·哈布斯堡的孙子,因此在马克西米连一世死后,德意志诸选侯又选举查理一世为神圣罗马帝国的皇帝（其皇帝称号为查理五世）。这时西班牙的领土包括广大美洲殖民地、荷兰、那不勒斯和撒丁王国。同时还领有德意志和意大利,查理一世的领土真是从无落日之时。

左为腓力二世　右为伊丽莎白一世

查理一世在国内企图进一步加强封建制度,在国外则企图建立一个万众统一的世界君主国,一个万众统一的天主教会。在这样的统一的世界里,他幻想既当全体笃信天主教教徒的世俗君主,又当他们的宗教之父。查理一世除了要在欧洲大陆制服德意志诸侯,削弱和打击法国外,还想控制和吞并英国。查理一世想以联姻的方式控制英国。英王亨利八世死后曾由他的儿子爱德华六世和他的女儿玛丽·都铎先后继位。玛丽·都铎是亨利八世和他的第一位皇后阿拉贡·凯瑟琳所生,而凯瑟琳是查理一世的姑母,所以玛丽是他的表妹。还在玛丽6岁时,查理一世便同她议过婚,后来这桩婚事没有做成。当玛丽·都铎继承王位后,查理一世又希望自己的儿子腓力二世可以娶比他大10岁的玛丽。但是这桩婚事因为遭到英国大臣和下院的反对而破产。西班牙国王查理一世建立世界帝国的幻想到处碰壁,最后以失败告终,被迫于1553年让位。查理一世退位后,神圣罗马帝国的皇位由他的弟弟裴迪南继承,西班牙、尼德兰、意大利诸领地和西班牙在美洲的殖民地部由他的儿子腓力二世统治。

几乎与腓力二世同时继承王位的英国女王是伊丽莎白一世。伊丽莎白是亨利八世与他的另一个妻子所生,是玛丽·都铎同父异母的妹妹。年仅 25 岁的伊丽莎白继承了一个危在旦夕的王位,但很快显示出她的治理才能,1568 年,伊丽莎白执政 10 年后,英国国内秩序趋于稳定,并以富庶繁华而闻名于世界。

16 世纪末,西班牙的霸权开始衰落。新兴的封建国家如英、法、德、意、瑞开始崛起,由西班牙主宰的世界格局开始被打破。英国的港口城市迅速发展,新兴的资产阶级迫切要求向外扩张,特别是争夺海外的贸易权,英国人已开始向垄断海上贸易和广大殖民地的西班牙公开挑战。英西之间的利益冲突越来越严重,而当时的英国实力并不强大,不足以与西班牙强大的海上舰队抗衡,于是英国政府通过暗中支持海盗对西班牙的商船进行骚扰和打劫。而西班牙因英国的海盗每年损失 300 万杜卡特。① 其次是两国也存在着政治矛盾,信奉天主教的西班牙是当时保守派的中心阵地,他们极力反对任何形式的宗教改革;而英国从亨利八世就开始进行宗教改革,伊丽莎白一世继续了这一政策。其实,英西两国最初关系并不紧张。因为英、西双方都面临强大的法国,似乎有一个共同的敌人,但从 16 世纪 60 年代起,法国陷于长期内战。② 暂时无力向外施加影响,从此英西已渐对立,最终成为面对面的敌人。

---

① Ducat 为威尼斯铸造的金币,后来在其他国家也出现了银币杜卡特,是第一次世界大战前欧洲通用的货币。
② 1562—1594 年法国爆发了南北两大封建贵族教派之间的长期内战。此后战争又持续了一个时期。内战最终以天主教集团教派失败,南方胡格诺派集团首领波旁亨利继承法国王位,开始了波旁王朝的统治。

作战经过

为了打败英国,西班牙于1588年集结了一支由134艘舰船,船员和水手8000多人,摇桨奴隶2000多人,装载步兵21000名的特大舰队,西班牙国王亲自将其命名为"无敌舰队"。这支舰队从里斯本扬帆出发,远征英国。西班牙计划驶往敦刻尔克,装载西班牙驻尼德兰的军队后,然后驶往伦敦不远处的泰晤士河河口,然后海军陆战队直接登陆直逼伦敦。腓力二世天真地认为,届时英国本土的天主教教徒会支持西班牙军队,协助他们推翻伊丽莎白一世王朝。面对西班牙的强大舰队,伊丽莎白女王决定号召全国抗击西班牙侵略,这将是一场捍卫英国国家尊严和民族独立的反侵略战争。伊丽莎白的政治手腕确实高过腓力二世,英国很快集结成了一支反侵略的舰队,由德高望重的海军总司令霍华德海军上将亲自指挥。这支舰队由各型军舰和运输舰197艘以及火炮6500门编成,英国舰队的特点是舰船轻巧、灵便。配置的大炮口径为127毫米,射程2200米。舰上人员大部分是英国各城市委派来的海盗和长期从事海上贸易的经商人员。全体水手都是曾经在商船或渔船上有过良好的航海训练,并且经常参与海上掠夺西班牙船只的海员组成。一些有名的航海家和大海盗头子都加入了舰队。英国的作战企图是:避免全面海战和大规模交手,而要在西班牙大舰队的翼侧和后方积极出动,连续不断地攻击其分舰队或单只军舰。而西班牙的舰队配有178毫米口径、射程为1800米的大炮,船体巨大,主炮位于船首,小炮在船楼,船首装有撞角,甲板配有挠钩和踏板方便登陆敌舰。西班牙的作战方式是利用西班牙步兵的优势,运用传统战法,冲撞敌舰,在强行登舰后进行肉搏,然后夺取英国船只。担任总指挥的是梅迪纳·西多尼亚公爵。梅迪纳·西多尼亚公爵虽然威望很高,但是却没有高级军事指挥的经验,他知道自己不能胜任这么重大的指挥任务,多次上书请辞,但是都被腓力二世拒绝。无奈梅迪纳·西多尼亚公爵只能在5月带领"无敌舰队"浩浩荡荡地从里斯本出发。不幸的是,舰队刚出发不久,就在大西洋上遭遇风暴。狂风恶浪使帆船失去控制,水手们被晃得晕头转向,准备登陆的步兵都是"旱鸭子",都晕得找不到方向。这仿佛是西班牙将败北的不祥预兆。梅迪纳决定全部舰队返港避风,待到7月,舰队又踏着大西洋的滔滔海浪,一路浩浩荡荡地驶进英吉利海峡。

7月29日,西舰队驶近英国西南的利泽德角,这时集中在普利茅斯的英国舰队才获得关于"无敌舰队"的真实情报,开始部署和机动。7月30日西班牙舰队本可将英国舰队封锁在普利茅斯港进行近距离作战,这样西班牙占有绝对的优势,但是梅迪纳犹豫不决,认为舰队的任务是配合荷兰的巴尔玛攻击的陆军部队登陆作战,舰队不宜与英国舰队进行直接接触,过早进行海战。于是就在西班牙舰队刚刚离港不久就发现附近有英国舰队逼近。梅迪纳登上瞭望台一看,居然轻松地笑笑,跟他的属下说:"伊丽莎白女王一定是把打造军舰的钱都花在华丽丽的袍子上了。你看看他们的船只,那么小,那也敢叫舰队么?"于是他命令舰队全线出击,并且下令步兵做好登船准备。等到英国舰队进入到射程范围内,梅迪纳下令无敌舰队火力全开,给英国舰队以狠狠的打击。但是在第一轮进攻之后梅迪纳却发现没有击沉一艘英舰。西班牙舰队于是一字排开,几路纵队快速向英国舰队冲来,企图以舰体撞击然后登船肉搏。但是英舰左躲右闪根本不给西班牙接触船体的机会。英军纵队列阵,迎着强劲的西南风,抢到横队列阵的"无敌舰队"上风位置,重炮猛轰其后卫舰船。"无敌舰队"阵脚大乱,节节败退。23日拂晓,海上风向逆转,"无敌舰队"处在东北风上风头,于是他们以多围少,重创英国最大军舰"凯旋号"。这样,在第一回合双方打了个平手。但是表面上看是打成了平手,但是这一次交手让西班牙人意识到英国舰队并不是那么容易对付。英国船只的灵活更是让梅迪纳头痛不已。

梅迪纳·西多尼

经过几天的激战,英国和西班牙舰队都需要修整和补充给养。然而英国舰船补给根本不是问题,他们可以在沿途很多港口获得物资。而此时的"无敌舰队"则正好相反,它要前去法国的港口寻求给养,在抵达加莱前,不会有哪个港口会给它提供帮助。

8月6日,"无敌舰队"到达加莱试图与当地驻军联系,但是其实计划与梅迪纳会师的巴尔玛早就被英国和荷兰联合舰队封锁无法移动。由于英国舰队已经追赶上来,所以无敌舰队只能起航。英国舰队总指挥霍华德命人把8艘200吨的旧船改装,外表涂满柏油、沥青,船舱内装满易燃物品,顺风而下,8艘熊熊燃烧的旧船就像是8条巨龙向着西班牙舰队疾驰而去。梅迪纳本来就不懂海战,乱了阵脚的他慌忙命令斩断锚索,拉开船队间的距离躲避火船。但是该命令却乱了军心,大家都以为要斩锚逃命,于是整个舰队像炸开锅的蚂蚱乱作一团。许多船只由于只

英西舰队对阵

顾着夺路而逃,相互冲撞,自己将自己的舰体撞得七零八落,西班牙整个舰队开始奔溃。等火攻过去之后,舰队想停下来发现锚索已经被全部砍断,根本无法停泊,所以队伍只能顺着风向北飘去。英军认为这是消灭西班牙舰队的绝佳机会。德莱克夹击了一部分脱离主体的西班牙小型舰队,舰队由50艘给养不足的船只组成。德莱克对这50艘舰船展开猛烈的火力攻击。虽然西舰以侧舷火炮还击,但是终因弹尽粮绝而溃退。8月8日的交战,西班牙共损失16艘战舰,死亡近1400人,而英国舰队没有重大的损失。8月9日西班牙人见西南风继续猛吹,补给困难,返回并控制海峡已不可能,决定撤向北海,绕过英伦三岛,进入大西洋,返回西班牙。但是吃了败仗的西班牙仿佛连命运也一直嘲弄他们,就在返回西班牙的途中还遭遇了两次大风暴,有的船只沉到了海底,还有一些船只被风浪卷到爱尔兰西海岸又被英军杀死。直到1588年10月,"无敌舰队"才拖着仅剩的43艘残破不堪的船体返回到西班牙本土。西班牙以几乎全军覆没的惨败收场。

"西班牙舰队的失败,像是一个耳语,把帝国的秘密送进英国人的耳中:在一个商业时代,赢得海洋要比赢得陆地更为有利"。从 1588 年以后英国开始更加重视海军的发展,更加重视海洋,更加积极地进行海外扩张。英国日益明确地走上建立海上霸权、建立新兴殖民帝国的道路。

战例点评

西班牙之所以失败在于其犯了兵家最不应该犯的一个错误:轻敌。西班牙将自己的舰队取名为无敌舰队,反映了西班牙的狂妄自信。认为自己所向披靡天下无敌,但是殊不知这样会给兵员一种自我实力强大的错觉,从而误判形势,认为具有传统的优势——庞大的船体,并且拥有绝对优势的步兵,就可以稳操胜券。但是没想到英国的舰队船体虽然比较小,但是火力射程超过西班牙 400 多米,这样英国完全可以远距离对西班牙进行打击,而西班牙却没有还手之机。这也是为什么庞大的无敌舰队会如此惨败的重要原因之一。西班牙失败的第二个非常重要的原因是腓力二世没有挑选合适的总司令指挥这一场将决定其帝国命运的海战。梅迪纳不懂海战,错失劫杀英国军舰的最佳时间。并且梅迪纳没有战略眼光,一心只想着传统的近身肉搏,当发现英军远比想象中厉害的时候,没有拿出有效的对策对付英军,却带领着西军一步一步走向溃败。英西海战说明了舰队的机动灵活和火炮已经取代了以往海战中短兵相接、登船肉搏的时代,是海上战争的一种全新模式。

这次大海战,"无敌舰队"几乎全军覆灭,而英国舰队总共只有 100 多人战死。从此以后,西班牙丧失了海上的霸权,一蹶不振,很快衰落。尽管在 1586—1604 年英西战争中西班牙形式上还很强大,构成了对英国的严重威胁,但由于本身的落后和英、法、荷三国的挑战,它的虚弱性很快暴露出来,在欧洲不断丧失领地,到 18 世纪已明显地降为欧洲二等国家。而英国则一跃而成为海上强国,到处强占殖民地,大力发展海上贸易,从而加速了本国资本主义经济的发展。16世纪后半期,英国国势已经空前强盛,经济更加繁荣。这种繁荣是建立在本国劳动人民和殖民地人民的汗水和血泪上的,但是这却是使英国初期的资本主义获得发展的历史机遇。英国称霸海洋,巩固了其国际贸易的重要通道,促进了它的海外贸易。英国资产阶级力量不断强大。然而,受其殖民统治和剥削的许多封建主义国家则更加贫困落后。正是这个时期,中国与英国等殖民主义国家的差距逐渐开始拉大。

10. 全欧战争：三十年战争

三十年战争发生于1618—1648年,历时30年,历时如此之长的一场战争使得史学家们觉得只能用时间来称呼它比较合适,由此得名三十年战争。此战是由神圣罗马帝国的内战演变而成的全欧参与的一次大规模国际战争。它以德国为中心的战场,而德国又以罗马帝国的继承者自居,但它即不神圣也非罗马更非帝国,它只不过是一个由数百个大大小小的王朝、诸侯国组成的地理区域的表述。神圣罗马帝国自从宣告成立后也没有对这些区域形成一个强有力的权威统治。在神圣罗马帝国的中心地区,德意志也仍处于诸侯割据的状态。慢慢地这些诸侯国按着宗教信仰的差异,分别形成了奥地利哈布斯堡王朝为首的天主教同盟和以法国为首的新同盟。但是很快英国、法国、西班牙、奥地利、俄国、波兰、荷兰、瑞典、丹麦以及罗马教皇、罗马帝国皇帝也卷入了战争,欧洲因此天下大乱。这场战争消耗了日尔曼各邦国人口的60%,波美拉尼亚人口的65%,西里西亚的人口损耗了1/4,其中男性更有将近一半死亡,十分惨烈。三十年战争不但是欧洲历史上第一次大规模宗教战争,也是一场大国战争、王朝战争和同盟战争。这场战争是欧洲各国争夺利益、树立霸权以及宗教纠纷的产物,战争以波希米亚人民反抗奥地利帝国哈布斯堡王朝统治为肇始,最后以哈布斯堡王朝战败并签订《威斯特伐利亚和约》而告结束。该和约不但开启了通过召开国际会议处理国际争端的国际法先例,也由此催生了一个不同于封建时代的全新的欧洲新体系。

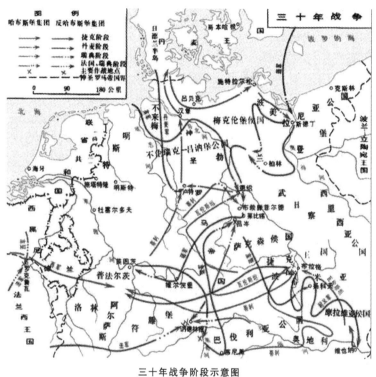

三十年战争阶段示意图

 战争背景

13世纪以后,哈布斯堡王朝统治下的神圣罗马帝国皇权日益衰微,各邦诸侯割据称雄。在漫长的中世纪中,教会所代表的势力——教权与世俗权力的代表——君权一直处于对立状态,尽管此消彼长,但是谁也没有把谁消灭掉。到了中世纪后期,教会所代表的教权势力以及它在世俗社会中的代表"神圣罗马帝国"所追求的"政治大一统"和各地诸侯、王国所代表的君权势力追求的"政治区域化"的矛盾愈演愈烈。信奉路德教、加尔文教的新教徒和信奉天主教的旧教徒诸侯们在宗教纠纷掩饰下开始争夺势力范围和反对皇帝专权,并分别组成"新教联盟"(1608年)和"天主教联盟"(1609年)。哈布斯堡王朝极力限制新教活动,争取旧教诸侯重振帝国皇权,并得到罗马教皇、西班牙和波兰贵族的支持。法国为称霸欧洲,力图使德意志保持分裂状态,支持新教诸侯反抗皇权;丹麦、瑞典早已觊觎北海和波罗的海的德意志领土和港湾;荷兰和英国则不愿帝国势力在北欧扩张,英国还企图削弱西班牙的势力。这些国家都支持新教联盟。两大诸侯国集团的利益日益尖锐对立,最终1618年捷克反对哈布斯堡王朝的起义,引起了一场持续三十之久的战争。捷克(当时称波希米亚)在1526年并为神圣罗马帝国的版图,德国皇帝兼任捷克国王,但是捷克人保留宗教信仰自由和政治自治自由。但是等到罗马三世皇帝马蒂亚斯执政时,他派耶稣教士潜入捷

"掷出窗外事件"的油画

克,企图在捷克恢复天主教,并指定斐迪南二世为捷克国王。罗马皇帝的这一决定遭到了捷克人的强烈反对。当时国会向罗马皇帝抗议的时候,遭到了马提亚的谴责和拒绝。斐迪南二世下令禁止布拉格新教徒的宗教活动,拆毁其教堂,并宣布参加新教集会者为暴民。于是捷克人举行起义,在1618年5月23日,武装群众冲进王宫,把皇帝马提亚的钦差从窗口抛入壕沟,史称"掷出窗外事件",它成为三十年战争的开端。整场战争共分为4个阶段,分别是捷克阶段(1618—1624年)、丹麦阶段

(1625—1629年)、瑞典阶段(1630—1635年)及全欧混战阶段(1636—1648年),最后以哈布斯堡王朝集团战败,参战各国于1648年签订《威斯特伐利亚和约》为止,共达三十年之久。

 作战经过

掷出窗外事件发生以后,捷克组成以图伦伯爵为首的临时政府,摆脱了罗马皇帝的统治。1619年,捷克国会推举新教同盟首领拉丁选侯腓特烈为国王,同罗马皇帝指定的捷克国王斐迪南作战。战争刚刚开始时期,捷克取得了一些胜利,他们6月便抵近了维也纳郊区,并与当时已继位为神圣罗马帝国皇帝的斐迪南二世进行谈判。斐迪南迫于形势,在表面上假意答允进行谈判,实际上在暗地里向天主教同盟求助。斐迪南与巴伐利亚公爵马克西米连签订《慕尼黑条约》,以巴拉丁的选侯资格转让给巴伐利亚为条件,换得马克西米公爵答应出兵捷克镇压起义。1620年9月,天主教联盟军队2.4万人,在约翰·蒂利伯爵率领下,与波兰骑兵配合,于11月8日在白山战役中取得决定性胜利,很快占领布拉格。腓特烈带着老婆仓皇出逃往荷兰,被谑称"冬王"(意思是没有到夏天就下台了)。差不多同时,西班牙派兵3万从尼德兰攻入巴拉丁,把战火烧到德国。此阶段的起义之所以迅速失败既有外部原因,更是起义军内部的问题。掌握起义领导权的捷克小贵族,从自己的狭隘私利出发,千方百计维护农奴制度和地主的权力,丝毫不关心农民和市民的利益,使起义带有很大的局限性。临时政府从来不敢发动群众,却把希望寄托在德国的新教联盟身上,指望通过它向英国、荷兰和法国乞援。这是干了一件蠢事,说明他们最关心的并不真是捷克的民族利益。新教联盟内部矛盾重重,萨克森选侯(萨克森选侯国是神圣罗马帝国中的一个独立君主国,属于新教联盟伙伴)拒绝出席讨论捷克事件的会议,更不愿意出兵相助。与哈布斯堡家矛盾很深的萨伏依公爵,却派3000雇佣兵由欧内斯特·冯·曼斯菲尔德伯爵率领前往捷克,驻防比尔森。1621年1月,罗马皇帝把巴拉丁的选侯资格转授给巴伐利亚公爵,巴拉丁就这样被西班牙占领。捷克又沦为奥地利的一个省,由维也纳直接管辖,约有四分之三的捷克领土转入德国人之手。征服者还强迫捷克局面改信奉天主教,焚毁捷克书籍,宣布德语为捷克国语。

  罗马皇帝和天主教同盟的胜利直接威胁着法国和荷兰的安全。法国不能容忍查理五世帝国的复活,荷兰则已经于1621年与西班牙处于战争状态。英国女皇詹姆士一世更关心自己和女婿巴拉丁候选腓特烈的命运,而垂涎北德领土的丹麦和瑞典也不愿意看到德皇对全国实现有效的统治。1625年12月9日,英国与荷兰、丹麦缔结《海牙条约》,正式组成反哈布斯堡同盟。在英、法、荷的怂恿下,丹麦出兵,战争国际化了。原来是德国的内部冲突变成一场内外勾结由丹麦打头阵的侵略战争。这样,三十年战争进入一个新阶段——丹麦入侵时期。

  1625年信奉新教的丹麦王克里斯蒂安四世在英、法、荷三国的支持下与新教联盟共同向神圣罗马帝国皇帝发动进攻,很快便占领德意志的西北部,与此同时,由曼斯菲尔德率领的英军则占领波希米亚西部。这次新教联军可说是节节获胜。大敌当前,德国皇帝决定起用瓦伦斯坦。阿尔勃莱希特·冯·瓦伦斯坦是波希米亚贵族家庭出身,1604年加入帝国军队,不久因镇压匈牙利人有功升为军官,后即任宫廷侍从,受到皇帝的器重。1618年起,参与镇压捷克起义,利用低价大量购进逃亡贵族土地和发行劣质货币大发国难财。瓦伦斯坦主张驱逐包括教皇在内的一切外国势力,结束诸侯的分裂局面,建立以皇帝为首的君主专制制度,进而实现德国的统一。他称教皇被"魔鬼和地狱之火迷住了心窍"。他痛恨诸侯割据，主张"应当消灭诸侯，不再需要他们。正如法国和西班牙只有一位国王，德国也应只由一位皇帝统治"。他还主张帝位世袭，废除选侯选皇帝制度。瓦伦斯坦的政治主张是正确的。

1525年初，瓦伦斯坦提议由他资助组建一支数万人的部队，反击丹麦的入侵。皇帝采纳他的意见，先后封他军区司令、帝国武装部队总司令，升为弗里德兰公爵。9月，瓦伦斯坦率领新组成的军队离开捷克北上，与渡威悉河北进的蒂利的军队配合，共同反击丹麦的入侵。瓦伦斯坦采用"以战养战"的策略，用对被征服地区征收特别税的方法供养军队，再加上这支军队放肆地掠夺群众，曾经激起群众的不满。然而，这支军队训练有素，注意战略战术和从有能力的士兵中提拔军官，再加瓦伦斯坦指挥有方，有很强的战斗力，在反侵略战争中发挥了重要作用。1626年4月，瓦伦斯坦在德绍击败里通丹麦的曼斯菲尔德，次年占领西里西亚。8月，与蒂利军队配合，在卢特之战中击败丹麦军队，迫使其退往易北河口。1627年9月，两支军队直捣日德兰半岛之奥尔堡，丹麦国王惊慌失措逃到一个海岛上。1628年，瓦伦斯坦率军攻占梅克伦堡和波美拉尼亚，强攻要塞斯特拉尔松。他命令部下一定要攻下斯特拉尔松，"就是它用铁链锁在天上，也要拿下它"。军事上的胜利给瓦伦斯坦带来一系列的荣誉，1628年4月，皇帝封他梅克伦堡公爵，后来又封北海和波罗的海大元帅，被誉为皇冠上的第3颗宝石。1629年7月，丹麦被迫签订《吕贝克和约》，赔款并退出所占德国土地，保证不再干涉德国事务，勉强保住领土和王位。

在粉碎丹麦入侵的斗争中，德国皇权大大加强。1629年3月，皇帝颁布"归还敕令"，企图利用胜利来完全征服新教徒。敕令宣布"恢复所有大主教管区、主教管区、高级教士管区、修道院、慈善机构和天主教人士，在签订1552年《帕绍条约》时拥有、后来被非法剥夺的各种捐赠财产"。敕令单方面废除《帕绍条约》,要求归还已被没收达70多年之久的天主教会财产,涉及3个主教区,约30个帝国城市和汉撒城市,近100个修道院和数不清的教区。这是一个愚蠢的敕令,它使新教诸侯与天主教诸侯之间的矛盾,特别是使新教诸侯与皇帝的矛盾趋于激化。瓦伦斯坦与皇帝产生了分歧,1630年8月,被撤销一切职务。而此时,瑞典害怕皇权的进一步加强,更害怕德国海军力量的日益强大,遂在法国的支持下,出兵攻击德国皇帝。由此战争进入了第三阶段:瑞典时期。

北欧强国瑞典,早就野心勃勃,要统治整个波罗的海。1617年,瑞典与俄国缔结《斯托尔波夫和约》,虽把诺夫哥罗德归还俄国,但仍占有芬兰湾东岸土地,控制俄国通往波罗的道路。瑞典无法容忍瓦伦斯坦的军事胜利和德国皇权的加强。1628年,当瓦伦斯坦的部队进攻斯特拉尔松时,瑞典公开与丹麦缔结协定,派兵抵抗,干涉德国内政。1630年7月6日,瑞典国王古斯达夫·阿道夫带兵15000人悍然在奥得河口的乌泽多姆岛登陆,很快占领什切青一带。

阿道夫踏上德国土地后,立即用拉丁、德、荷、英、法五种文字印发声明,希望得到德国新教徒的支持,但响应者寥寥。1631年2月,新教诸侯在莱比锡集会,4月初发表宣言保持中立。5月,蒂利军队攻陷马格德堡并大加蹂躏以后,萨克森和勃兰登堡转而支持瑞典,形势急转。同年9月,阿道夫率瑞典—萨克森联军近5万人,在莱比锡以北之布赖滕费尔德全歼蒂利军约4万人,蒂利本人负伤南逃,欧洲为之震动。瑞典军首次运用线式战术布阵,充分发挥火器威力,克敌制胜,说明旧式方阵战术已经过时。北德沦陷,南德亦无险可守。1631年冬,瑞典军连陷莱比锡、埃尔富特、法兰克福,在美因兹过圣诞节,饮马莱茵河。同时,萨克森军攻陷布拉格。1632年4、5月间,瑞典军回师巴伐利亚,连陷奥格斯堡、慕尼黑和纽伦堡。连瑞典的盟友法王路易十三也对瑞典的胜利感到吃惊,大叫"这是一个严峻时刻,要为这些哥特人的前进划一个极限",并赶忙派兵沿莱茵河沿线布防。

国难当头,皇帝好像清醒一些,于1632年4月重新起用瓦伦斯坦。第二次复出的瓦伦斯坦,权力超过第一次。根据与皇帝的协议,他拥有军权、政权和财权,皇帝和帝国政府不得干预。瓦伦斯坦很快重整军队,重点先打击瑞典的盟友萨克森,于5月22日攻占布拉格。9月,瑞典军向奥地利佯动,企图吸引瓦伦斯坦军离开,但瓦伦斯坦不为所动,却乘机进击萨克森,以切断其供应线,迫使瑞典军回援。11月16日晨,双方在莱比锡以西之吕岑遭遇。身患严重风湿病的瓦伦斯坦无法骑马坚持乘车指挥,终于击毙横行一时的阿道夫。魏玛公爵伯恩哈德指挥瑞典军继续战斗,毙伤瓦伦斯坦军约6000人,迫使其撤离萨克森,退回捷克。后来,瓦伦斯坦同萨克森和瑞典进行秘密谈判,谋求国内和解(废除归还敕令)和撤出外国军队,被皇室视为通敌。1634年1月24日,瓦伦斯坦第二次被免职,2月25日被皇帝收买的刺客刺死于埃格尔。

吕岑之战以后,德国的形势出现新的转机。萨克森拒绝参加继续同瑞典绑在一起的海尔布琅同盟,并开始与皇帝谈判。1634年9月,皇帝在西班牙军队支援下,大败瑞典军于乌尔姆附近之诺德林根,俘虏荷恩元帅等6000余人。这次决战以后,瑞典溃不成军,无力再战。而在此之前的法国,一直假借他国之手削弱神圣罗马王朝的势力,当丹麦、瑞典以及德国新教诸侯联系失败后,法国不得不直接出兵,由此战争进入了第四阶段:全欧混战阶段。

法国首相黎塞留在出战之前先与瑞典达成一致协议,战后任何一方都不许单独与德皇帝议和。法国继而于1635年5月对西班牙宣战。荷兰、萨伏伊、威尼斯、匈牙利等与法国形成统一战线,而西班牙和德国的一些诸侯国则为另一战线。1636—1637年,西班牙出兵法国,与神圣罗马帝国由南北两路夹攻,并且一度进逼至法国首都巴黎,但最后为法军所败。1638年8月法国海军打败举世闻名的西班牙海军,1639年10月西班牙海军的主力更被原来籍籍无名的荷兰海军歼灭。1643年5月,第四代孔代亲王与蒂雷纳在罗克鲁瓦战役中共同击溃西班牙陆军的主力。1642年11月,瑞典军于布赖滕费尔德再度击败神圣罗马帝国军,但此时丹麦王却嫉妒瑞典军的成果,并恐惧瑞典强大后,丹麦受其所制,因此乘瑞典军攻进南德意志之际,向瑞典宣战。丹麦曾于1644年击败瑞典与荷兰的联合舰队,但其后丹麦海军却被重新组建的瑞荷联合舰队全歼。在经过三年(1643—1645年)战争后,瑞典军成功从水陆两路进逼丹麦,逼使丹麦停战求和。1645年3月,瑞典军在波希米亚大败神圣罗马帝国军,而该年8月法军又于纳林根会战击溃神圣罗马帝国军,神圣罗马帝国皇帝的德意志领土大部分被占领。1648年,法瑞两国联军再在处斯马斯豪森会战及兰斯会战完胜神圣罗马帝国军。但战至此时,双方都已元气大伤,结果于该年10月双方达成和解协议,缔结了两个和约——《奥斯纳布吕克条约》与《明斯特和约》,合称《威斯特伐利亚和约》,至此三十年战争完全结束。

 战例点评

恩格斯说:从三十年战争开始,"在整个一代的时间里,德意志到处都遭到历史上最没有纪律的暴兵蹂躏。到处是焚烧、抢劫、鞭打、强奸和屠杀。有些地方,除大军之外,还有小股的义勇兵,或者干脆把他们叫做土匪,他们甘冒风险,为所欲为。这些地方的农民受苦最多。到处是一片人去地荒的景象。当和平到来的时候,德意志已经无望地倒在地上,

各国签订《威斯特伐利亚和约》

被踩得稀烂,撕成了碎片,流着鲜血"。三十年战争对欧洲社会造成了重大的影响。单从国力方面来看,德国是三十年战争发生的主要阵地国,所以遭受的损失最为严重,德国人口锐减,农业衰落,工业降到15世纪以前的水平。德国花了两百年的时间才恢复了元气。捷克和萨克森的矿山全部被毁,人口由战前300万锐减到战后的78万。德国和捷克的工场手工业生产也遭到破坏,工业生产减低到10%。战胜国法国从这一次战争中得到了德国大片领土,包括1552年占领的美斯、土尔、凡尔等地区,以及阿萨斯和下阿尔萨斯西南德意志的一些地区。战胜国瑞典,也得到了整个西波米亚梅拉尼娅,包括鲁根岛在内,还获得了东波梅拉尼娅的一些地区和城市,包括出海口城市。这样瑞典不仅据有德国北部各重要河口,而且由此成为德意志的诸侯国,可以随意干涉德意志的内部事务。荷兰正式独立。瑞士也脱离了罗马帝国成为独立国。

三十年战争使得德国分裂为近300个独立的大小不同的诸侯领地和100多个独立的骑士领土。皇权和教权都受到了打击,神圣罗马帝国在事实上已经不复存在。西班牙失去了强国地位,瑞典成为北欧强国;法国成了欧洲霸主;新教得到承认,并且势力又有新的增长。三十年战争使欧洲战略格局出现了一次重大的调整。这次战争也是现代国际体系的开端。这次战争首开用国际会议的形式解决国际争端的问题,并且各国逐渐建立常驻使节,加强与各国的沟通交流。同时和约中承认了新旧两教享有同等的权利,从而打破了罗马教皇神权下的世界主权论,使得国际法脱离了神权的束缚。

第二章

龙战鱼骇　瞬息万变

1. 拿破仑垓下歌：滑铁卢战役

1799年，拿破仑·波拿巴发动"雾月政变"，夺取法国政权。1804年12月，罗马教皇庇护七世在巴黎圣母院为拿破仑加冕，正式即皇帝位，号称"拿破仑一世"。以此为标志，法兰西第一共和国寿终正寝，法国从此进入拿破仑帝国时代。

拿破仑·波拿巴

拿破仑的帝国和政权，是与对外战争相始终的一幅画卷。1800年到1809年，拿破仑的军队在欧洲大陆势如破竹，连续击败英、俄、普、奥为首的反法同盟，迫使这些国家的封建君王先后俯首求和。到1809年，拿破仑占领的欧洲领土已相当于本国面积的3倍，统治的外国人口达到

7500万。

1812年6月,拿破仑率70万大军发动了侵略俄国的战争。俄国选择了诱敌深入的战略,不战而退。拿破仑大军长驱直入,直逼莫斯科。10月俄军开始反攻,被围困在莫斯科的拿破仑军队由于丧失后备军和粮食饲料的供应,已失去战斗力,因此在遭受俄军的猛烈打击之后立即放弃了占领一个月的莫斯科,俄军的全民反击使法军陷入四面被困的状态,浩浩荡荡的70万大军,只有残兵几万人逃出了俄国国境。侵俄战争的惨败,是拿破仑帝国由盛转衰的开始。

1813年,英、俄、普等国组成第六次反法同盟,兵力达到100万以上,与拿破仑在莱比锡展开了一场惊心动魄的决战,结果拿破仑战败,被迫宣布无条件投降,被囚禁到地中海上的厄尔巴岛。1815年2月,拿破仑逃出厄尔巴岛,夺回政权,发动"百日政变"。欧洲各国迅速组成第7次反法同盟。6月,在比利时的滑铁卢战役中,法军全军覆没,拿破仑被终生流放于南大西洋的圣赫勒拿岛,拿破仑帝国覆灭。

战争背景

1813年大不列颠及爱尔兰联合王国、俄国、普鲁士和奥地利帝国组成了第六次反法同盟,双方在德国境内多次激战。虽然法军取得了多次胜利,但是针对拿破仑的压力却是越来越大,直到10月的莱比锡战役法军被击溃,各附庸国也纷纷脱离法兰西共和国独立,同盟军开始向巴黎挺进。1814年3月31日,巴黎被占领,同盟军要求法兰西共和国无条件投降,同时拿破仑必须退位。1814年4月13日拿破仑在巴黎枫丹白露宫签署退位诏书,此前两天拿破仑宣布无条件投降。拿破仑在厄尔巴岛上保留着原皇帝封号,管理着这个小岛,他也被禁足在这个小岛范围之内。表面上,拿破仑已经不再关心法国和欧洲的政治,但实际上,拿破仑时刻注视着外面世界的风云变幻。6月第六次反法同盟各国在维也纳召开会议,会议的议题是讨论如何在拿破仑侵略的地区消除拿破仑的痕迹,这一次会议实际上是各国的分赃大会。各国都想为本国攫取更多的利益而争吵不休。英国和奥地利积极缔结密约,反对俄罗斯和普鲁士两国,反法同盟由此发生分裂。在法国国内复辟的波旁王朝,对内大肆反攻倒算,夺走农民从革命中分得的土地,增加赋税,裁减军政官员;对外却对英俄各国卑躬屈膝,法国人民和军队越来越怀念拿破仑统治的时期。拿破仑默默地等待着他的时机。时值反法同盟的破裂和波旁王朝的不得人心,拿破仑认为他的时机到了。1815年2月20日黄昏,拿破仑和他的将领们率领100多名全副武装的士兵悄悄登上七只小船离开了厄尔巴岛。3月1日拿破仑在法国南部的儒安港登陆,沿途受到了农民和旧部的欢迎。甚至连一些倾向于王朝的资产阶级也急忙转变态度,拥护拿破仑。波旁王朝派来围堵拿破仑的部队一波一波地倒戈,转而拥护拿破仑。3月21日,拿破仑兵不血刃地开进了巴黎,这时已有几万大军在其麾下等待其调遣,拿破仑恢复了他被剥夺去的对法国的最高统治权。

拿破仑复辟的消息迅速传到了维也纳的会堂内,整个欧洲都为之不解和难过。维也纳会议上的各国首脑们立刻停止争吵,抛开矛盾,组成了第七次反法同盟,调集70万大军兵分五路从三面杀入法国,决心彻底推翻拿破仑帝国。

作战经过

拿破仑回巴黎后,就知道与反法同盟的决战不可避免,便积极重组

反法联盟各参加国于奥地利首都维也纳召开会议

军队,迅速征召了30万正规军和20万辅助兵。拿破仑深知自己迅速征召的这30万大军的素质跟昔日不可同日而语,部队缺乏训练更缺乏良将,并且枪支弹药供给不足。这样的情况下,拿破仑决定以攻为守,机动作战,想趁反法联军还未全部集中以前,先进攻已在比利时境内的英军和普鲁士军队。拿破仑原以为普鲁士军队早已弃英军而去,因此觉得这场战斗对法国来说轻而易举。出发前拿破仑做了最后的战争动员,鼓动将士为重振法兰西帝国雄风而战,宣称法军的这一行将是决战,不是征服就是灭亡。这时,英军10万兵力分布在比利时北部布鲁塞尔到蒙斯之间65公里长的战线上。普鲁士12万兵力分散部署在比境南部沙勒罗瓦、那慕尔、烈日直达下莱茵河之间的80公里的战线上。

拿破仑率领约12万人于1815年6月15日进入比境,以迅雷之势突袭英普两军防线之间,割断两军的联系,然后法军分为两支,左翼一支以两个军团步兵辅以骑兵2个师控制通往布鲁塞尔的战略通道,牵制英军。法军主力4个军团和3个骑兵师共7万人部署在右翼,围歼退守林尼阵地的普军主力。17日上午,与普鲁士军队战斗结束后,拿破仑认为普鲁士军队已经被他们打败了,所以让军队休息,准备全力对付英军。同时,拿破仑令右翼格鲁希元帅率领3.6万人追击撤退的普军。而此时的英军听到普军战败的消息，唯恐法军包围，于是急忙向布鲁塞尔事先选定的一个阵地撤退，那是在距离滑铁卢以南三公里处。下午拿破仑发现立即派部队追击，但是忽然狂风大作、暴雨倾盆，道路泥泞不堪，法军骑兵被迫停止追击。英军绝处逢生，逃脱了被围歼的厄运后，沿着大道向北撤退到滑铁卢村以南圣让山停了下来。英荷联军退到滑铁卢时，尚有步骑工炮6.8万人，大炮150门。英威灵顿公爵决定利用有利地形，阻断法军进攻，等待普军布鲁歇尔元帅会师夹击拿破仑。

6月18日，拿破仑率领7.3万人和270门火炮，在沿着通向布鲁塞尔的大道两侧部署了兵力，总预备队位于中央后方，司令部设在后面。他在视察了战场之后，决定采用声东击西的战术，决定先在右翼佯攻，迷惑和牵制英军，然后从中央突破，从布鲁塞尔大道夺取圣让山。但由于道路泥泞，火炮无法推进，步兵和骑兵的前进速度都受到影响，临近中午时候，地面才稍微硬实一些。上午11点半，随着三声炮响，滑铁卢之战正式拉开帷幕。英法两军激烈地交战，法军师团向高地进攻，一度占领了村庄和阵地，但又被击退下来。在空旷、泥泞的山坡上已覆盖着一万具尸体。可是除了大量消耗以外，什么也没有达到。双方的军队都已疲惫不堪，双方的统帅都焦虑不安。双方都知道，谁先得到增援，谁就是胜利者。威灵顿等待着布鲁歇尔；拿破仑盼望着格鲁希。然而先出现的布鲁歇尔带领的普军夹击法军，法军腹背受敌，苦苦支撑等待格鲁希的3.5万援军和100门大炮，于是等到深夜也没有格鲁希部队的任何消息。拿破仑的等待由焦虑变成恐慌，由恐慌变为绝望。当晚9时，威灵顿发出最后总攻，法军经过连日苦战，伤亡惨重，最后全线崩溃，连夜撤退。19日普军奇袭了法军司令部，拿破仑落荒而逃，至此，法国军队被彻底打败，近代史上的拿破仑战争也就此结束。拿破仑在这场战役中损失了2.56万人，另外约1万多人被俘。英军伤亡1.5万人，普军伤亡7000人。

法军不敌联军连夜溃退

滑铁卢战役是拿破仑军事生涯中的最后一战。至今人们提起滑铁卢仍然唏嘘不已。如果决战前没有那一场大雨,结局是否不同?如果拿破仑没有推迟两个小时进攻,结局是否会不一样?如果格鲁希没有慢悠悠的吃早餐而是率部先行到达滑铁卢,那么欧洲的历史是不是会重新改写?拿破仑失败后,波旁王朝再次复辟。反法同盟这次把拿破仑流放到了大西洋南部一个远离大陆的圣赫勒拿小岛上。1821 年 5 月 5 日,身心交瘁的拿破仑患胃癌去世,终年 52 岁。一代风云人物,就这样退出了历史舞台。

战例点评

周恩来曾这样描述拿破仑:"时势之英雄,固若是其众也,然非吾之所论于项羽、拿破仑也。夫二氏,世界之怪杰也。具并吞八荒之心,叱咤风云之气;勇冠万夫,智超凡俗;战无不胜,攻无不取;敌邦闻之而震魄,妇孺思之而寒胆;百世之下,犹憬憬有生气,岂仅一世之雄哉!"拿破仑被西方世界公认为自亚历山大大帝以来最伟大的军事天才,拿破仑共进行了大小 50 多个战役,这个次数远远超过了亚历山大、汉尼拔和恺撒三人所指挥战役的总和,而且规模之大也是前所未有的。在这一系列的征战中,拿破仑创造了资产阶级军事史上"具有历史意义的卓越范例",拿破仑本人也因而成为叱咤风云、名声显赫、"能够在一刹那间决定整个大陆命运"的历史人物。然而,滑铁卢一战,使拿破仑在军事上遭到彻底失败,被迫第二次退位,二次流放,最终郁郁而终。研究拿破仑在滑铁卢的失败,探索它的历史教训,必须把拿破仑和他的军事活动,摆在当时历史条件下进行全面分析,并从政治、经济、外交和战役指导、作战指挥、战术运用、官兵素质等多方面去探寻原因。

(一)好战必亡,孤战必败

拿破仑复位后,外交上的第一件大事便是通告各国:他愿意遵守1814年由波旁王朝签署的《巴黎和约》,承认和约限定的法国疆界,并请求罢兵求和。这本是化干戈为玉帛、寻求欧洲和平的好提议。然而,联盟国家无一相信他的话,反而搁置彼此之间的矛盾,迅速组成第7次反法同盟围攻法国。反法同盟为何会如此决断、如此坚决地作出这样的反应,跟他们对拿破仑的印象不无关系。拿破仑那颗要建立世界大帝国的勃勃野心,让欧洲各国都将他视为安定和平的侵略者、破坏者。

拿破仑凭着个人的智慧和勤奋,在法国资产阶级不断兴起和新技术革命广泛运用于军事领域的历史条件下,创造了资产阶级军事史上的许多奇迹。拿破仑逐渐威名远扬。1799年11月9日,拿破仑发动了"雾月政变"并获得成功,成为法国的独裁者。1804年11月6日,拿破仑·波拿巴加冕为法兰西皇帝,称拿破仑一世。12月2日,拿破仑仿效查理曼大帝,以自己的"名字"作为皇帝的称号。一年之后,他又在意大利由教皇加冕为意大利国王。1805年8月,奥地利、英国、俄国组成了第三次反法同盟,拿破仑于是在9月24日离开巴黎,亲自挥军东征。10月17日法国和奥地利在乌尔姆激战后,反法同盟投降。之后法国又取得了奥斯特里茨战役的胜利,反法同盟再度瓦解,并且迫使奥地利帝国皇帝取消了神圣罗马帝国的称号,神圣罗马帝国彻底灭亡。拿破仑随后联合了德意志境内各邦城国组成"莱茵邦联",把它置于自己的保护之下。次年秋天拿破仑击溃了由英国、俄国、普鲁士组成了第四次反法同盟,普鲁士的军队几乎全军覆没,拿破仑因此取得了德国大部分地区。1807年6月法军又在波兰大败俄国军队,拿破仑与俄国沙皇亚历山大一世会面,双方签订了和平条约,在此前一年拿破仑颁布了《柏林敕令》,宣布大陆封锁政策,禁止欧洲大陆与英伦的任何贸易往来,拿破仑在欧洲如日中天的威望迫使欧洲各国接受了封锁法令。自此,法国在欧洲大陆的霸主地位得到确立。拿破仑一世兼任意大利国王、莱茵邦联保护者、瑞士联邦仲裁者,并分别封他的兄弟约瑟夫、路易、热罗姆为那不勒斯、荷兰、威斯特伐利亚国王。

此时的英国在欧洲放眼四望除了俄国,已找不到可以联合对抗拿破仑的盟友。俄国积极回应英国的联盟请求,及时给英国补给了大量的战略资源,破坏了拿破仑为英国设下的囚徒困境。拿破仑大发雷霆,不顾西班牙起伏不断的起义牵扯他十几万精锐法军的现实,发动了进攻俄国的战争。拿破仑率领着由说12种不同语言士兵组成的67.5万大军攻入俄罗斯。在战争发起前,有部属曾劝阻,但拿破仑听不进任何劝告,他相信自己的战争才华,也相信战神会永远眷顾他。结果,侵俄战争严重损耗的法国实力,侵俄战争的失败成为拿破仑帝国由盛转衰的转折点。《司马法》曰:"国虽大,好战必亡;天下虽平,忘战必危。"拿破仑不知持盈保泰,而采取穷兵黩武的军事政策,过高估计了自己的力量,并且到处暴戾横行,最终导致欧洲各国能够联合起来共同对抗拿破仑。反法联军成为欧洲各民族摆脱拿破仑桎梏的"民族大会战"。众叛亲离的拿破仑,在重新复位上台执政后,虽然对各国采取和平共处的姿态,但以前久遭欺凌的各国君主已经不再相信这头"雄狮"能够与各国和平相处。

(二)独断失聪,骄兵必败

拿破仑是军事奇才,但是在后期军事指挥中过分刚愎自用,独断专行。他集军政大权于一身,在战争问题上,决不轻易委权于臣属。他亲自制订每次战争和会战的计划,干预一切军事行动。他的元帅和将军,必须绝对服从他的指挥和命令。拿破仑手下的元帅们大多数情况下只是拿破仑听话的奴才。他的 26 个元帅中,有些如达乌、马塞纳等人,是能够独当一面指挥作战的,但是拿破仑很少给予他们这种机会。进攻俄国之前,虽有将领冒死进谏,分析利害关系,但是拿破仑根本不听任何人的意见。拿破仑对于他们的要求,不是充分发挥自己的指挥才干,而是惟命是从地听从他的指挥。

拿破仑的参谋长贝尔蒂埃元帅在给苏尔特元帅的信中写道:"我在军中的地位等于零。我以皇帝的名义接受元帅们的报告,也代他签署命令,但我个人却是不存在的。"长期在拿破仑身边工作的考兰科特对此也深有同感,他曾说:"因为皇帝一切都是事必躬亲,亲自发布一切命令,所以任何参谋人员,甚至于参谋长,都不敢负责,连一个极不重要的命令都不敢做决定。"拿破仑对将领的严格控制,也是导致后期总攻的时候,格鲁希不敢违抗拿破仑给的"追击普鲁士撤退部队"的命令,格鲁希在临近滑铁卢的时候,分明听到了轰隆炮声,下面的部帅要求迅速火力支援前线,但是格鲁希考虑了一分钟,一分钟后他决定不能违背拿破仑的指示。他说,把这样一支小部队再分散兵力是不负责任的,他的任务是追击普军,而不是其他。他认为如果皇帝要他支援前线的话,一定会下命令。只是格鲁希再也没有等到拿破仑的任何命令。

(三)用人不当,满盘皆输

拿破仑前期的成功在于他知道任人唯才的重要性。在其统治的前期,他可谓是伯乐之于千里马,他提出"替有才能的人开路",使得众多人才云集其麾下。他的经典名句"不想当将军的士兵不是好士兵",不知道激励了多少人奋发向上;他还曾说过:"我需要某个人才时,即使为了求他而丧失尊严,也在所不辞,或许我还会拍他马屁。"所以在他1804年称帝的时候,他诏封的14位元帅中,7人年龄在37岁以下。然后在他功成名就之后,越来越狂妄自大,忘记了他据以成功的贤能将士。滑铁卢战役中他用人不当主要有以下几个方面:

拿破仑曾有位得力参谋长贝尔蒂埃,但是这位参谋长却拒绝参加滑铁卢之战,于是拿破仑放弃争取贝尔蒂埃,用苏尔特元帅接替贝尔蒂埃为参谋长,这是一个严重的失算。当苏尔特是一个非常优秀的司令官,但拿破仑把他放到参谋长的位置上,等同于放弃他的优势而用其所短。更令人痛苦的是,他缺乏贝尔蒂埃那种清晰的思维与表达能力。他常在战斗中发出混乱的消息与命令,致使下级指挥官们摸不着头脑,无法作战。

战役过程中,拿破仑让内伊和格鲁希充当了其指挥作战的左右手。然而,被称为"勇士中的勇士"的猛将内伊元帅根本不适合担任方面军司令官,他适合指挥预备役人员或者在一位有头脑的指挥官麾下担任将军。拿破仑居然让他指挥整个法军左翼,把50万的精锐部队交给他,这是一个灾难性的用人决定。内伊在战斗中,像个输红了眼的疯子一样,完全不顾骑兵使用原则,草率地投入预备队和精锐骑兵,消耗了法军的力量,最终导致失败。担任右翼指挥官的格鲁希,率领3.3万人的军队,责任重大,但他思维呆板,胆小懦弱,不敢大胆判断局势积极配合法军作战。当明知普军将要向威灵顿的英荷联军靠拢的意图后,被动守战错失良机。6月18日的滑铁卢决战中,由格鲁希带领的差不多占了法军1/3的部队,游弋于华费里地区,没有在法军命运攸关的时刻给予有生力量的援助。后人曾经设想,如果是缪拉元帅来指挥统领,那么战役结果是不是会改写。

历史没有如果,也无法重来,拿破仑的辉煌搁笔滑铁卢。但拿破仑一生的军事成就永远流传于世。1840年,法国七月王朝的国王路易·菲利浦派其儿子将拿破仑的遗体接回巴黎,安葬在荣誉军人院。他在旺多姆圆柱上的塑像仍然接受人们的仰望。从历史和军事角度来看,可以毫不夸张地说:拿破仑确实是一个伟大的军事家,是他所处那个时代的英雄。

2. 一战的转折点：凡尔登战役

凡尔登战役也许是有史以来最野蛮的一场战役，它给法国人留下了巨大的心理阴影。许多人甚至认为，若不是凡尔登战役的惨痛经历，法国也未必会在1940年德国入侵之初就迅速投降。1916年德意志帝国决定把进攻重点再次转向西线，力图打败法国，德军统帅部选择法国的凡尔登要塞作为进攻目标，凡尔登是协约国军防线的突出部位，对德军深入法国、比利时有很大威胁，它又是通往巴黎的强固据点和法军阵线的枢纽，凡尔登战役是典型的阵地战、消耗战，双方伤亡近100万人。由于伤亡惨重，凡尔登战场被称为"绞肉机"、"屠场"甚至是"地狱"。

被轰炸后的凡尔登城镇

战争背景

1915年，第一次世界大战的西线战场陷入了僵持与对峙的局面。整整一年中，不管是协约国军队还是德军都在战壕中付出了巨大代价，但是胜利曙光没有向任何一方展露。当接近年底的时候，双方首脑们都开始积极的制订新一轮的作战计划，想打破这种僵持的局面。意大利在1915年4月加入协约国，意大利的加入壮大了协约国的队伍力量。在12月份制订出的作战计划中，协约国下决心彻底改变被动防守的局面。但是各协约国首脑对于何时向德国发动大规模的进攻未达成一致意见，于是大家决定来年3月再商讨具体的日子。与此同时，德国方面也在积极地策划下一年的战略计划。德军新任参谋总长法尔肯海恩对于西线的僵局早已苦恼不已。德军本想在1915年在西线采取守势，先在东线一举击败俄军再挥师西进。但是实际上，英法军队在西线时不时地局部进攻，大大牵制了德军的战斗力量，使得德军的东线战场上始终无法得到足够的兵力给予俄军以致命的打击。法尔肯海恩对比了德国与英国的水上实力，认为德国的水面舰艇部队打不过英国，只有先把英国陆地上的盟友，即俄国和法国先打败，最后消灭英国。西线的法国如同英国在欧洲大陆上的一把利剑，德国必须先把这把利剑折断，要折断这把利剑的办法只有一个，用法尔肯海恩的话说就是"把法国人的血流光"。德国需要选择一个法国人会为保住这个地方而不惜付出一切代价的地方，凡尔登就这样进入了德国人的眼睛。

凡尔登位于巴黎西北部，位于默兹河畔，地处丘陵环绕的谷地，西距巴黎225公里，东距梅斯58公里，有"巴黎钥匙"之称。凡尔登靠山临水，炮台环绕，这里有16条铁路和公路通过，是协约国西线的突出部位，更是法国的东方门户。所以在法国人心中,这个防线非常重要,无论如何都不能丢。于是,就在协约国首脑们商量该何时发起强有力的反攻的时候,1916年2月21日,法国小镇凡尔登响起了轰隆隆的炮声,德军抢先对协约国发起了进攻。历史上第一次世界大战中,规模最大、耗时最久并且具有决定意义的凡尔登战役开始了。

 作战经过

为了进攻凡尔登,德军从1915年冬季开始着手准备。德国皇帝任命其长子普鲁士皇储威廉为第五集团军的总指挥,德军派出兵力40万,配备1400门火炮,168架飞机以及新式武器——喷火器,并配备有250万枚大口径火炮。而法军只有埃尔上校的第30军和预备役各两个师,武器装备也难与德军抗衡。多数加农炮陈旧落后,而新造的火炮才刚刚从圣莎尔蒙和勒克勒佐的铸造厂运出。

由于天气条件恶劣,德军原定于2月10日的战斗被迫推迟到了21日。21日早上8点12分,德军开始了猛烈的炮火准备。战斗一开始,德军就出动步兵和火炮,对法军施以密集的炮火打击。德国第5集团军配置在前沿和纵深内的所有口径火炮一齐发射,炮火完全覆盖了法军阵地,法军防御阵地完全丧失了反应能力。德军炮兵群在这最初的轰击中,达到每小时发射炮弹10万发的密集程度。德军的炮群轰击持续了长达8个多小时,法军第一阵地面目全非,第二阵地一些地段上的防御体系遭毁灭性破坏。各级指挥基本瘫痪,通信联络完全中断。14时45分,德军开始进攻,德军组成许多突击队,直插法军第一阵地。

德军本以为此番轰炸的巨大威力定会令法军不战自退。然而第二天,打先锋的德步兵却在废墟中遭遇了法军的顽强抵德。里昂在考勒

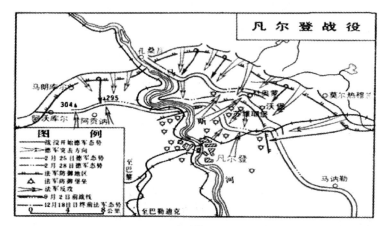

凡尔登战役图

斯丛林与德军交火,不幸在战火中牺牲。

2月25日,法国中央集团军群司令官朗格尔·德·卡里将军被迫下令法军从韦夫尔谷地撤至默兹高地。德第5集团军的预备队第5军、第15军和施特兰茨集群的右翼于25日转入进攻,它们尾随后撤的法军各师,于27日晚占领韦夫尔谷地。法霞飞将军指示第2军增援凡尔登,派老将菲利普·贝当担任指挥,守住马斯河两岸,并下令"不惜一切代价保住凡尔登"。法军大批援军的及时投入,加强了纵深防御,对战役进程产生了重大的影响。到月底,德军弹药消耗很大,由于战略预备队未及时赶到,攻击力直线下降,从而丧失了突破法军防线的最佳时机。

3月6日到6月7日,德法双方陷入了残酷的拉锯战。6日德军又一次发起猛攻,而且这次的杀伤力丝毫不亚于第一次狂风暴雨般的袭击,企图攻占304高地和295高地,解除西岸法军炮兵的威胁,并从西面包围凡尔登,同时继续加强对东岸的攻势。但是德军遭到法军顽强抵抗,4月德军损失10万余人。德法两军在304高地和295高地一直胶着至5

月,德军才最终夺取上述阵地。

6月初,远在柏林的德皇威廉二世霍亨索伦下达了6月15日之前占领凡尔登的命令。从6月2日起,德军以洛霍夫指挥的10多个师为主力,法军最后一道防线发起新的进攻。经过7天激战德军迫使沃堡驻守的法军投降。6月23日,德军使用了光气窒息毒气弹和催泪弹对付法国炮兵。在4千米宽的阵线上发射了11万发毒气弹,法军伤亡惨重,德军一度抵进到距凡尔登不足三千米处,但终还是被击退。7月11日,德军的最后一次进攻遭到了苏伊要塞法军的顽强反击。德军和英法联军意识到他们又进入了拉锯战,于是英法联军打算用一种新的武器来加快战役的进程。9月15日清晨,十几个黑色的钢铁怪物出现在战场上,德军战士们面对着这些大大的机器完全惊呆了,他们可以在泥泞的道路上如履平地的行驶,轻易越过壕沟,将德军的工事压得支离破碎。这就是后来称雄战场的陆战之王:坦克。18辆坦克虽然没有如英军期望的那样帮助英军彻底突破德军的防线,但是9月15日坦克开始登上战争舞台被永远记入史册。接下来的几个月里,英军不停地投入坦克作战,但是战事的进展仍然不尽如人意。

到了11月中旬,交战双方都衰弱得无以为继。这场持续了四个月的拉锯战,损耗了英军42万人,法军20万人,德军65万人。12月中旬法军攻下了贝宗沃、卢韦蒙和瓦舍罗维尔等村庄。左岸各要点也被法军逐一夺回。到12月18日,法军进抵其先前的第三阵地防守线,德军将军尼韦尔遂下令停止攻击,至此,凡尔登战役结束。

凡尔登战役是第一次世界大战中规模最大、时间最长的战役。法军全部70个师有66个先后参战;德军先后投入了46个师。双方损失共计100多万,德军损失近50个师,法军损失69个师。十个月的时间里双方共发射了4000多万发各种口径的炮弹。凡尔登地区变成了寸草不生的死区,阵亡的尸体和残肢断臂几乎填满了河谷,横尸遍野无人埋葬。伤亡人数近百万,创造了战争史记录,使凡尔登成了骇人听闻的"绞肉机"和"人间地狱"。这一战,也是德军走向被动防御的一战。

战例点评

凡尔登战役是一场大规模的阵地消耗战,战役所呈现出的主要特征是持久、残酷、消耗巨大。阵地消耗战是第一次世界大战基本作战形态之一,凡尔登战役为我们提供了很好的研究素材。

(一)作战应避免以己之短搏敌之强

战役发起前,德军最高统帅部作出的战斗指示是:在凡尔登歼灭法军的主力,从心理上打垮法军,直至迫其投降。然而,随着枪林弹雨几轮强攻之后,在双方都付出了惨重的人员和军备消耗代价之后,德军既未能攻取凡尔登要塞,也未能歼灭法军主力,甚至连法军协助英军发动索姆河战役也未能阻止住。德国人开始明白,德国的资源与协约国相比要匮乏得多,即使付出同样的人力牺牲,先流尽血的也将是德国。协约国在兵力兵器方面对德国占有总的优势,这是德国打消耗战失败的主要原因。德军统帅部过高地估计了自己军队的能力,而对敌军的能力却估计不足。

其次,德军的指挥官在凡尔登还犯了许多严重的错误。突破的地段选择在默兹河右岸,狭窄的 8.5 公里,利于防守不利于进攻。因为法国只要及时将被突破地段补充人员即可,就像一个口袋,法军守着袋子口,德军却源源不断地把自己装进袋子中。德国军队善于迂回机动作战,但是由于攻占地点的限制跟英法联军打起了阵地消耗战。这无疑是让德军以短搏长,这样在战斗中必定失利。

最后，在进攻不能迅速达到目的的情况下，德军指挥部始终不能对一线部队进行及时有效的调整和补充。有时候虽然也采取了各部队轮流在一线作战的办法，但休整期过短，部队疲惫不堪，减员严重。下撤之后又没有足够的兵源补充，或征召未经过训练的人来充数，结果上阵后战斗力相当弱，无法持续作战。相反，法军实行的是频繁的替换制，即每经半个月左右的战斗，一线作战部队便撤到后方休整，这样使部队整体不致伤了元气，士气也不致严重受挫。消耗战的特点就是"消耗"，谁能坚持下去，经得起消耗，谁就是最后的赢家。

（二）指挥员的军事素养是决定战役胜负的重要因素

凡尔登的战略意义对于德国以及英法联军来说都非常重要，双方都志在必得。然而所向披靡的德军最终以损失了46个师的代价输了凡尔登战役，也导致德军在第一次世界大战失败的局势。德军方面，参谋总长法金汉将军把主攻凡尔登的任务交给担任德军第5集团军司令的威廉皇太子。但威廉皇太子的锻炼却远远不够，年轻气盛，实战经验少之又少，他只担任过骷髅头轻骑兵的上校，在德军总参谋部工作过一年，没有担任过师长或军长。然而他却相当自信，认为自己在参谋部的工作及在野外见习的经验，已为他"统率大部队打下了理论基础"。德军用这么重要的一场战役来培养锻炼威廉皇太子是战略决策的失误。

从客观上看，威廉皇太子人员精良，物资充分，装备先进，具备了夺取胜利所需先前条件。例如他所指挥的第5集团军是由几个新锐的军和预备队炮兵组成的。法金汉将军甚至从德军总战略预备队的25个师当中，抽出17个师用于凡尔登作战。同时，为了粉碎法军坚固的纵深防御体系，德军最高统帅部还集结了庞大的炮兵力量。威廉皇太子在视察各部队的装备之后狂妄地说："集中如此数量的火炮用于进攻，这在战争史上还是第一次，我们赢定了！"但实战中，威廉皇太子既没有良策也没有表现出一个元帅该有的战略远见,并且还狂妄自信,只懂凭借优良的装备强攻烂炸。而他的对手贝当将军,却深谙军心调整的重要性,懂得体恤官兵的重要性。中国的"天时、地利、人和"强调要选择对的时间在对的地点做一件事情,威廉皇太子选择在2月份攻击,他不懂得冬季作战对进攻一方非常不利。在气候寒冷的季节里,整个战区天气变化异常,每到天明地面开始解冻,地面变得泥泞,徒步走都很艰难更别说全副武装冲锋陷阵。德国前参谋总长施利芬曾就这次委任说,"任命年轻而缺乏经验的指挥官是不幸的……"。

(三)阵地战必须步步为营,构筑坚固的防御体系

阵地战是指军队依托阵地进行防御或对据守阵地之敌实施进攻的作战形式。阵地战通过防守或夺取阵地实现作战目的。其主要特点是作战线相对稳定,准备充分,各种保障比较严密。凡尔登战役,英法联军充分利用了阵地的优势。法军决定在凡尔登筑垒地域巩固和扩建新的防御体系,使要塞的永备筑城工事同野战筑垒结合起来,总共形成4道防御地带,纵深约50公里。第一条森林地,距要塞筑垒外防御地带6—7公里,具有3道防线,分别是:到达线、支援线和内堡线。全部防线都筑有堑壕、掩体、交通壕和掩蔽所,其中一部分是用混凝土构筑的。阵地的到达线用铁丝障碍物作掩护,宽10到40米不等;第二条在马斯山的北支脉和东北支脉上距第一地带2公里多;第三条也在马斯山的北支脉和东北支脉上距第二地带也是2公里多;第四防御地带是两条凡尔登要塞炮台地带和中间永备筑垒带,两者相距2—3公里。

法军充分利用阵地,步步为营,把被动防御的劣势转化为优势,最后取得了凡尔登战役的胜利。凡尔登战役是典型的阵地战、消耗战、战壕战。在当时的历史条件下,机枪火力加火炮的助攻可以横扫战场防御比进攻更为有利,一旦筑垒阵地形成,便牢不可破,而正面突击也将变成徒

劳的损耗。世界各国都看到了法国这种野战工事与永备工事相结合的办法组织防御的优势,所以在战后欧洲多数国家在边境地带构筑防御工事都是依据法国这种模式。但随着装甲、坦克甚至战斗机等机械化部队的出现,防御一方的地利优势也不再有,如果固守传统模式,势必被时代所淘汰。

第一次世界大战前,一些人倾心于19世纪的伟大战例,一心要打一场进攻性的速决战,结果被长期阵地战搞得焦头烂额。第二次世界大战前,一些人把第一次世界大战的阵地战当成了不变的模式,准备再打一次堂堂正正的阵地战,结果被新的机械化战争打得猝不及防。这种惊人的相似总在不断地引起人们思考一个问题:我们该以怎样的思想状态来迎接未来战争,来打赢未来战争。

3. 梦断马其诺：法国沦陷

1940年5月，德军入侵法国的消息震惊了全世界。第一次世界大战中那些熟悉的名字又一次出现在报纸和广播里，令退伍老兵惊恐不已。与第一次世界大战不同的是，堑壕战的时代已经一去不复返，坦克和飞机登上了历史舞台，纳粹德国采用闪电战几个星期内就攻陷了法国。

 战争背景

1918年11月，法国人在他们的贡比涅森林自豪地接受了德国人的投降，他们对德国人提出了十分苛刻的停战条约。胜方代表法国福熙元帅高傲地对前来谈判的德国代表说："你们来干什么，先生们！"《凡尔赛条约》共分15部分，440条。根据条约规定，德国损失了10%的领土，12.5%的人口，所有的海外殖民地（包括德属东非、德属西南非、喀麦隆、多哥以及德属新几内亚），16%的煤产地及半数的钢铁工业。莱茵河西岸的领土（莱茵兰）由协约国军队占领15年，东西岸50公里以内德军不得设防。其中军事方面有：陆军被限制在十万人以下，并且不得拥有坦克或重型火炮等进攻性武器，取消德军总参谋部的设置；不得拥有海军，船舰方面只能有6艘排水量1万吨战列舰，不准拥有潜水艇；不得组织空军；不得进出口武器；出口商品额外征收26%的费用；不得生产、储存化学武器；限制接受军事训练的人数，废除义务兵役制。德国人在签订投降书的地点树立了一块三尺高的花岗岩石碑，上面用法文刻着这样的字句："1918年11月11日，以罪恶为荣的日耳曼帝国在此地屈膝投降——被它试图奴役的自由人民所摧毁。"战胜国对战败国德国的苛刻勒索，埋下了复仇的种子，德国人在忍受痛苦的同时，暗自积攒力量，他们准备在适当的时机，卷土重来。

(一) 奇怪的战争

历史上有过形形色色的奇怪战争，但是真正奇怪的战争要数第二次世界大战中的西线战争。1939年9月1日，希特勒统治下的纳粹德国悍然出动57个师，150万大军在2500辆坦克和2300架飞机的支持下，兵分两路，对波兰发动了全线进攻。而在开战前，英法与波兰早已签订了军事互助条约，英法两个军事大国对波兰这个小盟友承担了明确的军事义务。于是，9月3日，波兰的同盟国英法相继对德宣战。但是法国在宣战之后，把军队开到了马其诺防线上，同时在他们后面部署了兵力不多的掩护军；而英国远征军则在10月份的第一星期才到达两个师，他们到达时德波战争已经结束。战前英、法两国的信誓旦旦都变成了一纸谎言。开战后，无论英国还是法国都未对波兰提供任何实际援助。他们除了在政治上对德宣战外，未敢多做半步动作，任由德国一口吞下他们的这个小盟友。当时的希特勒对英法的反应并没有十足的把握，所以希特勒指示德军在西线要慎重行事，尽量采取守势，他给出的指示是这样的："没有我的明确同意，不得在陆地上的任何一个地点越过德国西部边界。"一定要避免两线作战。当时德军的大部分主力都用在波兰战场上，西线战场上德国只有23个师完全处于守势。而英法在西线却拥有110个师的陆军。但是宣战的头半年以来，西线基本保持"无战事"状态。交战双方的军队在步枪射程范围之内,毫无遮掩地随便走来走去,各干各的事情。德国人在铁路上装卸枪炮,法国人也不去打扰他们。法国人在马其诺防线上聊天做游戏,或者数着从莱茵河右岸通过的德军列车。西线战场上,直到宣战后的三个月才发生第一起伤亡事件:一个外出巡逻的士兵不幸被流弹炸死。针对西线无战事的状态,国际社会发明了一个专有名词叫"奇怪的战争"。直到挪威失陷,英法才真正地认清德国的战争意图,希特勒绝不会满足占领几个小国的,英法领导人才真正从绥靖思维中清醒过来,开始认真准备对战德国。

（二）金汤马其诺

马其诺防线的名称来自当时法国的陆军部长马其诺,此战线从1929年起开始建造,1940年才基本建成,造价50亿法郎(20世纪三四十年代货币)。共有5600个永久工事。马其诺防线绵延于法国东部的全部国境线上,全长约750公里。防线内部拥有各式大炮、壕沟、堡垒、厨房、发电站、医院、工厂等等,通道四通八达,较大的工事中还有电车通道。法国政界和军界一致认为有了这道防线,就可以高枕无忧。法国曾任总理的勃鲁姆自吹自擂地宣称:"我们的体系虽然不宜于进攻,但在防守方面却是呱呱叫的。"这是一种典型的消极防御思想,只有目光短浅或者狂妄自大的人才把它奉为至宝。盟军截获了德军的"黄色计划"后,经过反复商讨确定了西线针对德国的"布雷达计划"(简称D计划)。这个方案设计联军在安特卫普(比利时西北部)、那慕尔(比利时一个城市)、色当一线组织防御。法国陆军总司令兼西线总司令甘末林按着D计划,要求如果德军向荷兰和比利时发起进攻时,英法领军应利用荷比两国军队迟滞德军的进攻,并在荷比两国军队的协同下,依托那里的防御阵地,粉碎德军的进攻。依据D计划的设计,联军的兵力部署是:法国和英国共103个师,编为三个集团军群。第1集团军群由法军的第1、第2、第7、第9

集团军以及英国的远征军,共 51 个师组成,他们由比约特将军率领,部署在英吉利海峡至隆吉永一线,任务是增援比、荷军队,将德军阻滞在迪尔河一线;第 2 集团军群辖法军第 3、4 和第 5 集团军,共 25 个师,司令为普雷特拉,部署在隆吉永至阿格诺一线,坚守马其诺防线;第 3 集团军群辖法军第 8、第 6 集团军,共 18 个师,司令为贝松,部署在阿格诺至瑞士边界,任务是坚守马其诺防线南段。法军战略预备部队有 9 个师,此外,法军将第十集团军布置在法国与意大利接壤的边境上,并且联合荷兰、比利时,分别在其边境布置 10 个师和 23 个师,严防死守整个阵线,坚决不让德国人踏过他们的防线一步。法军的作战计划,把马其诺防线当做制胜克敌的法宝,把保卫马其诺防线放在优先地位。

总之,法国东北战线上共集中了盟军 135 个师,坦克 3100 辆、飞机 2372 架、75 毫米以上口径火炮 1.45 万门。并可利用部署在英伦三岛上的 1000 多架飞机支援战斗。德军总兵力为 136 个师,其中 10 个装甲师、8 个摩托化师和 1 个空降师、2439 辆坦克、3960 架飞机、7378 门火炮,所以两军实力大致相当。然而法国认为自己占有阵地的优势,就如同一战的时候,在英法看来胜利的天平似乎已经开始向联盟倾斜。

战役经过

(一)闪电袭击

此时此刻,胜利却青睐越过阿登山区而来的希特勒的钢铁洪流。一群群德国坦克、装甲车、火炮、装甲运兵车以及卡车运载着步兵部队,这股可怕的洪流正以不为人知的速度和力量向法国涌进。由于法比边界的阿登高地地形崎岖,不易运动作战,所以法军没有多加防备,但万万没有想到德军会由此突破。1940 年 5 月德军诱使英法联军支援荷兰,再偷袭阿登高地,联合荷兰德军将联军围困在敦刻尔克。而马其诺防线也因为德军袭击其背部而失去作用。德军的闪击战术首要的一点就是要出其不意。克莱斯特将军对部队的要求只有一个:"突破,突破,突破"。

1940年5月10日,德军从比利时进入法国,拉开了入侵法国的战幕。德军最高指挥官执行的是德国早已筹划好的曼斯坦计划。这一计划设定:如果德法开战,德国将迅速征服比利时和荷兰,然后通过阿登进入法国。而法国人一直把阿登看作是保卫其家园的天然屏障。根据曼斯坦计划,一旦德军进入法国,便可沿着比利时边境,向北进攻驻守在那里的英国特遣部队,割断英法联军的联络。11日傍晚,德军的装甲部队以及全线突破了英法比军队防线。在北线,德军第七装甲师在比利时马尔什地区击溃法国第四骑兵师的装甲旅,当天下午就抵至马斯河;在南线,德军第19装甲军全速前进,傍晚时分,第一装甲师已经抵至瑟穆瓦河一线。其实德国无意分兵占领法国全境,他们的主要目标是夺取加莱海峡沿岸各港。盟军的空中力量也无法与德军相抗衡。德军共有3226架飞机,而法英两国总共仅有1470架。截至5月12日,德国将军已经攻占了法国南部的色当和比利时的迪南,从两处突破了马斯河防线。色当是法国南部的历史重镇,1870年普法战争结束时,拿破仑三世便是在此签字投降。5月13日,德军加紧向前推进,击退了顽强抵抗的法军,建立了4个桥头堡。随后,德军将进攻目标直指法国的第2和第9集团军,这两支部队多为预备役,士兵大多未经过严格的训练,结果溃不成军。英军企图从空中摧毁德军的桥头堡,结果半数约85架战机被击落。5月15日,德国3个装甲集团军均已渡过马斯河,他们不费一枪一弹就深入到第9集团军后方。20日,第2装甲师在海边受阻。指挥部担心古德里安和隆美尔孤军深入,但是事实证明,这种担心是多余的。比利时部队及英国远征军已经被截断。5月21日,德军已经包围了亚眠(法国北部城市)并向前推至阿布维尔,第二装甲师的1个营首先继续推进,一举切断了北方英法比联军同南边法军的联系。此后,德军各装甲部队继续北进,于23日攻占了沿海重镇布洛涅和加来,24日抵至格拉沃利纳和圣奥梅尔之间的阿河一线。这样,英法联军的几十万大军,就被德军牢牢地围困在敦刻尔克地区。

(二)敦刻尔克奇迹

英国首相丘吉尔在他的《第二次世界大战回忆录》中称敦刻尔克是一个奇迹。其实敦刻尔克英军成功地撤回本土,算不得一个奇迹,更不能称之为胜利。它充其量只是一支打了败仗的军队在仓皇撤退中,打了一场比较漂亮的后卫战,减少了损失。

敦刻尔克是一个有1000多年悠久历史的古城堡,位于多弗尔海峡法国一侧,是一个优良的海口,距离英国最近处为100公里左右。当时被围困在这里的英军有22万人,法军20万人。这些人被困在从拉格夫林到敦刻尔克以北的尼乌波特的一个三角形地带里,欲战不敢,欲退无路,几十万大军面临绝境。他们唯一的生路就是从敦刻尔克港横渡多弗尔海峡撤退到对面的英伦三岛上去。26日,英内阁下令实施"发电机"计划,组织敦刻尔克撤退。晚7时左右,850只船只组成的船队陆续涌到敦刻尔克,驳船、货轮、汽艇、渔船,甚至花花绿绿的游艇,甚至内河船只,顶着德国飞机、潜艇和大炮的打击,往返穿梭于海峡之间,将一批批联军官兵送回到英国本土。英国海军军舰由于吃水深,无法靠近海滩,撤退速度较慢,5月27日只撤出了7000多人。

5月28日敦刻尔克地区恶劣的天气,阻止了德军空袭,近17000人得以撤离。撤退开始后,德军加强地面进攻,并从空中和海上攻击英法运输船队。英军竭尽全力地坚守其东、西侧战线,以保持向海峡沿岸撤退的通道,并加紧部队登船工作,各式各样的小船充当摆渡,还将卡车沉入海中,作为海滩延伸入海的登船栈桥。德军投掷的炸弹在海边沙滩上爆炸威力大减。5月29日撤出4.7万人。5月30日雾气导致能见度降低再次阻止了德军空袭,联军撤出5万多人。5月31日撤退人数达到6.8万。敦刻尔克的包围圈逐步缩小,但德军无法阻止联军从海上撤走部队。英国空军为了掩护地面撤退,总共出动2739架次战斗机进行空中掩护,平均每天出动300架次,有力抗击了德军空袭。尽管在德国空军的攻击下损失惨重,6月1日仍有6万多人撤出。由于德军空袭和逼近敦刻尔克海滩的炮火,6月2日开始利用夜间进行撤退。其后三天联军利用暗夜的掩护每天将2.6万人撤往英国。6月4日德军攻克敦刻尔克,担任后卫来不及撤离的法国军队4万人被俘。

撤退从5月26日开始进行,至6月的4号结束,共历时9天。此次撤军共有338226人从敦刻尔克撤到英国,其中英军约21.5万人,法军约9万人,比利时军约3.3万人。英国、法国、比利时和荷兰同时动用各种舰船861艘,其中包括渔船、客轮、游艇和救生艇等小型船只。

整整八天八夜的时间,这支前所未有的"敦刻尔克舰队"把34万大军从死亡陷阱中拯救出来,尽管英国远征军损失了所有装备,但这支有训练有素的部队得以成功撤离,为英军保存了有生力量,为盟军日后的反攻保存了大量的有生力量,具有重大的军事意义。如果英国远征军主力无法撤回英国,那抗击德国入侵的就只剩下童子军了。以后的战争发展也就难以预料,对于英国而言,如此惨重的损失将是无法弥补的。尽管英军失去了大量的装备和军需物资,但保留下一批经过战争考验的官兵,这是一批纪律严明、训练有素、作战英勇的精锐官兵,4年后在诺曼底登陆的英军中,这些人无疑是绝对的中坚力量。敦刻尔克的伟大意义就在于,英国保留了继续坚持战争的最珍贵的有生力量。正如丘吉尔向议会报告敦刻尔克撤退时所说:"我们挫败了德国消灭远征军的企图,这次撤退将孕育着胜利!"

（三）法国崩溃

6月5日,德军行动进入第二阶段,德军最高统帅开始实施吞并法国的"红色方案"。希特勒发表了告军人书,煽动宣称这是"历史上最后的战争",当天早晨5时,随着希特勒的一声命令,德军转峰向南,沿着莱茵河一线,在整个600多公里宽的横贯法国南部的战线上,发动了强大的攻势。

6月10日,德军以海岸线为目标,切断了正向海岸撤退的法军第九军和英军第五十一师退路。同日,德法两军在距离巴黎仅50多公里处展开了一场厮杀,德军在全线投入了200万兵力,战况激烈为开展以来前所未有,法军已经是做最后的挣扎。经过一天的激战,德军强渡塞纳河占领了巴黎近郊一些防御阵地,法军全面后撤,整个防线崩溃。

6月12日,福图将军及1.2万名法军投降。英军试图增援瑟堡,但是未能成功,被迫于13日撤回。14日,德军从凯旋门进入巴黎。6月16日,年迈的贝当元帅接管法军。6月17日,这位昔日的"凡尔登救星"贝当总理通过广播向法国人民宣布:今天,我怀着沉重的心情告诉你们,我们必须停止战斗。当晚,一心求和的贝当蜷缩在一张椅子上,裹着一条毯子焦虑地等待着德方的回复。然而,德国并没有立刻回复贝当的发言。6月19日清晨,贝当政府终于等到他梦寐以求的声音——希特勒的回复:"准备一俟得知法国代表团人员名单,就宣布停止敌对行动的条件。"6月20日早晨,在阳光明媚的法兰西大地上,德国和法国在他们曾经熟悉的地方:贡比涅签订了他们新一次的停战协议。6月25日法国全境停战,至此,此战局以法国惨败、屈辱投降而告结束。

战例评析

站在历史的今天,人们不禁会问:"是谁打败了法国?"这个曾经是欧洲大陆上陆军最强、拥有 300 万陆军的法国,怎会在短短的 30 天中迅速崩溃灭亡呢?此战,法军伤亡 20.4 万人,被俘 154.7 万人;英军损失 6.8 万人;德军伤亡 15.6 万人。德国通过此战证明英法两国虽然拥有雄厚的军事和经济实力,但是这些都不足以成为阻挡德国前进脚步的障碍。法国战败的原因有很多,与他们长期推行绥靖政策,与英法战争思维过于保守,与统治集团之间相互倾轧等等都有关系。但是从当时的军事力量对比来看,以法军为主力的盟军,无论在军队的数量上及武器配备方面都比德军占优势。然而他们输了,输得干干净净。法国战败的教训是深刻的,可以留给我们借鉴的也很多。

(一)兵无常势,战场要以变应变

古希腊哲学家赫拉克利特曾说过,战争是液态的流动体;孙子也说:"兵无常势,水无常态",讲的就是没有一成不变的战场,胜利的经验不可复制。战争绝对不是历史的重演、昨日的重现,用旧的战争图纸,不可能描绘出新的战争轮廓。盟军固守第一次世界大战中的胜利经验,坚定地认为阵地战、防御战是取得胜利的基本条件。法军统帅部不能洞察和把握不断发展着的战争趋势,习惯用上次战争的历史经验,来制定新的战略战术,梦想依靠马其诺防线再复制一个新的凡尔登保卫战。在此思想指导下,法军制定了以防守为主的消耗战战略,因此法国把"阵地"打造得足够扎实,不惜花 9 年时间,在法德边境上花巨资修建了长达 700 公里的马其诺防线。同时抽调了全国几乎所有兵力驻守在该防线上。但是该防线上的战士却没有积极备战,他们斗志消沉、组织涣散,直到德国入侵法国的当天，他们有的士兵、军官还在休假；当入侵法国的德国坦克长驱直入的时候，驻守在马其诺防线里的士兵居然依然采取按兵不动的策略，也许他们还在幻想着要跟德国人正面交锋，要跟德国人玩消耗战拖死德国人。在他们还没有从正面看清德国人的面目的时候，就遭到了绕过防线从后方包抄自己的德国军队，仓皇迎战之下，结果必然遭到围歼，而号称世界上最完美的防御工事"马其诺防线"就这样完整地送给了希特勒。因此，在战场上没有什么一定是百试不爽的法宝。历史一直在通过现实启示真理，但是我们要追寻的并不是历史本身。不论是战争还是个人，过分沉醉于曾经的胜利，过分迷信成功的经验，那么下一步一定是失败。

（二）超前是赢得战争的关键

超前的字面意思是超越目前正常条件或者一般条件的情况。就是比别人更先进，更优秀，更进一步。超前不只要求武装建设装备要比对手先进，还指军队体质建设要比对手更完善灵活、战斗力更强，更指战略指导思想要比对手更富真知灼见，更能洞悉现代战场的变幻莫测，更能依据实际情况作出正确而富有智慧的战略决策。要在武器装备上，体制建设上，指导思想上都比对手更进一步，更超前。中国有句古话说得好："运筹帷幄之中，决胜千里之外"，战争不仅仅是士兵在战斗中的对抗，也是军事统帅在智慧上的较量。如果说法国军事理论过分陈旧保守的话，那么法军统帅的懦弱无能、指挥失策则导致法军失去了一次又一次本可以保卫家园完整的机会。坦克参与了第一次世界大战，并且在第一次世界大战上展露了足够的锋芒，因此德国非常重视坦克机械化部队和空军的建设，而法国军事领导人却抱着第一次世界大战的胜利经验不放，他们因自信而遮蔽的双眼看不到坦克军队在未来战场的重要作用，他们甚至始终认为："在战场上，步兵永远是至高无上的"，而坦克无非就是一种笨重的需要步兵作为辅助进攻力量的大家伙。这种认识,让法国虽然有数量庞大的坦克部队,但是坦克部队的机动性、速度,坦克部队和其他部队的协同作战的默契非常差,使得坦克部队乃至整个部队的战斗力都受到了牵制。从这里就可以看出,法国军事指导思想的落后,有军事家说:"法军领导层的军事思想落后了20年。"与其说他们的军事思想落后了20年,还不如说他们的军事思想从凡尔登战役之后就停滞了,站在原地不动就是一种落后。所以,要想赢得战争就需要从军队体制、武装建设、指导思想等多方面多维、立体、整体地建设和发展,而这种发展要走在对手的前面。

总之,法国1940年的悲剧绝非偶然,他的迅速瓦解的原因太多、太过复杂。英国军事家,李德·哈特曾说,"法军的主要弱点,不在于他们的数量,也不在于他们的装备,而在于他们的思想",法国的悲剧暴露了法国军事理论的落后和法军统帅的腐败无能,证明了落后就要挨打,腐败将致灭国的道理。这是第二次世界大战法国战败留给世人最主要的教训。

4. 属于人民的胜利：莫斯科会战

莫斯科会战也称为莫斯科保卫战，是指第二次世界大战中，于1941年10月至1942年1月期间，苏联军队保卫其首都莫斯科及其后反攻德军的战役。莫斯科保卫战既是第二次世界大战期间最大规模的城市保卫战，是第二次世界大战中苏德两军在莫斯科附近地域进行的一系列大规模攻防战役组成的战略性会战，也是人类战争史上最大规模的城市保卫战。苏军备战的军队共有15个集团军和1个集团军群，125万人、坦克990辆、火炮7600门、飞机677架；而德军总共集结了76个师，其中14个装甲师、8个摩托化师，约180万人，坦克1700辆、火炮14000万余门、飞机1390架。德军参战人员是苏军的4倍，火炮和迫击炮是苏军的0.8倍，坦克是0.7倍，作战飞机是苏军1倍多。这是德军数量方面的优势，德军的武器装备质量比苏军的坦克飞机要先进。但是会战最终以德军的失败而告终，德军共伤亡50万人（其中冻死冻伤10万余人），损失坦克1300辆、火炮2500门、汽车1.5万余辆。

 **战争背景**

1939年11月30日，苏联以强大的兵力越过芬兰边境，拉开了苏芬之战的序幕。经过三个月的激战，芬兰战败求和，于1940年3月12日，

双方签订《莫斯科和约》。在这场战争中，芬兰伤亡8万人，而苏联死亡20万人，伤3万人，1600辆坦克被毁，630架飞机被击落。这些数字让希特勒相信：苏联不过是一尊泥佛，根本无力抵御德国现代化武器装备的军队。1941年6月21日夜，德国在既没有向苏联宣战也没有发出任何战争通牒的情况下，向苏联发动了历史上最邪恶的一次军事行动，代号"巴巴罗萨"。"巴巴罗萨"的意思是"红胡子"，是神圣罗马帝国皇帝腓特烈一世的绰号，腓特烈一世是神圣罗马帝国一位很有作为的皇帝，同时也和希特勒一样崇尚侵略扩张。希特勒将进攻苏联绝密计划的代号定为"巴巴罗萨"，就是希望像红胡子一样，以闪电战的方式突然袭击苏联，打垮苏联。苏联方面因受《苏德互不侵犯条约》的心理蛊惑，对德国的算盘浑然不知。为了防止引发德对苏联的敌意，向德国表示尊重苏德互不侵犯的诚意，苏联边防部队甚至不配发弹药。大量的粮食、原料、贵重物品等战备资源依然通过苏德铁路源源不断地按着苏德协定由苏联运往德国。6月21日晚上，一名叛逃的德国士兵越过苏德边界向苏军提供了德军次日将大举进攻苏联的绝密情报。这一情况被迅速呈报给了斯大林。但是斯大林不相信这个消息。他甚至认为这是有人从中挑拨苏德关系，想要从中渔利，所以他下令塔斯社发表社论辟谣。由于苏军对德国的突袭毫无准备，开战第一日，苏军便损失了1800架飞机；开战三周，苏军109个师被消灭，11月底，苏联红军损失了将近1.8万辆坦克，部队被迫后撤800至1200公里。德军在南路夺取了基辅，北路包围了列宁格勒，中路直逼莫斯科。12月2日，德军先头部队已经进入到距离莫斯科只有25到35公里的地区，再有一次冲锋，莫斯科就将为希特勒囊中之物。得到消息的希特勒兴奋得发狂，他要求柏林各大报纸留下版面，准备刊登德军攻下莫斯科的消息。然而，留下的版面始终没有等到这一消息，战神开始抛弃希特勒的魔鬼军团，随着苏联寒冬的到来，苏军南北两翼开始夹击反攻,德国刮起的"台风"渐渐逝去。

作战经过

从战争态势上来看,可以将莫斯科战役可分为防御、反攻和总攻三个不同的阶段。

(一)苏军防御作战阶段(1941年9月30日—12月5日)

德军"中央"集团军群以古德里安指挥的第2坦克集群和第2集团军为第一梯队,于1941年9月30日向苏军拉开了"台风"行动的序幕。

德军第2坦克集群直指苏军方面军司令部所在地布良斯克,没有遇到严重抵抗就突破了苏军防线,并于10月3日攻克了布良斯克东南方向的奥廖尔。苏军布良斯克方面军被分割,其中第3和第13集团军面临被合围的危险,部队受到很大损失,边战边向东撤退,接到最高统帅部关于坚守的命令后,部队就地组织抵抗。苏军发起反攻未果,德军一路疾驰继续向苏军防御纵深方向推进。德军进攻的顺利让希特勒心情大好,10月3日,他在柏林体育馆发表了激情的演讲,他说:"如果人们谈论闪电战,历史上还未曾有过这样的军队,但是历史上还真有过几次闪电般的撤退,但是与敦刻尔克大撤退相比,苏军的速度真是相形见绌。"

10月6日,德军第二装甲兵团攻占布良斯克,并且迅速同从西面打来的第2集团军会合,包围了苏军第3、第13和第50集团军。10月7日,希特勒签署命令,要求德军不接受莫斯科任何形式的投降,德军对莫斯科只进行包围、轰炸和毁火。当日,德军霍特和赫普纳两支装甲兵团在维亚济会师,围抄了苏第19、20集团军以及预备队方面的第24、32集团军。苏军被围部队进行了顽强抵抗,拖住了企图迅速向前推进的德军28个师的兵力,从而使苏军的其他部队赢得了时间来组织第二道防线

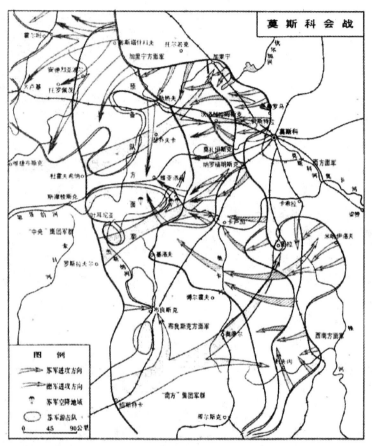

(即莫日艾斯斯克防线)。北面德军于10月16日夺占了加里宁市。但随后加里宁以西、以北和以东3个方向的苏军对德军进行了反突击,迫使德军第3坦克集群转入防御,从而粉碎了德军由西北迂回莫斯科的企图。10月下旬,德军对莫斯科空袭日甚一日,而且加紧了向莫斯科逼近的行动。随着德军进攻势头的削弱,苏军的抵抗也越来越顽强。在田野里,当德军的坦克在泥潭里艰难地挣扎时,苏军的T-34型宽履带坦克却能在泥泞的地面上行驶,并采取了对德军坦克打了就跑的战术。但是到10月23日,苏军只有少量部队突围出来,其余全部牺牲和被俘。苏军共有66.3万人被俘,1242辆坦克、5412门大炮和迫击炮被缴。台风行动的顺利进展让希特勒得意忘形,他甚至对他的部将说他们已经赢得了这场战争。

但是短暂的胜利冲昏了希特勒的头脑,他根本没有看到德军此时参战步兵师的兵力基本减少了三分之一,装甲部队的兵力降低了50%,装甲团的战斗力下降了65%—70%,而德军的补给也因为战线拉得太长而严重不足。10月中旬的苏联西部开始下雨,气温骤降,德军的部队在泥泞中挣扎前进,除履带式的车辆和一些马车尚能行走外,其他一切轮式车辆都无法行驶。德军官兵穿着单衣薄衫,躲在狭窄有积水的掩体里,双脚早已冻得失去知觉……而这一切都没有被希特勒看到。他只看到了德军距离莫斯科不过一个冲锋的距离,他一定要拿下莫斯科。

为进攻莫斯科,德军重新调整战略部署。以"中央"集团军群的主力编为2个突击集团,在莫斯科以西迂回突击,以合围苏军主力于莫斯科以西地区;第4装甲集团军群包括2个坦克集群,包括编有7个坦克师、13个摩托化师和3个步兵师,还有将近2000门火炮和强大的航空兵由东北方向进攻,从北面包围莫斯科;第3装甲集团群和第4装甲集团群在南面方向上,掩护北翼;第2装甲集团军攻占图拉后,从莫斯科以东方向进攻;德军的突击军团群由4个军组成,并有强大的机群支援;在中央地段上,德军第4集团军从正面突击,以牵制和削弱苏军南方方面军的防御部署,伺机向防线中央突击,最后攻占莫斯科。此时,集结在莫斯科周边的德军兵力达到了51个师,德军的兵力是苏军的1倍,炮兵的1.5倍,坦克的0.5倍。德军企图击溃苏军,合围并占领莫斯科。

苏军此时指挥战斗的是朱可夫,一位出类拔萃,果敢顽强,而且足智多谋的军事人才,斯大林亲自任命他为苏军西方面军总司令。苏军识破了德军的意图,决定以积极顽强的防御制止德军突击莫斯科,并用反突击来破坏德军变更部署。从西伯利亚调回25个步兵师和9个装甲旅的精锐部队保卫莫斯科。

受检阅的苏联部队

这里必须要提的就是1941年11月6日,在德军兵临城下、莫斯科周围炮声隆隆的时候;在莫斯科上空寒风凛冽的时候,苏联首都人民在地下铁道马雅可夫斯基车站举行了十月社会主义革命24周年庆祝大会,斯大林在广场上举行了阅兵仪式。斯大林在阅兵仪式上发表了著名的讲话,他说:"我们能够并且一定战胜德国侵略者,这难道可以怀疑么?敌人并不像某些惊慌失措的知识分子所形容的那样厉害。鬼并不像人们所描述的那样可怕。谁能否认,我们红军曾屡次把轰动一时的德军击得仓皇逃窜呢?如果不妄信德国宣传家的夸张声明,而去按照德国真实状况来判断,那就不难了解德国法西斯侵略者是处在大破产的面前。现在德国笼罩着饥饿和贫困,在四个月的战争中,德国损失了四百五十万士兵,德国流血殆尽,他的人员后备正在穷竭,愤恨的精神不仅浸入到那些陷在德国侵略者压迫下的欧洲各国人民中,而且浸入到感于战争结束无期的德国本国人民中。毫无疑义,德国决不能长久支持这种紧张局面。再过几个月,再过半年,也许一年,而希特勒德国就定会在其深重罪孽下破碎的……伟大的解放使命落到你们的肩上。要不愧为这个使命的承担者! 你们所进行的战争是解放的战争,正义的战争。让我们的伟大祖先亚历山大·涅夫斯基……亚历山大·苏沃洛夫、米哈伊尔·库图佐夫的英姿,在这次战争中鼓舞着你们吧! 让伟大列宁的胜利旗帜指引着你们吧! 为完全粉碎德寇而战! 消灭德寇! 我们光荣的祖国万岁! 我们祖国的自由和独立万岁! 在列宁旗帜下向胜利前进!"雷鸣般的掌声在地铁大厅上响起,这是人类历史上不多见的阅兵仪式,而这些参加完阅兵的士兵在阅兵结束之后直接开赴了战场。

11月15日,德军开始向苏军加里宁方面军的第30集团军防御阵地进攻,很快就突破了苏军防线,并向克林方向急速前进。11月16日,德军向西方方面军防守在朔沙河以南的苏军第16集团军右翼实施突击,企图从北面迂回莫斯科。11月18日,在西方方面军左翼向苏军阵地发起进攻。德军突破了苏军第50集团军的防御阵地。11月21日,德军第2坦克集群攻占了乌兹洛瓦亚等地,企图再度从南面迂回莫斯科。在西方方面军中央战线,德军发起进攻后在苏军第5和第73集团军的结合部突破了苏军防线,并沿公路向库宾卡推进。但德军在前进过程中,许多坦克被苏军设置的地雷场所炸毁,有的被苏军步兵第32师的炮火击毁,遭受重大损失。该部在撤回到果利崔诺后,被防守该地区的苏军第1、第33集团军和方面军预备队歼灭。

11月底到12月初,德军在付出了巨大代价后前进到莫斯科运河,在那罗福明斯克以北及以南强渡了娜拉河,从南方逼近卡西拉,形成北、南、中3个方向进攻莫斯科的作战态势。但是,德军遭遇到了苏军强烈的反突击,德军进攻莫斯科的行动全部停止下来,被迫从12月5日起全线转入防御;苏军在莫斯科战役的防御作战阶段即告结束。

(二)苏军转入反攻阶段(1941年12月5日—1942年1月7日)

1941年12月初,苏德之间力量关系上发生了微妙的变化。苏军在历经了2个月的防御作战后,把猖狂的德军打得精疲力竭,德军不得不在宽达1100公里的正面战场上转为防御作战。莫斯科会战最关键的12月5日这一天,在环绕莫斯科周围数百公里的半圆形阵地上,德军的进攻被全线制止了。12月5日这一天,被德国的一些高级将领们称为"黑暗、悲惨的一天",古德里安后来回忆道:"这是我生平第一次必须做这样的决定,没有比这再困难的事情了……我们对莫斯科的进攻已经失败,我们英勇的部队的一切牺牲和煎熬都化为徒劳,我们遭遇了前所未有的失败。"

苏军参加反攻的有3个方面军的15个集团军,共105个师44个旅总共102.17万人,作战飞机1200架。苏军反攻战略计划如下:首先歼灭在莫斯科附近行动的德军两翼集团,进而围歼德军"中央"集团军群主力,消除德军对莫斯科的直接威胁。反攻作战以西方方面军、加里宁方面军和西南方面军的兵力,由东北和东南向维亚兹马方向对德军两个突击集团的翼侧实施猛烈的向心突击。

1941年12月6日早晨,正当希特勒幻想再过几天要继续进攻莫斯科的时候,苏军已接到斯大林的命令,在加里宁、克林—索尔捏奇诺戈尔斯克、图拉和叶列茨等方向发动了具有历史意义的大反攻。12月8日,苏军攻克克留沃克,13日苏军夺回克林。双方在浅近阵地进行激烈的争夺,战斗持续了10天,苏军即开始向前推进。经过10天战斗,德军第2坦克集群被苏军从两翼紧紧包围,遭到严重损失,开始仓皇撤退,沿途丢弃了大量坦克、牵引车和汽车。德军损失惨重,古德里安向希特勒报告前线糟糕的局面,希望希特勒调整战略布局。然而坐在暖暖壁炉旁边的希特勒怎肯放弃近在眼前的莫斯科,更不愿意相信德军会失败的说法。16日夜,古德里安得到的指示是"禁止部队继续后退"。尽管希特勒三令五申禁止部队后撤,并且希特勒撤换了陆军总司令布劳希奇,决定自己亲自担任陆军总司令。古德里安也由于不执行希特勒的命令而被解除指挥权。苏军反攻行动取得了初步胜利,1942年初,苏军已经将莫斯科城下的德军赶离到距莫斯科100公里—125公里一带,解除了德军对莫斯科的包围。这是希特勒自发动对苏联入侵以来遭到的一次沉重打击,德军主力"中央"集团军群损失惨重。

(三)苏军实施总攻阶段(1942年1月8日—4月20日)

苏军最高统帅部决定在莫斯科战略方向上全线转入总攻,消灭在列宁格勒附近、莫斯科以西及南部地区的德军。具体作战部署是:以西北方面军左翼部队、加里宁方面军和西方方面军,从两面迂回并围歼尔热夫、维亚兹马和斯摩棱斯克地区的德军主力。1月8日,斯大林的进攻计划如期举行。从列宁格勒城外雪深没膝的森林和静静顿河流淌过的乌克兰平原,苏军以9个方面军以及波罗的海舰队、黑海舰队,同时在空军的支援下,先后向德国发起了全线反攻。

1月10日,苏军方面军右翼部队经过两天战斗,突破了德军的防御阵地,占领了洛托斯诺和沙霍斯卡亚等地,并切断了莫斯科至尔热夫的铁路。苏军西北方面军进攻的方面德军防守比较薄弱,苏军进展较为顺利。2月初,向西推进了约250公里。苏军骑兵第1军与第33集团军在维亚兹马地区会合后,其后路被德军切断。这时,德军从法国和其他战线抽调了部分预备队支援维亚兹马地区,从而稳定了该地区的防御,使苏军无法突围。原来突进德军防线的苏军兵力不得不留在敌后维亚兹马南面的森林地带,同敌后的游击队一起坚持了2个多月的艰苦战斗。

4月初开始苏联的天气开始转暖,德军重新集结大量兵力开始扫荡苏军突击集团，而频繁的扫荡，使得苏军部队与游击队失去了联系，同时苏军的粮秣弹药补给方面也出现了问题，遂按方面军命令规定的路线设法摆脱德军并组织突围，同主力部队会合。与此同时，苏第29和39集团军在尔热夫以西地区受到德军的顽强抵抗而进展缓慢，该方面军的左翼部队也为德军坚固的防御所阻，进攻未果。而这时的德军也重新调动补充了部队，并利用苏军原来放弃的筑垒地域，大量布设雷场，加固防御工事，坚持阵地防御。4月底，苏军停止全线进攻转入防御，莫斯科会战就此结束。

莫斯科保卫战经过苏军6个半月的英勇顽强作战，流血牺牲，粉碎了德军对莫斯科的进攻并实施反击，将战线向西推进了100—350公里，解放了加里宁州、图拉州、梁赞州以及斯摩棱斯克州和奥廖尔州部分地区，挫败了希特勒的战略计划，粉碎了希特勒不可战胜的神话。在莫斯科会战中，德军前后损失了50余万官兵、1300辆坦克、2500门大炮和1.5万辆汽车以及大量的技术装备。

 战例点评

莫斯科会战是具有决定性的战略性大会战，也是德军在第二次世界大战中第一次战略性的失败，动摇了法西斯同盟的纽带，迫使日本和土耳其等统治集团不敢一味追随德国的步伐，更增强了反法西斯同盟之间的信心。会战中，苏联的军事学术发展到了新的阶段。苏联军民面对强大的德军进攻集团，巧妙灵活地运用城市防御战法，不断完善纵深梯次配置的防御体系，加强作战协同，重视战略预备队的组建和适时集中使用，配合敌后游击作战，使德军遭受了惨重的损失，希特勒企图在几个星期内攻占莫斯科的"台风"计划被彻底粉碎。莫斯科会战是苏联卫国战争中不多的战略性会战之一。在苏联战略防御阶段,苏军最高统帅部正确的战略战役指导、周密的战役部署、及时地把握战役转机、灵活机动的战役战术和组织强大的战役预备队,都证明苏军最高统帅部把握了战争的规律特点,具备高超的指挥艺术。而这次会战的另外一个特点就是人民与军队统一战线、共同作战,人民是苏军强大的后备力量。苏军在战争中英勇奋战、不断成长起来,开始扭转第二次世界大战的局面。德军从战略、战术上的一系列失误,是输掉莫斯科会战的重要原因。应当客观地说,德军作战还是比较顽强的,他们在条件极端艰苦的环境下作出了最大的努力。但是将他们带入死亡深渊的是他们骄傲不可一世的统帅。有这样一幅画,画的是拿破仑骑着战马,率领着他的一支帝国卫队,沿着一条俄国的沙土路沉思着向东走去。这幅画的题目是:"他们牢骚满腹,但仍然忠实地跟随着他。"这是对 1812 年、也是对 1941 年莫斯科保卫战的最好写照。

5. 梦醒太平洋：日本偷袭珍珠港

19世纪末，日本就开始与美国争夺亚洲和太平洋地区的霸权。1939年，日本拟定了两个作战取向，分别为"南下""北上"两个作战计划。日本起初看重苏联丰富的战争资源，拟订了"北上"入侵苏联，占领西伯利亚的计划。1939年5月至9月，日本按计划，向位于中蒙边境海拉尔以南200公里的诺门罕地区的苏蒙联军发动了大规模试探性战略进攻。双方动用了数十万精锐部队和先进军事装备，在杂草丛生、沙丘连绵起伏的荒原上进行了一场长达4个多月激烈的交锋。日本由于军事思想和战术技术落后，遭到了自日俄战争以来首次最惨重的失败。"北上"吃了败仗后，进攻苏联占领西伯利亚的梦想化为泡影，就掉头策划"南下"，夺取更大的战争资源（石油）等，以便为日后吞并世界储备后继资源。南洋，当时有英国、荷兰、美国的殖民地，这就给日本南下的计划增加了困难。加上石油短缺，使得其不惜冒险一搏，炸掉美国珍珠港。

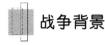 **战争背景**

1940年希特勒策划了对英国的"海狮行动"，要求日军和德国同时对英作战，日军驱除了所有在华的英国侨民，夺取了英国在华利益。日军的做法直接影响了英美两国的利益。为了给日军一点警戒，美国冻

结了对日的贸易,其中有战争必要的石油。没有石油,日军的战斗装备就无法行驶,舰艇抛锚,等于无法继续侵略,为了确保正常侵略,掠夺石油,日军决定冒险一搏。日本明白,要么从中国撤兵,停止对外扩张,外交上向美国靠拢。要么自组旗帜,南下夺取战略资源,继续加强对外侵略。南洋有美国、英国、荷兰的殖民地,进军南洋就等于向美英荷三国宣战。

日本政府决定占据东南亚的资源作为对禁运的回答。他们不能假设,假如他们开始行动了,美国会在一旁袖手旁观,这是山本五十六考虑事前消灭美国在太平洋的力量的原因。日本联合舰队袭击珍珠港的海军基地的计划是实现这个战略目的中的一个战术步骤。资料显示,山本于1941年初开始考虑袭击珍珠港。数月后,在做了一些预先考察后,他被批准开始准备这个行动。日本海军内部有强烈反对这个行动的力量。山本威胁,假如这个行动被中止的话,他将引退。1941年夏,在一次由日本天皇亲自出席的御前会议上,这个行动正式被批准。11月,在另一次天皇亲自出席的御前会议上,出兵太平洋的决定被批准。在11月的会议上还决定,只有在美国完全同意日本主要要求的情况下才放弃这次行动。

袭击珍珠港的目的是为了(至少暂时)消灭美国海军在太平洋上的主力。袭击珍珠港计划的策划者山本五十六本人认为一次成功的袭击只能带来一年左右的战略优势。从1931年开始日本与中国交战,此前日本占领了满洲。从1941年1月日本开始计划袭击珍珠港,经过一些海军内部的讨论和争执后,从年中开始日本海军开始为这次行动进行严格的训练。

日本计划的一部分是在袭击前(而且必须在袭击前)中止与美国的协商。到12月7日为止,日本驻华盛顿大使中的外交官一直在与美国外交部进行很广泛的讨论,包括美国对日本在1941年夏入侵东南亚的反应。袭击前日本大使从日本外交部获得了一封很长的电报,并受令在袭击前(华盛顿时间下午1时)将它递交国务卿科德尔·赫尔。华盛顿时间12月7日晨5时,"魔术"室的电传打字机打出了日本对"赫尔备忘录"答复的第十四部分,也是日本回应美国谈判的最后一部分,这一部分距离日本回复的第十三部分相隔了14个小时,内容是:鉴于美国所采取的态度,日本政府不能不认为,即使今后继续进行交涉,也无法达到妥协。特此通告美国政府,并深表遗憾。看完电报后,克莱默意识到事态不同寻常,他立刻将文件送给各个军政首脑。

华盛顿时间12月7日上午11时,也就是日本舰艇机起飞前的半小时,美国陆军参谋长马歇尔将军和海军作战部长斯塔克辅导员,根据克莱默中校的情报和判断,发出指令,要求驻守太平洋各处的美军进入戒备状态。但是他们怎么也没有想到日本偷袭的目标是珍珠港。因为珍珠港易守难攻,距离日本本土数千海里,日本绝对不会选择珍珠港为攻击目标。驻守珍珠港的美国陆军最高指挥官和海军最高指挥官金梅尔上将,直到夏威夷时间12月7日下午2时58分,才接到为时已晚的来自华盛顿的指令,这时距离日本在珍珠港投下第一批炸弹已超过7个小时,珍珠港正在浓烟烈焰中呻吟。

12月7日夏威夷时间早上7点49分,渊田美津命令报务员发出突击信号。各飞行突击队立刻展开攻击队形;7点55分,成批的炸弹如暴雨般倾泻到美太平洋的珍珠港上。这是一场海上、水下、空中立体闪电式的袭击战,山本五十六一战成名,而以偷袭珍珠港为开端,太平洋战争正式爆发。

继而,罗斯福宣布,12月7日为美国的国耻日。当天下午4时10分,美利坚合众国签署对日宣战书。12月8日,英国也宣布对日处于战争状态。12月9日，中国国民党政府在中日战争进行了4年之后，正式对日宣战。接着，加拿大、澳大利亚、荷兰、新西兰等20多个国家相继对日宣战。第二次世界大战由此演变成一场全球规模的战争。

作战经过

太平洋上的珍珠港是交通的主要枢纽，夏威夷东距美国西海岸，西距日本，西南到诸岛群，北到阿拉斯加和白令海峡，都在2000海里到3000海里之间，跨越太平洋南来北往的飞机，都以夏威夷为中续站。港内水深16—20米。该基地设备完善，并有大型修船厂和油库。为遏制日本扩张，美国太平洋舰队自1940年夏季开始就以珍珠港为基地活动于太平洋上。

1941年11月中旬，日本先遣部队伪装为日常巡逻部队，分别由佐伯湾和横须贺等地出发，沿中航线和南航线驶向夏威夷。

日军突击部队的编制为：珍珠港方案的策划者山本五十六任总指挥，突击编队指挥官为南云忠一海军中将。空袭部队包括"赤城"号、"加贺"号、"苍龙"号、"飞龙"号、"翔鹤"号、"瑞鹤"号等共六艘航母，任务是出动舰载机攻击停泊在珍珠港的美军战列舰和航母。警戒部队的指挥官由第一驱逐舰战队司令大森仙太郎担任，编有"阿武隈"号轻巡洋舰和"谷风"号、"浦风"号、"滨风"号、"矶风"号、"不知火"号、"霞"号、"霰"号、"阳炎"号和"秋云"号九艘驱逐舰，负责为空袭部队和补给部队提供警戒。支援部队的指挥官为第三战队司令三川军一海军中将，编有"比睿"号、"雾岛"号两艘战列舰和"利根"号、"筑摩"号两艘重巡洋舰，负责为空袭部队提供支援，主要是对付美军的大型水面军舰。巡逻部队的指挥官为第二潜艇大队司令今和泉喜海军大佐，由"伊—19"号、

"伊—21"号和"伊—23"号三艘潜艇组成,在编队航线前方航行,担负侦察警戒。中途岛破袭部队的指挥官为第七驱逐舰大队司令小西要人海军大佐,由"潮"号、"涟"号两艘驱逐舰和"尻矢"号补给舰组成,任务是炮击中途岛,牵制美军。补给部队由"极地"丸、"极东"丸、"健洋"丸、"国洋"丸、"神国"丸、"东邦"丸、"东荣"丸和"日本"丸等七艘油船组成,负责为编队进行海上加油。先遣编队指挥官为第六舰队司令清水光美担任,编有三支潜艇部队,第一潜艇部队下辖"伊—9"号、"伊—15"号、"伊—17"号、和"伊—25"号四艘潜艇,在瓦胡岛东北展开队列,攻击美军可能出动反击的舰艇;第二潜艇部队下辖"伊—1"号、"伊—2"号、"伊—3"号、"伊—4"号、"伊—5"号、"伊—6"号和"伊—7"号七艘潜艇,在瓦胡岛与考爱岛、莫洛凯岛之间的考爱海峡、卡伊威海峡展开队列,监视并伺机攻击美军;第三潜艇部队下辖"伊—8"号、"伊—68"号、"伊—69"号、"伊—70"号、"伊—71"号、"伊—72"号、"伊—73"号、"伊—74"号、"伊—75"号九艘潜艇,在瓦胡岛以南海域展开队列,攻击美军可能出动反击的舰艇。特别攻击部队的指挥官由第三潜艇大队司令佐佐木半九担任,下辖"伊—16"号、"伊—18"号、"伊—20"号、"伊—22"号和"伊—24"号五艘潜艇,各携带一艘袖珍潜艇,在空袭前将袖珍潜艇放出,由袖珍潜艇自行潜入港内,必须在第一攻击波开始后才能乘乱从水下发射鱼雷进行攻击。要地侦察部队:由两艘潜艇组成,"伊—10"号侦察斐济、萨摩亚群岛,"伊—26"号侦察阿留申群岛。补给部队由"隐户丸"、"东亚丸"、"新玉丸"、"第二天洋丸"、"日立丸"、"富士山丸"六艘油船组成,部署在本土和夸贾林群岛,为先遣部队的潜艇提供燃油补给。

12月7日午夜时分,神秘浩渺的太平洋波涛汹涌,夜色茫茫,一支庞大的海军舰艇编队悄然航行在美国夏威夷群岛附近的大洋深处。先行出发的5艘侦查袖珍潜艇已经把珍珠港内美军舰艇驻泊数量和位置的详细情报发回。这种袖珍潜艇是日本人的一种秘密武器，重约46吨，可携带2枚鱼雷和2名乘员。日本航空母舰上作战飞机加满燃油装齐弹药，整整齐齐排列在航母的甲板上，一切准备就绪。4点30分，机动部队在瓦胡岛以北约230海里海域展开，特种潜艇部队已到达珍珠港附近。6点，日军第一波飞机183架，由40架鱼雷机、51架俯冲轰炸机、49架水平轰炸机和43架战斗机组成，从瓦胡岛西部进入，8点开始攻击。7点15分，日军第二波飞机171架，包括54架水平轰炸机、81架俯冲轰炸机和36架战斗机，从瓦胡岛东部进入，8时55分开始攻击。

为了取得最大的战果，日军制定有两套攻击方案：一套是奇袭方案，在美军没有戒备时采用，先由鱼雷机攻击，再由轰炸机攻击；二是强攻方案，在美军已有准备时采用，先由轰炸机攻击，压制和吸引防空火力，再由鱼雷机攻击。战斗机则不论哪种方案都要抢占有利高度，以夺取制空权。采取何种方案，由空中指挥官根据具体情况决定，并且商定一发信号弹是奇袭，二发信号弹是强攻。7时49分，渊田见美军毫无防备，立即决定采取奇袭方案，攻击信号立即发出，日军第一波俯冲战斗机把一枚枚250公斤炸弹，依次投向岛上的希凯姆、惠列尔和福特岛各机场；紧接着，鱼雷轰炸机编队低空飞临港口，把浅水鱼雷投向美军舰艇，而后在高空的水平轰炸机待鱼雷攻击后，把一枚枚800公斤的重磅炸弹直接投向美舰甲板。与此同时，零式战斗机编队迎击偶尔强行飞起的美军战斗机。一时间，珍珠港浓烟滚滚，机场几乎全部瘫痪，舰毁人亡，惨不忍睹。爆炸声、警报声和官兵们惊慌失措的呼叫声搅成一团。

完成任务的第一波飞机刚刚离去，第二波的171架日军飞机接踵而至，实施补充轰炸，扩大战果。岛崎担任第二攻击的总指挥，他同时直接率领由54架飞机组成的水平轰炸机对，在接近瓦胡岛后，水平轰炸机队绕到瓦胡岛的东侧，攻击卡内欧黑机场、希凯姆机场和福特岛机场。江

珍珠港惨状

草海军指挥俯冲轰炸机共 81 架飞机,飞过东面的山脉,到达珍珠港攻击港内舰船,近藤指挥的指控战斗机队共 36 架飞机,主要负责争夺瓦胡岛上空的制空权。日机的第二波攻击也大约持续了 1 个小时。这次攻击进一步扩大了第一波攻击的战果,然而,由于美军的高射炮开始反击,日军在第二波攻击中损失了飞机 29 架、潜艇 1 艘和特种潜艇 5 艘。但是日军的损失相对于美军来说微乎其微。珍珠港一袭,美军海军实力遭受重创。损失 4 艘战列舰,19 艘其他舰中弹,3 艘驱逐舰被打得千疮百孔,250 架战斗机全部被炸毁,伤亡 4500 人。

在日军的第二波袭击后,珍珠港上空浓烟滚滚,黑色、暗红色、蘑菇状的烟尘时不时地喷向空中,到处充满了辛辣、恶臭和呛人的气息,珍珠港瞬间变成了一座人间地狱。

战例点评

(一) 命运女神的眷顾

命运女神并不是没有给美国一丝机会,她把命运之门一次又一次打开给美国，然而，美军始终与机会擦肩而过。

　　日本为了保证偷袭能够成功，在偷袭之前使用很多的障眼法，日本从外交上做足了文章，在前往夏威夷的途中，也做了精心挑选和规划。但是即便这样也出现了一系列纰漏，几乎断送了山本的整个计划。

　　从日本本土出发进攻夏威夷有三条航路可以选择。其一是阿留申群岛南下的北方航路。这条航路远离美国岸基飞机的巡逻圈，同商船相遇的可能性也很小，便于保守袭击珍珠港的意图，但舰队经过的海区浪大雾多，海上加油和舰队航行将非常困难。其二是商船航道的中央航路。中央航路则与此完全相反：海面平稳，海上加油和航行也比较容易。特别是如果从马绍尔群岛出击，除了续航力较小的驱逐舰外，其余军舰无需在海上加油。但是，这条航路靠近威克岛、中途岛、帕尔米拉岛和约翰斯顿岛各海域，等于穿过美军巡逻圈，所以，不被美国巡逻机发现是不大可能的。其三是经过马绍尔群岛，从西南方向接近的南方航路，这条航线上有许多荷兰、英国和美国的岛屿，想要不被发现、顺利通过也比较困难。经过激烈的讨论，最后敲定了北方航线。

　　但是就在日本大部队踏上征程后不久，日本特混舰队指挥部收到了一份电报，这是先遣部队"香取"号发来的急电，原来"香取"号在行驶途中，遇上美布鲁克林巡洋舰，该舰排水量9700吨，配备有15门口径为15厘米的大炮。当两舰相距一万米左右的时候，布鲁克林巡洋舰上的大炮突然调整仰角，把炮口一齐对准"香取"号。但是美国方面好像并没有靠近侦查或者开炮的意图，而是调转了航向仿佛是掩护运输船虚晃一下后，同舰上高高的烟囱里冒出的浓烟一同消失在海岸线上。如果美军巡洋舰稍微警惕，是否会发现不远处日本异样的战舰队形，美国就这样与躲避灾难第一次擦肩而过。

　　就在南云舰队为自己的好运气庆幸的时候，另一场更险的遭遇正在等着他们。日本特混舰队先遣队27艘潜艇部队都按计划准时到达指定地点,第一分队4艘在瓦胡岛以北海域,第二分队7艘封锁珍珠港东西海峡,第三分队9艘监视珍珠港入口。但是在7日早上6点30分,美军太平洋舰队储存供应船"安塔尔斯"号在返港时,船上一位船员无意中发现离他们大约2海里的地方有一个形状奇怪的可疑物体。他立刻报告了船长,克兰尼斯船长用望远镜仔细观察,发现该物体呈圆桶状,顶端微露出海面,在海浪中一起一伏很像是一艘潜艇的指挥塔。"安塔尔斯"号马上通知附近的作战舰艇"华德"号,"华德"号接到消息迅速定位,确认其为不明国籍的潜艇,并下令将其击沉。两发一中,暴露的日本潜艇开始下沉,与此同时,美军3架PBY水上飞机在瓦胡岛南部海域也发现了并击沉一艘可疑舰艇。

山本最担心的事情还是发生了,庞大的特混舰队行驶了几千海里都没有被发现,而现在眼看目标就在眼前,自己的一艘潜艇却提前暴露了,眼看日本的企图就要破灭,长时间的准备都将化为太平洋的流水,山本的心情沉到了最低谷。

然而命运女神似乎更偏爱日本。"华德"号迅速将情况上报,但是这份报告并没有立刻得到重视。6时53分,"华德"号再次向分区司令部报告,但是依然没有引起司令部的重视。同时,巡逻机也将发现不明潜艇的情况报告给了指挥部。7时40分的时候,分区司令部布洛克少将接到了"华德"号的报告,这才意识到事态的严重性。他立刻命令"莫纳汉"号驱逐舰前去支援,但是这时距离日本的空袭仅有十分钟的时间了,为时已晚。

其实,即便没有发生这么多意外,这么多疏忽,美国本也可以有所防备,不至于在珍珠港损失那么惨重。日本为了麻痹美国,在外交上表现出依然不会放弃谈判的样子。但是当谈判进行到11月底的时候,美国认为日本毫无谈判的实意,给日本摆出了"赫尔备忘录",提醒日本和美国之前的约定。日本当局认为"赫尔备忘录"是美国给日本下的最后通牒。日方作出的答复是,两三天内日方会给美方一个回复,其实日本在这个时候已经下定了开战的决心。事实上,就在美国提出"赫尔备忘录"的同一天,日本偷袭珍珠港的海上编队已经隐蔽起航。华盛顿时间12月7日4时37分,日本致美国政府备忘录的最后一部分发往华盛顿。美国于晨5时,翻译出了该部分内容:"鉴于美国所采取的态度,日本政府不能不认为,即使今后继续进行交涉也无法达到妥协。特此通告美国政府,并深表遗憾。"

看到电报译文后,克雷默想,日本拍发出前13个部分后,隔了14小时才发出这么短短的几句话,这一事态本身就说明有不同寻常的情况。为此,他立即将文件分送给各个军政首脑。刚刚把译电送完,克雷默立刻又看到了新破译的另外两份日本电报。日本政府指示野村:"至要,请大使将我方复文于华盛顿时间7日下午1时整递交美国政府(若有可能请交国务卿)。"这份电报是美国太平洋海岸截收站当日晨4时37分收到的,经过破译、翻译和递送,用了近6小时。克雷默看到译电时是10时20分,距离日本人所指的那个关键时间还有2小时40分。克雷默突然感到,这个关键性的华盛顿下午1时,在菲律宾刚好是午夜,在美国西半球重要基地之一的巴拿马运河区是中午,惟独在美国最大的海军基地珍珠港刚刚天亮,是偷袭的最好时刻。于是,克雷默立即报送这份情报,并向海军作战部长斯塔克暗示了这一点。

斯塔克也意识到,华盛顿下午1时恰恰是珍珠港的早晨7时30分,这是一个极其危险的时间。他想打电话将这一情况告诉金梅尔司令,但拿起电话听筒后一犹豫,又放下了。此时华盛顿时间是上午10时30分,夏威夷则是清晨5时,离日出还有两个小时。斯塔克怕惊扰了金梅尔的早觉,引起他的不快。而且他又想到,作为华盛顿最高的海军指挥官,他也不应该在一些细节上命令和督促金梅尔"这样干"或者"那样干"。最根本的原因是,他不认为日本人真的能对远距其本土数千公里以外的珍珠港实施偷袭。侥幸心理在这里起到了关键性的作用。斯塔克还是想先与总统商量商量再说。

阴错阳差的这些细碎的原因,致使珍珠港在被炸之前,始终没有得到海军上级的警报。等待珍珠港的只能是日本无情的炮火,留下的则是永远的悲痛和耻辱。

(二) 战争影响

从长远的角度来看,偷袭珍珠港对日本来说是灾难性的错误决定。事实上,计划珍珠港的山本上将本人预言即使对美国海军的袭击成功,它不会也不能赢得一场对美国的战争,因为美国的生产力实在太高了。日本的主目标之一是美国的三艘航空母舰,但当时没有一艘在港内:"企业号"正在返回珍珠港的路上,"莱克星顿号"数日前刚刚开出,"萨拉托加号"正在圣地亚哥维修。世界各地的海军和其他观察家都认为,将美国大多数战列舰创伤作废是这个战役的最大成果。没有了这些战列舰,美国海军只有依靠它的航空母舰和潜艇,实际上当时美国海军只有这些舰船了,而这些舰船也是抵抗和后来反击日本的主要力量。后来证明将战列舰摧毁的作用远比预想的要小得多。还有就是没有乘胜追击,日本没有发动第三波攻击,以摧毁其后勤补给物资(其中最为重要的燃料)。而正是这些物资是美国反击日本的主要来源。事实证明,这是日本在太平洋战区所犯下的第一个也是最严重的一个战略错误。

从当时产生的影响来看,偷袭珍珠港让美国国内立刻形成统一战线,齐心战胜日本,它可能也是后来盟军要求无条件投降的原因。有些历史学家认为,不论当时日本只是击中了战列舰还是击中了航空母舰,对珍珠港的袭击本身就已经决定了日本战败的命运。

　　从历史的角度来看,这场战役具有决定性的历史意义。由于日本未能击沉美国的航空母舰,但即使日本击沉了美国的航空母舰,从长远角度上来看它还是不能帮助日本。这次袭击彻底地将美国和它的雄厚工业和经济卷入了第二次世界大战,导致了轴心国阵线在全世界的覆灭。此后盟军的胜利和美国在国际政治上的支配性地位都是由此及彼的。从军事史的角度来看,对珍珠港的袭击标志着航空母舰取代战列舰成为海军主力的转折点。但世界海军强国对这一点一直到后来珊瑚岛战役和中途岛战役后才明白过来。

6. 成王败寇：中途岛海战

中途岛战役，是第二次世界大战的一场重要战役，也是美国海军以少胜多的一个著名战例。太平洋战争期间，日美两军于1942年6月4日至6月6日在中途岛附近海域展开的一次大规模的海战。海战中，日军损失了4艘航空母舰和1艘重巡洋舰，伤6艘其他舰，击落和损失共320架战机，3507人丧命。相较于日军，美国的损失可谓微小。美军损失1艘航空母舰，1艘驱逐舰和147架飞机，伤亡307人。美国海军不仅在此战役中成功地击退了日本海军对中途岛环礁的攻击，还取得到太平洋战区的主动权，因此中途岛海战成为第二次世界大战太平洋战区的转折点。

山本五十六这位因偷袭珍珠港而一战成名的海军元帅，比谁都清楚，美国是一个实力多么强大的对手。他曾就读于美国哈佛大学，担任过驻华盛顿的海军武官，到过美国各地。在日本海军中，他是有名的美国通。因此，他长期以来反对与美国交战。然而，他又是一个彻头彻尾的日本民族主义者。当日本政府下定决心要对美开战时，他打破了日本海军在内海防御作战的传统，拟定了关于跨洋过海空袭珍珠港的大胆作战计划。在中途岛海战前他曾说："珍珠港战役只是唤醒了一个昏睡的巨人，一旦美国的经济纳入战争轨道，数不清的飞机、坦克和军舰将会一拥而上，而贫瘠的日本岛国对此只能望洋兴叹。因此，必须趁这个'巨人'完

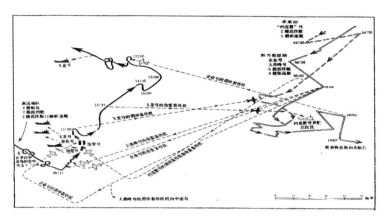

中途岛海战作战图

全清醒以前,彻底摧毁美太平洋舰队,完成袭击珍珠港未竟的事业。"因此,当日军所有战舰、战舰上所有的士兵都在举杯庆祝珍珠港胜利的时候,山本却在思考下一步该怎么走。他自言自语地说:"战争才刚刚开始。"山本认为,只有迅速消灭美国太平洋舰队,才是结束战争的最佳捷径。因此,他力主进攻,再制造一次珍珠港式的袭击,彻底歼灭美国舰队。

战争背景

中途岛,面积只有4.7平方公里,其特殊的地理位置决定了它战略地位的重要性。该岛与美国旧金山和日本横滨均相距2800海里,处于亚洲和北美之间太平洋航线的中途,故名中途岛。另外它距珍珠港1135海里,是美国在中太平洋地区的重要军事基地和交通枢纽,也是美军在夏威夷的门户和前哨阵地。中途岛一旦失守,美军太平洋舰队的大本营珍珠港将再次暴露在日军的虎口之下,届时整个夏威夷群岛也将面临威胁。

日本自1941年12月7日偷袭珍珠港开始,发动了太平洋战争,以后在3

个多月的时间里便占领了东自威克岛、马绍尔群岛,西至马来半岛、安达曼和尼科巴各岛,南至俾斯麦群岛地区,几乎完全控制了整个西太平洋。

美航母上等待命令前去袭击东京的 B-25 轰炸机

珍珠港事件后,罗斯福总统决定由切斯特·尼米兹接替金梅尔出任美太平洋舰队的司令,他对尼米兹说:"到珍珠港去收拾败局,然后留在那里,直到战争胜利。"临危受命的尼米兹到任后,很快组织了只有 4 艘航空母舰及其护航舰的舰队。这支舰队袭击了在中太平洋岛屿上的日军,紧接着实施了一项令人震惊的作战计划——轰炸东京。1942 年 4 月 18 日,从"大黄蜂"号航空母舰上起飞的 16 架 B-25 式轰炸机飞临东京上空,投下炸弹和燃烧弹后顺风直飞中国。

这次空袭震动了日本朝野,也刺激了山本,使他更加坚定了要进攻中途岛的决心。日本在珊瑚海海战之后的仅仅一个月就已经把中途岛拟定为下一个攻击目标。这不仅能报美国空袭东京的一箭之仇,还能打开夏威夷群岛的大门,防止美军从夏威夷方面出动并攻击日本。日本海军想借此机会将美国太平洋舰队残余的军舰引到中途岛一举歼灭。为达到该目的,日本海军几乎倾巢而出,投入大半兵力,舰队规模甚至超越后来史上最大海战——莱特湾海战时的联合舰队。

4月28日,山本在其旗舰"大和"号巨型战列舰上召开海军高级将领会议,确定了进攻中途岛的具体作战计划:先派遣一支舰队进攻阿留申群岛,在该群岛的阿图岛、基斯卡岛登陆,以此为诱饵,将美军舰队的注意力引到北面去,然后以主力舰队趁机夺占中途岛。作战日期初步定在6月初。5月5日,日本海军军令部发布了《大本营海军部第18号命令》,正式批准中途岛作战计划,并命名为"米号作战"。日本海军联合舰队司令山本五十六大将的作战计划秉承了日帝国海军所注重的战略教义:大胆、富有创意。这次行动的目的就是想把美国太平洋舰队引进一个绝地,给予他们致命的一击。也因为日军急于攻击中途岛,致使行动并没有经过详细地策划,而埋下了失败的种子。

然而1942年5月5日,日军发出的攻占中途岛的命令,被美军截获并破译。尼米兹上将掌握了日军袭击中途岛的详细作战计划,于是将计就计,把太平洋舰队埋伏在中途岛附近,让中途岛变成一个更大的陷阱。5月28日凌晨,斯普鲁恩斯海军少将率领包括"企业"号、"大黄蜂"号在内的2艘航空母舰,6艘巡洋舰和9艘驱逐舰组成的第16特混舰队从珍珠港起航,先行开赴待机海域。两天后,弗莱彻海军中将率领"约克城"号航空母舰,2艘巡洋舰和5艘驱逐舰组成的第17特混舰队也出航了,并于6月2日在"幸运点"与第16特混舰队会合,静候猎物的来临。尼米兹给斯普鲁恩斯和弗莱彻的指示是:"运用最有效的战术,给敌人以最大限度的杀伤。"

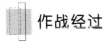 作战经过

6月3日晨,日本海军驶抵阿留申群岛附近,日海军中将细萱戊子郎率北方舰队对荷兰港展开空袭,企图诱使美军分兵支援阿留申,美军按

兵不动。日军再次出兵空袭荷兰港,美国依旧按兵不动。日军声东击西的诡计告败后,北方舰队停止进攻阿留申并迅速南下,准备协同主力与美军舰队决战。4日凌晨3时(中途岛时间)日本第一攻击波机群36架俯冲轰炸机、36架水平轰炸机和36架零式战斗机开始从4艘航空母舰上同时起飞,108架舰载机在永友文市海军大尉的率领下出发,攻击中途岛。由于美军早有准备,驻扎在中途岛的美军战斗机也全部升空,迎击来犯的日本战机。美军的轰炸机,包括了B-17型轰炸机也向日本舰队发动还击。日军轰炸机只能对东岛机场、桑德岛机场等地面设施进行轰炸。由于岛上防御加强,机场跑道未被摧毁。7时10分,首批从中途岛起飞的10架美军鱼雷轰炸机出现在南云舰队的上空,美军飞机一字排开,扑向日军航空母舰。在日军战斗机疯狂的截杀下,7架美机被击落。第一次攻击就这样结束。南云遂决定组织第二次攻击。南云中将命令侦察机搜索东、南方向海域,并且下令战斗机全部挂上鱼雷准备迎击美军舰队。7时30分南云接到"利根"号推迟半小时起飞的一架侦察机发来的电报,距中途岛约240海里的海面发现10艘美国军舰。南云命该侦察机继续查明敌人舰队是否拥有航空母舰,同时命令暂停对鱼雷机的换弹。就在南云等待侦察机的侦察结果时,空中再次响起了警报。40余架从中途岛起飞的美军B-17轰炸机和俯冲轰炸机扑向南云的舰队。由于美军的轰炸机没有战斗机护航,结果很快就被南云派出的零式战斗机击退。

8时20分,南云终于盼到了侦察机传来的报告,称为巡洋舰10艘加驱逐舰10艘,但是10分钟后又报告"美军舰队里看来有一条航母的存在"。这个飞行员真是个笨蛋,从7时28分第一次发现水面舰艇部队以来,过去了一个小时,他还没有提供确切的可以使将领们依之进行作战调整的情报。"赤诚"号上的参谋们恨不得把这个飞行员从天上揪下来

美军驶往中途岛的航母编队

暴揍一通。美国著名作家沃克在他的小说《战争与回忆》中写道："冥冥之中叫人啼笑皆非地安排了这个侦察机飞行员,他晚起飞了半个小时,因此他那具有关键作用的发现也相应地推迟了,他起初看见一条航母没认出来,此后也没提起另外的航空母舰,作出这番拙劣的表演之后,他在历史中消失了,像咬死克里奥特拉的那条毒蛇,他是一个微不足道的人物,但是一个帝国的命运在这一瞬间竟令人悲痛地取决于他。"南云权衡再三之后,下令各舰已经换上炸弹的飞机再次送回机库重新改装鱼雷,收回中途岛归来的第一波飞机,并命令舰队以 30 节的速度向北撤离,以避开再来攻击的美机。命令下达后,日军战舰上便乱作一团。地勤人员拼命地给鱼雷机卸掉重磅炸弹,重新装上鱼雷,卸下来的炸弹来不及送回库里就堆放在机库旁。他们未曾料到,正是这些随便放置的炸弹,在美机来轰炸的时候成了定时炸弹,把他们的军舰葬送海底。

9 时 25 分,一队由"大黄蜂"号起飞的 15 架 TBD 鱼雷轰炸机编队发现了正在为甲板上挂弹及加油的日军航母舰队,在脱离战斗机的护航之下便直接进行攻击。在几乎等于自杀的攻击中,该编队全数被零式战斗机和高射炮火击落,30 名飞行员及炮手除 1 人生还外全部阵亡。

9时30分从"企业号"、"约克城号"起飞的28架美军战机陆续尾随而来,向"苍龙"号和"飞龙"号展开攻击。然而在攻击南云舰队的时候遭到重创,损失了20架鱼雷轰炸机,美机所投鱼雷竟无一命中。

10时20分,于美军的攻击,日本飞机甲板开始执行给护航的零式战斗机加油加弹作业,无法准备反击波。正当日军战斗机在低空忙着驱赶美军鱼雷机时,南云舰队的上空出现了33架从"企业"号起飞的无畏式俯冲轰炸机。此时,日舰正在掉头转到迎风的方向,处于极易受攻击的境地,只停放着几架零式战斗机。

日零式战斗机

10时24分,第一架换班的防空日本战斗机飞离飞行甲板时,"企业号"的33架"无畏"式俯冲轰炸机,分成2个中队分别攻击"赤城"号航空母舰和"加贺"号航空母舰,而此时该舰还没有做好放飞攻击编队的准备,接踵而来的是17架从"约克城"号航空母舰上起飞的"无畏"式俯冲轰炸机则专门攻击"苍龙"号航空母舰。日军的3艘航空母舰刹那间变成了三团火球,堆放在机库里的飞机以及燃料和弹药引起大爆炸,火光直冲云霄,短短的5分钟,日本三艘航空母舰被彻底炸毁了。

10时40分,接替指挥空中作战的日第2航空战队司令官山口多闻少将发动反击,由18架"九九"式俯冲轰炸机和6架零式战斗机组成的攻击编队从"飞龙"号航空母舰起飞。在飞向目标途中,发现了一批正在返航的美军轰炸机,便悄悄地尾随。就因如此,日机成功地找到了"约克城"号,并立即发动攻击。3颗炸弹命中"约克城"号,虽然遭到破坏,但是在美军船员的极力抢修下,"约克城"号恢复了航行功能。16时,美机出动轰炸机40余架从"企业"号和"大黄蜂"号航母的甲板上起飞,17时开始对日舰队轰炸。日"苍龙"号、"加贺"号相继被击沉。

看着天际摇摇欲坠的夕阳,方寸大乱的南云不再理会山本的命令,决定率残部向西北方向撤退。"这是怯战,是逃跑",一个参谋愤怒地通过电话向南云大喊,山本此时一声不吭,他沉吟了片刻,对着电话那头说道:"通知近藤中将,从现在起由他统率全部夜战部队,包括南云的第1机动部队。"南云中将被剥夺了指挥权,这在太平洋战争爆发以来还是第一次。然而,当东方的鱼肚渐渐泛白,海天相间处出现了一抹曙色时,近藤也没有找到美军的影子。中途岛海战已经进行了2天,这是第三天的开始,日军联合舰队的4艘航空母舰已经深深沉入了海底,"赤诚"号被炸,"加贺"号被毁、"苍龙"号被击沉,旋即是"龙骧"号……山本也意识到中途岛一战败局已定。山本站在"大和"号战舰上,强装镇定地问大家:"打还是不打,打要怎么打?"甲板上争吵声、谴责声、叹气声、泄愤声,混杂一片,但是无人能提出良策。离天亮只有不到3个小时的时间了,夜战的希望越来越渺茫了,白天一到,日军将失去全部优势,甚至可能全部覆灭。

6月5日,对于山本来说,可以说是他戎马生涯中最难过、最痛苦的一天,他被迫下达他最不愿意下达的命令:"我以大日本帝国联合舰队司令长官的名义,命令舰队停止作战行动,撤回本土。"这是日本帝国77年海军史上第一个宣布彻底失败的命令,而这个命令又是由当时威望和声誉最高的山本五十六发出的。至此,中途岛海战结束。

 战例点评

中途岛海战的失败是日本海军由盛转衰的起点。为了掩护自己的惨败,避免挫伤部队的士气,6月10日本电台播放了嘹亮的海军曲,并宣称日本已"成为太平洋上的最强国"。当惨败的舰队疲惫不堪地回到驻地时,东京竟举行灯笼游行以庆祝胜利。美国海军首脑事后评价道:"中途岛战斗是日本海军350年以来的第一次决定性的败仗。它结束了日本的长期攻势,恢复了太平洋海军力量的均势。"同时,此战还给日军高层造成了难以愈合的创伤,这一痛苦的回忆直到第二战世界大战结束也一直挥之不去,使他们再也无法对战局作出清晰的判断。

美国著名海军历史学家塞缪尔·E.莫里森把美国海军在中途岛海战中的胜利称之为"情报的胜利"。美国海军提前发觉日本海军的计划,是日本海军失利的最主要的原因。莫里森还认为从中途岛海战日军高炮没有阻止一架轰炸机投弹,以及马里亚纳海战中高炮仅造成了数架美机的损失来看,不宜对战列舰编入航母编队在防空中发挥的作用过高期待,公平地说,美国人的舰载高炮在换装威力巨大的博福斯40毫米及配备近炸引信前也十分差强人意。而且日本和美国战前都在进行战列舰建造竞赛。

日本海军计划最明显的失误是分散部署兵力,联合舰队各部队在相隔很远的距离上单独作战,而美国海军最大限度地集中部署兵力。联合舰队的优势被削弱了。日军计划另一个失误是,进攻中途岛本来是诱使敌舰队决战,可却给航空母舰套上支持占领中途岛的任务,并一厢情愿地认为在中途岛受到攻击以前,敌舰队不会离开其基地。日军侦察、搜索计划同样不利,最后导致南云遇到进退维谷的难题和来回换装鱼雷、炸弹的尴尬局面。

中途岛海战改变了太平洋地区日美航空母舰实力对比。日军仅剩大型航空母舰2艘、轻型航空母舰4艘。从此,日本在太平洋战场开始丧失战略主动权,战局出现有利于盟军的转折。此次海战的特点是双方海上战斗编队在舰炮射程之外,以舰载航空兵实施突击。日军失败的原因是过高估计己方航空母舰的战斗力,同时在两个战役方向作战,兵力分散;情况判断错误,认为美国航空母舰来不及向战区集结;通信技术落后,缺乏周密的海上侦察,直至关键时刻也未查明美航空母舰的位置;战场指挥不当,决心多变。美军获胜的原因是掌握日军进攻企图,及时集结兵力待机;在鱼雷机大部损失的情况下,轰炸机连续俯冲轰炸,导致日军鱼雷机连机带雷爆炸,航空母舰被彻底摧毁。

7. 浴火重生：诺曼底登陆

弹指一挥间，诺曼底登陆已经过去了将近70年，当年计划、指挥和参加那场战役的人们也已经纷纷作古，唯一不会随着历史长河逝去的便是那依旧巨浪滔天的英吉利海峡和那曾经硝烟弥漫的诺曼底海滩……在整个世界战争史上，没有任何一场军事行动的头24小时能够像1944年6月6日那样重要，这24小时是隆美尔所预言的"决定性的24小时"，是盟军最高司令官艾森豪威尔所称作的"历史上最漫长的一天"。

奥马哈滩头上正向内陆推进的盟军士兵

诺曼底战役发生在1944年，是第二次世界大战中西方同盟国军队在欧洲西线战场发起的一场大规模攻势,是代号"霸王"行动的一部分。这场战役在1944年6月6日展开,是目前为止世界上最大的一次海上登陆作战,近300万士兵渡过英吉利海峡前往诺曼底。

在诺曼底战役中作战的盟军主要由英国、美国及加拿大组成,但在抢滩完成后,自由法军及波兰军也有参与这场战役,而当中的士兵也有来自比利时、捷克斯洛伐克、希腊、荷兰和挪威。进攻诺曼底在登陆的前一天晚上展开,空降兵乘滑翔机降落、进行大规模的空中轰炸,海军军舰炮击,而两栖登陆战则在当地时间6月6日早上6:30开始。在登陆前,"D-Day"的军队主要部署在英格兰南部沿海地区,尤其在朴茨茅斯。

战争背景

莫斯科战役后,希特勒鉴于德国对苏联闪电战的失败,开始担心德国将要面临两线作战。1942年10月,英军发动了阿拉曼战役,开始对北非沙漠里的德军装甲集团进行反攻。1943年年初,经历了数月之久的激烈巷战之后苏联红军取得了斯大林格勒战役的胜利。经过这两场战役,不可一世的德国法西斯部队开始全面转入防御作战状态。1943年5月,北非战场上的德军已经基本被歼灭。7月,英美盟军在欧洲南部的西西里岛登陆成功,几乎同一时间,苏联境内的装甲大战——库尔斯克坦克会战,德军坦克部队被苏联红军的装甲部队彻底击溃。1943年,希特勒的亲密盟友——意大利法西斯独裁者墨索里尼,被人民赶下台,意大利宣布退出战争。盟军为了在西欧开辟第二战场,重返欧洲大陆,同时减轻东线苏德战场上苏军的压力,配合苏联发动全面反攻,最终彻底消灭希特勒,赢得第二次世界大战的胜利。

1942年8月,盟军曾出动过一个师的兵力在法国北部发动试探性进攻，虽然遭受挫折，却进一步对希特勒起到震慑作用。也让希特勒下定决心沿着大西洋海岸构筑防线，希特勒开始向西线大西洋沿岸调兵遣将，准备抗击英美盟军在西欧开辟第二战场，希特勒将这条防线命名为"大西洋壁垒"。希特勒耗费4年时间构筑的"大西洋壁垒"，企图将盟军阻挡在势力范围之外。但是希特勒需要预测出盟军登陆的地点。希特勒认为美英会在诺曼底登陆，希望重兵把守诺曼底。很多人想问希特勒是如何知道盟军的登陆地点的，其实他不知道，他只是凭借着一种神秘的直觉，而无法说出足够的理由来说服和他意见相左的参谋们。但是他的部下却大多断定盟军登陆的地点应该是在加莱地区，因为：诺曼底地区风高浪急，并且没有大型的港口，不适合大部队登陆作战。此外，他们认为即便在诺曼底登陆成功也很难取得必要补给。最后从地理位置上来看，诺曼底远离德国西部边境，盟军登陆了之后也不会对德国构成重大威胁。而相对的加莱地区，距离英国本土近，海岸情况良好，有许多大型的港口。这样不仅补给不是问题，登陆的难度对于英美联军来说也大大降低。同时，加莱正处于荷兰、法国北部工业区附近，英美联军一旦登陆成功，立即就会对德国本土构成威胁。无奈之下，希特勒只能将其西线主力36个步兵师和9个坦克师部署在加莱地区，而在位处更西的诺曼底，德军仅仅部署了1个坦克师和9个步兵师。

  盟军方面，斯大林早在1941年9月就向丘吉尔提出在欧洲开辟第二战场对德国实施战略夹击的要求。但当时美国尚未参战，英国根本无力组织这样大规模的战略登陆作战。对于苏联的建议，英国的回应只是派出小部队对欧洲大陆实施偷袭骚扰。1942年6月，苏美和苏英发表联合公报，达成在欧洲开辟第二战场的充分谅解和共识，但英国在备忘录中对承担的义务作了一些保留。1942年7月，英美伦敦会议，决定1942年秋在北非登陆，而把在欧洲开辟第二战场推迟到1943年上半年。但此时苏德战场形势非常严峻,德军已进至斯大林格勒,苏联强烈要求英美在欧洲发动登陆作战,以牵制德军,减轻苏军压力。英国只好仓促派出由 6018 人组成的突击部队在法国第厄普登陆,结果遭到惨败,伤亡 5810 人。1943 年 5 月,英美华盛顿会议,决定于 1944 年 5 月在欧洲大陆实施登陆,开辟第二战场。

根据历次登陆作战的经验教训,登陆地点要具备以下三个条件:一要在从英国机场起飞的战斗机飞行半径内,二是航渡距离要尽可能短,三是附近要有大港口。那么从荷兰符利辛根到法国瑟堡长达 480 公里的海岸线上,以此条件衡量,有三处地区较为合适:康坦丁半岛、加莱和诺曼底。再进一步比较,康坦丁半岛地形狭窄,不便于展开大部队,最先被否决。加莱和诺曼底各有利弊,加莱的优点是距英国最近,仅 33 公里,而且靠近德国本土;但是正是因为加莱适合登陆,德军必定要重兵把守,有利条件即化为不利条件。并且加莱缺乏内陆交通线,登陆成功后纵深作战会受到限制。诺曼底虽然距离英国较远,但是德军防御较弱,如果从诺曼底登陆则可以获得出其不意的效果,同时诺曼底腹地开阔,可同时展开 30 个师,距离该地 80 公里的地方即是法国最大港口瑟堡,盟军在登陆后可充分利用这一优势。

为了保证诺曼底登陆的成功,盟军还做了一系列工作进行战略伪装,给德军使出障眼法让德军误以为盟军是要在加莱登陆。英国故意让德国俘虏将领偷看英军设施,等该被俘虏的德国陆军上将回到本土的时候,就把他在英国所见的一切告诉了希特勒,他说那里战舰云集、人声鼎沸,到处都是车辆和英美军官以及飞机坦克。同时,英军还故意在加莱对岸伪装各种飞机大炮坦克等等,让德军误以为联盟军正在紧张地为在加莱登陆准备。此外,英情报部门故意让德国无线电台截获英军第 4 集团军司令部在英国北部爱丁堡地区活动的大量往来电报讯号,德间谍也搜集到了驻爱丁堡英国第4集团军进行足球比赛的新闻。希特勒果真被这个精心的骗局迷惑了,开始认真调遣军队,部署加莱地区的防御。

1944年6月5日,诺曼底狂风大作不适合登陆。6日天气好转,但是依然阴云四合。驻守诺曼底的德军司令官隆美尔元帅断定盟军不会登陆,便驱车回德国为其爱妻庆祝生日。但恰恰就是在这个时候,德军认为最不会发生的事情发生了。诺曼底登陆战役,对于盟军在西欧展开大规模进攻,加速纳粹德国的崩溃,具有重大的意义。

作战经过

1944年5月28日,随着艾森豪威尔的一声令下,一场经过周密准备的历史上最大规模的登陆作战,揭开了序幕。6月1日,登陆部队开始分别在英国南部15个港口上船。原定登陆日为6月5日,由于天气恶劣推迟24小时。各登陆编队从上船港驶抵怀特岛东南会合区后,沿5条航线航渡,由扫雷舰作先导,火力支援舰和飞机担任掩护。通过海峡中心线后,各登陆编队的航道由1条变为2条,分别供快速和慢速舰船使用。整个登陆战役大致可分为三个阶段。

(一)"D-Day"辉煌

诺曼底登陆计划的代号为"霸王"行动,"海王"为相关海军行动的代号;"泰坦"为空投假伞兵的代号;"D-Day"即实施登陆的日子的代号,根据科学计划拟定符合各种军种的具体登陆时间,在高潮与低潮间登陆,由于五个滩头的潮汐不尽相同,所以规定五个不同的登陆时刻,代号为"H时"。然而,6月气候多变的诺曼底让实施登陆的具体日期充满各种不确定。原定于6月5日,实际上6月5日已经有部分海军装备整齐出发了,只是由于天气突然转恶,担任总指挥的艾森豪威尔深思熟虑后不得不命令整个计划推迟24小时,同时撤回已经出发的海军。

6月6日零点11分,"泰坦"行动的第一组人员在瑟堡半岛上空从一家斯特林轰炸机上跳了下来,接着盟军飞机又投下很多橡皮做的伞兵,先期到达的空降兵把录制好的枪炮声、士兵的咒骂声和指挥官的叫喊声播放出来,让德军搞不清楚到底有多少空降兵在法国着陆。接着真正的空降兵降临,盟军3个空降师,编有美第82、101师和英第6空降师,共1.7万人,乘1200架运输机降落在法国陆地上。伞兵的任务是夺取海滩堤道、公路、桥梁等主要交通要塞,防止德军增援。其实首批空降兵的进展并不顺利。因为云层很厚,又有大雾,加上德军高射炮火十分猛烈,空降兵乘坐的飞机又偏离了航线,不少人偏离了目标区。在卡昂地区的两个英国伞兵,竟然落在了德军第711师师部前面的土地上,与从屋顶冲出来的赫拉尔托师长打了个照面。赫拉尔惊诧地喝道:"你们从哪里来?"其中一个伞兵故作镇定地说:"十分抱歉,老头,我们掉到这里完全是意外。"像这样戏剧性的场面比比皆是。在空降过程中,虽然空降部队遇到了不同程度德军的抵抗,但他们基本上完成了预定任务,对保障从海上登陆起了重要的作用。

(二)突击上陆,夺占滩头阵地

6月6日晨,美国总统罗斯福一夜未眠,因为他知道今天"霸王"行动就要付诸行动。十月怀胎一朝分娩,这个关乎盟国命运的计划到底能不能顺利实现,就在今天一举。6月6日晨2时30分左右,盟军各登陆部队到达各自指定区域,开始实施突击登陆。各登陆编队的战术展开顺序是:各登陆部队首先在旗舰大队的指挥下,扫雷大队进入换乘区,火力支援扫清水雷,等火力支援区占领阵地,准备实施舰炮火力准备;警戒大队在登陆地区外围担任对海警戒,并得到空军的支援;各登陆部队大队逐次进入换乘区进行换乘,向岸边运动;海滩基地勤务大队准备执行各种保障任务。在直接火力准备的掩护下,5个第一梯队师分别在五个海滩登陆。

"宝剑"海滩

"宝剑"海滩紧邻奥恩河口的图斯特罕港,是"霸王"计划的五个沙滩地中,最东边的一个海滩,距离法国北部的航运中心"卡昂"仅9英里。从"宝剑"滩东边登陆的英军部队在抢滩后,很快地便击溃德军轻装步兵的火力,并于午后与先前空降内陆的伞兵部队会合。但从"宝剑"滩西边登陆的英军,则遭到德军第21装甲师的顽强抵抗,无法顺利与从"朱诺"海滩登陆的加拿大部队会师。双方一直激战至黄昏后,盟军才成功击退德军的装甲部队。当天登陆的2.9万名英军中,伤亡人数有630人。

"朱诺"海滩

"朱诺"海滩由加拿大第1军第3步兵师负责攻占。而海滩德军兵力为一个团。不过加军的作战并非一帆风顺,恶劣的天气和错误的导航使登陆不得不推迟20分钟进行,也就是说必须在涨潮时登陆。比较怪异的是加军在登陆时损失并不大,可是登陆艇在卸下人员返航时却有很多因触雷被炸沉。由于正处涨潮,很多士兵下水后因装备过重而溺死。上陆后又遭德军火力压制。幸亏海军的火力支援相当及时到位才没有酿成像"奥马哈"海滩的惨剧。在"朱诺"海滩损失最为惨重的是负责打通和"宝剑"海滩联络的英军部队。英军乘坐的木壳登陆艇相当脆弱,很多士兵在登陆艇受损后不得不跳海逃生,以致溺死者甚多。盟军在"朱诺"海滩共损失2000余人,比"奥马哈"海滩稍少。

"黄金"海滩

"黄金"海滩由英军第30军第50师负责攻破,第二梯队是英军第7装甲师。这也是在五个海滩登陆的唯一装甲师。该师曾远征非洲,打败了隆美尔,作战经验丰富。由于登陆时间较晚,英军的火力准备非常充足,德军的几个主要火力点在登陆前就被舰炮摧毁。英军的水陆坦克被登陆舰直接送上海滩,避免重蹈美军在"奥马哈"的失误。在舰炮和坦克的掩护下,步兵推进非常顺利。但是由于在登陆时损失了所有的通讯设备,该部队与主力失去了联系,又遭到德军的猛烈抵抗,受困海滩达八小时。盟军在"黄金"海滩损失了约 1500 名士兵。

"奥马哈"海滩

"奥马哈"海滩是诺曼底登陆战役中战斗最为激烈的海滩。盟军在"奥马哈"滩头遭受了巨大的损失,仅阵亡者就达 2500 人,因此又称"血腥奥马哈"。奥马哈海滩全长 6.4 公里,海岸多为 30 多米高的峭壁,地形易守难攻。这里的登陆作战任务由美军第九军承担。盟军由

美军第 1 步兵师登陆奥马哈海滩

于情报有误,认为这里的德军守备部队只有一个团的兵力,还多是后备役人员,没有装甲车辆,战斗力应该很差。而实际上隆美尔在 3 月将德军精锐部队第 9 军团 352 步兵师全部调往诺曼底,而 352 师的一个主力团就驻守在奥马哈滩头。可惜直到登陆部队出发后盟军情报机关才找到 352 师的下落。

登陆当天天气状况极端恶劣,盟军在登陆前就因风浪过大损失了 10 艘登陆艇和 300 余名官兵。在登陆艇上的官兵多为晕船和湿冷所苦,还没到达作战地点就基本筋疲力尽了。登陆作战开始后也非常不顺,海滩西段预备的 32 辆两栖坦克中有 27 辆刚一下海就因风浪过大而沉没,幸存的 5 辆坦克中还有 2 辆很快被德军炮火炸毁。由于潮汐影响和秩序混乱,登陆的美军士兵很多都搞不清方向和集合点,大批士兵挤在滩头

任凭德军炮火攻击。整整两个小时的时间里美军没有一名士兵在西段冲上海滩,在东段也仅仅占领了9米宽的一段海滩,登陆行动几乎完全失败。激战持续了6个小时,美军突击部队才前进了10米左右。

然而美国海军为"奥马哈"海滩带来了转机。由于海滩登陆部队长时间没有任何联络传来,海军指挥官意识到"奥马哈"海滩上的形势可能已经极为严峻,于是17艘驱逐舰不顾触雷、搁浅和被155mm海岸炮炸翻的危险,前进至距海滩仅730米处,在近距离为登陆美军进行火力支援。而美军的游骑兵此时也爬上了奥克角,结果发现所谓155mm海岸炮居然是电线杆伪装的。没了后顾之忧的海军肆无忌惮地向德军据点倾泻炮弹,先前被堵在海滩上的美军也在精锐部队第一师的带领下开始冲锋。中午时分登陆部队第二梯队提前登陆。而在空军的指引下,美国海军的战斗舰和巡洋舰也开始对岸射击,德军的防御至此基本崩溃。天黑时美军正式登陆成功,第五军军部上岸并开设了指挥所。

"犹他"海滩

"犹他"海滩由美军第七军第四师负责攻占。由于得到了非常有效的火力支援,水陆坦克也在上岸时也没有受到大量损失,所以登陆作战异常顺利。由于受东南方潮汐的影响,美军登陆艇向南偏离了1800米,没有在预定地点上岸。这个错误反而给美军带来了意想不到的好运。在原登陆点德军驻守有一个团的守备部队和两个炮兵连,而在这个"错误"的登陆点德军只有一个连的兵力。第四师师长小罗斯福将军立刻断定此地可以登陆并设立了登陆标识。美军6时30分登陆开始,至10时已基本肃清德军守军。美军在"犹他"海滩阵亡197人,是所有5个海滩中损失最小的。

德军怎么也没有料到盟军会在这样一个恶劣的天气登陆。隆美尔从气象部门得知恶劣的天气还将持续几天,他断定盟军近期不会登陆。

于是他放心地回去和太太庆祝生日,临走前还特地交代:部队长期处于紧张状态,目前气候恶劣,可以休整一下。所以当盟军开始登陆的时候,只有伦德施泰特一位师级指挥官在指挥岗位上。盟军空降部队一着陆,伦德施泰特就很快向上级做了报告。他认为这么大规模的空降必然配合着后面的大规模登陆。但是当报告呈报给希特勒的时候,希特勒满脸笑容地说:"哦,他们干起来了,是吗?那现在,咱们可以在揍他们的地方狠狠地揍他们了!过去躲在英格兰,倒是很安全的。"希特勒并没有意识到局势的严重性,他坚定地认为盟军这次的动作是一次佯攻,真正的大规模登陆在加莱。所以并没有及时抽调兵力过去增援。等他们真正地醒悟过来,等隆美尔的小车风驰电掣地开到指挥部时,已经是当天夜里10点钟。德军只能狼狈地应对着盟军强大的登陆攻势。

6月6日这天被隆美尔预言为"决定性的二十四小时",被艾森豪威尔称作"历史上最长的一天",就这样度过了。

(三)纵深推进,巩固扩大登陆场

从6月7日开始,盟军的任务是连接和扩大各登陆点,建立统一的登陆场。经过6天激战,盟军于6月12日完成了这一期的作战任务。到6月12日,盟军已经在80公里的阵地上建起了集团军群统一的登陆场。

然而这一战,并非简单容易,经过了激烈的争夺,并且盟军已经将32.6万大军、54万辆战车和10.4万吨物资运上路。

6月13日起,盟军继续向纵深推进,目标是攻占重要港口城市瑟堡和诺曼底地区的两处重要交通枢纽圣洛和卡昂。美步兵第9师在第82空降师的配合下,向科唐坦半岛西海岸中部的巴纳维尔实施突击,于6月18日占领该城,切断了瑟堡守军的退路。英、加军队则于6月13日至7月初,对卡昂采取了围而不打战术,以便将德军主力牵制于卡昂地区,配合美军夺取瑟堡。此后,美军以3个步兵师的兵力同时向瑟堡展开进攻,并于6月27日在舰炮和航空火力支援下占领瑟堡港。

至7月初,盟军已登陆100万人、车辆17万余辆、补给品近60万吨。因登陆场过小,盟军展开扩大登陆场的作战。美军攻占瑟堡后,英军以3个师的兵力分三路向卡昂市区合围,并于7月18日占领卡昂及附近的机场。同时,美军以5个步兵师和1个装甲师的兵力,分三路围攻圣洛,并于7月18日占领了圣洛,分割了德军"B"集团军群。

至此,美、英、加军抵达卡昂、科蒙、莱赛一线后,形成正面150公里、纵深13—35公里的登陆场,为尔后的地面进攻做好了准备。诺曼底战役以盟军的辉煌胜利而告终。

英国首相丘吉尔视察硝烟弥漫的诺曼底战场后说:"历史上最困难、最复杂的战役,使盟军重返欧洲大陆。"

战例点评

诺曼底登陆战役是世界历史上规模最大的两栖登陆战役,是战略性的战役,为开辟欧洲的第二战场奠定了基础,对加速法西斯德国的崩溃以及战后欧洲局势,都起了重要作用。盟军登陆成功的主要原因有以下几点:

(一)成功的战略欺骗,保证了登陆效果的突然性

盟军要在欧洲西线开辟第二战场,当时已是公开的秘密。但是盟军成功地欺骗了希特勒,不仅保障了登陆作战的突然性,还保证了战役顺利进行,对整个战役具有重大意义。盟军通过海空军卓有成效的佯动,成功运用了双重特工、电子干扰,以及在英国东南部地区伪装部队及船只的集结等一系列措施,再加上严格的保密措施,使德军统帅部在很长时间里对盟军登陆地点、时间都作出了错误判断,甚至在盟军诺曼底登

陆后仍认为是牵制性的佯攻,这就导致了德军在西线的大部分兵力、兵器被浪费在加莱地区,而在诺曼底则因兵力单薄无法抵御盟军的登陆。

(二)掌握制空权、制海权保障,保障登陆过程的顺利进行

英美军直接保障登陆的空军作战力量非常强大,单单战飞机就达1.37万架,军舰9000艘,是德国飞机、军舰的数十倍。在登陆前空军对德国空军基地、航空工业及新武器研制基地等目标进行了大规模轰炸,严重削弱了德国的战争潜力。盟军并凭借绝对优势海空军,保障了登陆部队在航渡中的安全。在登陆前后,盟国空军对战区范围内的交通线进行了严密的空中封锁,使德军为数不多的增援部队也无法及时成建制投入反击。在登陆部队突击上陆的关键时刻,海空军更是给予了极为有力的火力支援,尤其在"奥马哈"海滩,完全依靠海空军火力支援才取得了成功。

(三)严密组织各种保障,保证登陆作战的最终胜利

盟军为确保登陆成功,进行了长达近一年的准备,而且参战部队多,装备全,登陆前盟军作战物资和装备器材的准备十分充足。在登陆后,也保障了不间断的后期补给。尤其是创造性的人工港和海底输油管线,更是在保障部队和物资的顺利上陆中发挥了巨大作用。而在侦察保障中,一面作为战略欺骗对加莱地区组织了侦察,一面对诺曼底地区进行了大量水文、气象、地质侦察,为选择具体登陆时间和登陆地点提供了大量有价值的数据。还通过空中侦察基本获得了诺曼底地区的德军兵力部署、防御设施等情况,为战役的实施起了重要作用。

尽管盟军登陆取得了巨大成功,但在战斗中也暴露不少问题。如虽掌握绝对海空优势,又在敌兵力薄弱的次要防御方向登陆,却因组织指挥不得力,部队攻击力不够锐利,使得建立登陆场的速度太慢,平均每日仅1.8—2.7公里,在一定程度上影响了战役进程。又如侦察工作还不

够及时周密,特别是未能迅速查明德军精锐的第352步兵师的去向,使得在"奥马哈"海滩登陆的美军遭到顽强抵抗,蒙受巨大损失。再如空军兵力使用不当,造成了兵力兵器的严重浪费。在6月6日登陆前的航空火力准备中,出动2500架次重轰炸机,投弹1万吨,这种从高空轰炸小型、点状的海岸防御工事,效果很不理想。在7月7日对卡昂的轰炸中,对面积约3.5平方公里地区集中投弹达2500吨,如此猛烈的轰炸所造成的大片废墟瓦砾甚至严重阻碍己方地面部队的推进。

诺曼底登陆是战争史上规模最大的战略性登陆作战,整个战役历时43天。盟军集中了36个作战师、9000余艘舰艇、1.3万余架飞机,总兵力287.7万人。此次登陆作战中,盟军伤亡12.2万多人,德军伤亡11.7万多人。

8. 帝国末日：柏林战役

柏林——德国首都，20世纪三四十年代是欧洲战争的策源地和纳粹制度控制下的德国的权力中心。在这里，希特勒策划并发动了第二次世界大战，并由于闪击战的成功而横扫了大半个欧洲。但是，当历史的脚步走到了1945年时，这个躲在柏林的西方帝国即将被东方复仇的烈焰所吞没。柏林战役是苏联红军对德国法西斯军队的最后一战，也是第二次世界大战中欧洲战场上的最后一场大规模城市攻坚战役。柏林战役之后，希特勒走向死亡的秒表开始倒计时。事实证明，正义永远能够战胜邪恶，无论它是多么地完美，从他狂妄地发动侵略欧洲的战争开始，希特勒就一铲一铲掘下了埋葬自己和其帝国的坟墓。

柏林战役的政治意义远远高于其军事意义。攻克纳粹德国的权力中心柏林，无疑是反法西斯战争中无可替代的荣誉和功勋，日后也会给占领它的国家带来巨大的政治利益。作为在欧洲反法西斯战场上付出的代价最为惨重，也是以铁腕著称的斯大林来说，柏林乃是志在必得——除了荣誉和雅尔塔会议的讨论结果外，战后重建欧洲政治版图时，苏军在这里的存在无疑是促使天平向苏联一端倾斜的重要砝码。早在1944年11月，苏军最高统帅部就基本上确定了柏林战役的计划，在维斯瓦河—奥得河战役、东普鲁士战役、东波美拉尼亚战役期间又进一步明确了。在美英盟军一方，此时对柏林问题发生了小小的分歧：坚定的反共分子丘吉尔出于战后对抗苏联的需要,强烈要求由美英军队占领柏林,而以军人角度看待问题的欧洲最高司令艾森豪威尔出于对巨大的伤亡畏惧,决定遵守与苏联业已达成的协议(该协议将柏林划入了苏军的作战区域内)。丘吉尔到底没能说服财大气粗的美国人,欧洲战场最后决战的重任落到了苏军的肩上。

战争背景

1945年1月的柏林,寒风凛冽,惨淡凄凉。阿道夫·希特勒的首都,帝国的首都——柏林,在寒风中显得摇摇欲坠。这里集中了全德国2/3的电力工业、大部分机器制造业和军事工业,约有40个航空企业、10个大型车辆厂和30多个其他军工厂。柏林交通发达,铁路、公路、水路运输便利,有15条铁路和6条公路干线通往全国各地,市内有50多个码头,通过斯普里河、高金卓列尔运河、费诺夫运河和泰尔多夫运河与汉堡、什切青、但泽等海港沟通,并与鲁尔、上西里西亚等工业区连接。1月16日,希特勒从西线战场上悄悄乘着火车回到这个被神所遗弃的城市,在柏林中心的一个阴暗的防空洞里建起了他最后一个大本营。

从1944年以来,上半年的世界形势非常有利于盟军在西欧登陆开辟战场。日本在亚洲太平洋战场连遭失败,已自顾不暇,无力与德国进行战略配合。由于意大利投降,德国不得不把大批兵力部署在意大利,以对付美、英军队的进攻。此时,苏军已经发起了大规模的战略进攻,德军已在溃退,希特勒将大量预备队和西线兵力调去组织苏军的反攻。希特勒就这样一直被东西两方战线牵制,他没有意识到当德军源源不断开往前线的时候,他的后方阵地已经被掏空,乃至后来希特勒想筹备预备队保卫柏林的时候,只能降低征召年龄,新组建的预备队很多都是16、17

英美苏"三巨头":丘吉尔、罗斯福、斯大林

岁的少年,甚至更小的男孩。1945年春,苏、美、英、法四国军队已在德国本土作战。1月到4月期间,苏军在东战场和英美盟军在西战场上对德军的进攻都取得了一系列的重大胜利,苏军一举歼灭了东普鲁士和西里西亚之敌,前出到奥德河和尼斯河一线,距离柏林仅60公里。白俄罗斯消灭了丹泽、格丁尼亚之敌。西线战场,美英军队合围了鲁尔德军,继续向汉堡、布拉格方向挺进。

德国丧失了鲁尔、西西里亚的煤钢产区和匈牙利、奥地利石油产地,军备物资产量锐减。1945年3月德国钢铁产量相当于1944年平均月产量的15%,采煤量只相当于16%。1944年德国平均每月生产705辆坦克,而1945年第一季度平均月生产坦克仅333辆。4月初,德国武器装备的产量还在继续下降,相当大一部分飞机和坦克因为燃油短缺而不能参加战斗。苏军进攻柏林之前,德国在欧洲已经丧失所有的盟国,政治上空前孤立,经济上面临崩溃。德国统帅部高层之间的矛盾也日益尖锐,人心浮动。军事上兵员补充困难。但是希特勒不会放下屠刀立地成佛,他要孤注一掷,在柏林最后一战,幻想可以像俄国人打莫斯科保卫战一样,捍卫柏林和他的帝国。德军统帅部把阻止苏军向柏林进攻作为主要目标,用于防守该方向的是"维斯瓦"集团军群,司令为海因里齐大将,4月28日起为施图登特大将,中央集团军群司令为舍尔纳元帅,总计48个步兵师、9个摩托化师、6个装甲师,以及其他许多独立兵团,共约100万人,火炮和迫击炮1.04万门、坦克和强击火炮1500余辆、作战飞机3300架;此外,还有陆军总预备队8个师,以及柏林市内国民突击队200多个营。德军建立了坚固的纵深梯次防御,包括奥得河—尼斯河防御地区和柏林防御地域。奥得河—尼斯河防御地区由三道防御地带组成,纵深20—40公里,主力配置在第二防御地带。柏林防御地域由外层、内层、市区三道围廊组成,外层围廊距市中心25—40公里。3月19日,他对全德国人下了一道命令:不要顾及本国人民的生活需要,炸毁全部交通和攻击设施,不留给敌人一块土地。他对德军下了一条铁的命令是:不管是谁向你们下达退却命令,必须立刻将其逮捕,必要时就地正法,不管认识与否,不管他的军衔有多高。就这样,希特勒妄图将柏林变成一个"攻不破的城堡"。

苏军最高统帅部为彻底消灭法西斯德军,结束欧洲战争,且鉴于英国首相丘吉尔力促英美军队先于苏军攻占柏林,决心快速实施攻克柏林的战役。参加战役的有:白俄罗斯第1、第2方面军,乌克兰第1方面军,波罗的海舰队一部,空军远程航空兵和国土防空军各一部,第聂伯河区舰队,以及波兰的2个集团军、1个坦克军和1个航空兵军,总计162个步兵师和骑兵师、2个坦克军和机械化军、4个空军集团军,共250万人、火炮4.2万门、坦克和自行火炮6250余辆、作战飞机7500架。由于拥有兵力兵器的绝对优势,苏军统帅部决定在宽大正面同时实施数个猛烈突击,合围柏林德军集团,尔后将其分割并逐一消灭。

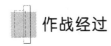
作战经过

1945年4月16日,柏林时间凌晨3时、莫斯科时间凌晨5时,苏军的近万门大炮在奥得河畔同时开火,柏林战役正式拉开了帷幕。

(一)苏军强行突破奥得河防御地区

德军的防御阵地在最初的一瞬间还"哒哒"地响了一会儿机枪,随后便转入一片寂静,似乎连一个生物都没有留下,在苏军30分钟的猛烈炮火射击过程中,德军未发一枚炮弹。猛烈的20分钟火力攻击后,天空中突然出现了数千发五彩缤纷的信号弹,阵地前相互间距为200米的143部探照灯突然全部打开。苏军随着探照灯的光亮向德军防御阵地发起猛烈冲击,炮兵和航空兵随之转入火力支援。在交战的第一天,苏军向德军阵地发射炮弹123.6万发(约2500节车皮),相当于9.8万吨钢铁砸在了德军阵地上。苏军发起进攻后仅1个小时,就突破了德军的一线阵地,向纵深推进了1.5—2公里。朱可夫事后回忆说:"这是一个给人留下非常强烈印象的场面,可以说,我一生从未有过类似的感受……"但是苏军在泽劳弗高地遇到德军顽强抵抗,德军依靠泽劳弗高地的地利优势抵御苏军的进攻,导致苏军第一次进攻未能突破该高地。

朱可夫因为未能突破该高地受到斯大林严厉的批评。朱可夫保证17日一定攻下该地。朱可夫了解到,德军在泽劳弗高地的防御完整,依照德军兵力部署,如果依然采取之前的作战方式,势必很难攻破德军防线。朱可夫决定把卡图科夫大将军和鲍格丹诺夫大将军的两个坦克集团军投入战斗。在突破地段内每公里集中250—300门火炮,从4月17日凌晨起,在经过30—40分钟炮火准备后,向德军第二防御地带发起进攻。各坦克集团军协同各步兵兵团实施进攻,但不卷入持久战斗,而绕过德

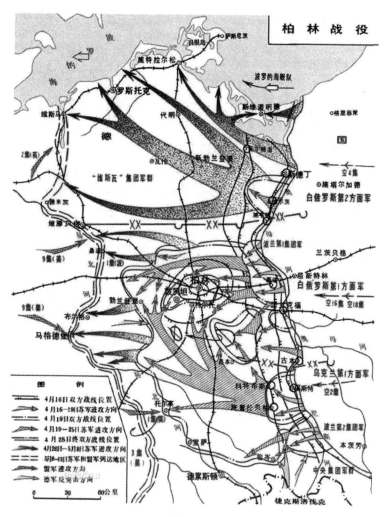

柏林战役示意图

军的强大支撑点,将摧毁各支撑点的任务留给集团军第二梯队完成。德军多次发起反冲击,但均被朱可夫将军指挥的近卫第8集团军击退。战斗进行得十分惨烈,直到日终前,白俄罗斯第1方面军才突破了德军第二防御地带。

4月18日,在德军纵深防御地区继续进行激战。德军统帅部几乎把全部战役预备队都投入交战。到日终时,苏军主力又推进3—6公里,前出至第三防御地带的接近地。但由于该地区地形难以通行,加之德军加强了反坦克火力,致使坦克无法脱离步兵作战,快速集群一时无法迅速向柏林方向实施机动。在苏军近卫第8集团军的作战地域内,德军在从泽洛夫往西的公路两旁配置高射炮200多门用于平射,进行顽强地抵抗,迟缓了苏军的进攻节奏。

苏军最高统帅部认为,白俄罗斯第1方面军前进缓慢有碍于原定合围柏林集团计划的完成,遂命令乌克兰第1方面军和白俄罗斯第2方面军司令员协助白俄罗斯第1方面军的进攻。为了执行最高统帅部的指示,朱可夫司令员要求部队加快进攻速度,要求炮兵向第一梯队靠近,保持2—3公里的距离,以便步兵、坦克兵与炮兵之间实施更加密切的协同。他强调要对关键性进攻方向实施大规模炮击,并使用航空兵支援地面部队的进攻。

4月19日,战斗进行的第四天。白俄罗斯第1方面军突破了德军施劳弗高地的最后防线,通往柏林的路线已经畅通无阻。德国第9军团的残余部队仍然守着希莱高地。德国第4装甲军团也有被乌克兰第1方面军包抄的危险,苏联的第3亲卫军团、第3及第4亲卫坦克军团已经突破了德国第4装甲军团的防线,转向北联同白俄罗斯第1方面军往柏林进发。其余的乌克兰第1方面军向西方盟军战线推进。当天后,德军东面战线基本上已经不再存在,剩下来的只是一些被包围的德军反抗。

截止19日,第一阶段的战役告一段落。这次战斗中红军损失2807辆坦克,同一时期西线盟军只损失了1079辆坦克。

（二）柏林城外的合围与分割

4月20日是希特勒56岁的生日。如果是在过去,这一天的柏林一定会张灯结彩、举行盛大的阅兵和游行仪式来庆祝。而此时的希特勒没有了往日神采奕奕的眼神,他眼球深陷、充满血丝。暗堡的会议室里集聚了帝国的所有头目,希特勒走了进来,陪同他的有戈培尔,军队部长斯佩尔、副官布格道夫将军。所有人起立。帝国的高级官员们或者鞠躬,或者把手伸向上方,纷纷向希特勒敬礼。一会儿会议室里就传出了激烈的争吵声,他们谈着总参谋部大本营失陷的可能时间,争论着俄国人的战机炮弹,争论着美国人和英国人的动向……会议就在这样的争吵声中结束,临终,大家都焦虑地等待着希特勒的指示。但是希特勒只说了短短的一句:"我们一定要赢得柏林保卫战,你们万岁!"希特勒的第56个生日就这样结束了。而此时的柏林,人人自危,大家都感觉天要塌下来了,苏军的炮弹要把柏林夷为平地。德国的军队已经失去了战斗的分界线,乱成一团……就是在4月20日的这天,乌克兰第1方面军穿越了北翼德军中央集团军最后一个阵地并经过特博格北部,占据美军马格德堡易北河防线前一大片德国土地。北部斯特丁至施韦特由白俄罗斯第2方面军占领。

4月21日,红军第2亲卫军团向柏林北部推进了50公里,并攻击威诺亨西南方。其他红军部队已经抵达柏林防线外围。苏联计划先包围柏林然后包抄德国第12军团。德国第4装甲军团与第9军团被困霍斯北部,因此由第4装甲军团转隶第9军团,该军团仍然守着科特布斯。当第4装甲军团成功向北方的乌克兰第1方面军作出反击后,希特勒向第9军团下达死守科特布斯,并向西方设立一条新战线的命令。这样就能够与由南方突围北上的第4装甲军团包抄乌克兰第1方面军。他们预计第4装甲军团会在南方向白俄罗斯第1方面军发动攻击,而斯坦纳将军的武装亲卫队第11装甲军团会由柏林南下包抄。但斯坦纳将军根本没有足够兵源发动反攻,海因里希向希特勒的参谋表明,如果第9军团不立即撤退就会被红军包围。他强调往西北撤回柏林已经太迟,一定要往西撤退,如果不获希特勒许可向西撤退,他就要求解除自己指挥官的职务。

4月22日中午的会议,希特勒得知他的计划并未实现而怒不可遏。他宣布战败而自己会留在柏林直到最后一刻,然后自杀。为了令希特勒冷静下来,阿尔弗雷德·约德尔将军推测面对美军的德国第12军团可以撤回柏林,他认为守在易北河的美军已经不会再向东推进。希特勒同意这个想法,几小时后禾特·温克将军收到命令,让第12军团脱离美军战线向东北撤退增援柏林,海因里希也收到向西撤退并与第12军团会合的命令。苏联逐步向胜利迈进。白俄罗斯第2方面军在奥得河东岸设立了桥头堡,并与德国第3装甲军团交战。但第9军团受到来自东面的猛攻,失去了科特布斯。一支红军装甲先头部队已经集结在柏林东部,另一支已经突破了柏林内围的防御圈。

4月23日,德军反突击部队切入苏军防区20公里,但是在苏军强大的攻势下4月24日德军的前进态势被遏制。此时,希特勒任命黑尔姆特·魏德林将军为柏林防卫司令官。

4月25日,柏林的50万德军集团已经被合围并分割成两部分。希特勒防守柏林的完整构图,被彻底撕裂了。

(三)全歼被合围的德军重兵集团

德军法兰克福—古宾集团共有近20万人,配备有2000多门火炮、300多辆坦克和强击火炮,盘踞在约1500平方公里的森林沼泽地区,这里的地形易守难攻。

苏联士兵在柏林勃兰登堡门前

分析德军集团的编成情况后,苏军最高统帅部调集了白俄罗斯第1方面军的第1、第69、第33集团军和近卫第2骑兵军,以及乌克兰第1方面军的近卫第3集团军、第28和第3集团军的步兵来消灭这里的德军,其作战由7个航空兵军担负支援。

4月26日,近卫坦克第4集团军和第13集团军的部分兵力顺利粉碎了德军第12集团军为接应法兰克福—古宾集团而实施的突击。4月26—28日,白俄罗斯第1方面军各集团军不断紧缩包围圈,法兰克福—古宾集团面临被全歼的威胁。

4月29日晨,德军在付出重大代价后从两个方面军的接合部突破了苏军主要防御地带。下午,大约有4.5万名德军杀出了一条血路,突破了苏军的防线,打通了约2公里宽的走廊,并穿过走廊向卢肯瓦尔德撤退。与此同时,德军第12集团军也从西面向这一地带发起冲击,企图与前面的德军会合,但是最终被苏军分割、合围在三个独立的地域。

4月30日,战斗进入白热化阶段,德军拼了命地突围。发疯的德军一天之内向西推进了10公里。但是最终突围部队被全部歼灭。同时,另一股德军约2万人于4月30日夜间突围成功,并前出至伯利兹地域,企图与德军第12集团军会合。苏军在空军第2集团军的支援下,于5月1日终于消灭了法兰克福—古宾集团。

在围歼德军法兰克福—古宾集团的同时,苏军加快了向柏林市区推进的速度。4月25日凌晨,苏军航空兵第16集团军和第18集团军共出动飞机2049架次对柏林军事目标实施了3次密集空袭。随后,白俄罗斯第1方面军的4个合成集团军和2个坦克集团军,以及乌克兰第1方面军的2个坦克集团军和1个步兵军向柏林发起强攻,对市中心实施了向心突击。4月26日夜,德军集团已被分割成两部分,围困在柏林和波茨坦。27日,波茨坦的德军被歼,柏林的德军被压缩到一个宽2—3公里、东西长约16公里的地带。4月28日日终,被围集团又被分割为三部分。德军城防司令魏德林主张向西突围,而希特勒眼看突围不会成功,遂下令死守。市中心的战斗异常激烈。4月29日,夺取帝国大厦的战斗打响,最能代表纳粹德国存在的标志物,已经在苏军的枪口之下。经过反复冲击,步兵第171师、第150师各分队于4月30日傍晚冲进大厦。同日,希特勒同他的红颜知己爱娃一起自杀身亡。随着希特勒的离去,他的帝国也同他一同坍塌。5月1日晨,苏军士兵把胜利的旗帜插上国会大厦的楼顶。法西斯头目惊慌失措,德军指挥瘫痪,柏林德军集团陷入绝境。至5月2日0时,德军大部分停止抵抗,并请求苏军停火。5月2日晨,德军柏林城防司令率部缴械投降。5月2日日落时分,柏林全区被苏军占领,柏林战役至此结束。

为时16个昼夜的柏林战役结束了。在整个柏林战役中,苏军共消灭德军93个师,俘虏48万人,苏军损失30.4万人。柏林战役的结束,宣告法西斯第三帝国的灭亡,第二次世界大战欧洲战场的军事行动正式结束。1954年5月8日,德国代表在投降书上签字,宣布德国无条件投降。

部分代表在柏林正式签订德国无条件投降书

战例点评

柏林陷落对于全世界爱好和平的人民来说都是一个喜讯。欧洲战场的军事行动正式结束,标志着法西斯主义灭亡的步伐正在加快。苏联为攻克柏林付出了巨大的代价,但是同时也赢得巨大的利益,它使得苏联在国际社会中的地位极大地提升,并且直接参与了战后世界秩序的重建,其在德国和东欧的政治影响力大大提升。研究柏林战役中苏军的战略战术、部队配合、战斗精神等都具有很高的借鉴价值。

(一)各军需密切协同合力制胜

苏军在进行城市外围作战时,没有出现单兵种突击的情况,而是发挥坦克军团的强大火力、高度机动力和坚强防护力所形成的突击力,配合步兵突贯敌纵深梯次的防御部署,并在摩托化步兵的有力配合下,歼灭敌残存有生力量,巩固已夺占地域,并迅速实施迂回包围,以达成快速合围城市的作战目的。柏林战役中,苏军大力加强各作战部队工程兵的力量,如白俄罗斯第1方面军建制和配备的工程兵总数为181个营,乌克兰第1方面军为184个营,白俄罗斯第2方面军为120个营,使每公里突破地段上的战役密度达到3—4个工兵营,这是苏军在第二次世界大战历次战役中工程兵部署密度最高的一次。工程兵在进攻发起前,修建了大量渡口,并使之保持畅通,从而充分保障了各方面军部队迅速渡河的需要。

苏军在市区的作战则是通过强击群、强击队,加强火炮、坦克和工兵,对作战目标实行逐个攻击的协作攻击方针。如强击分队在攻击目标之前,会先派出侦察排障组,侦察排障组的作用是去查明目标附近的工事情况,如有妨碍行动的障碍则立马派出,为强机对排除障碍;机枪手和反坦克枪手则在掩蔽好自己的同时,对建筑物上的射孔进行射击;炮兵在步兵的协助下隐蔽接近目标,占领直瞄发射阵地,对建筑物的底层实施射击,当炮兵无法进行直瞄射击时,则使用工兵对建筑物实施爆破;一旦打开缺口,步兵立即对建筑物发起冲击,迅猛突入建筑物,利用步机枪、手榴弹、喷火器等消灭德军;巩固组则随之冲入建筑物,彻底消灭守敌,建立火力配系,防止德军反击。

苏军在战场上的密切协同,使苏军即便进入陌生的城市,在不熟悉地形的和德军拼死抵抗的情况下,依然可以迅速突破德军防御,最终攻陷柏林。战后数据显示,苏军各方面军的突破速度平均每昼夜3.7—11公里,发展进攻的速度达13—29公里,市区战斗的速度为1.8—3.8公里。这样的地毯式的前进模式以及速度,是苏军在战术上的独特创新,最终,苏军只用了17天时间,就歼灭了柏林及其附近地区的德军。

(二)任务明确,重兵突击,快速合围

柏林战役是一场多作战样式的城市进攻战役。攻入柏林既要强渡江河,又要通过高地和森林;既有对野战阵地防御之敌的进攻,又有对坚固城市防御之敌的攻坚战斗;既要仓猝应对防御之敌进攻,又要组织防御。苏军准确地判断作战形势,为了争取能在最短的时间内攻占柏林,苏军投入了3个方面军250多万人进行战斗。这样的兵力也使得柏林战役成为第二次世界大战规模最大的城市进攻战。而苏军的军事部署详略得当,步步为营。白俄罗斯第1方面军在面积仅有315平方公里的屈斯特林登陆场上就展开了4个合成集团军和大量的作战装备,平均每平方公里有1282人,火炮80门、坦克38辆,白第1方面军的任务是从正面突破。在突破德军防御时,各方面军又规定了较窄的突破地段,突击兵力更加集中,并且在突破地段,具有对德军的绝对优势:步兵3—5倍、火炮和迫击炮5—10倍、坦克和白行火炮7—9倍、飞机2—4倍。苏军的这种部署保证了决定性方向上的进攻力量,使得苏军可以集中优势兵力兵器连续突破德军奥得河—尼斯河防御地区,把柏林及其附近地域的德军一步一步分割歼灭。柏林战役是战争史上"突破"的典范,它将战术突破连续发展为战役突破,并将战役突破用到极致,创造了"突破"的经典范例。

(三)组织高效,作风顽强,是德军留给我们值得学习的地方

就在盟军形成对柏林城东西合围之际,这座纳粹的大本营已处于风雨飘零之中,几乎没有人相信德军仍有胜利希望。然而,整个城市为了抵御盟军进攻,进行了垂死挣扎,其整个城市所表现出的镇静、有序和团结,以及其防卫部队所表现出的作战精神和严明纪律,是值得我们深思和借鉴的。

根据德军将领的估计,要在柏林建立一条可靠的最后屏障,至少需要20万经验丰富的士兵,为了增强柏林城的防御力量,希特勒决定让老人、孩子和妇女参加最后的工作。为此,在戈培尔的指挥下,柏林城内的

每一个市民都在"狂热"地工作,迅速构造了以市中心为圆心的三道防御阵地。第一道,距市中心约 30 公里。主要依托柏林城外的高架铁路运输线和城市轻轨建成;第二道,主要依托距市中心 20 公里的高速公路带建成;第三道,是其防线的最后一道屏障,被称为"堡垒",主要依托政府建筑和蒂尔加藤公园建成。为使这三道防线形成一个有机整体,德军在柏林城内外建造了数以万计的支撑点,充分利用了翻倒的卡车、电车和装有炸弹的混凝土墙、被炸毁的建筑物、战壕,以及由柏林的河流、湖泊、沟渠形成的天然屏障。戈培尔还组织了 6 万人的国民自卫军,召集城区内的 15 岁以下的少年加入希特勒青年军,但是这些杂牌军很多人没有制服,甚至有人没有配备武器,有的人携带的是仅能发射一枚榴弹的发射器或者时常没有子弹的来复枪。

在作战中,德军表现出高度的组织纪律性,始终如一坚守岗位,直至战斗至最后一刻。在对国会大厦的最后攻击战斗中,苏军对其进行了 30 分钟的炮击,苏军的装甲部队和炮兵部队随后开始对国会大厦底层及各窗口进行精确打击,把国会大厦底层炸开数个大洞。在炮火打击后,苏军的 3 个营进行了一次集团冲锋,在浓烟和机枪的掩护下,冲进了国会大厦底层,并且迅速占领了国会大厦底层。此时,苏军没有进一步进攻,认为德军这时候会投降,但是等了 1 个小时后,苏军才发现德军并没有投降的意思。随后,残酷的争夺战开始了。德军逐层逐屋地防守,并在关键地方安置炸弹,给苏军造成了大量损失。双方都投掷了大量手榴弹,德军使用了弯管枪等巷战武器,白刃搏斗不时发生。据苏联一位参加战斗的老兵回忆,有一次在一个会议厅里,居然有几十个人在殊死群殴。德军在子弹用光后,使用手雷开路后冲出肉搏,双方都像发疯似的,均不怎么使用枪械,而是用刺刀、匕首进行冷兵器作战,由此可见战斗的疯狂程度!

在这场战争中，柏林战役的大量防御工事均是在柏林市民忘我的奋力工作下迅速完成的。在构筑防御工事过程中，面临盟军空袭、家园破碎、生活困苦等诸多问题，他们所表现出来的坚韧、顽强精神令人难忘。一线士兵在面临已经绝望的境地下，仍然坚守岗位，战斗至最后一刻，战斗至最后一人，这种战斗精神和严明纪律，确实值得我们借鉴。

9. 沙漠风暴：海湾战争

联合国第660号决议

安全理事会，对伊拉克军队于1990年8月2日入侵科威特，感到非常震惊，确定伊拉克入侵科威特构成对国际和平与安全的破坏，根据《联合国宪章》的第39条和第40条的规定采取行动，

1. 谴责伊拉克入侵科威特；

2. 要求伊拉克立即无条件地将其所有部队撤至其于1990年8月1日所在的据点；

3. 要求伊拉克和科威特立即进行密集谈判以解决它们的争执，并支持这方面的一切努力，特别是阿拉伯联盟的努力；

4. 决定必要时再次开会以审议进一步的步骤，以保证本决议获得遵守。

上文是1990年8月2日联合国安理会通过关于谴责伊拉克入侵科威特的决议。决议谴责伊拉克对科威特的入侵，认为这一事件破坏了国际和平与安全，要求伊拉克立即无条件地将其入侵科威特国土的全部军队撤至入侵前的位置。然而伊拉克选择忽视该警告，最终爆发了是以美国为首的多国联盟在联合国安理会授权下，为恢复科威特领土完整而对伊拉克进行的战争。战争自1991年1月17日开始，到2月28日结束，历时42天。

1990年8月2日凌晨,190万科威特人酣梦正香,他们的近邻伊拉克十万大军越过伊科边境径直向首都科威特城开来。因为伊拉克没有宣战,没有给科威特任何征兆,十万大军几乎没有遇到任何阻挠,仅用了3个小时就到达了目的地,并随即宣布科威特政府被推翻。这一消息如晴天霹雳,令世人震惊。海湾战争对于伊拉克总统萨达姆·侯赛因来说,在他下赌注悍然要求科威特的领土并充当整个阿拉伯世界的领导人的同时,这场战争是解决它紧迫的经济问题和掌握世界储油量40%的一次机会。对于美国总统乔治·布什来说,侯赛因的攻击必然引起因无端侵略危及世界石油供应安全利益国家的坚决反对。对于以色列领导人来说,这场战争无疑是摧垮其余仇敌千载难逢的机会。对于参加联盟的阿拉伯国家来说,与伊拉克交战是对侯赛因的狂热和欺骗的必然行动。另一方面来说,对于不是联盟成员的巴勒斯坦和约旦人来说,则欢迎给未能充分分享其石油利益的某个阿拉伯国家进行一次狠狠的打击。

战争背景

中东地区位于亚、非、欧三大洲的接合部,环绕黑海、地中海、里海、红海和阿拉伯海等国际海域,被誉为"三洲五海之地"。同时还有联通五海水域的博斯普鲁斯、达达尼尔、曼德和霍尔木兹四大海峡,这些海峡是扼守国际航道的门户。中东地区拥有四大海湾,即亚丁湾、波斯湾、阿曼湾和瓜达尔湾。1869年凿通的苏伊士运河则是亚、非、欧三大洲交接地带的要冲,它把地中海和红海连接起来,沟通了大西洋、印度洋、太平洋以及地中海、黑海、红海和阿拉伯海等"三洋""四海"的交通。中东又被称为"四峡四湾一河之地"。中东地区的地理位置,使它成为沟通大西洋到印度洋、东方和西方、欧洲经西亚到北非的交通枢纽,不论是在政治、经济、军事方面都具有重要的战略地位,因此成为大国长期争夺的焦点。此外,由于文化习俗差异、历史积怨、历代统治者的民族歧视和压迫等等,该地区民族间的隔阂非常深,再加上西方列强的殖民政策,使得中东地区民族冲突不断、战乱频繁。

战争实景

第一次世界大战前,科威特是隶属于奥斯曼土耳其帝国的伊拉克的一个自治省份。第一次世界大战期间,英国占领科威特并促使其独立,但是伊拉克始终没有承认科威特的独立。两伊战争期间，伊拉克欠下了巨额外债，其中欠科威特 140 亿美元。伊拉克希望石油输出国组织降低石油产量，提高石油价格，这样它可以偿还这笔债务。但是科威特没有遵照伊拉克的意思，反而是提高石油生产产量，造成油价下降。科威特希望通过此举来迫使伊拉克解决它们之间的边境争端。而伊拉克则声明，它作为其他阿拉伯国家与伊朗之间的缓冲地，在两伊战争中为所有阿拉伯国家做了一个贡献，因此科威特和沙特阿拉伯应该将其外债免除。这样矛盾进一步激化。加上两伊战争破坏了伊拉克在波斯湾的重要港口，摧毁了它的外输能力。许多伊拉克人认为，两伊战争再次爆发是必然的，因此为安全起见伊拉克需要占据更多的地区，尤其是在离战场较远的比较安全的地区占据海港。因此科威特就成了一个目标。

伊拉克将入侵科威特宣传为阿拉伯民族主义，宣称科威特自古以来就是伊拉克的一部分，是被英帝国主义者分割走的一部分，因此，占据科威特是建立大阿拉伯联盟的要求。此外，萨达姆·侯赛因还称占领科威特是重建巴比伦帝国的一步。中东的其他一些事件也与入侵科威特有关。通过这些努力，萨达姆试图将自己展示为一个愿意站起来反抗以色列和美国的政治家。

美苏关系缓和为海湾危机的爆发提供了"温室"条件。20 世纪 80 年代中后期，苏联经济陷入困境，力量衰落，无法继续与美国对抗。1985 年 3 月戈尔巴乔夫上台后，以"新思维"为指导，大幅调整对中东政策，强调在中东不能再依靠军事手段来解决冲突。苏联从阿富汗撤军，实行中东战略收缩政策，与美国在中东问题上逐步走向"合作"。苏联的这一转变打破了中东地区力量结构。布什就任美国总统后，在中东推行"小步走"的政策，改变以往一味亲以色列的立场，在支持和维护以色列生存权利及其安全的前提下，开始更多地约束以色列。对阿拉伯方面，在重新恢复中东温和国家如埃及、沙特等国对美信任基础上,积极改善与阿拉伯国家关系,以扩大美国在中东的影响。然而,这些调整使得美国与中东国家产生了新的矛盾,如以色列对布什政府的不满;一些阿拉伯国家对美偏袒以色列的不满。这样,美对中东问题的控制能力明显减弱,影响力在下降。苏联在中东的战略收缩和布什政府对中东政策的调整,给中东民族主义和地区霸权主义创造了机会,过去长期受到遏制的海湾地区性矛盾爆发。

萨达姆·侯赛因

为实现霸占科领土、摆脱经济困境、抢夺石油资源、争夺入海通道和争当地区霸主的目的,伊于1990年8月2日出兵占领科全境,8月8日宣布科威特为其第19个省。入侵数小时后,科威特和美国要求联合国安理会召开会议,在这次会议上通过的第660号决议谴责伊拉克对科威特的入侵,要求伊拉克撤出科威特。8月3日阿拉伯联盟也发表决议谴责伊拉克的侵略行为并要求伊拉克撤兵。阿拉伯联盟的决议还要求在阿拉伯内部解决这场冲突,并警告外部干涉。8月6日联合国安理会通过第661号决议对伊拉克施加经济制裁。西方国家决定将伊拉克逐出科威特还与他们害怕伊拉克会入侵沙特阿拉伯有关。全世界国家,尤其是依靠石油的美国、欧洲和日本将石油垄断看作一个巨大的威胁。时任美国总统乔治·布什很快就宣布美国将发动一项旨在防止伊拉克入侵沙特阿拉伯的防御行动"沙漠盾牌行动"。联合国安理会和阿拉伯联盟就这场冲突发表了一系列决议,其中最重要的是11月29日的联合国安理会第678号决议,其中设定伊拉克撤出科威特的截止日期为1991年1月15日,并授权"以一切必要手段执行第660号决议",这是一种授权动武的外交语言。这使美国和其他国家组成多国部队出兵海湾,以武力解决海湾危机取得了合法地位。

 战争经过

1991年1月17日当地时间凌晨2时,在伊拉克拒不执行安理会第678号决议的情况下,多国部队航空兵空袭伊拉克,多国部队发起"沙漠风暴"行动,海湾战争由此爆发。

整个空袭包括"沙漠风暴"计划中四个作战阶段的前三个,美军称之为"空中战局"。按计划三个阶段同时开始,齐头推进,逐一达到既定目标。通常的空袭模式是,由EF-111、EA-6B和EC-130H等电子战飞机先开辟通路,担负攻击任务的F-117、F-117A、F-111DAEAF、A-6、A-10、AV-8B、F-15E、B-52等型飞机攻击各指定目标,F-14、F-15C、F-16和F/A-18等飞机则担负掩护任务。在大规模空袭行动开始前10—20分钟,EA-6B等型电子战飞机对伊防空雷达和通信系统进行了强电磁干扰和压制,造成伊雷达迷盲、通信中断、指挥失灵。随后,多国部队展开了持续38天的对伊空袭作战。空袭分为战略空袭和战术空袭两个阶段。

战略空袭阶段从1月17日开始至30日结束。多国部队的空中力量对伊拉克腹地重要目标实施攻击。在选定的摧毁目标中,重点是萨达姆

美"阿帕奇"直升机

的指挥和控制中心,以及支持萨达姆进行战争所需的关键性基础设施。进攻发起前,美陆军第 101 空中突击师的"阿帕奇"直升机在美特种作战司令部派出的 MH—53J"低空铺路"。与其他直升机相比,"阿帕奇"的突出特点是:火力强,它以反坦克导弹为主要武器,另外还有机炮和火箭等;装甲防护和弹伤容限及适坠性能好;飞行速度快;作战半径大,可达 200 千米左右;机载电子及火控设备齐全,具有较高的全天候作战能力和较完善的火控、通信、导航及夜视系统;具有"一机多用"能力。多国部队首先摧毁了伊拉克边境上的 2 座预警雷达站,撕裂了伊拉克严密的防控网,为后续大批非隐形作战飞机的空袭开辟了空中通道。然后利用 F-117A 隐形飞机精确制导炸弹摧毁了三个防空作战中心,试图使伊拉克国家军事和政治统帅部门瘫痪。

多国联合部队不分昼夜,轮番上阵连续对伊拉克进行强大的空袭轰炸。在多国联合部队飞机的狂轰滥炸下,伊拉克的军队既无招架之功,也无还手之力。伊拉克空军几百架飞机,要么逃往国外,要么深藏地下,勉强升空的几架也立刻成了多国部队的活靶子。有些伊拉克飞行员还没发现多国部队的飞机,就已经被发射的空对空导弹击中,魂归西天。据美中央总部和情报部门统计,在"沙漠风暴"行动第 1 周结束时,多国部队对几类预定目标的攻击取得了重大战果,这在一定程度上削弱了伊战争潜力,破坏了其防空体系,夺取并保持了制空权,为多国部队后续阶段作战创造了有利条件。伊 C3I 指挥系统被肢解,国家政治和军事领导机构被分割和孤立,伊已无法有效指挥作战行动。16 个指挥控制中心只有 3 个能正常工作。11 天后,多国部队已经完全掌握制空权。

空袭进入第三周,即 1 月 31 日开始,多国部队空中力量的打击重点从战略目标转向战术目标。在此阶段,多国部队对伊在科及伊南部的地面部队及其防御阵地、坦克和装甲车集群、铁路和公路运输线、燃料和弹药储存设施以及后勤支援和补给基地等,进行了猛烈轰炸。多国部队共出动飞机近 10 万架次,投弹 9 万吨,发射 288 枚战斧式巡航导弹和 35 枚空射巡航导弹,并使用一系列最新式飞机和各种精确制导武器,对选定目标实施多方向、多波次、高强度的持续空袭,使科威特战场伊军前沿部队损失近 50%,后方部队损失约 25%,为发起地面进攻创造了条件。

在第一阶段空袭中,伊军实施消极防御,以藏于地下、隐真示假、疏散国外等措施躲避空袭,保存实力。同时以导弹和飞机等武器对多国部队实施有限反击。伊不断以"飞毛腿"导弹袭击以色列、沙特、巴林境内的目标。发射的导弹虽然多数偏离预定目标或被美"爱国者"防空导弹击落,却也迫使多国部队延长了空中战役时间,并出动大量飞机寻歼伊"飞毛腿"导弹发射架。其间,伊虽发起对沙特滨海小镇海夫吉进攻战斗,但未能影响多国部队继续空袭的决心。伊海、空军多次出动飞机和导弹快艇,对多国部队进行袭扰,但均告失败。此外,伊军曾试图以向海湾倾泻石油、点燃科威特油井和威胁使用化学武器等手段阻滞和遏止多国部队的军事行动,也未达目的。

多国联合部队的地面战役是从 1991 年 2 月 24 日到 2 月 28 日止。地面战役的重点是消灭驻守科威特的伊军重兵集团。在地面战役中,多国部队十几万大军兵分三路。第一路从海上向科威特东部实施两栖登陆；第二路从陆地越过科、沙边境向科境内进军，配合登陆部队；第三路从沙特出发，越过沙伊边境，向伊境内幼发拉底河方向包抄，切断驻科伊军的退路。在地面战役发起前，多国部队成功实施了战役欺骗。为掩护西线主力机动企图，美军及多国部队在科威特水域集结了1.7万人的海军陆战队，佯装在科威特海岸两栖登陆，并散发假消息，宣称海军陆战队已开始从海上大规模登陆，有效地迷惑了伊军。美第七军和美第十八空降军从沙特边界以南向西机动数百千米，进抵沙伊边境的进攻、出发地域。在确认伊军前线兵力损失近半并对上述西调行动毫无察觉之后，多国部队于1991年2月24日4时（当地时间）发起地面进攻。美第七军于24日午后发起攻击。美第七军和美第十八空降军利用空中机动和装甲突击力强等优势，在海空军支援下实施"左勾拳"计划，将伊拉克共和国卫队合围于巴士拉以南地区。伊军遭受38天空袭后，损失惨重，指挥中断，补给告罄，战场情况不明，对多国部队主攻方向判断失误，伊军"萨达姆防线"迅速被突破。在此期间，伊军继续向沙特、以色列和巴林发射导弹，使美军伤亡百余人；在海湾布设水雷1167枚，炸伤美海军两艘军舰，但未能扭转败局。26日，伊拉克正式通知联合国安理会，无条件地从科威特撤军。大批的伊军从科威特沿沙漠公路向伊军争相回撤，人多路少，四面追兵，天上还有多国部队飞机追踪轰炸。结果，伊军的撤退变成了溃逃。从科威特到巴格达的沙漠公路上，到处都是遭多国部队空袭而丧命的伊军尸体、车辆及各类军事装备。27日，多国部队攻占科威特市，并在巴士拉地区围歼了伊军5个师。萨达姆宣布接受停火，伊军迅即崩溃。28日晨8时，多国部队宣布停止进攻，历时100小时的地面战役至此结束。

海湾战争中，美军亡390人、伤3336人、被俘21人、失踪45人，损失飞机34架、直升机22架、坦克35辆,2艘海军舰只触雷负伤;英军亡36人、伤43人、失踪8人、被俘12人,损失飞机7架;其他国家军队损失轻微。伊拉克部署在科威特战区的43个陆军师中,36—38个师丧失战斗力,伤亡8.5万—10万人,被俘8.6万人,损失坦克3874辆、装甲车1450辆、火炮2917门、飞机324架(包括被伊朗扣留的109架),87%的海军作战舰艇遭重创或被击毁。科威特直接战争损失600亿美元,伊拉克损失达2000多亿美元,美国耗资611亿美元。

战例点评

海湾战争是"冷战"结束后第一次大规模局部战争,初步体现了高技术战争的特点,空袭作战充分体现了高技术条件下空袭作战的特点和规律,特别是空袭作战成为战争的一个独立阶段和样式,信息化装备在战争中大显身手,成为战斗力的"倍增器",战争形态和作战样式从机械化向信息化战争转变。研究和学习海湾战争,对于将来打赢信息化条件下的战争有非常重要的借鉴意义。

(一)空袭与反空袭成为海湾战争的主要作战样式

海湾战争之前的战争,空中作战力量多作为辅助手段,以支援地面部队作战为主要样式,对战争进程和结局影响有限。海湾战争历时42天,其中空袭占38天,以美国为首的多国部队总共出动了近10万架次的作战和支援飞机,日出动量平均保持2400架次,最多时达到了3100架次。投掷了9万余吨炸弹,其规模之大、时间之久、强度之高均属少见。这说明现代高技术条件下的局部战争的模式应该是以空战为开端,连续不断的高强度空袭,空袭的目标一般不在于造成对方大量的人员伤亡,而旨在破坏对方主要的军事工事,瘫痪对方军事系统以及战斗力。

空战成为独立的作战样式也对武器提出了新的、更高的要求。担任空袭任务的主要是靠战斗机,所以在海湾战争中首次使用了隐形轰炸机F117,正是这种不容易被雷达探测到的轰炸机的应用,空袭战才有可能成为独立的作战样式,才能更好地完成战斗任务。高技术武器装备的使用不仅能发挥各自的独特作用完成各自承担的任务,又能相互配合,互补技术和作战效能方面的不足和缺陷,从而形成强大的整体作战能力。多国部队空袭作战,给伊防空作战造成了巨大困难,达成了既定的战略和战役目标。

(二)高技术空袭兵器在高技术战争中发挥了重要作用

海湾战争标志着战争的高技术时代已经到来。在海湾战争之前的几场局部战争中,高技术在战争中的作用已经越来越重要。多国部队在海湾战争中广泛使用 C3I 信息指挥系统,统一进行战争的战略战术指挥。多国部队所使用的高技术武器几乎包括陆海空的各个方面,其中主要有全球定位系统、军用卫星、精确制导弹药、夜视器材、新型坦克、防空导弹系统、隐形飞机、巡航导弹、电子战武器、军用计算机等等。高技术兵器的使用,使现代化战争的战场出现了很多新的现象,表现出了很多新的特征。例如,夜视器材的广泛应用,突破了传统战争中昼夜对战争的限制,在以往的战争中,美军的坦克必须先找到隐蔽物,停车瞄准后才能开火,而且夜间在 2000 米以外击中目标的机会几乎等于零。而在海湾战争中,M—1A 坦克却不仅可以在行进中开火,而且它所装备的夜视仪、激光器以及能根据湿度、风力和其他情况自动调整射击诸元的计算机可保证在任何情况下 90% 的命中率。又如,在越南战争中,美军飞机投掷炸弹或发射导弹落在 150 米以内的只有 50%,而在海湾战争中,这一范围已精确到 5 米左右。就战争最基本的特征而论,海湾战争同以往战争相比最突出的特点是：(1)武器装备建立在高度密集的技术基础之上；(2)打击方式基本已不再是过去战争所追求的那种大规模毁伤，而是在破坏力相对降低的基础上突出打击的精确性；(3)整个战争的范围与过程被视为一个完整的系统，战争的协同性和时间性空前突出。

（三）高技术战争考验一国后勤保障能力

就已经爆发的几场局部高技术战争看，高技术战争具有快速、猛烈和高消耗的特点，这对后勤装备保障提出了更高要求。兵力投送能否及时到位、物资补给能否及时跟上等，都将对战争进程和结局产生关键影响。美国国防部在总结海湾战争中的后勤工作时指出，虽然条件艰苦，"沙漠盾牌"和"沙漠风暴"行动的后勤支援工作却进行得井井有条，成就非凡。一是保障行动快速。总统布什出兵海湾的命令刚一发出，美军负责后勤补给的约翰逊将军就指挥后勤各系统、各环节迅速作出了反应。几小时后，由威廉·帕戈尼斯少将担任总指挥的海湾战区后勤指挥机构已建立起来。不到24小时，美"萨凡纳"号综合补给舰等舰船就伴随"独立"号航母战斗群驶抵阿拉伯湾。与此同时，美军第24机步师的后勤部门就将18辆满载物资的大拖车开到了该师在斯图尔特堡的驻地。接着，又在极短的时间内将378车物资运到该师。出兵海湾的命令发布48小时后，美海军后勤首批船只就已完成备航。1991年1月15日前，在短短5个多月中，多国部队后勤将73万部队（其中美军43万）、800多万吨物资（其中美军600多万吨）、3670辆坦克（其中美军2000辆）、2270架飞机（其中美军1800架）、舰船200艘（其中美军100余艘）、火炮若干门、运输车数万辆等各种装备、设施、物资运送到战区，并建立起源源不断的补给线，保证了多国部队及时形成了陆、海、空、天、电子五位一体的对伊攻击态势。二是跟随保障效果明显。在地面作战前夕，后勤部门已将各种物资设备，隐蔽、快速地运到预设战场前沿，并建立起弹药所、加油站、维修站和救护所。在美军临时改变攻击部署时，其后勤部门迅速出动大量运输车辆和直升机，将重装部队及其携行物资、器材从沙特东部快速运至西部，确保了进攻部队按时、快速地发起攻击。地面交战中，为了割裂伊拉克军队，美军后勤又以300架直升机将第101空中突击师和第82空降师的4000多人及其所需物资、器材运到伊拉克南部，及时保障了美军深入伊拉克南部的作战需要。三是后勤装备保障质量较高。一项调查表明，除其他任务外，在战争中后勤人员保养了51种主要武器系统，质量达到或超过维护标准。美军还动用100多艘运输船紧急向海湾地区运送大量装备物资和油料，很快在沙特建立军用物资储备，构建了由医院船、舰队医院、野战医院、"可部署医疗系统"组成的机动医疗保障体系；配备的先进野战供水装备，具有在化学战条件下供水能力；建立了燃料补给站和运油车队，设立前方地区加油站；采用"作战快餐口粮"，有12个品种供选择，并配备单兵快餐口粮无火焰加热器，可在行军状态中加热口粮；美陆军部队配发了新式的重量轻、穿着凉爽的沙漠作战服和沙漠作战鞋，所有士兵都装备了防化服和防毒面具，单兵装备价值达1700美元。美军出色的后勤装备保障，为多国部队对伊作战奠定了坚实物质基础。

　　海湾战争不仅大大影响了世界的政治局势，也对整个世界军事界造成了非常大的影响，直接影响了整个军事技术和军事思想领域的发展，引起了一系列革命性变革，后来被统称为"新军事变革"。其中，在作战思想方面最具代表性的理念，便是被称为"三非"的军事作战理念：非接触作战、非对称作战和非线性作战。

10. 开辟海战新模式：马岛之战

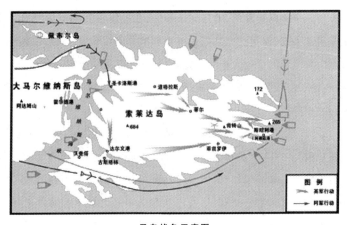

马岛战争示意图

马岛战争即"南大西洋战争"，全称马尔维纳斯群岛战争（Malvinas War）或福克兰群岛战争（Falklands War）或福克兰海战，也有部分媒体简称为福岛战争，是1982年4月到6月间，英国和阿根廷为争夺马岛（阿根廷称"马尔维纳斯群岛"）的主权而爆发的一场战争。阿方参战兵力6.5万人，舰船33艘，飞机350架，地面部队1.3万人。英军参战兵力3.5万人，舰船118艘，飞机340架，地面部队9000余人。阿军伤亡约2300人、被俘1.13万人，损失舰船11艘、飞机105架，耗资17亿美元。英军伤亡1000余人、被俘200余人,损失舰船6艘,飞机34架,耗资10亿美元以上。马岛战争是第二次世界大战之后最激烈的海陆空联合作战之一,马岛战争最终以英国的胜利宣告结束。马岛战争结束后,英国不但巩固了其在南大西洋地区的利益,而且也向世人展示了军事强国的实力。这场战争发生在世界工业化向信息化转变,军事高技术尤其是信息技术迅猛发展时期,三军联合作战呈现新的发展趋势,战争潜力动员具有时代特征,战略指导与政治外交斗争联系更加紧密。

 战争背景

马尔维纳斯群岛(本文简称马岛),位于南大西洋,东到西经57°40′,西到西经62°,南到南纬53°,北到南纬52°15′之间的海面上。该群岛由346个岛礁组成,总面积15800平方公里,其中长年有人居住的有15个岛屿,主要有索莱达岛(即东福克兰岛,本文简称东岛),大马尔维纳斯岛(即西福克兰岛,本文简称西岛),总人口约两千,绝大多数是英国移民后裔。首府为斯坦利港(即阿根廷港)。南乔治亚岛是马岛的附属岛屿,(本文简称南岛),位于马岛东南716海里,西经39°南纬53°的海面上,面积3700平方公里,居民随季节变化时多时少,最多达500人,首府为格里特维肯港。

马岛距离南大西洋与南太平洋之间的要冲航道麦哲伦海峡250海里,距阿根廷本土276海里,距英国本土7000海里。马岛资源丰富,大陆架有丰富的石油和天然气资源,储量可达60亿桶。其次马岛位于沟通南半球两大洋交通的必经之路,而且漫长曲折的海岸线组成的众多港湾,是英国在南大西洋的最重要的基地。最后,该岛距南极大陆较近,是进行南极考察的前哨和理想的后方补给站,其战略地位更为重要。

英阿马岛之争,由来已久,漫长而复杂。1592年,英国人约翰·戴维斯发现该岛,但阿根廷则认为是葡萄牙人戈梅斯于1520年发现的。1690年,英国"幸福号"船船长约翰·斯特朗于1690年发现两主岛之间的海峡,并以当时英国海军司库福克兰子爵的名字把它命名为"福克兰海峡",而且首次登上该岛。后来,英国便称该群岛为"福克兰群岛"。1764年,法国航海家路易·安东·德布甘维尔海军上将率领的探险队,首次在东岛建立了一个定居地,称为路易斯港。1765年,以约翰·拜伦为首的英国探险队登上西岛,建立了名为埃格蒙特港的定居地,并升起英国国旗,声称该岛归属英王。1766年,在海上称霸的西班牙人插足马岛。他们宣称,按照1493年教皇划定的分界线,这些岛屿位于西班牙的管辖范围之内,理应归西班牙所有。同年10月3日,法国人以2.4万英镑的代价把东岛卖给了西班牙。1770年,西班牙军队以武力赶走了西岛的英国人。1771年,按西、英两国达成的协议,英国人回到了西岛,重新驻扎在埃格蒙特港,但西班牙声称保留其主权。1774年,英国以节省军费为理由,主动撤走了西岛驻军。

1806年,西班牙向拿破仑投降,英国乘机打击西班牙的势力,占领了布宜诺斯艾利斯。但是,英国既未向马岛派遣驻军,也没有委任总督;马岛处于无政府状态达十多年之久。1810年,布宜诺斯艾利斯地区人民起义,成立了拉普拉塔临时政府。1816年,"拉普拉塔联合省"正式宣布独立,并声明继承西班牙对马岛的主权。1820年11月,戴维·朱厄特海军上校在索莱达港把阿根廷国旗插在要塞顶上,并宣布行使从西班牙继承来的主权。自1823年起由巴勃罗·阿雷瓜蒂任总督。1829年,英国致函阿外交部长,声明马岛归英所有。1833年1月2日,英国由约翰·詹姆斯·翁斯洛舰长率领"史诗女神"号护卫舰开进东岛的索莱达港;第二天,升起英国国旗,宣布奉命行使英对马岛的主权。阿驻马岛的海军中校何塞·玛丽亚·皮内多总督及其50名士兵被迫撤回布宜诺艾利斯。此后,马岛长期为英所占,但阿根廷从未放弃其主权要求,多次对英的占领提出异议,至今已达一个半世纪。英国生物学家达尔文乘海军勘探船"贝格尔"号作历时5年(1831—1836年)的环球旅行时,到过马岛。他是第一个到那块领地访问的名人,因此东岛有个"达尔文港"。

  1948年,阿根廷和智利向马岛海域派驻海军,英国对此抗议。10年后,即1958年,这个问题提到联合国。1964年,阿一名飞行员驾机到马岛着陆,升起了阿国旗。同年,联合国非殖民化特别委员会开始审议马岛问题。审议后,建议由特委会邀请两国政府举行谈判,以求和平解决争端。1965年,联大第一次审议马岛问题。阿强调马岛是西班牙殖民体系的天然组成部分,应根据反殖宣言中确认的领土完整原则将马岛归还阿。英则坚持其对马岛的主权,强调居民自决权。大会最后通过了敦促阿、英立即进行谈判、和平解决问题的决议。从1966至1976年间,多届联大都作出了类似的协议或决议。1966年阿根廷18名青年劫持一架飞机在马岛着陆,要求归还马岛。1971年英、阿签署协定,英同意逐步把岛上居民并入阿根廷,以解决岛民的身份证问题,使他们可以在阿各地通行和接受高等教育。1972年阿在离阿根廷港5公里处修建了机场,班机定期往来。20世纪70年代初,勘查表明在马岛南部海域可能有丰富的石油以及天然气和其他矿藏。1973年英、阿谈判气氛急转直下。1978年,两国恢复谈判。1980年英外交官在美国与阿根廷代表谈判提出这样的设想:马岛主权移交给阿根廷,但要阿方把马岛长期租借给英国。阿对此表示反对。同年12月,英政府把这一方案提交议会讨论时,遭到一些人的竭力反对。于是,英政府表示,马岛居民对该群岛的归属问题应有最后决定权。英、阿双方对南乔治亚群岛和南桑德韦奇也存在争议。

1904年11月16日,一批阿根廷海员登上南乔治亚岛;1905年1月1日,他们在格里特维肯港设立了一个气象站。1908年7月4日,英国宣布,南纬50度以南、西径80度以东的广大区域,包括马岛、南乔治亚群岛、南桑德韦奇群岛、南设得兰群岛、阿根廷的圣克鲁斯省一部、智利南方诸省、整个火地岛等,均为英国统治区。1928年,阿根廷首次通过外交途径提出收复南乔治亚群岛主权的要求。1950年,英国人在南乔治亚岛升起英国国旗,没收了阿方气象站的全部设备,并把这些设备送回布宜诺斯利斯。1969年,英国在岛上建立了南极观测站和鲸鱼加工厂。1976年,阿海、空军向该岛的图勒岛(即南休利岛)共派出了约20名人员(含科研人员),建立了"科尔布塔·乌拉杰"科学站。1982年2月26日—27日,英阿在纽约举行正式谈判,但毫无结果,双方关系趋于恶化。

阿根廷出于内政、外交和经济上的需要,为了维护民族尊严、国家主权及领土完整,彻底消除长期存在的殖民主义这一"毒瘤",决定采取包括军事行动在内的"其他形式"来结束英国殖民主义者对马岛、南乔治亚群岛和南桑德韦奇群岛的武力统治,并在国内开始了积极的备战活动。1982年3月19日,阿根廷斯科蒂斯公司60人乘海军指挥的运输船,以拆除一个保加利亚人在南乔治亚群岛所建立的鲸鱼加工厂的陈旧设备为名,在南乔治亚群岛的利斯(又译"莱斯")滩登陆,并插上阿国旗,两国关系旋即恶化。阿方决定利用有利的国际形势与政治形势,提前采取行动,收复马岛的主权,以此结束英军对马岛长期的武力占领。3月28日,阿方出兵,4月2日和3日先后在阿根廷港和南乔治亚岛登陆,马岛战争爆发。

作战经过

(一)阿军占领马岛与英军战略展开(4月2日—30日)

1982年2月双方在纽约的谈判又宣告破裂。阿根廷开始准备以武力收复马岛,并制订出代号为"罗萨里奥"的行动计划。3月26日,阿根廷总统加尔铁里下令提前实施"罗萨里奥"计划,由2艘驱逐舰,2艘护卫舰,1艘坦克登陆舰,1艘潜艇,1艘破冰船,1艘补给船搭载2个营的海军陆战队组成第40两栖特混编队,从贝尔格拉诺启程前往收复马岛,以1艘护卫舰,1艘供应舰搭载2个排的海军陆战队组成第60两栖特混编队,从德塞阿多港启程前往收复南岛,还以1艘航母,4艘驱逐舰,1艘护卫舰,1艘油船组成第20特混编队,提供战役掩护。作战总指挥为陆军第5军军长兼马尔维纳斯战区司令奥斯瓦尔多·加西亚中将。

4月2日,第40两栖编队驶抵马岛。午夜时分,阿军陆战队的侦察小队在彭布罗克角登陆。次日凌晨,蛙人分队在约克海滩登陆。6时30分,阿军主力在龙克湾登陆,随即攻占了机场和港口。8时30分,阿军七架C—130运输机运来3000多后援部队,使岛上阿军总兵力达4000人。9时,马岛的英国总督率所部181名官兵投降,阿军占领马岛,建立了行政机构,任命梅嫩德斯准将为马岛军事长官。

英国在获悉马岛被阿根廷占领后,立即宣布与阿断交,成立以首相撒切尔夫人为主席的战时内阁,作为最高决策机构,并制定了以武力为后盾,政治、外交、经济多管齐下,迫使阿方撤军,如果阿根廷不屈服,就用武力重夺马岛的战略方针。

阿军收复马岛后,于4月7日成立了"南大西洋特别战区司令部",负责保卫阿根廷海岸200海里水域、马岛及其附属岛屿,司令官由海军

作战司令胡安·阿塞·隆巴多将军担任,司令部设于斯坦利港。随着英军特混舰队日益向战区的接近,阿军逐渐加强马岛的防御,不断向岛上运送兵力、武器装备及各种作战物资。至4月30日,阿军在马岛的地面部队已由4000人增至1.3万人,其中除5个海军陆战营(4000名官兵)外,还有机械化步兵

时任阿根廷总统加尔铁里

第10旅,步兵第3、第9旅(9800名官兵)。阿军方面将素莱达岛(东岛)定为防御重点,其中在斯坦利港—肯特山—道格拉斯地区部署约1万人,在达尔文港—古斯格林—圣卡洛斯地区部署约1600人,在范宁角部署50人;大马尔维纳斯岛(西岛)部署2000人,重点驻守福克斯湾、佩布尔岛等地。

面对阿根廷在马岛的军事行动,英国立即作出了强烈的反应。首相玛格丽特·撒切尔夫人于4月3日晨即召开紧急会议,并迅速成立了战时内阁,确定了以"军事手段为主、外交与经济手段为辅,迅速夺回马岛"的战略方针。铁娘子选派伍德沃德,这位时年49岁,毕业于海军学院,并担任过潜艇艇长、驱逐舰舰长、国防部海军作战计划处处长,有"海狼"之称的少将为特混舰队司令,第一时间开赴马岛。4月5日,英军以"竞技神"号和"无敌"航空母舰为核心组成特混舰队,共37艘战舰,20架"鹞"式战斗机,58架各型直升机,3500名海军陆战队。编成内包括遂行对水面舰艇攻击、反潜、海上防空、海上封锁、海上输送、突击上陆等各种任务的多种作战力量,从朴茨茅斯和直布罗陀起航。另外正在大西洋参

时任英国首相撒切尔夫人

加演习的 4 艘核潜艇也全速赶往马岛。这支特混舰队在 1.3 万公里的航程途中，英军参战部队完成了"制定作战方案、战斗序列编组、战术演练"等一系列准备工作，并根据 4 月 4 日议会签发的法令，征租 58 艘民船，作为舰队的后勤支援力量，同时对征用的民船按需要进行快速改装。4 月 7 日，英国宣布对马岛周围 200 海里实施全面海空封锁，这意味着凡是进入该区域的阿根廷舰船，都将遭到英军的攻击。4 月 12 日，英军的核潜艇最先到达马岛海区，开始执行进行海上封锁禁令。

英国海军"挑战者"号核潜艇

4 月 24 日，英军由 2 艘驱逐舰、2 艘护卫舰组成的先遣队驶抵南岛海域。4 月 25 日，南岛上的 SBS 队员引导第 42 陆战突击营机降在岛上，晚 6 时，英军占领了南岛首府格里特维肯港。4 月 26 日，英军俘虏了阿军在南岛的守岛部队 156 人，英方无一伤亡，重占南岛使英军获得了一个重要的前进基地。4 月 28 日，英特混舰队进入马岛海域，按作战预案迅速展开，对马岛进行海空封锁。英军在马岛海域建立了 3 道封锁线：以核潜艇为主，结合海上空中巡逻，形成封锁的对外正面，封锁阿主要海军基地和通往马岛的各道航线，从外围保护舰队的安全；以驱逐舰和护卫舰组成数个小舰群，在阿军驻马岛守军岸炮火力范围之外、己方舰载作战飞机半径之内活动，形成封锁的对内正面，封锁马岛各主要港口，掩护登陆舰群接近马岛，支援登陆部队登陆；中层封锁线则由舰载航空兵与巡逻艇组成。

(二) 英军对马岛的封锁与阿军的反封锁(5月1日—20日)

英国国防部宣布:从4月30日格林威治时间11时起,对马岛周围200海里海面和空中实施全面封锁。阿军也进入最高戒备状态,在马岛开始实行灯火管制和宵禁。

5月1日,英军4架"火神"轰炸机从阿森松岛起飞,执行对马岛阿军的首次轰炸任务。协同轰炸任务的是从"竞技神"号航空母舰上起飞的"鹞"式舰载攻击机,轰炸了阿军马岛的机场、雷达站以及防空导弹基地等主要的军事工事。

面对英军的猛烈进攻,阿军予以激烈反击。阿军由于受到国际的制裁,西方国家实行对阿军武器禁运,阿军虽辗转购得了较先进的法制飞鱼反舰导弹与超军旗飞机,但是进口的飞鱼导弹与战机数量太少,当时仅交付了5架,飞鱼导弹若干。但阿军仍倾全力反击,阿空军先后出动56架次"幻影"式战斗轰炸机袭击英军飞机与舰船,击伤英军"箭"号护卫舰。空战中,2架阿机被英"鹞"式攻击机发射的新型"响尾蛇"导弹击落。

5月2日,英"征服者"号潜艇在200海里禁区外36海里处,发现阿军"贝尔格诺将军"号巡洋舰,为了打击阿军的士气,英战时内阁决定击沉该舰。英"征服者"号接到命令后,向"贝尔格拉诺将军"号发射了三枚MK—8鱼雷,命中两枚,巡洋舰在45分钟后沉没,战舰上321人全部阵亡或失踪。"贝尔格拉诺将军"号的沉没,极大地打击了阿海军的士气,海军司令伊萨克·安纳亚海军中将为保存实力,不顾空军的反对,命令海军主力撤离马岛海域。从此,战区内只有阿空军独自跟英军进行反封锁作战。

5月4日,阿军"海王星"侦察机发现英军"谢菲尔德"号驱逐舰,决定用"超级军旗"攻击机将其击沉。但是阿军先用老式的A—4"天鹰"

被击中的谢菲尔德号驱逐舰

和"幻影"飞机在高空盘旋,让英舰艇误以为他们要攻击,吸引英舰雷达的注意力,而阿"超级军旗"则采取超低空飞行躲开英军雷达,在到达射程范围内的时候突然升到150米,在40公里外发射2枚AM—39"飞鱼"导弹,一枚命中。英军发现导弹来袭,但为时已晚,5小时后,舰长决定弃舰,英军伤亡、失踪78人。9日,"谢菲尔德"号在拖回英国途中沉没。这艘造价近2亿美元的军舰被击沉,对英军的打击极大。英军决定要先清除阿军的空军前锋"超级军旗",5月6日,英军派出16名特种空勤队员,悄悄潜入阿根廷本土的里奥·加列戈斯空军基地,一举炸毁阿军8架"超级军旗",而阿空军一共只有14架"超级军旗"。8架"超级军旗"的丢失,对于阿空军来说像失去了一个翅膀,严重影响空军战斗力。

英军依据前期空袭战的打击程度,以及"SAS"、"SBS"的地面战场的侦察结果,英军开始为登陆马岛做准备。5月14日夜间,英军SAS 50名突击队员乘三架直升机在8名先遣队员引导下机降于佩布尔岛上,分成12个小分队,在"格拉摩根"号驱逐舰舰炮的火力掩护下,向阿机场发动进攻,炸毁阿军6架"普卡拉"攻击机,4架"T—34"教练机和1架"空中货车"式轻型运输机。"格拉摩根"号驱逐舰在突击小分队的引导下,猛轰岛上的目标。阿军在佩布尔岛上的1座军火库、6座雷达站均被炸毁。英军在烈火中乘直升机安然返回,以轻伤2人的代价取得全胜,扫清了登陆的障碍。

5月20日,时任联合国秘书长德奎利亚尔宣布调解失败,英国立即声明不再进行外交努力解决马岛问题,授权伍德沃德登陆马岛。是日16时,由"无恐"、"勇猛"号登陆突击舰、"堪培拉"号运兵船(客轮改装)、"埃尔克"号滚装船等组成的登陆编队,搭载5000余名登陆官兵,在6艘驱逐舰的护卫下,从待机海域向上陆海域机动。至此,英军已基本达到封锁马岛、削弱马岛守军力量的目的,完成了登陆作战的准备。

(三) 英军登陆与阿军反登陆(5月21日—6月14日)

5月21日凌晨,英军登陆编队进入福克兰海峡以北的圣卡洛斯水道。凌晨3时,SAS突击队作为第一梯队在范宁角登陆,在先期登陆的侦察分队协助下,消灭了阿军约50人监视哨,并对登陆水域和滩头进行侦察,清理航道,为大部队登陆做好前期工作。3点30分,英军开始舰炮火力准备掩护英军登陆,并且英军抓住阿军夜战能力差的弱点,利用夜色的掩护在四小时的时间里运送2500人、3200吨物资上岸,到22日上午英军的突击梯队已全部上陆,并构筑了防御工事,准备迎击阿军的反扑。

阿军发现英军在马岛登陆,立即派出16架"普卡拉"攻击机,14架"幻影"战斗机,猛烈空袭英军舰队和登陆滩头。阿军飞行员受过美、法、以等国教官的严格训练,并且熟悉马岛地形,他们利用地面进行掩护躲避,进行超低空飞行,英军雷达系统,顽强战斗,击沉英军"热心"号护卫舰,击伤驱逐舰1艘,护卫舰2艘,辅助舰1艘。交战中,阿军也付出被击落14架飞机的代价。英军顶住了阿军的反击,控制了20平方公里的滩头阵地,还铺设了可供"鹞"式和直升机起降的钢板简易机场,进一步巩固了登陆滩头。

5月25日,是阿根廷国庆独立日,为纪念这个日子,阿空军倾全力出击,全天出动约200架次,阿军取得击沉"考文垂"号驱逐舰和"大西洋运送者"号滚装船,击伤1艘驱逐舰、1艘护卫舰的辉煌战绩。英军不幸中的大幸是"大西洋运送者"号上运送的16架"鹞"式战斗机和1架"支努干"重型直升机在被击沉前就飞到了岸上机场。三天来,阿空军英勇战斗,给予英军沉重打击,但一来飞机性能不及英军,二来又得不到海陆军的有力支援,三来由于阿根廷100多年来没有战争,战备较差,投下的炸弹有40%没有爆炸,所以无法阻止英军的登陆。三天里,英军上岸部队已达5000人,滩头阵地扩大到150平方公里,建立起了补给基地、通信枢纽,并在钢板简易机场加铺了铝合金跑道。在英军登陆期间,守岛阿军没有进行坚决有力的反击,致使英军顺利巩固了登陆场,并完成了岛上进攻的准备。

5月28日2时30分,在舰炮火力支援下,英军冒雨向达尔文港发起攻击。阿军坚守达尔文山和博卡山要点,顽强抗击。后英军改变战术,以一部兵力当面牵制,另以一部兵力迂回至阿军后方,夺占了古斯格林机场,切断其退路和后方补给,并以"米兰"式反坦克导弹摧毁了阿军重要火力点,阿军无心恋战,于29日投降,英军占领了达尔文港。28日,该路英军进抵皮埃德拉塞拉地区,尔后分兵两路:一路绕道东北,攻占斯坦利港西北43公里处的道格拉斯,后向蒂尔港(距斯坦利港35公里)发展;一路直接向东南攻占蒂尔港。29日,英军攻占了这两个地区。

6月1日,英军轻取斯坦利港阿军外围阵地制高点肯特山和挑战者山,推进至距斯坦利港25公里一线。阿军此时采取放弃外围,集中主力固守斯坦利港方针。英军在攻占肯特山和查杰林山完成对斯坦利港的包围后,并不急于攻击,而是调整部署,补充给养,派出 SAS 和 SBA 队员进行战场侦察,很快查清阿军以肯特山、查杰林山为第一道防线,以哈里顿山、浪顿山为第二道防线,以无线岭、欲坠山、威廉山、工兵山一线为主防御阵地,在三道防线之间都布设大量地雷和障碍,只留一条由炮火保护的秘密通道供联络之用。伍德沃德决定投入后续部队第五步兵旅。该旅辖三个营,A 营是威尔士禁卫军,B 营是苏格兰禁卫军,该营曾参加第二次世界大战,在阿拉曼战役中大败德军而名扬天下,C 营是赫赫有名的廓尔喀营,因士兵都是尼泊尔廓尔喀人而得名,廓尔喀人以吃苦耐劳、骁勇善战而闻名,人人身佩廓尔喀弯刀,第二次世界大战中他们曾以这种锋利的弯刀和凶悍的刀法将横行东南亚的日军杀得溃不成军。这一举动在战后被普遍认为是极富主动精神的,由于阿军的撤离,英军第五旅 3500 人顺利在希拉夫湾登陆成功。

6 月 11 日,经三天的准备,英军以"火神"轰炸机和"鹞"式战斗机进行密集轰炸,同时驱逐舰、护卫舰以舰炮火力掩护,支援地面部队向阿军的第二道防线猛攻,第 45 陆战营攻占哈里特山和浪顿山,突破第二道防线,并控制了斯坦利外围所有制高点,完成了第一阶段作战任务。

6 月 13 日深夜,英军开始第二阶段作战,步兵第 5 旅和伞兵第 2 营在直升机支援下,向阿军防线主阵地突破。阿军无心固守,略作抵抗,弃阵后撤。凌晨 5 时,英军占领了攻占了无线岭、欲坠山和威廉山,夺取了加尔铁里防线上的所有要点,完全突破了阿军防线。

6 月 14 日,英军继续攻击,阿军丢弃重武器退入斯坦利港市区。从早晨 7 时 30 分起,英军集中所有大炮猛烈轰击,阿军的大炮刚一还击,便被英军用炮瞄雷达和计算机火控系统指引的精确火力所消灭,随后英军便全力轰击斯坦利港内的目标,猛烈的炮击整整持续了 10 个小时,英军共发射了 1.2 万发炮弹,几乎用完英军所有的弹药。13 时,阿军通过电台向英军要求谈判投降,英军同意阿军要求。15时,英阿双方战地司令官在斯坦利城内达成非正式停火协议,宣布自格林威治时间19时起,包括大马尔维纳斯岛的阿军停止抵抗。21时,斯坦利港内残余的9000多阿军投降。6月15日,阿根廷总统宣布马岛的战斗已经结束。英国也宣布阿军投降,夺回马岛。

至此,英阿在南大西洋有争议的马尔维纳斯群岛及其附属岛屿,再度为英国所占,英阿马岛争夺战结束。

战例点评

有军事家称马岛战争是人类近代发生的第一场高技术战争。站在历史的今天,回顾这场战争,无论是组织指挥还是军队联合作战乃至战争动员等等,都对于我们探索信息化条件下战争的特点规律,提高军事理论水平和军事指挥艺术具有很多现实的指导意义。

(一)对战略形势的准确判断,是确立正确战略指导的重要依据

阿方当初对形势的误判是导致战争结果倾向英国的最主要的原因。马尔维纳斯岛距离阿根廷500多公里,距离英国则1.3万公里,这样的一个距离差让阿根廷判定英国不会远渡重洋,劳师动众地奔赴南大西洋应战。阿根廷认为英国不会迎战的另外一个原因是:阿方认为英国的国防防务重点在北约,英国不会冒险远征。国际方面,阿方首先判断美国会对该事情保持中立的态度;其次阿方认为北约国家不会有太大反应,国际社会会同情自己,不会对自己进行军事制裁。并且阿方自认为同一些国家签订了军备订购合同,在武器方面能够得到帮助。国内方面,阿根廷指望通过战争转移国内矛盾,并且高估了作战部队的战斗能力。实

践证明阿军不论从思想方面,精神方面还是从武器装备的准备方面都不足,阿根廷人民和阿根廷军队根本没有准备好要打一场硬仗。而结果英国以最快的速度作出了反应,从军事、政治、外交乃至经济给予阿根廷反击,并且呼吁国际社会的支持对阿根廷进行制裁;美国在调停失败后,宣布对阿实行制裁,并开始给英国提供作战物资以及卫星通信等军事支援;欧洲国家则是通过北约和欧洲共同体对阿实行经济制裁和禁运,给法国施加压力,迫使法国停止出售武器给阿根廷,同时还不准其他国家转卖,这是后期阿根廷军备严重补给不齐,导致战斗力下降的重要原因之一。总的来说,阿方对英国的反应准备不足,又错误地估计英军将进攻阿本土,因而大陆防御使用兵力过多,一些飞机转移到了内地,从而减少了在马岛战区的作战力量。这种对基本形势估计的错误和战略决策、战争指导的失误,是阿方在马岛战争中失败的首要因素。而英国虽在初期仓促应战,但是反应快、决策准,客观清醒估计了形势,采取果断积极的战略方针,以军事斗争为主,兼以政治、外交、经济多管齐下,充分调动了国际、国内一切有利条件,发挥总体优势,最终走向胜利。

(二)正确的战役指导和灵活机动的战术,是取得登陆战役成功的关键因素

英国制定了以武力解决问题的方针,并提出尽量减少双方伤亡的原则,所以把战争行动限制在有争议的地区,不进攻阿本土等行动原则。在这个大原则的指导下,英军战役指挥机动灵活,成立战时内阁作为最高指挥机构,但是却将指挥重任全权授予前线指挥官,有关战区以外及事关战争进程的重要行动由战时内阁决定。这种既高度集中又极其灵活的指挥体制,使英军充分发挥了诸兵种联合作战的整体威力。英军着力于战术上奇袭取胜,他们利用夜暗和不良天气换乘、上陆和夺占登陆场,登陆前不实施航空火力和炮火准备,严格控制无线电的使用;以海上

伴动等措施转移阿军注意力,取得了战术上的突然性,几乎未被阿军发觉,就悄悄地上了陆。英军根据自身的特点采取先封锁马岛,重点打击阿海军,尔后在马岛登陆,并建立稳固的登陆场,作为陆上战斗的基地。英军登陆后,采取避弱击强、迂回作战的方针,采取各个击破的办法一步一步将马岛夺回到英军的控制之下。阿根廷方面,思想消极,战术呆板,而且没有用最具战斗力的航空兵攻击英军防卫能力最弱但又是最重要的后勤船只,这是最大失误。战争史上防守一方不去攻击进攻方漫长而脆弱的补给线,是极为少见的。并且阿军错误地判断英军可能登陆的主要方向在斯坦利港地区,因此把 3/4 的守岛兵力部署在这里,而圣卡洛斯方向几乎未部署防御力量,致使英两栖突击部队几乎未遇到任何阻力轻易上陆。导致这种决策失误也跟阿根廷的联合司令部有名无实,无法担负战略指挥和协调作用,上层领导集团包括总统加尔铁里在内的高级将领没有实战经验,缺乏指挥素养有重要的关系。战区指挥官奥斯瓦尔多·加西亚中将、胡安·隆巴多少将平庸无为,既未认真组织反登陆的准备,作战指挥也不顽强,很多地方未经战斗就轻易放弃。阿根廷以迅雷之势夺取了马岛,但却在后续的战斗中亲手一步一步将马岛还了回去。

(三)充分发挥诸军兵种整体作战威力,是取得登陆战役成功的重要保证

马岛战争可以看作是一次英军成功的登陆战。未来时期内,世界可能爆发的将是高技术局部战争。尤其是很多国家之间依然存在着岛屿以及边界问题,马岛战争给登陆战提供了一个非常重要的经验便是.诸兵种通力合作,配合停当是登陆战取得成功的有效战术。

英军方面,三军配合得可谓默契,有防有攻,有主力有依托,有效地发挥了诸军种联合作战的整体威力。战争初期,为了保证赢得这场代号为"共同行动"的作战胜利,英军在伦敦附近的诺斯伍德镇成立了联合作

战司令部，由约翰·菲尔德豪斯海军上将担任总司令，柯蒂斯空军中将和特兰特中将担任副司令，分管空军和陆军事宜。英"战时内阁"还授权特混舰队司令不仅可以全权指挥整个舰队，还可以统一指挥阿森松岛到马岛之间的所有英国商船，从而保证了联合作战司令部对三军的集中统一指挥。在整个海上封锁作战和陆上作战中，英各军种相互支持、互相配合，以充分发挥整体威力来弥补其远洋作战、空军兵力小等不足，增强了作战的有效性。阿根廷三军联合作战意识不强，缺乏有权威的集中统一指挥。战争初期在没有遇到真正意义上的军事对抗时，三军联合协同尚能维持，但当受到英特混舰队的严密封锁和电子战、火力战的沉重打击后，三军联合作战就遭到了严重的破坏。特别是"贝尔格拉诺将军"号大型巡洋舰被击沉后，极大地震动了阿海军，其海军司令伊萨克·安纳亚海军中将为保存实力，不顾空军的强烈反对，立即将兵力从战区收缩至近海，避战不出。从此，在战区内只有空军独自同英军进行反封锁作战。联合作战的分解、作战力量的失衡导致了阿军随后作战的节节失利。

11. 第五代战争的雏形：科索沃战争

在浩渺无垠的宇宙中，人类的足迹渺小而短暂，但就是这个短暂的一段时间内，从人类登上历史舞台以来，人类就与战争结伴。本书写到这里，已经介绍了非常多的经典战例，战争的面目越来越变幻莫测，其实战争也经历了一代代的升级。如果简单地以时间为轴，可以大致分为五个时代。第一代战争可以归纳为冷兵器时代的战争，这一时期的战争战术手段落后，冷兵器格斗，全凭角力。第二代战争是火器时代的战争，火器时代最显著的特征是出现了火药，滑膛武器的投入使用，武器可以打击的距离大大提升，整体改变了战争的面貌。第三代战争表现为机械化武器装备，大威力的自动火器、火箭以及飞机坦克，大大扩大了战争的作战距离，空战、远距离控制战开始出现并演变为重要的战争形态，机械化战争时代人类经历了两次世界大战，不仅武器装备的面貌不断推进发展，人们对战争的认识也发生了深刻的变化。第四代战争，有人称是核战争，具体地说第四代战争并没有像其他时代的战争那样作为主要战争形态持续一段历史时间，但是人类确实见识到了第四代战争的面貌，即核战争。美国向广岛和长崎投放的原子弹向人类展示了核战争具有毁灭人类一切文明成果以及毁灭人类的力量。正是核战争对人类的震慑作用，第二次世界大战后人类进入了两极格局的"冷战"局面。如何依然通过暴力手段解决政治和外交等手段无法解决的问题，即如何通过战争解决问题,又不会引导人类走向毁灭。人类需要战争但是人类不要毁灭,这样第五代战争进入战略家们的眼球。当人类处于第五代战争的时代,庞大的陆海空军,无垠的坦克阵群、机群、舰队已经不具有决定性的作用。在战争中拥有技术优势的一方,可以对对手进行"超视距"进攻,甚至能在己方无伤亡的情况下战胜对手。科索沃战争就是第五代战争的雏形,其过程初步展示了第五代战争的作战形态。

科索沃战争发生于1999年3月24日,因南联盟拒绝在西方一手炮制的关于科索沃问题的"朗布依埃"和平协议上签字而引发。该协议主要内容是:尊重南联盟的领土完整,科索沃实行高度自治,"科解"解除武装。3年后召开国际会议确定科索沃最终地位。南斯拉夫部队,除少量边防部队,其余撤出科索沃。由北约派部队保障协议实施。塞尔维亚反对北约军队进入科索沃,科索沃阿尔巴尼亚代表不同意自治。协议没有达成。以美国为首的北约以制止所谓"人道主义灾难"为借口,悍然对一个只有1000余万人口,10万平方公里的弱小国家发动大规模空袭。这是北约成立50年来首次未经联合国授权,在其传统防区外对主权国家采取大规模军事行动的战争。这一行动严重违反了联合国宪章和国际法准则,美国这样的行径遭到了国际舆论的强烈反对。

战争背景

科索沃战争是由科索沃危机引发的,而科索沃危机则根源于南斯拉夫社会主义联邦共和国的解体。20世纪80年代末到90年代初,东欧各个社会主义国家的政治经济制度发生根本性的改变,斯大林模式的社会主义制度最终演变为西方欧美资本主义制度。最先在波兰出现,后来扩展到东德、捷克斯洛伐克、匈牙利、保加利亚、罗马尼亚等前华沙条约组织国家,最终以苏联宣告解体结束。作为东欧剧变的组成部分,1945年成立的南斯拉夫联邦于1991年迅速解体。1991年10月和11月,波斯尼亚、黑塞哥维那和马其顿先后宣告独立并与次年4月组成"南斯拉夫联盟共和国"。科索沃的主要种族有阿尔巴尼亚族、塞尔维亚族、黑山族以及马其顿族人,其中阿族人占90%。公元前14世纪,科索沃曾经是塞尔维亚王国的政治和文化中心。但是到了15世界中期,奥斯曼帝国占领了科索沃,并且疯狂迫害信仰东正教的塞族人,从而导致了大量的塞族人外逃离开自己的家园;而阿族人大规模迁入科索沃并成为科索沃人口最多的民族,两次世界大战让科索沃最后并入南斯拉夫,但是两族人民积怨非常深,并且日益加剧。

阿族人试图通过一系列武装暴力活动快速地获得科索沃的独立。20世纪60年代中后期,科索沃出现阿族分裂主义势力,70年代他们喊出"科索沃共和国"的口号,80年代到90年代初期,阿民族分裂势力日益疯狂,1991年10月阿族通过"全民公决"宣布成立"科索沃共和国"并选出"总统"。1996年,阿族激进分子成立武装组织"科索沃解放军",开始运用暴力手段的分离运动。面对阿族人的反抗,米洛舍维奇为首的南联盟和塞尔维亚当局采取强硬镇压措施,派遣大批塞族军队和警察部队进驻科索沃,试图消灭"科索沃解放军"。

这样,在波黑战火逐渐熄灭的同时,科索沃的战火却越燃越旺,1997年以后不断发生武装冲突事件,伤亡人员日趋增多,约30万人流离失所,沦为难民。科索沃危机的发展使代顿协议后力图控制巴尔干局势的美国等西方国家感到不安,它们不能容许南联盟的行为干扰冷战后世界新格局的构建,同时它们也图谋借这一危机的处理排除东南欧地区最后一个被西方体系视为异己的米洛舍维奇政权。因此,从1998年底起,以美国为首的北约开始介入科索沃危机,北约与南联盟的矛盾逐渐成为主要矛盾。北约对南联盟动用武力的主要国家是美国,以及英国、法国、德国。他们是北约组织成员国,是合作伙伴更是利益对手。美国此行的目的在于推行其全球战略,建立由其独自领导的世界单极格局,通过以乱治欧,维护其在背后的主导权。而英国更想借助此次机会,重新确立起在欧洲影响力。法国则是希望通过参与战争,削弱美国队北约的主导地位。德国在战后首次参战,更是出于想要摆脱历史的阴影,重新走进世界强国舞台的需要。这样北约组织积极地参与科索沃危机,并努力使其国际化。南联盟始终表示不能接受谈判中"北约军队进驻科索沃"这一条款,导致谈判的道路关闭。于是北约迫不及待地对南联盟发动了武装打击。1999年3月24日,北约以"人权"的名义,对南联盟发动了代号为"盟军"的空袭行动,将南联盟拖入战争的深渊。

作战经过

1999年3月24日,在北约盟军最高司令兼美军驻欧洲部队总司令韦斯利·克拉克的指挥下,北约向南联盟发起了大规模的空袭,科索沃战争由此开始。3月24日晚,一批批的北约战斗机和导弹向南联盟的军营、防控设施、电厂实施了猛烈的轰炸。

北约共部署各类型飞机819架,其中,战斗机、攻击机和轰炸机454架,侦察机46架,电子战飞机56架,预警机23架,加油机160架,运输机和特种作战飞机80架"战斧"巡航导弹460枚,武装直升机103架。南联盟的总兵力为11.42万人,其中,陆军有7个防空旅和1个地空导弹旅;空军防空军1.67万人,变成1个空军、1个防空空军和1个负责后勤保障的军级单位。装备作战飞机约238架,其中米格—29型15架。防空导弹发射装置100余部,萨姆—2型24部、萨姆—3型16部、萨姆—6

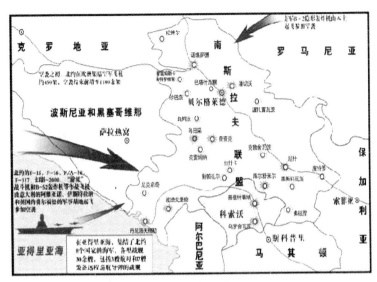

北约进攻南联盟示意图

型60部;萨姆—16、萨姆—3系列自行式近程地空导弹130枚,20、30、57毫米口径的高炮1850门,总体防空力量与北约相比处于绝对劣势。

北约对南联盟的空袭有节奏、有步骤。第一阶段从3月24日至4月4日,本阶段的主要作战意图是"以战迫降"。首先以空中侦察开场,50颗卫星为联军提供服务。这些卫星分别担当电子侦察、定位导航、通信支援和气象服务,为北约海空军的军事打击提供适时的精确目标数据。北约在空袭中还使用了各类性能先进的预警飞机和专用电子战飞机,分别对南军的预警、火控雷达和指挥控制系统实施"致盲"、"致聋"。通过软硬兼施的电子攻击,北约始终掌握着作战地区的制信息权,使南联盟的军队处于被动挨打、无力还手的境地。26日,北约出动了249架次战斗飞机,对科索沃机器周边地区南特种警察总部和南军指挥机构实施了重点打击。27日北约实施了开战以来,最大的一轮空袭。此次空袭

南联盟击落 F—117A

基本覆盖了南联盟全境，主要目标是摧毁南境内雷达和发电站。面对北约的疯狂空袭，南联盟军民展开了英勇的还击。南军最高统帅发布战争动员令，号召全国65岁以下的男子全部为捍卫祖国而奋斗。当日南联盟击落美军号称不可战胜的F—117A隐身轰炸机，这也是F—117A自服役以来首次被击落。这一事件极大地鼓舞了南联盟的士气。第一阶段的打击目标是南方的防空系统，包括机场、导弹发射基地、雷达和指挥、通讯中心等等。这一阶段北约实施的是间歇式打击。此阶段，北约14个参战国共出动1000多架次战机，400多枚精确制导弹药。此阶段的空袭对南联盟防空设施造成了严重的破坏，但是南联盟的指挥系统仍在运转，南军通过机动防空等方式保存着有生力量，但是并没有实现北约对南联盟空袭的既定目标。值得一提的是，这一阶段俄罗斯是南联盟利益的维护者。

北约的第二阶段是从4月5日到5月27日，北约本阶段的战略任务是"炸谈并举"，即一方面继续保持高强度的空袭，并且将间歇式空袭改为全天候。另一方面向南联盟提出政治解决问题的5点要求和6点方案。南联盟的应战策略以游击战为主抗击北约空袭,但是总体上很难扭转战争的态势,南面临的形势也越来越严重。虽然与北约的作战力量相比,南联盟过于弱小。但是就在整个反空袭系统被严重破坏的情况下,南军依然依靠小规模的空袭游击战打击敌空袭力量。据南军战报报道:4月5日南防空部队

北约轰炸南联盟过程中未爆炸的子母弹

击落敌机3架,6日击落敌机2架,8日击落敌机1架,10日击落敌机2架,18日击落直升机2架。同时南联盟面对北约提出的何谈条件已经出现松动的迹象。为表示和平结束战争的诚意,南联盟还在5月2日释放了三名美军战俘。这一事件不仅为南联盟获得了国际方面支持的声音,也在美国国内激起了停止战争的浪潮。29日,南政府发表声明,同意在科索沃派驻必须有俄罗斯参加的联合国维和部队。这个时候俄罗斯的角色由南联盟的利益维护者变为交战双方的调停者。

战争的第三阶段是伴随着北约5月28日对南联盟实施的开战以来最猛烈的一次空袭开始的。当日,北约共出动792架次飞机,击毁了南军几十处军事目标以及桥梁、电厂等基础设施,导致几个大城市处于停水停电状态,严重影响了人民的正常生活。此时,南国内出现了很强的抗战情绪,人民悲观失望甚至士兵士气低落,并且发生了数起兵变和叛逃的事件。反对党也乘机发难,要求政府尽快同北约就科索沃问题达成协议。31日,北约出动了大约850架次的飞机猛烈攻击南境内目标,造成了大量的人员伤亡。这一阶段北约的战略目的是"多手并用",一边举行同南的合谈,一边加大对南的空袭。并且对南采取政治孤立的政策,比如与南接壤的所有国家都站在北约一边。马其顿要求参加北约,并同

意北约地面部队进驻马其顿。匈牙利、保加利亚同意向北约提供领空和空军基地,并且还扣留了向南提供人道主义援救的俄罗斯国境车队等等。在北约的打击下,南联盟损失惨重。由于北约无论是在人力、物力还是军力上面都占有绝对优势,南军孤立无援,为了避免国家遭受更大的损失,因而不得不放弃抵抗,向北约屈服。6月1日南联盟正式告知欧盟轮值主席国德国,愿意与北约举行停战谈判。6月9日,北约与南联盟代表签署了《军事—技术协定》,该规定包括塞族军队7天内全部从科索沃撤出,国际维和部队进驻科索沃等等一系列苛刻条件,南联盟于10日开始撤军。即便是在和谈期间,即6月1日到10日,北约继续保持对南联盟的打击,每天起飞的战机最少也要400多架次。直到南联盟开始撤军,北约才停止了轰炸。

战例点评

如果说海湾战争是最后一次工业化时代的战争,科索沃战争可称得上是第一次真正意义上的信息化时代的战争。此次战争是高新武器投入最多、持续时间最长、现代化程度最高、纯空中化"非对称性"的一次局部战争,对世界各国未来军事战略、军队建设和武器装备的发展都将产生重大而深远的影响。

(一) 信息力是决定现代战争走向的核心

信息力是指信息在战争实践活动中产生的影响力,其主导地位主要表现在通过对信息的及时获取、有效控制和高效利用而产生的对作战主体力量的整合力,对作战对象的杀伤力,以及对作战时空的控制力上。在科索沃战争中,信息力展现力量,主要表现为信息火力一体化作战。北约通过全球指挥控制系统、中央战区指挥控制系统、北美防空防天指挥控制系统实施指挥控制、提供信息支援和评估作战效果,北约通过这种信息指挥系统,向部队下作战指令到一线只需要3分钟,而越级向导弹部队下达命令只需要1分钟。美军在科索沃战争中大量使用由GPS制导的巡航导弹,联合直接攻击弹药和激光制导炸药,就把GPS跟踪定位、激光测距、卫星远程通信、实时数据快速处理与弹头一体化设计,综合应用的典型;高空侦察机、空间侦查卫星、预警指挥机、联合目标监视雷达飞机等的实战应用,使得战场透明度大大提高,硬打击效果倍增。因此,在未来战争中,完善的信息与火力一体化系统,实现发现即摧毁的打击能力。

信息力还表现为信息化武器的威力不可小觑。以电磁脉冲炸弹和石墨炸弹为代表的信息化武器在科索沃战争中发挥了重要的作用。电磁脉冲炸弹是在此次空袭作战中首次使用,但是其威力却非常大。这种炸弹在爆炸后将化学能转化为电磁能,产生强大的电磁脉冲,这些强大的电磁脉冲可以烧毁一定范围内的所有电子元件,从而瘫痪对方电子设备和信息武器。但是这种信息武器不会对人造成伤害,也不会破坏建筑设施等,既可以达到遏制敌作战能力又可以降低人员伤亡,这种武器在将来的信息化战争中必然会占据战争舞台。北约利用这种武器曾一度使南联盟70%的地区断电、断水,人民的生产生活受到严重的影响。

科索沃战争以美国为首的北约显示了强大的信息能力,在战场中处于绝对优势地位。它对南联盟的军事行动,更像是北约演习其高科技武器的一次实战操练。南联盟的抗击模式,对于处于信息劣势地位的国家更具有学习意义。

(二)实施"保存自己、全民作战",变"闪电战"为持久战

南联盟面对强大的空袭只有招架之力,那么南明智地选择了保存自己、消耗敌人的方针。为了保存部队实力在地面抗战中发挥作用,南军采取了一系列防护措施,主要是"藏、骗、躲"。南联盟利用自己山多洞多

的地理优势,在地下修建了现代化程度较高的防空洞,将飞机、坦克、导弹等重装备藏到地下。并且南采取反侦察等技术,对重要的作战目标进行隐真是假,以假乱真,吸引北约轰炸错误的目标,据称北约对南联盟的空袭中,有30%是假目标。这不仅浪费了对方的时间和攻击弹药,更重要的是一种战争信念的重建。南联盟选择了"以防为主,以打为辅"的防空作战指导思想,积极采取隐蔽、机动和防护措施。北约虽然有强大的信息网和侦察系统,但是从发现目标到实施实际打击具有一定的时间间隔,所以南联盟充分利用这个时间间隔,转移自己的作战力量。例如南军的防空雷达绝对不轻易开机,因为一开机就会暴露目标,南军的防空雷达一旦开机之后便迅速转移。南的防空导弹部队每3个小时便转移一次位置,或者发射导弹之后立即转移。这样即便北约发现了目标,打击的也只是刚刚的目标,而非真实的目标。此外,南军装甲部队和机械化部队也频繁地变化部署的位置,这样灵活机动的移动战略,使得北约的飞机常常因为找不到打击目标而无功返回。这暴露了太空中卫星眼并不一定靠得住。南联盟同时号召全国人民进行反抗,绝不向对手示弱。在北约大规模空袭的面前,南人民表现得极为镇定,社会秩序井然,不仅坚持工作和生产,甚至还自发组织起来,守卫工厂,组成"人体盾牌"以血肉之躯阻止北约的轰炸。在人民的积极响应下,南迅速动员了18万正规军和40万预备役的武装力量投入到保卫祖国的行列中。这样北约需要应对的就不是某一个政体或者政权集团,而是整个民族,这样势必加大对手的消耗。并且出于人道主义考虑,迫使对方改变战略战术。

科索沃战争表明,弱国对付强国,低技术国家对付高技术国家,并非全无办法任人欺凌。完全可以通过积极防御、保存自己和人民战争的思想与其抗衡。

福建篇

1. 大湖战役

 战争背景

　　1941年春,为了切断中国军队海上运输,有效控制台湾海峡这一战略交通要线,日本侵略军策划了攻占福州、连江、长乐等市县代号为C4的"福州战役"。4月21日,日军2000余人在飞机大炮掩护下,由连江、闽江口、长乐等地登陆后,向福州、闽侯和福清进犯。由于国民党奉行"片面抗战"政策和军事部署方面的失误,使国民党军队在日军的进攻下节节败退,以致日军迅速地占领了福州及邻近四县大片土地。4月21日福州沦陷。福州的沦陷,直接威胁到国民党的统治地位。为了阻止日军向福建腹地入侵,福建驻军调整了军事部署,实施了一些较积极的抵抗,其中最为有名的是大湖战役。

　　4月23日,国民政府军政部第13补充兵训练处(补充兵训练处为新兵训练机构,没有直接参战任务)处长李良荣请缨出战。福建省主席兼第25集团军总司令陈仪电请第3战区司令长官顾祝同批准,委任李为第25集团军第1纵队司令,担任闽江北岸抗战任务。4月底,李良荣率领刚装备起来的补充兵训练第6团(下称装备团),于南平誓师后,开赴福州西北的江洋附近,待机歼敌。该团为从福建、江西和湖南征集不久的新兵,军士(班长)多是从福建各地招考入伍的知识青年和陈嘉庚推荐回国训练的爱国华侨青年,抗战热情较高。全团1500人(一说2850人。按当时步兵团编制,以1500余人较为可靠),编为三个营和一个迫击炮排,武器装备远不如正规团。

作战经过

日军占领福州后,继续向西郊桐口、徐家村一带推进。附近的甘蔗、关源里是双方经常出入的活动区。日军为巩固福州外围阵地,进而窥视古田、南平,命铃木岭三大佐率领一个加强联队,向福州西北大湖地区"扫荡"。该部日军分两路进击,一路由大小北岭沿山推进;另一路1000余人(一说4000余人。日军联队相当于团,编制人数2000余人,又分两路行动,似不会有4000余人,故采1000余人说法),于5月21日晚乘28艘汽艇溯江而上,从白沙登陆后向北运动。日军企图待两路兵力在大湖会集后再向古田挺进,进而直逼闽北战略要地南平。李良荣得知日军从白沙登陆,即以装备团第3营为前卫营,从江洋南下阻击。23日凌晨,前卫营尖兵连(第7连)进至秦洋村与日军先头部队遭遇,秦洋村位于江洋西南,白沙东北,是群山中的小盆地,附近的漈头顶为该地的制高点。尖兵连抢先夺占漈头顶,日军乘尖兵连立足未稳,集中兵力向峰顶猛攻。尖兵连居高临下,不断以火力杀伤日军。激战数小时,日军后续部队赶到,遂以一个大队兵力包围漈头顶,在4门山炮、6架飞机掩护下向尖兵连冲击,由于地形对其不利,未能奏效。此时,尖兵连与前卫本队失去联系,连长许祖义命2个排固守高地,自率1个排乘隙冲下山与本队联系。日军措手不及,于该排突围后才抽调百余人追击,因山路崎岖复杂,未追上。日军分兵后,留守漈头顶的两个排未再受到攻击。黄昏,日军解围漈头顶,绕道窜往大湖。

秦洋遭遇战发生后,李良荣和装备团团长肖兆庚率领后续部队赶到。李决定让尖兵连继续牵制日军,待其精疲力竭再诱其扑向大湖,将其各个击破。为此,把装备团主力隐蔽在战场侧后,准备适时向大湖转移。并令前卫营不要暴露主力,让尖兵连单独去打。但前卫营第8连已占领附近另一个山头,受到另一部日军的攻击,因伤亡惨重而败退。装备团主力遂向大湖东南转移,前卫营余部向大湖以西转进,并于转进途中设置疑阵,造成守军战败向古田撤退的假象,以迷惑日机侦察。此时原退到福州北部山区的第80师,闻知日军从大小北岭和沿闽江北岸进行大包围时,已再次转移到古田地区。从白沙进犯的日军认为当面守军主力已被击败,而且在秦洋战斗中已疲惫不堪,便急速向大湖集中。从大小北岭进犯的日军,途中未遭抵抗,已先期抵达大湖地区。驻大湖的陆军第100军军部于日军到达前转移到雪峰以北地区。

大湖位于江洋西北,是福州、古田之间一较大的山间盆地,盆地内散布着几个小村庄,有石path北通古田、南达福州,东南有一被破坏的公路通白沙。两路日军在大湖汇合后,主力驻在郎官村,其余分驻后塘、大湖厝、大湖店各村。其前沿警戒侧重于西北雪峰寺方向,不断派部队警戒巡逻,并向雪峰寺炮击;在其东南通往寨上村路口,及东北三岔路口仅各设一哨所,通往江洋的寨上村及其隘口寨头门(又称寨上关)却不设一兵一卒。24日晚,装备团主力从江洋向大湖运动,25日凌晨进抵寨头门南坡,为防日军扼守寨头门,部队从两侧的山顶(左侧山头称"观音坐朝",右侧称"双髻山")进入北坡下隐蔽,一部占领寨上村。天刚亮,副团长郭志雄带领20余名会讲福州话的突击队,化装成农民清早下田模样,分头接近日军两个哨所,用刀解决了日军哨兵。随后,突击队员分头引导部队接近驻有日军的各村。7时许,战斗首先在"观音坐朝"山下的后塘村打响,接着各村也发起战斗。在后塘村,进袭分队堵住日军住房前后门,先大量扔进手榴弹,尔后越墙进屋与残寇拼杀,全歼日军一个中队。在双髻山下的大湖厝,进击分队逐屋与日寇近战,日军一个中队大部被歼,少数被困拒降自杀。在大湖店,双方隔着开阔水田地开火,互相冲击时各有伤亡。战斗打响不到15分钟,日军就开炮向寨上村射击,盘踞在郎官村的日军主力纷纷出动,双方为争夺盆地内各高地展开激烈战斗。副团长郭志雄率部向日军重机枪阵地冲击时不幸中弹牺牲,所部高喊:"为副团长报仇!"迅猛冲进阵地,消灭了日军。随后,日机临空轰炸扫射,因双方混战,日军航空火力无法充分发挥威力。战斗至14时,日军开始逐次收缩,最后,死守郎官村。装备团在连续三天战斗中消耗较大,且无援兵,无法全歼该敌,遂于16时主动撤退。第二天,龟缩在郎官村的日军狼狈逃回福州。

战例点评

此役,击毙日军300余人,装备团官兵牺牲200余人(双方死亡人数,各种说法差别较大,本书取《福建文史资料》第11期所载许祖义文章《闽海三次抗日战役》,似较准确)。从此,日军再不敢深入福州内地。大湖战斗的胜利,极大鼓舞了福建人民的抗战热情,南平各界为此举行了盛大的庆祝会。1943年,福建省政府拨款在大湖西南浮岛山山顶为阵亡官兵建立了纪念塔,将寨上关命名为"志雄关"。1971年,纪念塔惨遭毁坏,1999年闽侯县按原貌对大湖抗日阵亡将士纪念塔进行了修复,占地面积300平方米,系方体状形青石结构。目前,"大湖抗日英雄纪念塔"和"志雄关"隘口坊门都是省级文物保护单位和福州市爱国主义教育基地。

2. 福州战役

福州市为福建省会,地处闽江下游、福州平原中央,南枕闽江,东连马尾军港,周围皆山,地势险阻。东、北有陡峻的鼓山、莲花山、笔架山、湖顶山蜿蜒屏卫,西、南为闽江及其分流乌龙江环绕阻隔。

 战争背景

1949年4月,人民解放军胜利渡过长江后,迅速解放了南京、上海、武汉和皖南、浙西、赣东北等广大地区。第二野战军和第三野战军第7兵团各一部,乘胜追歼逃敌,在闽浙赣边纵队所属游击队的配合下,于五六月间解放了闽北大部地区和闽东北部分地区。在国民党军节节败退的情况下,蒋介石率其残军一部退踞台湾,妄图以台湾为反攻基地,并尽力保持福建、广东和西南各省,控制东南沿海岛屿,以屏卫台湾和作为反攻的跳板。

国民党军福州绥靖公署主任朱绍良、第6兵团司令李延年率5个军13个师约6万人驻守福州地区。朱、李所部系南逃各残部于福州重新拼凑组建的,建制不全,兵员不足,士气低落,一直处于恐慌状态之中。其高级将领对福州弃守不定,直至7月初,蒋介石亲临福州部署后,始增修工事,调整防务,加强正面防御,企图利用福州外围有利地形,阻滞人民解放军的进攻。其部署是:以第96军(辖2个师)和独立第50师担任正面防御,扼守雪峰、双溪、大湖和大、小北岭诸要点;以第74军(辖3个师)为右翼,防守罗源、连江、琯头沿海一线,并从台湾调来第201师1个团,增防马尾,保障闽江水道安全;以第25军(辖2个师)和独立第37师为左翼,于闽清至徐家村闽江两岸布防,控制福(州)古(田)公路;以第73军(辖2个师)驻防福清和平潭岛,扼控福(州)厦(门)公路要点,保障侧后安全;以第106军(辖2个师)驻防市区。

人民解放军第10兵团(辖3个军)于上海战役结束后奉命进军福建,歼灭闽境国民党残军。兵团根据福建山区作战特点,于苏州、常熟、嘉兴一带就地准备,深入动员教育,整顿充实组织,减轻装备,并派第29军参谋长梁灵光率领先遣队于6月入闽,与中共福建地方组织和游击队联系,在他们的配合下,侦察敌情,了解地形,筹集粮草,抢修道路,保障部队开进和作战需要。兵团率3个军15万人和由5000名党政干部、2000多名青年学生组成的华东军区随军南下服务团,于7月2日开始南下,由嘉兴乘火车,于江山、上饶下车,人均负重31公斤徒步开进,冒酷暑翻越海拔千米以上的仙霞岭、武夷山,分别从浦城、崇安入闽。在第二野战军闽北驻军、闽浙赣人民游击纵队和广大群众的支援下,月底前全部抵达尤溪、南平(第29军)、古田(第31军)、建瓯(兵团部、第28军)集结,并进行山地作战训练。第31军第93师一部于金华下车,从寿宁入闽,7月间解放了寿宁、福安县。7月15日,兵团于建瓯召开军以上干部会议,研究作战方案。兵团司令员叶飞、政治委员韦国清根据当前敌情判断:福州守军可能先行逐次抵抗,一旦被突破,即向南撤逃,闽南国民党军北援的可能极小。为全歼福州守军,给尔后作战创造条件,决心采取钳形攻击战法,首先断其陆海退路,尔后会歼被围之国民党军。具体部署是:以第29军从右翼远程迂回,楔入守军侧后,攻取福厦公路要点和福清、长乐,断其陆上退路;以第 31 军从左翼攻占丹阳、连江、马尾,控制闽江下游,断其海上逃路;以第 28 军担任正面突击,分路截歼外围守军,2 个师由闽江北岸进逼福州,1 个师沿闽江南岸东进,策应 29 军行动,防止国民党军南北夹击。达成合围后,28 军从西北、31 军从东、29 军 1 个师从南向福州进攻。若守军往马尾、长乐撤退,企图由海上外逃,则 28 军速占福州,继续向东追歼;倘守军越江南撤,则 29 军坚决阻击,28、31 军跟踪追击。7 月 23 日,第三野战军批准了第 10 兵团首长的计划,并决定第 7 兵团第 21 军第 63 师归 31 军指挥。夺占宁德、罗源,保障该军侧后安全。

为了战役的胜利,中共福建省委以随军南下干部和当地党政机关组成了闽北支前司令部,负责动员民力和筹集、输送粮草等物资,协助解放军搞好战勤保障工作。闽东、闽中各游击队主动配合解放军侦察分队,深入连江、马尾、永泰、福清等地,勘察地形、道路情况,监视国民党军动向,为战役展开和战斗行动提供了可靠情报。

战役方案原定 8 月 8 日向战区开进,15 日发起战斗。8 月 4 日发现国民党军有收缩迹象,且战役准备已经就绪,经第三野战军批准,遂提前于 11 日开始攻击。

作战经过

29 军于 6 日起,从尤溪、南平分两路向东南挺进。军政治委员黄火星、副军长段焕竞决定以先头的第 85、第 86 师攻占福清,担任军预备队的第 87 师占领琯口以南福厦公路要点和福清西北的天吊山、纱帽山,待攻下福清后再向长乐、尚干进攻。11 日,左路 86 师一部奔袭占领了永泰县城。14 日,全军进抵一都街、大渡口、永泰地区。15 日获悉福州守军有南逃征候,10兵团电令速占福清、长乐、尚干,断敌退路。军即改变部署,令85师单独攻占福清,86师转向长乐、营前攻击,87师沿福厦公路北进,占领尚干。85师当晚攻克宏路后,连夜向福清进攻。以255团由石竹山、浦头攻击城北的玉屏山,得手后从北、东北方向攻城,并派部分兵力插到十排山、火档尾山、里美一线,阻止守军从福(清)海(口)公路东逃;以254团向城西进攻,夺占城南的五马山等高地后,从西、南方向攻城,同时派部分兵力直插钟山、凤凰山,封锁守军水上逃路;以253团主力南下占领渔溪,在方山、山边一线向南构成阻援阵地,防止南面国民党军北援。至16日晨,254团进展顺利,攻占了城南主要高地并逼近城区,一部由水南过河占领了利桥,威胁福海公路;而255团被阻于玉屏山、石井、火档尾山一线,未能切断守军逃路。福清守军因退路受到威胁,遂于玉屏山南侧集结主力向东逃窜。10时许,85师2个团先后突入城内,仅歼灭其掩护部队400余人。师即集中主力尾追逃军,下午与逃军对峙于海口东北、车头以东一线高地,当即以一部兵力向星桥迂回,以阻其继续东窜。由于正面攻击部队和穿插迂回部队进展缓慢,逃军乘隙突围,仅歼其少数掩护兵力。又因追击部队连续作战过度疲劳,当夜追至海口以东的城头就停止了,致使国民党军2000余人从松下渡海逃往吉兆岛和平潭岛。86师由一都街翻越纱帽山向长乐、营前进击,15日抵福清以北的作坊附近;16日沿公路东侧向北发展,21时在洋中歼灭长乐保安团50余人,得知国民党军第318师1个团已从长乐、营前撤往闽江北岸,即迅速前进,于次日凌晨占领长乐、营前。87师从永泰向尚干推进,16日抵达一都街、琯口一带。至此,该军阻绝了福州国民党军南逃的主要通道。

31军于8日从古田向战区开进,12日抵达丹阳西南的朱公、捷坂和汤岭、桃园一带。军长周志坚、政治委员陈华堂决定首先围歼丹阳守军,尔后分路攻占闽江北岸各要点,切断国民党军海上逃路。13日晨,93师及91师273团从朱公附近向丹阳南、北两侧迂回,7时许,从四面向丹阳发起攻击,9时许先后攻下丹阳东南的屏封山和西部的坑口,接着又夺占了南部的虎山。由于从东北攻击的部队未及时攻克鼓头山,守军大部从其南侧的东园和上、下周突围,沿鼎乾山东逃。12时,93师占领丹阳镇,仅歼守军一小部。师即派1个加强团追击逃军,次日4时将其包围在丹阳镇东北的新厝后山区,经过5小时攻击,全歼该部,俘国民党军第216师师长谷元怀以下1300余人。丹阳战斗结束后即兵分三路,以93师向连江进攻,以91师和92师276团直插闽江北岸要镇闽安,以92师主力进逼福州北郊的大北岭。91师采取分路楔入、同时攻击的战法,14日夜在游击队引导下,乘月色沿山脊穿插接敌,于15日晨一举夺占了闽安、亭头、龙炳诸要点,控制了10公里江面。随后以273团向下游发展,配合93师行动;以271、272、276团从闽安至彭田一线向马尾攻击。15日11时,以正面佯攻、侧翼突破的战术夺取了马尾北面的286高地,连续5次击退守军的反扑;16日2时许又从西北和东部突破马尾国民党军防御,大部守军遂乘船南逃到南台岛;13时占领马尾及罗星塔。同时,控制闽江下游的炮兵击沉了从台湾来援的运兵船"建国"号,击伤了另外3艘。15日,93师以1个团沿公路向连江攻击,主力从东侧的浦口过鳌江,迂回侧后截断连江守军退路。由于守军大部已撤往南部山区和长门、琯头一带,遂于16日晨占领连江城。该师立即分路向南追击,17时扫清了城南山区守军。继向长门、琯头进攻,20时许攻占该两地。这次战斗共俘国民党军2300余人。国民党军74军军部率2000余人逃往琅岐岛(17日解放军上岛,该部已逃往平潭岛)。16日夜,大北岭、宦溪一带守军南撤,92师主力随即逼近福州北郊;91师一部也由马尾向福州推进。归31军指挥的63师,于11日攻占三都岛,13时晚从飞鸾登陆,逼近罗源城,15日晨被围的国民党军副团长以下1000余人缴械投降。

28军于7日由建瓯向东南运动,14日抵达攻击位置。军长朱绍清、政治委员陈美藻决定以第82、第83师首歼雪峰、双溪、大湖守军,再分别向小北岭和白沙、徐家村进攻,从北郊和西郊进逼市区;以第84师歼灭闽清守军,继而沿闽江南岸,直取南屿,再视情或渡乌龙江攻仓前山,或追歼撤逃之国民党军,配合29军行动。84师于14日攻占祥溪口,歼灭守军120余人;15日攻克大、小箬和闽清县城,守军东窜;16日沿江追击,抵达南岸的溪口。82师于14日10时开始向下局进攻。15日占领大湖、箬洋,守军已南逃,即向江洋店方向追歼,当晚进至小北岭以北地区,16日向小北岭发起攻击。进攻猪蹄岭(524·4高地)的连队正面攻击受阻,伤亡较大,后改以正面压制、侧后突破的战法,遂一举占领该高地。12时,82师全部攻占笔架山至前洋一线阵地,18时占领小北岭,歼灭国民党军1个营。当晚攻占北郊的新店、猫头山一带。83师于14日18时占领大坪、洋下、双溪各点,于大坪截歼大湖逃敌300余人。15日雪峰守军已撤逃,遂向白沙、江洋店追击,在白沙与逃军1个团接触,逃军又东窜,追至横屿时歼其尾部1个连,当晚与国民党军对峙于徐家村附近。16日从关源里向徐家村进攻,由于迂回部队脱敌,一度受挫被阻,18时占领徐家村,毙俘守军100余人,继而进逼中房,又与国民党军形成对峙。

至此,人民解放军对福州国民党军完成了包围,并从西、北、东三面逼近市区。16日晚,朱绍良、李延年等乘飞机逃跑,被围的国民党军也连夜从南台的北峡兜、湾边、洪塘等处抢渡乌龙江南逃。17日5时至6时,82师和92师从北、83从西、91师从东先后突入市区,并向南追歼。82师追至台江万寿桥(解放大桥)遭到国民党军阻击,245团3营副营长魏景利在敌火下带头奋勇冲击,壮烈牺牲。指战员们喊着"为副营长报仇"

的口号,奋不顾身地冲了上去,夺取了大桥,占领了仓前山。7时许全市解放。各部随即分头向江边追击,下午攻下高盖山及其以东高地,全歼国民党军掩护部队2000余人。同日,国民党军318师副师长赖惕安率1个团于东郊的横屿向解放军投诚。

在解放福州市的同时,处于乌龙江南岸的29军和84师即开始追击、堵截、围歼越江南逃的国民党军。84师17日9时追击从洪塘过江到浦口的96军残部,22时抵达南屿附近,俘其500余人。18日继续向永泰追击。20日,250团以三倍于敌的速度翻越了台口西北的双峰山,截歼逃军1200余人。21日,251团经过36小时连续行军,迂回包围了窜至永泰西北的大洋地区的国民党军,随后250团和252团一部赶到,经过围攻,迫使国民党军96军副军长黄振涛以下1000余人放下武器。至此,向永泰方向逃窜的国民党军,除96军军长于兆龙率一部逃往漳州、厦门外,其余4000余人全部被歼。29军获悉从北峡兜过江之国民党军17日晨抵尚干后,即令85师于东张、宏路、作坊一线堵截,防其南窜;令87师由琯口向北进击;令86师主力由长乐向西机动,越青圃岭配合87师围歼逃敌。17日上午,87师以259团沿公路向尚干突击,以260团主力从东侧穿插青圃,截断国民党军东窜之路,16时进至宏屿与国民党军遭遇,2个团协同战斗2小时,歼其1000余人,24时占领尚干,逃军已窜往大义东南、茶园、十三亩和西南的初婆洋山区。18日,担任作坊一带堵截任务的85师254团,将由十三亩东窜的国民党军围堵于金翅山、黄晶岭、桃阳山区,经过政治瓦解,福州绥署、6兵团部、25军、独立第50师等4700余人于18时被迫投降。同日,86师也于青圃岭以南搜歼逃军500余人。20日,87师于琯口以东五子岩附近迫使国民党军1个营投降;86师在玉田、赤屿两侧先后搜歼残余国民党军1000余人;国民党军216师副师长率100余人于长乐鹤上投降。22日,85师与87师各一部,将从初

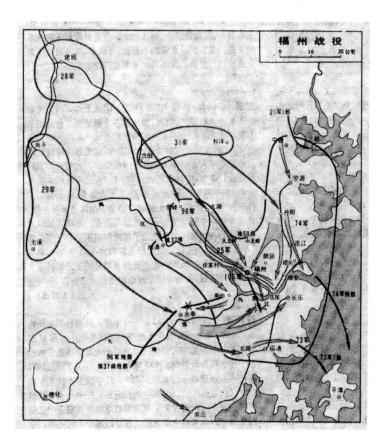

福州战役作战地图

婆洋南窜之国民党军包围在一都街西北的垱田、厝洋坑附近,当晚被围逃军一部西窜,余部 1000 余人就歼。23 日,西窜之国民党军 400 余人被歼,25 军军长陈士章化装潜逃。

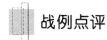 **战例点评**

战役自 8 月 11 日开始,至 23 日结束,历时 13 天。人民解放军在中共地方组织和游击队的配合下,歼灭了国民党军近 4 万人(打散部分未统计在内)①,其中俘敌 30160 人,毙伤 2050 人,投诚 3190 人,其他 4000 人,俘其 6 兵团正副参谋长何同棠、陈腾骧、陈盘庚和 25 军副军长李以劻、96 军副军长黄振涛等将级军官 17 名,解放了福建省省会福州市和著名军港马尾,以及宁德、罗源、连江、长乐、福清、永泰、林森、闽清、莆田等 9 座县城,为解放福建全省创造了有利条件。

----

① 福州战役歼灭国民党军数量,各种资料记载不一,现暂从《中国大百科全书·军事卷》"福州战役"条目说法。

3. 漳厦金战役

战争背景

国民党军福州败退后,东南军政长官公署副长官汤恩伯兼任厦门分署主任,进驻厦门,统一指挥第8、第22、第12兵团,在闽南和广东潮汕地区组织防御。其中配置在闽南地区的有2个兵团、13个师约7万人,以第8兵团68军的3个师和96军残部等合编的2个师,布防于漳州、南靖、长泰、同安地区,拱卫厦门、金门;以第8兵团部率所属55军3个师和第22兵团5军1个师防守厦门岛;以第22兵团部率所属25军2个师、5军1个师和从台湾调来的201师(欠一个团)驻守大金门、小金门、大嶝、小嶝诸岛,企图保住其在华东大陆的最后一个立足点,若闽南大陆失守,则凭险固守厦门、金门诸岛,屏卫台湾,待机反攻大陆。为实现这一企图,国民党军加紧在厦门、金门扩建工事,并派飞机、军舰封锁海面,力图形成立体防御。

福州战役结束后,解放军第10兵团29军87师和闽中游击队,于8月下旬至9月下旬,解放了闽中地区的莆田、仙游、惠安、泉州、青阳(今晋江)、安海、莲河、南安、安溪等地;28军主力于9月中旬攻占了平潭岛,29军85、86师各1个团先后攻占湄洲、南日等岛,为向闽南进军创造了有利条件。

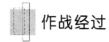 **作战经过**

一、夺取以漳州为中心的闽南大陆

为歼灭退踞闽南的国民党残军,第 10 兵团司令员叶飞、政治委员韦国清决心首先夺取闽南大陆,占领进攻金、厦的有利阵地,尔后攻取厦门、金门。其部署是:以 31 军攻占漳州,以 29 军主力攻占厦门以北的澳头、集美等地,尔后以 31 军、29 军主力攻取厦门,以 28 军、29 军各一部攻取金门。第三野战军批准兵团决心和部署后,31 军和 29 军主力于 9 月 10 日前后进至安溪、泉州一带集结,稍作准备,即于 19 日从左右两翼同时发起进攻。

右翼 31 军第一梯队 2 个师,分别指向同安、漳州。93 师 277、278 团从南安开进,于 19 日上午攻占同安,全歼守军,并击溃从马巷来援的保安团第 3 团,歼灭国民党军 2000 余人;279 团沿同安至漳州公路直插角尾,主力向西追歼逃军,一部强渡九龙江北溪,夺占江东桥,切断厦门与漳州的水路交通。92 师自安溪南下,分 3 路合击漳州。左路 276 团于 19 日 6 时攻占长泰城,随即向漳州疾进。中路 274 团经岩溪、潭口,直逼漳州芝山。右路 275 团迅速迂回至南靖城北之月岭,南靖守军闻讯而逃。该团 2 营追歼逃军,抢占了漳州通往漳浦的大桥;主力沿南靖通往漳州的公路挺进,18 时进抵漳州北郊,获悉漳州守军正往东撤逃,即果断地向漳州发起进攻,击溃其掩护部队。突入城内后,得知守军大部刚通过新大桥向东南逃窜,即令 3 营冲过大桥,沿漳州至石码的公路追击。274 团随后也突入市区,漳州遂告解放。由漳州弃城东逃的国民党军 68 军军部及所属 81 师拥集石码镇,仓促组织防御,等船逃往厦门。20 日 2 时,

275团3营赶到,突然发起攻击,歼其一部。68军参谋长张星伯被迫率部投降。

接着,31军各师乘胜追歼国民党军残部,夺占厦门西南大陆沿海各要点。93师越过九龙江,沿南岸向东追击,至22日19时,先后攻占海澄、浮宫、港尾、屿仔尾、镇海等地,歼灭国民党军近5000人。之后,又粉碎了国民党军1个团在海、空军掩护下,从海上向屿仔尾的反扑,于24日晚重占屿仔尾炮台。91师在93师之后跟进,19日晚抵达灌口、角尾后,转向东南,进攻嵩屿半岛。嵩屿三面环水,与厦门市区仅一水之隔,国民党军于此构筑了坚固的围寨式防御阵地,由55军1个营防守,并有舰炮火力支援。20日晚,272团攻击嵩屿的烧山,由于没有很好地侦察,仓促进攻,伤亡很大,被迫撤出战斗。91师总结经验教训后,重新组织战斗,将全师火炮组成三个炮群支援步兵战斗和打击国民党军舰艇。24日16时,272、273团第一梯队分别在石仓南北向围寨式阵地发起进攻,遭到守军顽强抵抗,再次受挫。这两个团第一梯队重新选择突破口,在第二梯队协同下,于23时40分突破其阵地,至翌日3时,守军一部被歼,大部逃往厦门。

左翼29军以86、85师各1个团为第1梯队,分别向厦门以北的澳头、集美一带发起进攻。86师前指率256团于19日晨占领马巷,继而向南推进。其先头侦察分队(军侦察营1个连、师侦察连1个排)进至新店时,得知刘五店国民党军正在撤退,当即转向西南截击。15时30分,侦察分队向刘五店发起攻击。守军余部1个连退缩街巷抵抗,17时被压缩到当地一学校内,缴械投降。256团主力南攻澳头,于22时发起战斗,至20日拂晓,全歼守军2个营又1个工兵连。85师253团则经同安向集美挺进,于21日2时向集美镇发起进攻。国民党军利用集美北面连绵的高地和镇内的建筑群,构成支撑点式的防御体系,以1个团兵力防守。

253团为了保护学村建筑群,只用步兵轻武器同国民党军作战。经两昼夜艰苦战斗,于23日拂晓前扫清了集美外围国民党军。当日15时向镇内攻击时,守军已逃往厦门,该团遂进占集美。

战斗在闽西南的闽粤赣边游击纵队,积极配合解放军主力部队作战,在9月30日前,相继解放了平和、漳浦、云霄等县城。

第10兵团在完成第一阶段作战任务中,歼灭了守军1.5万人,解放了闽南大陆,形成了对金门、厦门国民党军三面包围的态势。

二、解放厦门岛

9月26日,兵团在泉州召开作战会议,确定同时攻取厦门、金门的作战方案。10月4日,兵团下达作战预令:以31军3个师、29军2个师,共5个师进攻厦门;以28军1个加强师并指挥29军2个团,共2个师进攻金门。各部立即进至南安、同安、石码等沿海一带,开始进行渡海作战准备。各军在中共厦门地下工委、中共厦门大学地下组织和龙溪、晋江两地区许多中学的协助下,于石码、同安、南安、晋江沿海一带征集了木船630余条、船工1600余人,并制作了大量简便救生漂浮器材。广大指战员冒着国民党军飞机、火炮的袭击,不顾晕船呕吐,夜以继日苦练战术技术,很快掌握了渡海作战的基本要领。为了掌握敌情,各部组织了隔海观察,有的部队还实施越海侦察。10月12日夜,92师侦察队副班长胡维志、战士张文升随同本队副队长驾船到厦门神山、寨上一带侦察。当胡、张摸清了几个主要登陆地段的地形和敌情,赶回会合点时,因超过约定时间,船已返航。他们顽强地与风浪搏斗了近7个小时,泅渡4000余米,带回了重要情报。31军颁发嘉奖令,授予胡维志、张文升以"越海侦察英雄"称号。此外,中共厦门地下工委和人民群众也提供了厦门守军的详细情报,为战斗部署提供了重要依据。

10月9日夜,28军84师251团2营和29军87师259团发起攻占金门北面大嶝岛的战斗,至10日晚,全歼守军,夺占该岛。11日夜,251团乘胜攻占小嶝岛。15日,28军82师245团攻占角屿岛。

第三野战军于10月11日电复10兵团:为防敌逃跑,最好同时攻打厦门、金门,但从敌我双方实际情况考虑,以5个师攻打厦门有把握,同时以2个师攻打金门是否有把握?如条件成熟可以同时发起进攻。否则以一部兵力钳制金门,首先攻打厦门,比较稳妥。究竟怎么打,由你们依实际情况自行决定。10兵团根据这一指示,和28军进攻金门的船只不足的情况,遂决定改变方案,先取厦门,后取金门,并定于10月15日发起解放厦门的战斗。

人民解放军将红旗插上厦门岛

厦门是中国东南沿海的重要军港和商埠,面积128平方公里。该岛西、南、北三面被大陆环抱,东与金门隔海相望。西岸、北岸距大陆较近,大部岸滩尚可登陆,近岸为起伏不大的丘陵,便于发展进攻;东岸、南岸滩窄水深,虽便于登陆,但受金门炮火控制,而且东南沿岸多山,不便于抢占登陆场;与厦门市区一水之隔的鼓浪屿,岛小岸陡,易守难攻,是厦门西南的屏障。国民党军以北半岛为防御重点,将齐装满员的74师配置在西北部的东渡至钟宅一带;181师布防于东北部的坂美至何厝一线;以29师和要塞守备总队防守鼓浪屿和厦门市区;以166师和68军残部位于东南部之石胃头、胡里地区。岛的沿岸筑在以永备工事为骨干的,与野战工事和障碍物相结合的防御阵地,并有大口径火炮、坦克和海空军火力支援,构成了环形立体防御体系。为给退守厦门的国民党军打气,蒋介石于10月8日率国民党军政要员多人抵厦门巡视,汤恩伯等人吹嘘厦门防御"固若金汤"。

10月13日,第10兵团根据当面敌情作出进攻部署:以31军在鼓浪屿至石湖山地段登陆突破,以29军主力在石湖山东侧至五通地段突击上陆,首歼北半岛和鼓浪屿之敌,尔后南北夹击歼灭南半岛之敌;以28军1个师又1个团位于莲河、淘江一带,监视并以少量炮火牵制金门之国民党军,如金门国民党军增援厦门或撤退,则立即对金门发起攻击。

31军军长周志坚、政治委员陈华堂决定:以91师并加强277团攻占鼓浪屿,分两路从西部和西南突出部登陆突破,得手后继向厦门市区攻击;以92师在厦门之西北之石湖山至寨上地段突击上陆,会同29军主力攻占北半岛,尔后向南半岛进攻;以93师279团为军预备队,278团守备岛美地区,保障侧翼安全。

15日15时40分,91师首先对鼓浪屿实施炮火准备。18时开始,第一梯队271、277团各2个营,分别从海沧和海澄沙坛起航。不久,东北风大作,船队逆风搏浪,大部船只被风浪冲散,有的断桅破帆,有的被吹回原岸,只有少数船只到达登陆地段。驶近岸边的船只又遭国民党军猛烈炮火的拦阻射击,伤亡严重。船工和战士们不顾性命安危,奋勇直前。带着全家3条船和5口人参战的船工张锦娘,不顾丈夫和小儿子中弹倒下,接过船舵,并鼓励战士们奋力划船,冲向岸滩。21时30分以后,零星船只抵滩登陆,由于滩头地堡机枪疯狂扫射,个别小分队突入前沿阵地后,终因援绝弹尽,大部牺牲,个别被俘。271团团长王兴芳冒着弹雨指挥抵滩船只抢滩,不幸中弹牺牲。91师炮2连指导员赵世堂所在船中弹,2门火炮坠海,他带领10名战士强行登陆,突入前沿阵地,直抵日光岩西侧制高点,最后仅剩下他一个人,仍然坚持战斗,直至壮烈牺牲。23时以后,91师组织第2梯队3个营起航,因风浪太大,未能成功。16日12时,31军命令91师暂停攻击,总结经验教训,准备再战。强攻鼓浪屿虽然失利,但却牵制了厦门岛腰部的国民党军机动部队,为在北半岛登陆创造了有利条件。

15日19时,92师第一梯队3个营由鳌冠、郭厝起航,向石湖山、寨上偷渡。20时许,先头部队抵滩时正逢退潮,船只在距岸近千米的泥滩上搁浅。守军发现后在探照灯照射下对船队进行射击。登陆部队随即转入强攻,指战员在深陷至膝的泥滩上跋涉,伤亡较大。274团8连3排8班副班长崔金安,带领全排仅剩下的12名战士首先在石湖山西南突出部上陆,占领了40米交通壕,在4小时内5次击退守军的反扑,并攻占了山腰一个地堡,最后在兄弟连队策应下占领了山头阵地。战后,该排被31军授予"厦门登陆先锋排"称号。16日3时许,274团1营在寨上突出部登陆突破,该团2营一部也在寨上薛厝之间登陆成功。至16日晨,92师突破石湖山、寨上一线,占领前沿阵地。

29军政治委员黄火星、副军长段焕竞决定:以85师分两路从高崎两侧之棳寮、神山登陆突破,以86师由钟宅、壕口之间突击上陆,抢占巩固登陆场后,首先肃清北半岛之敌,尔后向东南发展进攻;以87师259团为军预备队。

85师第一梯队2个团在集美东北海湾登船集结。255团1、2营于15日20时起渡,20时40分于神山下抵滩,下船后冒着敌火越过800米泥滩,强行登陆,22时攻占神山、继克殿前,策应右邻92师登陆。随后起航的3营因遭守军射击,搁浅于高崎西侧海滩,就地强行登陆,22时攻占埔仔,随后又克坑园山。7连4班长邵元林于船只搁浅时带领全班跳下船,在深没及膝的泥滩中冲在最前面,首先攻下1个碉堡,打垮了守军1个排的反扑,为全营打开了突破口;在尔后的战斗中英勇顽强,战绩显著。战后,邵元林被授予"海岛作战乙等英雄"称号,4班也被授予"海岛作战模范班"称号。254团于20时45分起渡,21时许在敌火下于后莲尾、胡莲一线海滩登陆。上陆后,在炮火掩护下,连克多道障碍,击溃守军3次反击,至22时30分,攻占了后莲尾、尤厝、陈厝、王厝一带。继向纵深和两侧发展,于16日7时攻克被国民党军吹嘘为"海上堡垒"的高崎,全歼高崎、坑园山、陈厝守军。该团7连攀登10米高的陡壁,一举夺占高崎机场,天亮后,击退了数倍于己的国民党军的反击,迫使其丢下1架运输机和几辆被炸坏的坦克逃走。

86师第一梯队256团(加强257团2营)由刘五店、澳头起航。1、3营和团指挥所于19时50分抵达预定岸滩,遭到守军火力急袭,在师炮火掩护下,经过多次突击,始于下马、钟宅间登陆突破。上陆后,1营向钟宅进攻,3营向下马、墩上进攻。1营俘虏了错把解放军当做"自己人"的国民党军1个排,占领钟宅村。天亮后,守军2个营在坦克引导下进行反击,1营被迫退出钟宅。后在第二梯队的配合下,又夺回了钟宅。3营发展较顺利,于16日6时前攻占了下马、墩上、岭下一带。另2个营因受大风大浪影响,未能按指定的登陆点上陆。257团2营被冲到草鞋屿搁浅。256团2营则被冲散到五通道一带上陆。其中一部于坂美附近抵滩,上陆后遭到守军火力夹击,伤亡很大。5连连长张胜标率领仅存的5个班占领了一小块滩头阵地,在敌众我寡、三面受敌的险恶情况下英勇作战,击退守军的多次反击,坚守到敌人撤退,起了牵制守军兵力、策应团主力登陆突破的作用。战后,张胜标被评为一等功臣。

至16日中午,31军攻占湖里、塘边,29军攻占园山、枋湖,基本控制了北半岛,巩固、扩大了登陆场,后续部队源源上陆。汤恩伯和8兵团司令官刘汝明收罗残部和调动机动部队向北反击,于岛的腰部松柏山、园山、薛岭山先后被击溃。国民党军遂动摇了固守厦门的决心,其余部开始向东南岸之黄厝、曾厝垵一带撤退,准备下海逃走。

14时许,10兵团首长查明情况后即令各部大胆穿插分割,追歼逃军。29军主力分路直插云顶岩、自来水厂、厦大和石胃头、黄厝、曾厝垵,当晚至次晨于文灶、南普陀、黄厝歼灭国民党军各一部。92师向市区挺进,并向东追击,于碧云寺西街口、胡里山附近各歼逃军3000余人。91师一部从市区南部登陆,策应92师行动,272团2营于鼓浪屿西北端登陆,准备逃窜的国民党军1400余人投降,该岛解放。至17日11时,逃至塔头、白石炮台附近的国民党军被歼,厦门全岛解放。国民党守军除高级将领及166师大部逃往金门外,其余2.7万人全部就歼。

三、进攻金门岛

大、小金门位于厦门以东海域,距厦门岛仅1.8海里。大金门东西大、中间小,形似哑铃,面积124平方公里。东半岛多山,北太武山可俯瞰全岛;西半岛多丘陵,金门城位于西岸中部。小金门隔水道与西半岛对峙,火力可互相支援。厦门国民党军被歼后,汤恩伯急从潮汕地区调兵增防金山,使兵力增至4万余人。其部署:以第5军率200师守备小金门;以第25军45师防守西半岛北部,201师位于金门城附近担任机动;以40师及刚抵金增防的第12兵团18军11师驻守东半岛;18军主力位于料罗湾附近地区。大金门除原有要塞炮兵工事外,仅于北岸古宁头及官澳等便于登陆地段,构筑野战工事和少数永久性工事,纵深工事薄弱。

厦门解放后,第10兵团主要领导人的精力主要用于城市接管,把攻打金门指挥责任交给了28军前指。鉴于28军主力及29军1个团早于9月下旬进抵石井、莲河地区进行攻金准备,并已搜集到可运载3个团的民船,10兵团首长预计,第1波运送3个主力团上岛,船只当夜返回,第2波再运送2个团上岛,乘敌12兵团主力未到或到后立足未稳发起攻击,可完成预定任务。于是决定由28军副军长肖锋统一指挥所属4个团及29军3个团攻取金门岛,并定于10月24日夜发起战斗。肖锋根据兵团首长指示,决心以82、84、85师各1个团又1个营为登陆第一梯队,由82师统一指挥,在古宁头、官澳地段登陆突破,首歼大金门西半岛之敌,尔后会同后续梯队歼灭东半岛之敌;以82师主力和29军85、87师各一个团为第2梯队,由军前指指挥。命令下达后,立即将临时征集到的船只配给第一梯队团,进行战斗编组。因时间仓促,既未组织演练,又未组织协同,船工与部队互不熟悉。而且船只不足,各团均有1、2个连队无船,等待续运。

10月24日20时,244、253团分别自莲河、澳头东北港湾起渡,先向大嶝岛方向航行,与在该岛起渡的251团在海面会合。24时,3个团的船队由大嶝岛海面向大金门开进后,队形即逐渐紊乱,通信联络也不畅通,82师指挥所又未随船跟进,各团即自行航渡。抵滩时适逢落潮,船只搁浅,又遭守军炮火猛烈拦阻,有的部队伤亡较大。25日2时,各团在约10公里正面上开始登陆突破。左翼244团在腰部北岸的琼林、兰厝间登

人民解放军登船进攻金门岛

陆,俘守军100余人,夺占了10余个碉堡;中路251团先头营在岛西北的安岐、林厝间顺利上陆,但其后续部队遭到守军炮火袭击,伤亡三分之一,右翼253团在岛西北端的古宁头、林厝间登陆后,于拂晓前攻占古宁头。各团登陆后均未组织船只返航接运第二梯队。登陆部队除253团3营巩固了古宁头登陆场外,其余部队在既未巩固登陆场,又未恢复建制的情况下,即按既定的作战方向,各自分散作战,向纵深猛插,于拂晓前攻占了西山、观音亭山、湖尾、湖南高地、安岐、埔头一带,给国民党军以严重杀伤。

25日晨,守军201、45师及18、19军各一部在坦克、炮兵的配合下,对登陆部队实施全线反击。8时许又出动海军反复轰击滩头的船只和厦门至围头沿岸的解放军炮兵阵地及船只。各登陆部队英勇抗击,战斗十分激烈。244团团长邢永生身负重伤,仍带领部队顽强抵抗。至12时弹药耗尽,该团人员大部牺牲。251团主力激战至15时,仅剩下10余人,最后突围至古宁头与253团会合。251团副团长冯绍堂率领2个班坚守林厝的几个碉堡,苦战9个小时,打垮国民党军7次冲击,随后也突围至古宁头。坚守在古宁头的253团与兄弟部队余部,连续多次击退国民党军的反扑。国民党军在埔头、林厝、古宁头一带均遭到解放军重大杀伤,其19军14师42团团长被击毙。黄昏后,国民党军撤至湖南高地一带休整。

由于运送第一梯队的船只全部被毁,第二梯队无法航渡增援,登岛部队孤立无援。10兵团急令各部集中所有船只,运送后续部队前往增援。25日夜,246团1营6个排和87师259团2个连同时起航赴援,因风浪太大,仅有10个排登陆成功。增援部队与坚守古宁头的部队会合后,即向国民党军实施反击,因兵少力薄,未能奏效。26日拂晓,国民党军又在坦克、火炮和飞机配合下向古宁头进攻。解放军登陆部队与其激战终日,至22时,剩下的少数指战员利用夜幕向北突围,到海边寻找船只未获,遂转移到东南山区。27日下午,他们在双乳山附近隐蔽时被国民党军发觉,又继续转移。28日下午在沙头附近被国民党军包围,246团团长孙玉秀负伤后自尽,其余被俘。登陆金门的解放军在兵少力薄、后援不继的情况下,临危不惧,顽强战斗三昼夜,共毙伤国民党军约9000人。①

战例点评

进攻金门的战斗,由于高级指挥员轻敌麻痹,战斗任务尚未完成就转移工作重心,且在准备还不充分,组织指挥不严密的情况下,仓促发起

---

① 毙伤国民党军人数系据中国社会科学出版社1989年出版的《当代中国军队的军事工作》(上)第237页所载。

战斗,致使两批登陆部队3个多团共9086人(内船工、民夫等350人)①,大部牺牲,一部被俘。这次战斗失利,是解放战争中人民解放军的一次重大损失。

漳厦金战役,自9月19日发起,至10月27日结束,人民解放军共歼灭国民党军近5万人,解放了闽南大陆和厦门、大嶝、小嶝诸岛,为巩固东南沿海海防,建设新福建创造了条件。

---

① 登岛部队人数系据军事科学出版社1987年出版的《中国人民解放军战史》第3卷第340页所载。另外,《华东军区·第三野战军第三次国内革命战争·战役选编》第220页统计为7434人。

4. 东山岛保卫战

战争背景

1953年7月15日21时,国民党军金门防卫部上将司令官胡琏率领45师(欠133团两个营)、18师53团和海匪"福建反共救国军"第1、2突击大队等部共1万多人,分乘13艘舰艇,由金门驶向外海。福建军区于16日1时电令闽南、闽中各海防部队准备迎敌。31军即令91师272团立即赴漳浦旧镇集结待命;驻东山岛的公安80团1、2营(欠4连)和迫击炮连,于16日拂晓前进入阵地,做好战斗准备;水兵1团1连(位于八尺门渡口),准备担任输送作战部队和转移东山县地方政府人员出岛的任务。

作战经过

16日拂晓,胡琏所率国民党军在舰炮和飞机支援下,进犯东山岛。4时45分,开始从亲营、大路口之间及湖尾登陆。主力分两路向牛犊山、公云山和王爷山方向实施重点进攻,另以部分兵力向陈城和东山城方向进攻。同时,由台湾新竹机场起飞的两个伞兵中队,于4时47分在东山岛西北部后林地区空降，企图阻止解放军增援部队进岛。公安80团团长游梅耀根据敌情和地形作出正确的判断，果断地改变机动防御的作战预案，定下坚守待援的决心。31军令该团收拢部队，坚守核心阵地；并令272团向东山岛疾进。6时，福建军区命令28军82师及军榴炮团、军区高炮营等部队立即南下增援。接着，中央军委命令驻广东黄岗（今饶平）的41军122师急速东援。

公安80团前沿分队，在滩头杀伤部分国民党军后，按照作战预案主动后撤，步步阻击迟滞国民党军。在南埔，2营6连1排警戒班炸毁国民党军两辆水陆坦克后，撤至樟塘归建。1排连续打垮国民党军对樟塘的5次冲击后，转移到前、后马鞍。此时，掩护1排转移的重机枪班正副射手均负重伤，副班长黄飞龙头部也被炸伤，四周的国民党军蜂拥而上，黄飞龙在弹尽情况下，扑向敌群，拉响最后一枚手榴弹，与敌同归于尽。战后，华东军区政治部追授他为福建军区战斗英雄。在亲营，1营1连3排连续打退海匪3次冲击后，在转移途中伤亡严重。连主力（欠1排）因接应3排而失去转移时机，被国民党军包围于石庙山。他们英勇作战，打退了十倍于己之敌的轮番攻击，迟滞国民党军达两个多小时。最后，除少数突围外，大部壮烈牺牲。在港西，东山县人武部长崔天恒率领的一支民兵，坚守阵地5个小时，直至增援部队赶到。由于前沿分队和民兵的顽强阻击，至8时前后，国民党军才陆续抵达公云山、牛犊山和王爹山前沿一线。

守卫八尺门渡口的水兵师1团1连，在区委书记率领的后林村民兵积极配合下，以机枪和步枪对伞兵猛烈射击，击毙击伤许多伞兵。着陆的伞兵抢占后林以西的高地，向渡口攻击。水兵1连则依托300多年前抗倭时构筑的寨子断垣，击退伞兵的多次攻击，守住了渡口。后来，他们又不顾疲劳，连续运送增援部队和物资进岛，为战斗胜利作出了贡献。

东山岛保卫战中解放军机枪手横扫来犯之敌

战后,水兵1连荣立集体二等功。10时30分,步兵272团3营登岛,一举攻下59.3高地。至13时30分,在随后进岛的1营3连的配合下,将伞兵大部歼灭。

在北面进行紧张反空降作战的同时,公安第80团集中主力在牛犊山、公云山和王爹山等核心阵地,同进逼阵地前沿的国民党军展开殊死战斗。位于岛西北部的这三个高地,成犄角之势,对全岛安危有决定性作用。公安80团团长游梅耀决心坚守这几个高地,等待增援部队进岛反击歼敌。

7时30分,海匪第2突击大队1000余人,在猛烈炮火掩护下,轮番向公云山攻击。守卫公云山的公安80团1营2连,不畏十倍于己之敌的三面围攻,凭借200多米长的堑壕、7个土木堡和不到百米的土坑道,顽强抗击，打退海匪18次冲击。18时后，又在赶来增援的272团12连配合下，与更加猛烈进攻的海匪激战，子弹手榴弹打光了，就用刺刀、枪托、石头和卸去保险的60毫米迫击炮弹，同突入阵地之敌搏斗。到国民党军开始溃退时，2连在公云山坚守了27个小时，击退国民党军冲击31次，歼敌413人。战后，福建军区授予2连"东山战斗守备一等功臣连"、272团12连2排"增援公云山守备模范排"的荣誉称号。

8时许，进至霞湖、西港的国民党军45师主力向牛犊山连续发起攻击。虽一度夺取前沿部分表面阵地，迫使解放军转入坑道战斗，却始终未能接近牛犊山核心阵地。扼守4号阵地前沿的公安80团5连1班机枪组，从16日晨至翌日中午，以猛烈的火力支援本连和友邻6连的战斗，打垮国民党军1个营左右兵力的5次冲击，毙伤其200多人。向王爷山进攻的海匪第1突击大队，也始终未能突破这个核心阵地。

水兵第1团1连在八尺门渡口打击国民党伞兵部队

23时，国民党军将预备队第53团投入战斗。但在公安80团和272团1、3营各一部的顽强抗击下，3个核心阵地始终牢牢地掌握在解放军手中。17日拂晓，272团全面接替第80团的防务。疾速赶到的122师和82师的先头团，分别于16日20时和17日4时开始渡海进岛。

17日5时,122师365团向王爷山方向出击。左翼82师244团也开始向国民党军反击。7时,国民党军开始动摇,匆忙收缩兵力。福建军区司令员叶飞决定,不待增援部队全部到达,即发起全面反击,歼灭国民党军于湖尾以西地区。10时,国民党军主力向湖尾方向撤退。10时30分,解放军分3路开始全面反击。右路365团和121师361团3营夺回赤坑山,攻占石坛,强取虎山,尔后分两路向亲营和湖尾两个方向反击。中路272

俘虏的国民党伞兵

团兵分两支,分别经梧龙和南山,杀向湖尾,左路244团沿前后马鞍、南埔一线反击,与右路、中路会师湖尾。244团发现国民党军约两个连据守柯塘山,掩护主力撤退,遂决定拔除这个据点。在兄弟部队尚未赶到的情况下,该团2连2排毅然接受了这个攻坚任务。柯塘山又陡又滑,2排两次冲击均受挫,全排仅剩下9人能坚持战斗,却又被国民党军1个地堡的火力压制在一块大石头后面,难以动弹。在这紧要关头,5班长、共产党员张学栋挺身而出。端起机枪向国民党军火力点冲去。他胸部和腿部7处负伤,在距地堡10米处倒下了。他使尽最后一点力气爬到地堡射孔下方。这时,子弹、手榴弹都已打光了。张学栋从弹坑中猛地跃起,高喊"为了祖国,冲啊!"向地堡扑去,用自己的身体堵住枪眼。战友们迅速地冲了上去,后续部队也赶到,夺取了柯塘山。战后,华东军区追授张学栋以华东军区战斗英雄的称号,并命名他生前所在的班为"张学栋班"。18时,解放军各路反击部队逼近湖尾沙滩。国民党军纷纷夺船逃命,舰艇不等装满即匆匆起航,丢下的国民党军只好缴枪投降。

17日19时,战斗胜利结束。解放军共歼灭国民党军3379人(内毙伤2664名、俘715名），击落飞机2架，击沉小型登陆艇3艘，炸毁坦克2辆，缴获随伴步兵火炮及火箭筒46门（具）、轻重机枪109挺、长短枪512支，和大批弹药以及军用物资。解放军伤亡、失踪1250人。

 战例点评

国民党军进攻东山岛，是其逃台后对大陆沿海发动的规模最大的一次登陆窜犯。东山战斗一结束，毛泽东就指出：东山战斗不光是东山的胜利，也不光是福建的胜利，而且是全国的胜利。① 中央军委也在7月下旬打电报嘉奖参加东山岛战斗的部队。

---

① 引自《解放前线报》1953年7月21日第2版上刊登的福建军区政治部编写的部队讲话材料。

5. 金门炮战

 战争背景

炮击金门,是中国人民解放军于20世纪50年代初期至70年代末期,在福建断续进行的特殊作战行动。它既是军事斗争,又是政治斗争;既是中国的内政,又是涉及美国的外交事宜。

金门诸岛(含大金门、小金门、大担、二担)位于本省厦门以东海域,西距厦门岛1.8海里,东距台湾高雄港160海里,总面积147.37平方公里。1949年10月人民解放军攻击金门失利后,国民党军一直踞守金门迄今。

1950年6月朝鲜战争爆发后,美国公然派遣海、空军进驻台湾,以武力阻止中国人民解放台湾,并给台湾国民党当局以大量军事援助。1954年,美国政府又进一步与台湾当局签订了"共同防御条约",把台澎金马作为其西太平洋战略链条的重要环节。由于美国的武装干涉,使台湾海峡局势变得异常紧张和复杂。台湾当局在美国的扶植和怂恿下,妄图伺机反攻大陆,不断派遣军队从空中、海上对祖国大陆,特别是对福建、浙江沿海地区,进行各种袭扰破坏活动。金门不仅是国民党军屏卫台湾的前哨据点,也是其骚扰祖国大陆的前进基地。

国民党军退守台湾后,不甘其在祖国大陆的失败,在加强防御的同时,不断派出空军飞机对祖国大陆沿海城市和东南地区,进行侦察、轰炸、扫射、空降、空投等破坏活动,并以海军舰艇和武装船只在台湾海峡炮击、抓捕、劫夺祖国大陆渔船、运输船、商轮和与中国通商的外国海轮。同时,以其占据的金门、马祖等沿海岛屿为基地,不断对祖国大陆沿海地区进行登陆窜犯和武装袭扰,频繁炮击过往的祖国大陆船只及其岛屿附近的大陆沿海地区。

国民党军长期的骚扰破坏活动,给祖国大陆人民造成了十分严重的恶果。大陆军民不能不给国民党军以严厉的惩罚。同时,中国人民对美国在台湾海峡地区的侵略活动,也不能不给予有力的回击。1950年初,人民解放军曾积极准备再次攻击金门。同年9月,中共中共军委决定,为集中力量进行抗美援朝,推迟执行攻金任务。此后,解放军福建前线部队在积极准备解放金门、马祖的同时,采取"全面巩固、积极进攻"的海防方针,以各种手段同骚扰福建沿海地区的国民党军,进行针锋相对的斗争。炮击金门,就是这一斗争的一种重要方式。

解放军福建前线炮兵对当面国民党军据守的岛屿,采取有计划的炮击行动,始于1953年1月,但较大规模的炮击行动则发生于1954年9月以后。自那时至1979年1月停止炮击,其间共有4次较大规模和大规模的炮击行动,即1954年的"九·三"炮击金门,1957年的"六·二四"炮击小金门,1958年的"八·二三"炮击金门,1960年6月的反美炮击示威。

作战经过

一、"九·三"炮击金门

1954年8月22日,为了揭露美国政府和台湾国民党当局策划签订

"共同防御条约"的阴谋,打击美国的侵略政策,中华人民共和国各民主党派和人民团体发表解放台湾的联合宣言,向全世界庄严宣告:台湾是中国的领土,中国人民一定要解放台湾。同时,中央军委命令福建前线部队炮击金门,惩罚国民党军。

炮击行动由福建军区司令员叶飞指挥,陆军第31军首长具体组织实施。参战地面炮兵有:炮兵第9师所辖3个团,步兵第82、91师所属炮兵团各2个营,福建军区炮兵营,共14个炮兵营150门火炮。另有海军厦门水警区海岸炮兵约1个营。担任掩护任务的高射炮兵有:城防高炮521团、高炮64师611团,步兵第58、59、91师高炮营,共1个中口径高炮营、7个小口径高炮营。这次炮击金门,从9月3日至22日,地炮、高炮共作战93次。因系9月3日开始射击,故称"九·三"炮击金门。

"九·三"炮击金门有两次大规模的火力急袭。第一次以150门火炮和约1个营的海岸炮组成5个炮兵群,配置于厦门岛东、南沿海地区和大嶝岛,于9月3日14时10分开始射击,主要袭击金门港内之国民党军舰艇,并以部分火力压制大、小金门岛上的地面、海岸炮兵,以及袭击生动力量集结地域。火力急袭持续1小时又15分钟,于16时暂停射击,共发射炮弹4945发。21时再以76.2毫米野炮对小金门进行扰乱射击,耗弹331发。第二次以130门火炮组成4个炮兵群,配置于厦门岛、大嶝岛和同安莲河地区,于9月22日17时15分开始射击,主要袭击大、小金门岛上的国民党军师、团指挥机关、军事设施和压制国民党军炮兵,持续1小时又5分钟,于18时30分停止,发射各种炮弹3299发。两次炮击,命中率分别为90%和93%。9月3日炮击后,国民党军地面炮兵及海军舰艇火炮陆续对解放军进行报复射击。解放军地面炮兵亦多次进行反击。9月10日10时,驻厦门炮兵14团9连以50发炮弹摧毁小金门1个105毫米榴弹炮连阵地,击毁火炮3门、击坏1门。16时30分,该连又将击坏的1门火炮摧毁。"九·三"炮击金门,共击沉击伤国民党军舰艇7艘,摧毁炮阵地7处,毙伤国民党军1000余人。①

二、"六·二四"炮击小金门

"九·三"炮击后,金门国民党军炮兵经常对厦门岛及大陆前沿阵地、广播站、雷达、船只等目标,实施破坏、扰乱射击,平均每日50—60发炮弹。厦门前沿及大、小嶝岛群众生产生活受到严重影响,部队活动不得不转入地下。1957年6月24日,解放军驻厦门炮兵部队,奉命对驻小金门岛国民党军81师师部和经常活动的炮兵阵地,实施突然火力急袭。参战的有:炮兵第9师17团2营、第31营炮兵135团1营、军独立野炮营、第92师炮团122榴弹炮营和厦门溪头炮台。炮击从17时16分开始,至18时20分结束。发射炮弹近3000发,杀伤国民党军50余人;并配合进行了政治攻势,有力地打击了国民党军炮兵的活动气焰。在解放军进行炮击时,大、小金门岛上的国民党军炮兵还击800余发炮弹。

三、"八·二三"炮击金门

1958年7月"中东事件"(1958年5月9日,黎巴嫩人民举行反对夏蒙政府的武装起义。7月13日,伊拉克以卡塞姆为首的军官推翻了费萨尔王朝,宣布成立伊拉克共和国。7月15日,美国政府派兵在贝鲁特附近登陆,并继续调运部队前往中东进行武装干涉)爆发后,为了严惩国民党军长期对大陆东南沿海地区的军事挑衅活动,打击美国当局的侵略气焰,中国人民解放军福建前线部队奉命于8月23日对踞守金门的国民党军发起大规模炮击。这一重大而特殊的军事行动,是中央军委和毛泽

---

① 《当代中国军队的军事工作》(下册),中国社会科学出版社1989年版,第495页。

东主席亲自指挥的,是以地面炮兵为主,海军、空军参加的三军联合作战。这一作战行动,巧妙地运用军事手段与政治、外交斗争相结合的斗争策略,始终掌握斗争的主动权,赢得了胜利。

(一) 决策与部署

"九·三"炮击金门之后,国民党军加强金门的防御,逐渐将其构筑成坚固筑垒地域。至1957年底,金门设有防卫部,辖6个步兵师和特种兵部队共8.5万余人,其中各种地面炮兵31个营又2个连,有75毫米以上口径火炮380门。1958年"八·二三"炮击金门前无大变化。

解放军福建前线部队继续加强各项战备工作,于1956年内先后在福建境内建成一批空军机场、海军基地和其他战备工程。新建的鹰(潭)厦(门)铁路,亦于1957年4月全线通车。1957年12月18日,毛泽东根据斗争形势需要和客观条件已基本具备的情况,作出"考虑我空军1958年进入福建"的指示。1958年1月,解放军空军、福州军区和中共福建省委向中央军委报告空军转场入闽方案。4月27日,福州军区司令员韩先楚上将、政治委员叶飞上将又根据总参谋部电示,报告了炮击封锁金门的作战方案,准备在适当时候对金门实施大规模炮击封锁。

"中东事件"发生后,台湾国民党当局公开叫嚷"加速进行反攻大陆的准备"。国民党空军连日出动飞机,对福建广东沿海地区实施侦察,并加紧进行对大陆一些重要军事目标的攻击准备。国民党军一些高级将领接连到金门、马祖地区活动。美国在台湾的军事官员和外交人员,则同台湾当局"整天整夜地保持接触"。[①] 台湾海峡的局势骤然紧张起来。

中央军委针对台湾海峡出现的紧张局势,及时作出了加强东南沿海军事斗争的决定。7月18日晚,毛泽东召集中央军委副主席和空军、海

[①] 参见《蒋介石集团休要妄想》,载《人民日报》1958年7月25日。

军等领导人开会,作了部署。毛泽东指出,支援阿拉伯人民的反侵略斗争,不能仅限于道义上的支援,还要有实际行动的支援。他同时指出,金门、马祖是中国领土,打金门、马祖,惩罚国民党军,是中国的内政,敌人找不到借口,而对美帝国主义则有牵制作用。会上决定,以地面炮兵实施主要打击;以两个空军师于炮击同时或稍后,转场南下,分别进驻汕头、连城。当晚,中央军委召开会议,军委副主席彭德怀元帅传达了中共中央和毛泽东的指示,并对空军转场、海军入闽和炮击金门作了具体部署。会议还预定7月24日开始炮击。

7月18日23时,叶飞接到中央军委关于炮击封锁金门的电话指示后,立即召集军区领导人及有关人员开会,决定从本军区当时所有的陆、海军炮兵中集中33个营,准备分别打击大、小金门岛和马祖岛的国民党军。同时组织福建所有高炮部队,掩护地面炮兵和交通枢纽等的对空安全。华北有3个加农炮兵团,奉总参谋部和炮兵司令部命令,开始做入闽参战准备。同日深夜,解放军空军决定:立即组建以聂凤智中将为首的福州军区空军指挥机构;第一批入闽的歼击航空兵紧急转场,以两个师部各率1个团,于27日分别隐蔽进入汕头、连城基地;另调部分高炮和雷达部队入闽;从东北、华东和南京地区调3个场站及保障车辆、物资紧急入闽。7月20日,海军对从东海、南海舰队和旅顺基地抽调海军部队入闽作了具体决定,同时,决定由东海舰队副司令员彭德清少将负责组织舰队前方指挥所,去厦门统一指挥福建地区除海军航空兵外所有的海军部队。至此,炮击金门的部署已基本确定。

(二)全面封锁阶段

炮击金门的第一阶段,自8月23日开始,到10月5日暂停炮击止,历时44天。这个阶段的作战,是以地面炮兵火力为主,在海、空军协同下,对金门诸岛实施全面封锁。

7月19日,叶飞率领福州军区前线指挥部急驰厦门。翌日上午,在厦门召开作战会议。确定以17个炮兵营组成莲河地区炮兵群,以15个炮兵营组成厦门地区炮兵群,分别负责打击大金门和小金门的国民党军;以6个海岸炮兵连,配置在围头、莲河、厦门一线前沿,主要负责打击大金门料罗湾的国民党军舰艇。另在厦门、莲河两地区各组成1个高炮群,保障各自地区的对空安全。7月20日夜,参战的摩托化炮兵部队,从闽北、闽中和闽南各地,冒着滂沱大雨,兼程向战区疾驰。他们在工程兵部队和地方政府及人民群众的大力协助下,克服了路阻桥断等重重困难,于7月22日夜到达待机位置。在风雨泥泞中奋战了几个昼夜,抢修道路,构筑炮兵阵地,开设了150多个炮兵观察所。从烟台、青岛启程南下的海岸炮兵第20、第201连,昼夜兼程,于7月24日抵达厦门。7月27日中午,彭德怀向叶飞传达了毛泽东当日10时的函示:打金门推迟若干天似较适宜,等彼方无理进攻,再行反攻。从当日夜间开始,参战炮兵在抓紧射击准备的同时,开展战前练兵,并在步兵和工程兵协助下,加紧构筑工事和道路。截至8月23日止,仅带掩盖的地面炮兵工事就构筑了120多个;在预定战区内,各种急造军路和接近路(急造军路,指为保障部队应急通行,用简易、迅速的方法标示和构筑的临时性道路。接近路,指渡场、仓库、工事等军事目标的进出路与道路干线相连接的路段)纵横交错,密如蛛网。这一切进行得既紧张又隐蔽,以至金门国民党军全无察觉。

入闽参战的航空兵加紧隐蔽转场和夺取制空权。首批转场的第一梯队歼击航空兵1师1团和18师54团,采取逐步推进的方式,于7月27日秘密而迅速地转至连城和广东汕头机场。首批转场的第二、第三梯队歼击航空兵9师27团、1师3团、16师46团和海军航空兵4师10团,于8月上旬至中旬,先后进驻漳州、连城、福州、福清龙田等机场。以后数批转场的轰炸航空兵和侦察航空兵等3个团又2个大队、1个中队,亦于8月下旬至9月中旬,先后从原驻地转场至福州、漳州和江西樟树等一、二线机场。

7月29日上午,粤东地区云层低,有雷阵雨。11时许,国民党空军第1大队F—84G型战斗机4架,贴着云层底,从低空向南澳岛作例行侦察巡逻。两分钟后,解放军空军歼击航空兵18师54团飞行大队长赵德安率领1个中队,从汕头机场起飞迎击。解放军4架米格—17型歼击机在云下高度150米处集合编队后,迅速穿云上升,巧妙接敌。在地面指挥员果断引导与指挥下,一举击落国民党军飞机2架,击伤1架,取得入闽入粤后的首次胜利。

8月7日、13日和14日,解放军空军同国民党空军连续进行3次较大规模的空战,国民党军飞机又被击落击伤6架。解放军空军入闽后连战皆捷,基本上夺取了福建地区制空权,有力地保障了陆、海军参战部队展开部署和进行战场准备。

海军水面舰艇部队采取水陆并进的方法,迅速而隐蔽地入闽。7月底,东海舰队命令鱼雷快艇6支队1大队立即南下厦门。为隐蔽企图,大队决定采取"陆地行舟"的方法开进。30日夜,东海舰队司令员陶勇中将亲到上海军用火车站指挥鱼雷艇装车和伪装。海军指战员一律改着陆军服装。8月2日晨,专列抵达厦门,当夜鱼雷艇隐蔽下海,进入锚地待命。8月5日,驻三都澳的高速炮艇大队所属的3个中队,分别进驻平潭娘宫、泉州后渚和厦门诸港湾待命。中旬以后,又有东海舰队和南海舰队的3个鱼雷快艇大队、2个猎潜艇大队和1个高速炮艇中队,从海上分别驶至三都澳、后渚和东山岛。至此,福建前线陆海空三军已迅速隐蔽地完成炮击金门的一切准备工作。

8月20日,毛泽东决定:立即集中力量,对金门国民党军予以突然猛烈的打击(不打马祖),把它封锁起来。21日,中央军委命令福建前线部队于23日开始,对大、小金门岛实施一次大规模炮击,着重打击指挥机关、炮兵阵地、雷达阵地和停泊在金门料罗湾内的舰艇。同时还确定先打3天,再决定下一步。当晚,解放军炮兵3师,28、31军所属各炮兵团和福建省军区、20军所属炮兵部队各一部,共36个地面炮兵营及海军的6个海岸炮兵连,计459门火炮,极其隐蔽地进入发射阵地。鱼雷快艇部队和航空兵部队亦于深夜秘密进入待机位置。23日拂晓前,炮兵完成一切射击准备,459门火炮从各个方向指向金门诸岛。由高炮63、64师,空军高炮103师和28军、31军、64军192师的高炮部队,共6个团另5个营组成的两个高炮群,警惕地掩护着莲河、厦门地区地面炮兵和海岸炮兵的对空安全。80余艘舰艇、200多架飞机,亦作好出击准备。

8月23日下午,福建前线天气晴朗,能见度良好。17时30分,前线部队指挥员发出开炮的命令,金门岛顿时陷入烟雾火海之中。6个远射程炮兵营发射的2600余发炮弹,逐群从不同方向准确地落到金门防卫部驻地。这时,金门防卫部官兵在"翠谷"厅举行的周末会餐刚刚结束。当炮弹倾泻而来时,金门防卫部副司令长官赵家骧等3名将领身负重伤,旋即不治而亡,另1名将领亦受伤。金门国民党军被打得慌乱地四处逃窜,连连在无线电台上呼唤台湾速派飞机支援。20分钟后,金门岛上炮兵开始还击,发射炮弹2000余发,但很快就被解放军的炮火压制。炮战持续两个多小时,解放军发射炮弹2.39万发,毙伤国民党军中将以下官兵600余人,击伤停泊于料罗湾的、由大型坦克登陆舰改装的货轮"台生"号,破坏了金门有线通信系统,也使金门部分火炮阵地和雷达阵地遭到破坏。

在这次激战中,金门国民党军集中5个重炮连的火力,向对其威胁最大的海岸炮兵第150连猛烈射击。一发空炸榴弹在1号炮右后方爆

解放军火炮猛烈轰击金门国民党军

炸,引起一场大火。炮手们立即散开灭火。方向瞄准手安业民为了保护火炮不被敌弹击中,冒着大火把身管旋入掩蔽壕(掩蔽壕是炮兵工事的组成部分,位于身管(俗称炮管)下方,用于非战斗状态时保护身管)中。大火扑灭了,安业民由于严重烧伤而昏迷过去。国民党军打来的炮弹把安业民震醒。当他听到"继续战斗"的命令时,又不顾一切地抢先奔上炮位,射出一发发炮弹。安业民忍受着难以想象的痛苦,坚持战斗,直至胜利完成任务;终因伤势过重,抢救无效,光荣牺牲。安业民的壮烈行为和顽强精神,激励着前线三军继续战斗,也在全国引起巨大反响。朱德委员长书写了"共产主义战士安业民永垂不朽";林伯渠副委员长写了"春华永茂 浩气长存"八个大字纪念他。中共海军委员会追认他为中共正式党员。

为迅速扩大战果,福建前线部队于8月24日,又组织36个炮兵营、6个海岸炮兵连和1个快艇大队、2个护卫艇中队,对金门国民党军进行第二次大规模打击。当日下午,有17艘国民党军舰艇麇集料罗湾内活动。有运送物资的,有修理"台生"号轮的。为掩护这些舰艇的活动,金门炮兵向厦门、莲河地区猛烈射击。解放军前线炮兵当以近9000发炮弹还击。17时40分,料罗湾内的舰艇被迫向外逃窜。解放军隐蔽待机的6

艘鱼雷快艇,在海岸炮兵的火力支持下,迅速进入金门海域,旋即成两个突击群,直取国民党军"中海"号舰和"台生"号轮。艇队冒着密集的炮火,在距离各自攻击目标约2链时,施放鱼雷。"中海"号舰被击中一雷,负了重伤,4000多吨的"台生"轮被击沉。解放军鱼雷快艇部队取得了入闽后首次海战的胜利。

金门国民党军遭到两次打击后,士气沮丧,军心浮动。台湾当局想在空中取得胜利,以鼓舞士气。8月25日下午,国民党军集中F—86型飞机48架,飞临金门以东海域上空,其中8架窜至漳州地区,企图引诱解放军航空兵到公海上空作战。驻漳州歼击航空兵9师27团1个大队当即起飞迎击。长机飞行员刘维敏在丢失僚机的情况下,单机与4架国民党军飞机激战8分钟,击落国民党军飞机2架。正当刘维敏继续追击逃窜的另1架国民党军飞机时,不幸被地面高炮部队误击牺牲。刘维敏为飞行部队树立了以寡胜多的光辉榜样,解放军空军领导机关给他追记了一等功。

国民党军连遭打击后,决定从27日起改变海运方式,即由使用"中"字号大型运输舰白天直抵料罗湾码头卸载,改以"美"字号中型运输舰,夜间驶至料罗湾外海锚泊,然后用小汽艇(船)向料罗湾码头驳运。另派运输机在傍晚后向金门运输急需物资和修理人员。

8月26日,彭德怀根据中共中央领导人的意见,电话指示在厦门前线指挥部的福州军区副司令员张翼翔中将:严密封锁大、小金门和大担、二担等岛屿,以火力割断诸岛之间的联系,使其不能互相支援;以炮兵打击在金门机场起降的运输机;海军要加强对国民党军中、小型舰艇的打击;航空兵要坚决打击进入大陆上空的国民党军飞机。据此,福建前线部队将新近入闽参战的炮兵第2师28团、第6师7团,分别加强厦门、莲河两个炮群,同时在围头建立1个远射程炮兵群(后归莲河炮群指挥),

进一步从地面、海上和空中加强了对金门的封锁。到9月2日止,解放军又击沉击伤国民党军舰艇2艘,击伤运输机4架,歼灭炮兵连2个,摧毁各种火炮10余门,毙伤人员数百名。国民党军的海上运输补给又被迫停顿。金门守军处境艰难,被迫转入地下活动。金门岛被解放军全面封锁住了。

金门被封锁,国民党当局告急。美国急忙调遣太平洋第七舰队主力和地中海第六舰队的部分兵力,集结于台湾海峡地区。至9月初,美国在台湾海峡地区已集结各型飞机430余架、舰艇60余艘。

9月3日晚,毛泽东主席决定:福建前线自9月4日起停止炮击3天,以观各方动态。9月4日,中华人民共和国政府发表关于领海的声明,宣布领海宽度为12海里;一切外国的飞机和军用船舶,未经中国政府许可,不得进入中国的领海及其上空。

9月4日,美国国务卿杜勒斯(John. Foster. Dulles)公然发表声明说:"国会的联合决议授权总统使用美国的武装部队来确保和保护象金门和马祖等有关阵地","美国已经作出军事部署,以便一旦总统作出决定时接着采取既及时又有效的行动"①。9月6日,中华人民共和国国务院总理周恩来发表关于台湾海峡地区局势的声明,严正指出:中国政府完全有权对盘踞在沿海岛屿的蒋介石部队给予坚决的打击和采取必要的军事行动,任何外来的干涉,都是侵犯中国主权的罪恶行动。他同时警告美国政府:如果继续对中国进行侵略和干涉,必须承担由此而产生的一切严重后果。

在解放军停止炮击的3天中,国民党当局连忙计议新的运输方法,乞求美军为其运输船团护航。美国政府竟不顾中国政府的再三警告和

---

① 新华社讯:《杜勒斯发表好战声明》,载《人民日报》1958年9月7日第3版。

世界公正舆论的谴责,悍然决定派军舰为国民党军护航。

9月7日,国民党海军副总司令黎玉玺及美国顾问,率领由国民党军2艘运输舰、5艘作战舰和美国第七舰队的2艘巡洋舰、5艘驱逐舰组成的编队,驶进金门海域。两艘运输舰在料罗湾靠岸卸下军火。14时45分至19时,有4艘美护航军舰侵入中国领海内活动。中华人民共和国外交部发言人当即奉命发表声明,向美国政府提出严重警告。当日24时,中央军委电令福建前线部队,于9月8日对金门国民党军进行一次惩罚性炮击。

9月8日上午,国民党海军的"美乐"号和"美珍"号登陆舰,满载弹药、物资和人员,在几艘作战舰和几艘美国舰的掩护下,由澎湖马公驶出,开进料罗湾靠岸卸载。与此同时,美国军舰先后有8艘次再度侵入金门、厦门地区的中国领海。11时,中国政府向美国再次提出严重警告。从12时43分起,解放军福建前线部队以42个地面炮兵营又6个海岸炮兵连,对停泊在料罗湾的国民党军舰艇和金门岛的重要军事目标,实施第三次大规模炮击。"美乐"号中弹起火,继而爆炸沉没。"美珍"号中弹后外逃。美国军舰竟丢下国民党军船团,仓皇撤至料罗湾以南5至12海里处徘徊观望。这次炮战持续至18时结束。解放军共发射炮弹2.17万余发。

9月9日,国民党军炮击厦门大学。11日,4艘美国军舰再次掩护国民党军的4艘运输舰、7艘作战舰,向金门进发。福建前线部队遵照周恩来总理的指示,于当日14时57分,以40个炮兵营另6个连的强大火力,开始第四次大规模炮击,再次惩罚国民党军。当射击强行靠岸卸载的国民党军舰艇时,美舰和国民党军舰艇迅速向外海逃窜,解放军炮兵遂转入摧毁和压制金门地面军事目标。在激烈的炮战中,国民党军集中六七个阵地的火力,轰击解放军炮兵第17团4连的阵地。一颗炮弹在二班弹药室旁爆炸,药筒起火,火焰窜入炮床,越烧越大。全班撤离炮位隐蔽。装填手胡德安已把一发炮弹送入炮膛,为避免发生膛炸毁掉大炮,胡德安冒着大火摸到拉火绳,终于把炮弹打了出去,而他却因此被严重烧伤,烧伤面积近70%。事后,福州军区炮兵领导机关给他记了一等功。18时,解放军停止射止,共发射炮弹2.5万发,摧毁国民党军各种军事设施10处,击伤运输机1架。

台湾国民党当局依靠美国军舰护航、用中型运输舰在白天靠岸卸载的运输计划破产后,9月13日改以"美"字号运输舰趁夜暗之机偷运;又采取拖船拖带小型登陆艇航渡、再由小型登陆艇抢滩卸载的方式,向金门运送物资。14日,又改在海上用"中"字号大型运输舰装载水陆输送车,于解放军火炮射程外泛水,直接抢滩上陆卸载。同时,以运输机在夜间进行空投。9月15日深夜,中央军委决定,为了进一步封锁金门,炮兵要努力改进射击技术,重点打击驶进料罗湾的运输舰艇和卸载点,并加强对空投场的炮击;空军除坚决打击进入大陆上空的国民党军战斗机外,要掩护炮兵打击空投的国民党军运输机;海军在确不误击美舰和不吃亏的原则下,夜间可予进入料罗湾的国民党军舰艇以打击。中央军委还决定再抽调部分炮兵入闽,增强对海、空目标的打击力量。第四次大规模炮击之后,炮兵第6师41团和陆军第41、42军炮兵团各一部,陆续入闽参加大规模炮击行动,从而使先后参战的地面炮兵达14个团另7个营又14个连,先后参战的海岸炮兵共8个连。

从9月16日起,福建前线陆海空三军根据中央军委的决定,在福州军区司令员韩先楚上将的指挥下(炮击金门初期,韩先楚在北京治病。9月中旬,韩抵厦门前指参与炮战指挥。不久,叶飞返福州主持中共福建省委工作,炮击金门即由韩先楚指挥),以新的攻势对国民党军进行连续打击。至9月20日止,炮兵击伤国民党军运输舰艇7艘,击沉水陆输送车 10 余辆,击毁、击伤运输机各 1 架;歼击航空兵部队击落、击伤国民党军 F—86 型飞机各 1 架;海军舰艇部队亦击伤国民党军"江"字号猎潜艇 1 艘。

时值深秋,台湾海峡风浪大作,海运更加困难。金门岛上粮弹严重不足,士兵御寒被装也急需补给。从 9 月 20 日起,国民党当局每天出动运输机 30 架次,向金门岛空投物资 40 吨。美军则采取将其军舰与国民党军运输船团混合编队的方式,再度为国民党军舰船护航;并以舰载机在金门附近上空掩护国民党军飞机的空投活动。解放军福建前线炮兵,为了不误击美国军舰,集中炮火打击国民党军负责驳运的小型登陆艇和水陆输送车。同时,在料罗湾各主要航道及便于水陆输送上陆的水际滩头,计划移动拦阻射击弹幕和不动拦阻射击火墙,一旦发现艇、车,立即呼唤火力,准确实施射击。他们使用这种方法后,每次都能毁伤几个目标。为了有效地打击国民党军的空投活动,解放军把射速快、初速大的加农炮和中口径高射炮,配置在前沿阵地内,对国民党军各个空投场,计划正面宽 600 米、炸高为 300 米和 500 米的两层火力网,使国民党军运输机从进入空投场上空到退出,始终处于浓密的炮火包围之中,而在打击空投飞机之后,又可马上转移火力射击空投场。自 9 月 23 日至 29 日,解放军用这种办法又击落国民党军运输机 1 架、击伤 2 架。

在解放军全面封锁之下,国民党军的空投任务没有一天能够完成。于是,台湾当局决定调集空军第 6 联队的全部飞机,从 10 月 1 日起,每日出动运输机 120 架次,以换人不换机的办法,昼夜不停地空投。解放军前线指挥部获悉后,决定组织歼击航空兵,利用美机掩护的间隙,游猎国民党军的运输机。10 月 3 日,国民党空军 12 架运输机,在 2 批 16 架 F—86 型战斗机的高空掩护下,开始向金门空投物资。解放军立即起飞米格—17 型歼击机 3 批 24 架,牵制国民党军战斗机。同时,歼击航空兵

16师48团副团长曹双明率领1个中队,从晋江机场悄悄起飞,偷袭国民党军运输机。他们采用低空中速,一次进入,抵近攻击,即打即离的战法,一举击落C—46型运输机2架,自己无一损伤地返回了基地。此举迫使蒋介石下令停止昼间空投活动。

从9月初起,解放军炮兵部队除继续有计划有重点地集中火力打击与摧毁金门的重炮阵地和打空投外,主要是进行零炮射击。他们遵照毛泽东主席9月13日的指示,认真总结经验,昼夜不停地对金门诸岛各种目标实施零炮射击。为增强零炮射击效果,解放军侦察航空兵独立第2团在歼击航空兵和地面炮兵配合下,于9月23日、25日两次以米格—15比斯型侦察机6机编队,对大、小金门和大、二担进行侦察照相。拍摄约350平方公里区域的航空照片,提供了金门诸岛各种地面军事设施的准确位置,使零炮射击更有的放矢。自9月21日至10月5日,每天打击的目标,少则30至50个,多则60至80个。在半个月内,金门守军被摧毁各类工事和设施241处、火炮10门、汽车9辆、运输船艇6艘。国民党军防不胜防,军心浮动,士气沮丧。

台湾当局竭尽全力增大对金门的运输量。在9月14日至10月5日的22天内,金门平均每天补充物资171吨,但仍只及战前日运量的42.6%,无法改变被封锁的困境。

(三)打打停停阶段

经过解放军前一阶段的4次大打、83次中打小打和上千次零炮射击,金门国民党军陷入严重困境。支持台湾当局的美国也处于进退两难的境地。蒋介石故意制造借口,扬言要轰炸闽赣,力图拖美国与其共同对付"共军"。美国一方面想利用华沙中美大使级会谈(1955年4月23日,周恩来总理在亚非会议八国代表团团长会议上声明:中国政府愿意同美国政府坐下来谈判,讨论和缓远东特别是台湾地区的紧张局势问题,同年7月25日,中美双方就大使级会议达成协议,并于8月1日在日内瓦举行首次会谈,此后由于美方的阻挠,会谈经常中断。1958年9月,会议改在华沙举行),压中国"停止炮击"和"放弃使用武力",一方面要台湾国民党当局放弃金门、马祖。台湾海峡地区出现了复杂的斗争形势。为了粉碎美国政府制造两个中国的阴谋,毛泽东和中央军委及时制订了灵活的斗争策略,命令福建前线部队采取了打打停停的方式炮击金门,从而稳住了金门国民党军,拖住了美国,牢牢掌握着斗争的主动权。

1958年10月5日,毛泽东指示福建前线部队,10月6日、7日两天停止炮击。接着,中央军委作出"打而不登、封而不死"的新决策,指出:在目前,宜减轻对金、马的军事压力,使金、马国民党军能够生存下去,促使其守而不撤;当然,又要使其处于紧张的状态,拖住美国不得脱身,在必要时,我仍可组织像过去一样的大打。总之,临机应变,主动在我,以利统一解决台、澎、金、马问题。10月6日凌晨2时,毛泽东亲自起草了国防部长彭德怀《告台湾同胞书》,宣布暂以7天为期,停止炮击,建议举行谈判,实行和平解决。从此,炮击金门进入打打停停阶段。

10月6日拂晓,中国人民解放军福建前线广播电台一遍遍播送着国防部长彭德怀《告台湾同胞书》:

> 我们都是中国人。三十六计,和为上计。金门战斗,属于惩罚性质。你们的领导者们过去长时期间太猖狂了,命令飞机向大陆乱钻,远及云、贵、川、康、青海,发传单,丢特务,炸福州,扰江浙。是可忍,孰不可忍?因此打一些炮,引起你们注意。台、澎、金、马是中国领土,这一点你们是同意的,见之于你们领导人的文告,确实不是美国人的领土。台、澎、金、马是中国的一部分,不是另一个国家。世界上只有一个中国,没有两个中国。这一点,也是你们同意的,见之于你们领导人的文告。你们领导人与美国人订立军事协定(指美国

与台湾当局1954年签订的《共同防御条约》)是片面的,我们不承认,应予废除。美国人总有一天肯定要抛弃你们的。你们不信吗?历史巨人会要出来作证明的。杜勒斯九月三十日的谈话,端倪已见。站在你们的地位,能不寒心?归根结底,美帝国主义是我们的共同敌人。十三万金门军民,供应缺乏,饥寒交迫,难为久计。为了人道主义,我已命令福建前线,从十六日起,暂以七天为期,停止炮击,你们可以充分地自由地输送供应品,但以没有美国人护航为条件。如有护航,不在此例。你们与我们之间的战争,三十年了,尚未结束,这是不好的。建议举行谈判,实行和平解决。这一点,周恩来总理在几年前已经告诉你们了。(下略)

彭德怀的文告得到台、澎、金、马军民同胞的欢迎。金门岛上的国民党军士兵们从坑道里走出来"高声叫好"。美国一方面宣布从8月起暂停护航,另一方面却把中国政府这一人道主义措施和爱国主义号召,同它的"停火"阴谋混为一谈,并要挟中国人民必须接受它的"永久停火"。蒋介石则强调"宁愿冒继续炮击封锁的危险,亦不愿美国盟邦退出护航"。

10月10日,国民党空军出动44批182架次作战飞机,对大陆进行挑衅。上午7时,6架F—86型飞机侵入龙田上空。解放军歼击航空兵14师42团1个大队当即起飞迎击。僚机飞行员杜凤瑞为了援救长机,与4倍于己的国民党军飞机格斗,击落其中2架。杜凤瑞在座机被对方击伤后跳伞时不幸牺牲。国民党空军遭到这次沉重打击后,活动范围基本上退到大陆海岸线以外。

10月13日凌晨,福建前线广播站又播发了彭德怀向福建前线部队下达的对金门炮击再停两个星期的命令。这个命令也出自毛泽东之手。命令写道:"金门炮击,从本日起,再停两星期,借以观察敌方动态,并使金门军民同胞得到充分补给,包括粮食和军事装备在内,以利他们固守。兵不厌诈,这不是诈。这是为了对付美国人的。这是民族大义,必须把中美界限分得清清楚楚。"命令指出:"台湾的发言人说:停停打打,打打停停,不过是共产党的一条诡计。停停打打,确是如此,但非诡计。你们不要和谈,打是免不了的。"命令最后又强调:"台、澎、金、马整个地收复回来,完成祖国统一,这是我们六亿五千万人民的神圣任务。这是中国内政,外人无权过问……金门海域,美国人不得护航。如有护航,立即开炮。"

美国对此显得十分得意,说是它的"强硬"政策带来了台湾海峡地区的"和平";中国再次停止炮击,将会变成"永久停火"。并于18日宣布,杜勒斯将在21日到台湾同蒋介石会谈。19日,美国海军4艘军舰竟放肆地侵入金门海域,为国民党军护航长达5个小时之久。为了表明中国人民反对侵略的钢铁意志,和中国政府说话算数的坚定态度,中央军委决定提前于10月20日16时恢复炮击。福建前线部队迅速组织32个炮兵营又5个海岸炮兵连,对金门实施第五次大规模炮击。8800余发炮弹直袭金门,击中国民党军"中"字号运输舰3艘、大型货船1艘、C—46型运输机1架,阵地及观察所10余处,国民党军在70分钟后才开始还击。

10月21日,杜勒斯到台北同蒋介石会谈。在蒋强硬态度面前,杜勒斯只好改变要国民党军从金、马撤退的打算,又许诺增加援助,蒋这才同意"减少金、马驻军",并签署了《蒋杜联合公报》。

10月25日,彭德怀发表《再告台湾同胞书》。这个公告,揭露了美国人迫于形势,改变政策,第一步要孤立台湾,第二步要托管台湾的新阴谋;重申"中国人的事只能由中国人自己解决,不许美国插手"的严正立场;并以张作霖被人治死于皇姑屯的历史事件为殷鉴,提醒台湾当局当心美国人的毒计。为了一致对外,文告宣布:"逢双日不打金门的飞机场、料罗湾的码头、海滩和船只,使大金门、小金门、大担、二担大小岛屿上的军民同胞都得到充分的供应,以利长期固守。如有不足,只要你们开口,我们可以供应。"但仍以没有美军护航为条件。10月31日,中央军委又决定:"今后逢双日对任何目标一律不打炮,使国民党军人员能走出工事自由活动,晒晒太阳,以利其长期固守;逢单日可略为打一点炮,炮弹一般不超过200发。"

美国定于11月4日举行艾森豪威尔担任总统期间的中期选举。为表明中国人民对美国政府干涉中国内政的义愤,同时也使蒋介石得到拒绝从金、马减少军队的口实,中央军委决定于3日再次炮击金门。炮击前,福建前线部队司令部向金门同胞作了广播预告。这一天,前线炮兵部队集中33个营又1个连,对金门实施第六次大规模袭击,共发射炮弹2.03万发。

1959年1月3日,大金门岛上的国民党军炮兵突然向大嶝岛滥施轰击,造成山头村托儿所31人死亡、17人受伤。为惩罚国民党军杀害儿童的罪恶行为,中央军委决定于1月7日向金门实施第七次大规模炮击。为了表示只惩罚少数作恶分子和利于国民党军继续固守金门,此次炮击目标只限于炮兵阵地。7日14时,解放军炮兵28个营又8个连的炮手们,向大金门岛西半部的炮兵阵地猛烈开炮。炮击持续至夜间,共耗弹2.6万余发,击中金门炮兵阵地12处、观察所15个,打死打伤官兵100余人。国民党军虽使用不少新的机动火炮,还击炮弹7000余发,仍未能夺取局部主动权。

金门国民党军遭到第七次沉重打击后,气焰大有收敛,对大陆只维持零炮袭扰。福建前线部队根据中央军委1月9日关于"今后逢单日不一定都打炮"的指示,也逐渐减少炮击次数。炮击金门的作战行动,由初时全面封锁,经过打打停停,转入零星炮击、让其固守的状态。美国制造

"两个中国"的阴谋被中国人民挫败了。

福建前线部队在对金门发射实弹的同时,兼向金门发射宣传弹,散发《告台湾同胞书》、《中华人民共和国国防部命令》和《再告台湾同胞书》等文告。1958年,福建前线部队向金门发射宣传弹近6000发,以后每年平均向金门岛发射宣传弹1万发左右,散发传单500万份。

"八·二三"炮击金门,从1958年8月23日至1959年1月7日的4个半月中,解放军共进行7次大规模炮击,多次中小规模炮击和零炮射击,以及13次空战、3次海战,共击落击伤国民党军飞机36架、击沉击伤舰船27艘,摧毁各种工事320余个,各种火炮30余门,毙伤国民党军中将以下官兵7000余人。解放军也伤亡官兵460余人,被国民党军击落击伤飞机11架,损失鱼雷快艇3艘,毁坏火炮32门。

 ## 战例点评

"八·二三"炮击金门的胜利,既严惩了国民党军队,又打击了美国政府的侵略政策和战争政策,使其制造"两个中国"的阴谋未能得逞;同时也支援了中东的民族解放运动,在国内外产生了很大的影响。

6. 崇武海战

 战争背景

崇武海战,台湾方面称"乌丘海战",发生在福建惠安崇武以东的海战,是人民解放军海军与台湾国民党海军在1965年进行的第3次海战,也是人民解放军海军以小艇战大舰、战术运用得当并取得重大胜利的典型战斗之一。此次海战中,人民解放军海军直接参战兵力为护卫艇和鱼雷艇各6艘,最终以护卫艇、鱼雷艇各2艘受轻伤,官兵轻伤12人、重伤4人、牺牲2人的代价,取得击沉台湾国民党海军护航炮舰"永昌"号(满载排水量945吨)、击伤大型猎潜舰"永泰"号(满载排水量903吨),生俘上尉军需补给官丘文以下9人的重大战果。

 作战经过

1965年11月13日13时20分,国民党海军南区巡逻支队旗舰大型猎潜舰"永泰"号率护航炮舰"永昌"号,由澎湖列岛的马公隐蔽出航,驶向乌丘执行任务。按照"永泰"号编队的航速,预计当日23时可抵达乌丘。解放军海军东海舰队为打击国民党海军的袭扰活动,决定由海坛水警区副司令魏垣武,指挥由护卫艇29、31两个大队6艘高速护卫艇和鱼雷快艇31大队6艘鱼雷艇组成的海上突击编队,在乌丘正南海面歼灭"永泰"号编队,并以部分护卫艇分别驶至崇武东南海面和西洋岛以东海面担任警戒和佯动。21时许,突击编队各艇驶抵平潭娘宫会合,魏垣武即召开作战会议,交待任务,进行战斗编组。随后,各艇驶往东月屿待机。此时,总参谋部批准了作战方案,并转达了周恩来总理的指示:要抓住战机,集中兵力先打一条;要近战,发场英勇顽强的战斗作风;组织准备工作要周密一些;不要打到自己,天亮前撤出战斗。

被国防部命名为"海上猛虎舰"的588号护卫舰

22时16分,海上突击编队由东月屿出击。23时14分,编队指挥艇在距离10.5海里发现目标。魏垣武指挥艇队从两舰中间插入,并令第一群4艘100吨高速护卫艇攻击前导的"永泰"号舰,第二群2艘125吨高速护卫艇牵制后边的"永昌"号舰;6艘鱼雷快艇成3个冲击组,伺机攻击。23时33分,护卫艇在距离5链时向"永泰"、"永昌"舰攻击,给对方以大量杀伤。不久,解放军指挥艇和预备指挥艇先后中弹,魏垣武以下7人负伤,护卫艇副大队长李金华和1名中队政委牺牲,罗经也被打坏。这时,指挥艇向左转向,准备暂时撤出战斗,其他艇不明情况也随之转向航行,一度失去连续攻击的机会。"永泰"号趁机高速向乌丘逃跑。魏垣武苏醒后,立即命令发信号召唤鱼雷艇再攻击。位于"永昌"号前进路上的鱼雷艇队接到信号后,131、152号艇首先对"永昌"舰发起攻击,由于"永昌"舰边拦阻射击边规避,攻击未能奏效。鱼雷艇队指挥员、支队副参谋长张逸民冒着敌火,率132、124、145、126号鱼雷艇高速追击。14日0时21分,鱼雷艇队抵近18链时进行占领阵地机动。艇队贯彻"三不放雷"原则(阵地不好不放、看不清目标不放、瞄不准不放),在"永昌"号炮火下三进三出。0时30分,145艇进至"永昌"舰左舷90—100度、距离4链时,张逸民下令:"单艇攻击!"该艇冒着密集炮火,沉着地逼近至距"永昌"号1.9链处,同时发射2枚鱼雷。"永昌"舰尾部中雷1枚,当即失去机动能力,开始缓慢下沉。588、589号护卫艇赶到,又朝"永昌"号猛射,加速其下沉。14日1时06分,"永昌"号沉没于乌丘以南15.5公里处。突击编队捕捞9名战俘后,于3时05分奉令返航。

11月15日,国务院副总理陈毅亲临福建前线,看望凯旋的参战部队,并参加福州军民祝捷大会。11月26日,周恩来总理和罗瑞卿总参谋长在上海接见了参战部队代表。588号护卫艇荣获国防部授予的"海上猛虎艇"的荣誉称号。

战例点评

1950年至1965年,国共双方发生大小海、空战百余次,其中以1965年8月的"八六海战"和11月的"崇武海战"规模最大。先前"八六海战"失利暴露出当时国民党海军诸多作战准备与协调的问题,重挫了蒋介石反攻大陆的决心；随后崇武海战失利，再度印证祖国大陆军方形势日渐稳固，国民党海军连台湾海峡的制海权都逐渐丧失。至此，国民党海军的海上优势荡然无存。崇武海战后，年过八旬的蒋介石对于反攻大陆逐渐死心，开始逐步放弃"自力主动反攻"战略，开始调整为"攻守兼备"、"待机反共"的策略。于是，此后"国光计划"逐年缩减，最终于1972年被裁撤。

参 考 文 献

[1]徐舸:《第一次强攻——崇武以东海战述评》[J],载《上海党史研究》,1999年第06期。

[2]林更生:《马江海战谈往》[J],载《前进论坛》,2006年第02期。

[3]龙永行:《马江海战三题析辨》[J],载《近代史研究》,1990年第04期。

[4]韦健玲:《马尾海战与中国近代化》[J],载《学术论坛》,1991年第04期。

[5]陈惠芳:《大湖战役》[J],载《福建党史月刊》,2005年第01期。

[6]张造勋:《千里进军福建 首战解放榕城——福州战役记事》[J],载《党史研究与教学》,1984年第05期。

[7]朱绍清:《回忆解放福州战役》[J],载《福建党史月刊》,2009年第18期。

[8]卓爱平:《"漳厦金战役"金门失利原因探究》[J],载《军事历史研究》,2003年第01期。

[9]胡兆才:《1953:东山岛反击战纪实》[J],载《党史文汇》,2000年第04期。

[10]孙树芳:《金门炮战与毛泽东的对台战略》[J],载《中国石油大学胜利学院学报》,2010年第03期。

[11]黄夏莹:《金门炮战的历史意义》[J],载《福建党史月刊》,1991年第06期。

[12]叶永烈:《毛泽东和金门炮战》[J],载《南风窗》,1993年第11期。

[13]童茂林:《方海鸣.1965年崇武以东海战评析》[J],载《军事历史》,2012年第01期。

[14]徐舸:《崇武以东海战纪实》[J],载《军事历史》,1998年第02期。

[15]福建省地方志编撰委员会:《福建省志军事志》[M],北京:新华出版社,1995。

[16](西汉)司马迁:《史记》[M],北京:中华书局,2011。

[17]传统国学典藏编委会汇著:《诗经》[M],北京:中国画报出版社,2012。

[18]司马志编著:《荀子新解》[M],北京:中国纺织出版社,2012。

[19](清)蘅塘退士:《唐诗三百首》[M],湖南:岳麓书社,2011。

[20](西晋)陈寿、杨明译注:《三国志译注》[M],上海:三联书店,2013。

[21]王子今:《历史学者毛泽东》[M],北京:西苑出版社,2013。

[22](北宋)司马光著,陈磊译注:《资治通鉴》[M],北京:中华书局,2007。

[23]王岳川:《一生的读书计划——一生要知的100场人类战争》[M],北京:中国戏剧出版社,2004。

[24]李亭雨:《影响世界的100次战争》[M],呼伦贝尔:内蒙古文化出版社,2004。

[25]张彩玲:《一次读完50场经典战争》[M],哈尔滨:黑龙江美术

出版社,2006。

[26]肖允华,李虹,刘新雄,陈士强:《外国古代50个经典战例评析》[M],北京:国防大学出版社,2007。

[27]李庆山:《深刻影响人类社会的60次重大战争——文明的毁灭与孕育》[M].北京:中国青年出版社,2008。

[28]楚云:《78个世界著名战役胜败全记录》[M],北京:时事出版社,2004。

[29]宋晓军:《中外著名战役》[M],北京:星球地图出版社,2012。

[30]文扬:《一口气读完改变世界的50场战役》[M],北京:京华出版社,2006。

后　　记

加强国防形势教育,是适应国际国内形势的发展变化、国家安全稳定的客观需要;加强国防形势教育,是振奋民族精神、增强民族凝聚力和向心力的重要保证;加强国防形势教育,是提高全民素质、加速国家实用型人才培养的有效途径。因此,在去年建军八十五周年之际,我们出版了《大学国防教育教程》一书后,又精心策划认真努力,终于完成了这一《国防教育形势读本》。

该读本分上、下两册,上册贴近当前国际与国内的国防形势,突出重点阐明文义;下册则从历史的角度,钩沉出古今中外经典战例,启迪读者深入思考。本书图文并茂,综合性强,信息量大,富有可读性。作为编者,我们在编写的同时,也是学习的过程。希望通过此书的阅读,可使读者面对当前我国纷繁复杂的安全形势保持更清醒的头脑,并能激发爱国之心与报国之志,尤其是我们年轻的一代。

本书由闽江学院分管教学副院长、博士生导师赵麟斌教授提出总体设计并组织编写,中共福建省委宣传部长袁荣祥同志欣然为本书作序,省委宣传部副部长张萍同志和中国人民解放军61716部队综合计划部部长艾松如同志大力支持并指导该书写作,使我们获益匪浅。本书上下篇各章节具体分工如下:序言:赵麟斌;1.上册,第一章,田军鹏;第二章,林亚芬、洪建设;第三章,吴刚;第四章,周兴国;第五章,蔡虹焰;第六章,王群。2.下册,中国篇,张正金、黄玮;外国篇,周兴国、蔡虹焰;福建篇,田军鹏。在此,我们还要特别感谢福建省委宣传部、福建省军区国防教育办公室、中国人民解放军61716部队有关同志们的支持和帮助!

此读本在编写过程中难免存在纰漏和不当之处,欢迎读者批评指正,以便进一步修改和完善。我们冀望能为国防教育和祖国的强盛贡献一份绵薄的心力。

编者

2013年8月